AVALIAÇÃO PSICOLÓGICA

DA TEORIA À PRÁTICA

AVALIAÇÃO PSICOLÓGICA

DA TEORIA À PRÁTICA

Elza Maria Gonçalves Lobosque

Délcio Fernando Guimarães Pereira

Akauito Elcino Moreira Teixeira

ORGANIZADORES

Artesã

Avaliação psicológica – Da teoria à prática

DIRETOR
Alcebino Santana

DIREÇÃO DE ARTE
Tiago Rabello

REVISÃO
Maria Clara Regis

CAPA
Sérgio Ricardo da Silva Filho

PROJETO GRÁFICO E DIAGRAMAÇÃO
Conrado Esteves

Catalogação na publicação
Elaborada por Bibliotecária Janaina Ramos – CRB-8/9166

A945

Avaliação psicológica – Da teoria à prática / Organização de Elza Maria Gonçalves Lobosque, Délcio Fernando Guimarães Pereira, Akauito Elcino Moreira Teixeira. – Belo Horizonte: Artesã, 2025.

392 p.; 17 X 24 cm

ISBN 978-85-7074-105-9

1. Psicologia da avaliação. 2. Perícia. 3. Psicologia. I. Lobosque, Elza Maria Gonçalves (Organizadora). II. Pereira, Délcio Fernando Guimarães (Organizador). III. Teixeira, Akauito Elcino Moreira (Organizador). IV. Título.

CDD 150.287

Índice para catálogo sistemático
I. Psicologia da avaliação

IMPRESSO NO BRASIL
Printed in Brazil

(31) 2511-2040 (31) 99403-2227
www.artesaeditora.com.br
Rua Rio Pomba 455, Carlos Prates - Cep: 30720-290 | Belo Horizonte - MG
/artesaeditora

AGRADECIMENTOS

Agradeço aos amigos
Aurélio Aparecido Miranda
e Célio Amaro de Souza
pelas sugestões.

SUMÁRIO

INTRODUÇÃO

Caro leitor. É com grande satisfação, orgulho e com o sentimento de mais uma etapa vencida em prol da ciência psicológica que lançamos esta publicação. Esta obra tem como objetivo contribuir com questões éticas, científicas e técnicas quanto à pluralidade e à diversidade no fazer psicológico em se tratando de um campo específico, o qual está voltado à Avaliação Psicológica.

O título desta obra, "Avaliação Psicológica: da Teoria à Prática", surgiu mediante as necessidades de aprimoramento e os desafios demandados pela categoria e, como resposta, temos a finalidade de trazer discussões que apontam para possíveis entendimentos e elucidações quanto aos recortes aqui trazidos no que concerne à Avaliação Psicológica

Agradecemos aos autores dos capítulos, os quais contribuíram para a finalização deste livro. Temos a certeza de que cada um deles tem a sua prática sustentada na cientificidade, na ética e no respeito pela dignidade humana.

É preciso ressaltar quanto à capacitação dos autores, os quais representam aqui várias universidades e instituições do nosso país, e com representatividade em quase todos os estados.

Este livro é composto por 26 capítulos e cada um deles aborda temas específicos, evidenciados em práticas respaldadas pela ciência psicológica.

Iniciando esta obra, o primeiro capítulo contribui com um viés do histórico e da atualidade da Avaliação Psicológica, com a temática "**O Instituto Brasileiro de Avaliação Psicológica e Suas Contribuições Teóricas e Práticas (IBAP)**". As autoras buscam no artigo demonstrar, por meio da análise da produção expressa nos Congressos Brasileiros de Avaliação Psicológica promovidos pelo IBAP, a contribuição dessa entidade científica para o desenvolvimento teórico e prático da área. Trazem, no corpo do texto, a apresentação das nuvens de palavras e demonstraram uma estabilidade no cuidado e no desenvolvimento de estudos e de trabalhos que se preocupavam com o contexto avaliado, considerando termos de construção de instrumentos, realização de estudos psicométricos e normas conforme demonstrado também pela análise do dendrograma. Dessa forma, podemos dizer que, ao longo desses anos, o IBAP ajudou a fomentar o desenvolvimento da ciência psicológica e Avaliação Psicológica (AP) para a valorização da construção, da adaptação e da normatização de instrumentos para o contexto brasileiro, estando isso bastante evidenciado nos trabalhos e nas discussões presentes nos congressos que marcaram a primeira década de sua existência. Posteriormente, inclusive, em função de uma maior estruturação da área aliada ao desenvolvimento do Sistema de Avaliação dos Testes Psicológicos (SATEPSI) e aumento de instrumentos com qualidades psicométricas satisfatórias para o contexto brasileiro, observou-se o florescer dos trabalhos para diferentes contextos e temáticas que envolviam o desenvolvimento humano, testes psicológicos e diferentes conteúdos. Por fim, nesta terceira década ainda em curso, observa-se que os trabalhos apresentados no congresso apresentam um olhar para as questões sociais talvez impulsionados pelos desafios vivenciados pela pandemia de Covid-19 (Zanini et al., 2020), além da Ação Direta de Inconstitucionalidade (ADI-3481) (Cardoso & Zanini, 2021).

O segundo capítulo, intitulado "**Histórico e Contribuições Práticas do Sistema de Avaliação dos Testes Psicológicos (SATEPSI)**" as autoras apresentam os trabalhos da Comissão Consultiva de Avaliação Psicológica (CCAP), os quais têm demonstrado coerência técnica e científica e compromisso social, seguindo os parâmetros éticos da nossa profissão. Contextualizam a trajetória histórica evidenciada na luta pela qualidade da prática de AP e do seu ensino. O texto enfoca também a ADI dos testes e os seus desdobramentos, em que foi possível refletir e (re) pensar sobre o futuro a curto, médio e longo prazo, a flexibilização do acesso ao conhecimento (dos manuais dos testes) por leigos ou por outros profissionais de distintas áreas do conhecimento. Preconizam ainda sobre a importância de refletir sobre as competências necessárias à realização da prática de AP no âmbito nacional. Reforçam o compromisso da CCAP, a qual contribui para o desenvolvimento dessa área, respaldando seus campos científico e de conhecimento prático.

O tema "**Perícia Psicológica Forense**" é a próxima contribuição trazida à obra. O autor conceitua a perícia psicológica forense como sendo um processo meticuloso, o qual requer do profissional habilidades técnicas e éticas em cada fase de sua execução. Aponta no texto que todas as etapas da Perícia Psicológica devem ser conduzidas com total atenção às exigências de uma prática sólida e em conformidade com diretrizes que direcionam o desenvolvimento de duas abordagens distintas - uma clínica e outra investigativa, as quais têm o objetivo de fornecer dados para auxiliar o juiz na tomada de decisão.

"**A Operacionalização da Avaliação Terapêutica no Contexto da Cirurgia Ortognática: uma Possibilidade Interventiva de Psicodiagnóstico**" é o tema do próximo capítulo. Nele, o autor trata a Avaliação Terapêutica (AT), a qual foi devidamente sistematizada pelo psicólogo norte-americano Stephen Finn, o qual sugere ser uma metodologia promissora para condução do psicodiagnóstico no contexto da cirurgia ortognática. Dessa forma, o capítulo discorre sobre a metodologia dessa avaliação. O autor enfoca o panorama da proposta de trabalho por ele adaptado para essa avaliação. Ainda, salienta sobre o manejo colaborativo e interventivo da AT, o qual tende a dotar o processo de significado próprio para cada cliente avaliado, tornando a experiência avaliativa mais amistosa e propícia para que ele revisite a sua história de vida e, quem sabe, inicie um processo putativo.

No próximo capítulo intitulado "**Perícia Psicológica no Trânsito: Fundamentos, Desafios e Práticas**" os autores irão discutir sobre os principais fundamentos, recursos técnicos e desafios da realização da perícia psicológica no contexto do trânsito. Pontuam que a perícia psicológica no contexto do trânsito é uma atividade técnico-científica, realizada por profissional de Psicologia legalmente habilitado, destinada a produzir informações sobre a aptidão psicológica de condutores para dirigir veículos automotores no Brasil.

"**Avaliação Psicológica no Contexto das Organizações de Trabalho**" é o tema do próximo capítulo. os autores trazem como objetivo geral a apresentação de algumas possibilidades e vantagens do uso de premissas e pressupostos da AP, contribuindo para a melhoria dos ambientes e contextos organizacionais. Enfatizam que muitos dos aspectos relacionados à busca por boas práticas de gestão e governança passam pela compreensão da aplicação de conhecimentos da AP no fomento ao diagnóstico organizacional, instrumentalização e usos relacionados à análise e à interpretação dos seus resultados.

Dando sequência a escrita, "**A Aplicação da Psicometria no Levantamento de Evidências em Processos Avaliativos**", este capítulo visa comunicar a relação entre a psicometria e a coleta de evidências científicas em processos de avaliação psicológica e neuropsicológica. Pretende reforçar a importância de olhar para além de aspectos superficiais nas avaliações de fenômenos e processos psicológicos, dada a complexidade da pessoa humana, e ressaltar a necessidade de uma abordagem científica multidimensional, integrativa e fundamentada em evidências.

"**Avaliação da Personalidade na Infância: Algumas Reflexões sobre Instrumentos e Aplicações**" é o tema de discussão do próximo capítulo. As/os autoras (es) enfocam considerações importantes sobre a avaliação da personalidade na infância. Acrescentam que essa área se encontra em constante desenvolvimento, apresentando uma variedade de técnicas. Destacam ainda que as possibilidades apresentadas são promissoras, porém devem ser consideradas em conjunto para uma compreensão mais abrangente das características das crianças. A integração de informações torna-se particularmente relevante na avaliação da personalidade infantil, uma vez que há uma carência de instrumentos padronizados e com propriedades psicométricas sólidas que possam ser utilizados. O capítulo apresenta ainda um estudo de caso, exemplificando como a integração de informações pode ser feita nesse contexto em que poucos instrumentos padronizados estão disponíveis.

"**Avaliação Psicológica das Altas Habilidades/Superdotação: Teoria e Prática**" é o título do nono capítulo. Nele, as autoras apresentam, de forma geral, uma introdução sobre a temática das Altas Habilidades/Superdotação, apontando ainda outros mitos comumente encontrados no senso comum, os quais atrapalham a identificação dos indivíduos. Como fator instigante para a continuidade de estudos, apresentam as principais dificuldades ainda presentes na área e sugestões de como as superar.

"**A Avaliação Psicológica dos Aspectos do Desenvolvimento Infanto Juvenis na Saúde Mental (SUS): Uma Perspectiva Bioecológica**" apresenta discussões que evocam desafios, os quais se encontram na efetivação da avaliação psicológica dentro das intervenções no âmbito da saúde mental voltados a essa população mediante os inúmeros problemas que enfrentam o Sistema Único de Saúde (SUS).

"**O Teste de Rorschach: da Formação à Prática**" é o tema que será abordado no décimo primeiro capítulo. Os autores traçam um perfil histórico do teste, contextualizando que, há mais de um século desde o seu lançamento, o Teste de Rorschach tem demonstrado que é um instrumento projetivo que permite avaliar características de personalidade com a utilização de manchas de tinta. Elucidam o teste e suas várias abordagens de correção e especificidades, situando dentro do contexto brasileiro. Ressaltam que o psicólogo, uma vez capacitado, poderá utilizar o Teste de Rorschach em diversas áreas de atuação no mercado de trabalho. Enfatizam ainda a utilização do teste no contexto clínico e jurídico, em processos seletivos com poucos candidatos, na concessão de porte de arma de fogo e na liberação para procedimentos da saúde, como a cirurgia bariátrica, entre outros.

"**A Avaliação psicológica na área organizacional: desafios e tendências em recrutamento e seleção**" é o título do próximo capítulo. Nesta contribuição, as autoras irão trazer a importância da Psicologia Organizacional e do Trabalho e como esta tem se dedicado a estudar eventos comportamentais, ambientais e organizacionais com instrumentos e com procedimentos necessários à compreensão dos fenômenos ou dos processos psicológicos relacionados ao trabalho. Ressaltam ainda que essa avaliação envolve a aplicação de diferentes instrumentos e técnicas psicológicas destinados a avaliar aspectos como personalidade, habilidades, aptidões, competências, motivação, valores, interesses e estilo de trabalho dos indivíduos. Além disso, apontam questões relacionadas às especificidades da avaliação psicológica no contexto da Psicologia Organizacional e do Trabalho.

"**Violência Infantil: O Que Os Desenhos Podem Nos Contar sobre Isso**". Para tratar do tema, as autoras lançam mão do teste HTP e buscam, por meio dele, apresentar indicadores que revelam indícios de violência infantil. Elucidam a importância da avaliação e de seus resultados para que, assim, seja possível tomadas de decisão e emissões de laudos que servirão para encaminhar a criança e/ou o adolescente quando for a situação que necessita de suporte em outros serviços da rede de atenção psicossocial

"**Avaliação no Contexto das Organizações; Repensando Trilhas de Desenvolvimento**" é o tema do décimo quarto capítulo. Nele, é apontado que a avaliação psicológica se mostra como uma importante área para a compreensão de pessoas, de grupos e de instituições. De acordo com as autoras, é necessário a construção de práticas de Recursos Humanos mais adequadas e efetivas, sendo que diferentes ações se fazem necessárias em torno do planejamento e da organização dos processos que compõem a gestão de pessoas nas instituições. Faz-se ainda, de fundamental importância, a utilização de técnicas e medidas, as quais fornecerão à organização dados integralizados que auxiliem no processo decisório.

No capítulo, "**Da Teoria Prática: a Aplicação da Avaliação Terapêutica em Um Serviço Escola de Psicologia**", os autores enfatizam a necessidade da compreensão do nível de inovação da Avaliação Terapêutica, observando os procedimentos que a distinguem da Avaliação Psicológica Tradicional. Preconizam que a Avaliação Psicológica deve ser compreendida como um processo técnico e científico que utiliza de metodologias para coletar dados, realizar estudos e interpretar informações por meio de técnicas e de instrumentos específicos, assim como é definido na Resolução CFP 31/2022.O psicólogo, por meio de coletas sistematizadas, deverá utilizar diferentes técnicas, como testes psicológicos, entrevistas, observações e análise de documentos, a fim de obter uma visão abrangente e aprofundada do funcionamento psicológico do cliente.

"**Estudo Científico do Cargo: Metodologia e Contribuições como Norteadora da Avaliação Psicológica**" é a temática do próximo capítulo. Neste, as/os autoras(es) apontam a necessidade de se fazer o Estudo Científico do Cargo, a definição e a relação com a Análise de Cargo e Objetivos do Estudo Científico dele, trazendo, assim, os métodos possíveis para a realização dessa etapa. Contribuem também, por meio de recorte, o Estudo Científico do Cargo e Avaliação Psicológica em Concursos Públicos, embasados na legislação vigente.

Em "**Avaliação Psicológica Pré-operatória para Implante Coclear**", o autor, neste capítulo, discute que a avaliação psicológica pré-operatória pode ser recomendada principalmente quando a cirurgia é considerada de alta complexidade e envolve riscos significativos ou tem potencial impacto psicológico no paciente. Essa avaliação pode ajudar a identificar fatores emocionais, psicológicos e sociais que podem influenciar a decisão do paciente em se submeter à cirurgia, bem como auxiliar na preparação para o procedimento e no gerenciamento pós-cirúrgico. Este capítulo apresenta um relato de experiência profissional, abordando os aspectos psicológicos envolvidos na avaliação do candidato ao implante coclear e de sua família.

"**Medida de Personalidade: Uma Análise Crítica de Sua Avaliação em População de Baixa Escolaridade**". A relação entre a personalidade e sua medida em amostras de baixa escolaridade é uma questão não respondida pela literatura, no que se refere ao modelo dos Cinco Grandes Fatores. O modelo dos Cinco Grandes Fatores continua sendo o mais pesquisado em pesquisas no mundo e tem méritos para avaliar essa questão. Apontam ainda a necessidade de estudos que compreendam amostras mais significativas de estratos da população que são parcela significativa do conjunto de uma população e que não deveriam ser excluídas de análises sobre aplicabilidade de modelos ou ainda de instrumentos de medida da personalidade.

O próximo capítulo versa sobre "**Cirurgia Bariátrica: Olhares e Perspectivas na Avaliação Psicológica**". Os autores enfatizam que para alcançar essa tão aguardada cirurgia faz-se necessário que o candidato se submeta a um processo avaliativo. Nessa avaliação, diferentes aspectos da vida do paciente são avaliados pelos psicólogos. Objetivando levantar as aptidões dos candidatos à cirurgia bariátrica, fatores psicossociais são verificados, por exemplo: compreensão do paciente quanto à operação, às mudanças de estilo de vida que se farão necessária; expectativas quanto aos resultados finais; habilidade de adesão às recomendações pré e pós-operatórios; mudanças nos hábitos alimentares, entre outros.

"Realidade e Possibilidades da Avaliação Psicológica com Motoristas Idosos" é a contribuição que a autora traz neste capítulo e, segundo ela, a avaliação psicológica de motoristas idosos é importante na verificação das habilidades de condução de veículos e para identificação de possíveis prejuízos cognitivos. Ela pode ser também uma oportunidade para orientação dos motoristas desses possíveis prejuízos, visando ao aumento da conscientização e à melhora do monitoramento da autorregulação e da modulação do comportamento. Assim sendo, a avaliação psicológica pode contribuir para o aumento da segurança na direção, favorecendo uma maior mobilidade, independência e bem-estar para as pessoas mais velhas.

"Avaliação Psicológica e Direitos Humanos: Desafios e Possibilidades" é o tema abordado neste capítulo. É enfatizado que, na avaliação psicológica, torna-se indispensável conhecer os princípios éticos e os direitos humanos que orientam a prática profissional, buscar uma formação contínua e crítica sobre as teorias, os métodos e os instrumentos de avaliação psicológica, reconhecer as limitações e as possibilidades da avaliação psicológica em diferentes contextos e demandas, estabelecer uma relação de confiança, de respeito e de colaboração com o avaliado, considerando suas expectativas, necessidades e interesses, utilizar instrumentos de avaliação psicológica adequados à população-alvo, validados cientificamente e atualizados, interpretar os resultados da avaliação psicológica de forma integrada, contextualizada e individualizada e comunicar os resultados da avaliação psicológica de forma clara, objetiva e sigilosa, resguardando a autonomia e a dignidade do avaliado

Dando continuidade, o próximo tema abordado refere-se à **"Avaliação Psicológica como Diferencial nos Processos Organizacionais"** As/os autoras(es) afirmam que a avaliação psicológica no contexto organizacional é vista como um recurso de análise que auxilia os profissionais na tomada de decisão, especialmente no momento da escolha de um profissional para determinada função/atividade. O capítulo enfoca que a avaliação psicológica possibilita ao profissional da psicologia examinar como as pessoas se distinguem entre si, além de se mostrar também como um instrumento muito útil para presumir antecipadamente as características particulares de cada pessoa, que contribuirão para a formulação de hipóteses a respeito dessas características.

"Traços de Personalidade como Preditor de Bons Resultados no Pós-cirúrgico" será o tema abordado no capítulo vinte e três. Neste artigo, verifica-se que fazer uma avaliação acerca da personalidade do paciente pode ser um bom ponto de partida dos tratamentos para obesidade. Abordam a necessidade de avaliar vários outros aspectos que podem interferir nos resultados do pós-cirúrgico.

"***Wellness* e Saúde Mental no Trabalho**" é o tema abordado em seguida. As/os autoras(es) apontam que a saúde mental no trabalho e o bem-estar do trabalhador têm se tornado questões cada vez mais relevantes no Brasil, refletindo uma tendência global. As organizações estão reconhecendo a importância de criar ambientes de trabalho saudáveis, que promovam a saúde mental e o equilíbrio entre vida pessoal e profissional. Apontam que, com a incidência pandêmica, as empresas se viram em um cenário, em que foi imperativo repensar todo o formato tradicional do trabalho, adotando uma maior flexibilização dos horários de trabalho, o trabalho remoto e as licenças para cuidar da saúde mental como forma de atender às necessidades individuais do trabalhador. Apontam que algumas organizações passaram a oferecer apoio psicológico a seus colaboradores, como sessões de aconselhamento, *coaching* e grupos de apoio para lidar com estresse, ansiedade e outras questões de saúde mental.

O penúltimo capítulo tem como título "**Caso Prático: modelo do Centro de Psicologia Aplicada do Exército Português (CPAE)**", no qual as autores traçam um percurso histórico sobre a criação o Centro de Psicologia Aplicada do Exército em Portugal, evidenciando o modelo de seleção realizada através de diferentes métodos de aptidões e competências fundamentais para aqueles que atuam em contextos operacionais de alto risco, exemplificando algumas técnicas utilizadas. Além disso, demonstram as fases do processo seletivo, finalizando o capítulo apontam investigações e desafios futuros como lema do gabinete de seleção do CPAE " pela competência e excelência na função".

Finalizando esta obra, o último capítulo que tem como título "**Instrumentos neuropsicológicos utilizados no contexto da COVID-19**" os autores explicitam o objetivo de estudo mencionando os possíveis efeitos do novo coronavírus, principalmente no que se refere às implicações neurocognitivas e, nesse sentido torna-se indispensável a avaliação neuropsicológica para investigar quais funções cognitivas estão afetadas. Abordam a ampliação e a compreensão sobre os instrumentos neuropsicológicos utilizados para o rastreio de declínios nas funções cognitivas ocasionados pela COVID-19, possibilitando a criação de um arcabouço teórico que auxilie no diagnóstico e prognóstico, a fim de desenvolver intervenções e propostas de reabilitação mais adequadas para pacientes acometidos pela doença. Explicitam o método de estudo, contribuindo assim para os resultados e discussões acerca da avaliação neuropsicológica, enfatizam os instrumentos de triagem utilizados e o objetivo específico de cada um deles: Montreal Cognitive Assessment (MoCA), Mini-Mental State Examination (MEEM), Trail Making Test (TMT), Symbol Digit Modalities Test (SDMT), Teste de Aprendizagem Verbal de Hopkins - Revisado (HVLT-R), Teste de Aprendizagem Verbal de Hopkins - Revisado (HVLT-R) e, trazem por fim as considerações finais alertando que torna-se necessário o aprimoramento de estudos que tenham como objetivo a utilização de instrumentos neuropsicológicos que objetivem identificar os prejuízos cognitivos decorrentes da COVID-19, fato esse que possibilitará um acompanhamento de desempenho pré e pós intervenção neuropsicológica em pacientes com sequelas neurocognitivas ocasionadas pelo novo coronavírus.

O INSTITUTO BRASILEIRO DE AVALIAÇÃO PSICOLÓGICA (IBAP) E SUAS CONTRIBUIÇÕES TEÓRICAS E PRÁTICAS

Daniela Sacramento Zanini · PONTIFÍCIA UNIVERSIDADE CATÓLICA DE GOIÁS (PUC GOIÁS)
Karina da Silva Oliveira · UNIVERSIDADE SÃO FRANCISCO (USF)
Camila Costa e Silva · PONTIFÍCIA UNIVERSIDADE CATÓLICA DE GOIÁS (PUC GOIÁS)
Iorhana Almeida Fernandes · PONTIFÍCIA UNIVERSIDADE CATÓLICA DE GOIÁS (PUC GOIÁS)

INTRODUÇÃO

O Instituto Brasileiro de Avaliação Psicológica (IBAP) foi fundado em 1997, fruto da mobilização e da convergência de ações de pesquisadores e de psicólogos da área de avaliação psicológica brasileira (Nakano & Roama-Alves, 2019). Entre os pesquisadores da área que estiveram presentes, destaca-se o prof. Dr. Claudio Hutz, a profa. Dra. Solange Wechsler, o prof. Dr. Luiz Pasquali e o prof. Dr. Cilio Ziviani que obtiveram recentemente o título de Membro Titular Emérito do IBAP em reconhecimento à contribuição substancial realizada por eles ao instituto e, em consequência, à área de avaliação psicológica.

De acordo com o Estatuto Social, o IBAP (2019) tem como finalidade: I - promover o desenvolvimento da área de avaliação psicológica; II - defender e propor medidas de apoio e incentivo à avaliação psicológica e às atividades relacionadas; III - incentivar e realizar pesquisas no campo da avaliação psicológica, visando à melhoria da qualidade e à excelência dos serviços psicológicos, bem como outros benefícios consequentes dessas pesquisas para a comunidade e para a cidadania no Brasil; IV - propor critérios e projetos de padronização para procedimentos, instrumentos, testes e provas psicológicas; V - divulgar conhecimento na área de avaliação psicológica por meio de incentivo e de realização de eventos técnicos científicos, de cursos e de publicações; VI - orientar os psicólogos e os membros da comunidade com interesses nos procedimentos de avaliação psicológica; VII - prestar consultorias, assessorias e consultas em avaliação psicológica; VIII - incentivar e promover a formação de especialistas e pesquisadores nos diversos níveis, nas diferentes áreas e nos vários procedimentos da avaliação psicológica; IX - certificar profissionais e prestar subsídios para o credenciamento de profissionais para as diferentes áreas e procedimentos da avaliação psicológica.

Para alcançar seus objetivos, o IBAP tem realizado diversas ações. De forma geral, podemos agrupar essas ações em dois grandes grupos: 1) o grupo das articulações, das discussões e de composições com outras entidades científicas internacionais e nacionais e 2) grupo da promoção e do fomento do desenvolvimento da área seja em termos teóricos, seja em termos práticos. De acordo com o escopo do livro e objetivos deste capítulo, centrar-nos-emos nas ações relativas ao grupo dois apontado acima, a saber, as ações do IBAP para o desenvolvimento teórico e prático da Avaliação Psicológica (AP) brasileira. Dessa forma, o presente capítulo irá descrever as ações realizadas pelo IBAP de forma permanente desde sua criação e, de forma mais específica, será ressaltada a realização das 11 edições do Congresso Brasileiro de Avaliação Psicológica. Para compreender como a realização dessa atividade científica está intimamente relacionada ao desenvolvimento teórico e prático da área, serão analisadas as produções ou as discussões propostas nas mesas redondas ao longo das diferentes edições do evento agrupadas segundo as décadas de existência do instituto. Espera-se, ao longo do capítulo, demonstrar a inter-relação desta produção com as discussões e realidade brasileira no campo da AP.

AÇÕES PERMANENTES DO IBAP E SEU IMPACTO NA AP BRASILEIRA

Ao longo de seus 26 anos, desenvolveu um conjunto diversificado de ações permanentes e tradicionais dessa entidade. A Revista de Avaliação Psicológica é um exemplo de ação permanente e tradicional desenvolvida pelo IBAP. A primeira publicação do periódico ocorreu em 2001 e, desde então, tem divulgado materiais científicos de qualidade. Destaca-se que a revista é reconhecida e indexada em importantes bases de dados nacionais e internacionais, apresentando boa avaliação e impactos significativos no que diz respeito às citações científicas.

Ainda, no que diz respeito às publicações, em 2019, o IBAP deu início à Coleção IBAP de livros. As obras versam sobre temas como formação e estratégias de ensino da avaliação (Baptista et al., 2019; Oliveira et al., 2021), guias para a prática profissional (Oliveira et al., 2019), avaliação em contextos de vida (Argimon et al., 2023; Mansur-Alves et al., 2021), tutoriais em análise de dados (Faiad et al., 2021) e avaliação em psicologia positiva (Oliveira et al., 2023). Embora a Coleção IBAP seja uma ação recente, conta com sete publicações e apresenta bons potenciais de continuidade e de colaboração com a área da avaliação psicológica.

Por fim, no campo da produção científica, podemos apontar o Catálogo de Laboratórios de Avaliação Psicológica como outra publicação tradicional do IBAP. Sua segunda edição foi lançada em 2023 e conta com os grupos de pesquisa registrados no CNPq e descrição dos laboratórios em avaliação psicológica em todo território nacional. Essa informação oportuniza o conhecimento do que se vem trabalhando em diferentes laboratórios ademais potencializa a comunicação entre grupos.

Outra iniciativa do IBAP refere-se à criação e à disponibilização a seus associados do Repositório de Instrumentos de Testagem (RIT). Essa é uma ferramenta organizada e disponibilizada pelo IBAP para favorecer o trabalho colaborativo de pesquisas relacionadas à construção e à validação de testes psicológicos. Ao acessar o RIT, os pesquisadores têm acesso a itens com poucas evidências de validade e a instrumentos com evidências iniciais de suas qualidades psicométricas. A proposta é que a partir da construção colaborativa dos instrumentos, pesquisadores de diferentes localidades sejam conectados por meio de seus temas de interesse e desenvolvam uma rede de pesquisas, aprofundando as compreensões sobre as qualidades psicométricas dos testes.

No que diz respeito aos encontros científicos desenvolvidos pelo IBAP, tem-se as Jornadas de Avaliação Psicológica que teve duas edições, cursos técnicos, *lives* e *webinars*. Algumas dessas atividades são realizadas de forma regular e disponibilizadas na página do instituto aos associados. Porém, é o Congresso Brasileiro de Avaliação Psicológica, que em 2023 conta com a 11ª edição, que se caracteriza como o grande espaço de promoção e de disseminação de conhecimentos voltados à área da Avaliação Psicológica, reunindo estudantes, profissionais e pesquisadores de todas as regiões brasileiras. Conforme apontado por Zanini et al. (2023), as edições do congresso são compostas por uma agenda ampla, oportunizando aos participantes espaços de formação continuada por meio de minicursos e *workshops* especializados. O evento também fomenta a divulgação científica notadamente, por meio de mesas-redondas, de conferências nacionais e internacionais, de comunicações orais e de pôsteres.

Em função de seu alcance e representatividade para a área de AP, o Congresso do IBAP tem crescido em número e diversidade das atividades propostas, congregação de entidades parceiras, comunicação com representantes nacionais e internacionais e, por fim, número de participantes. Trata-se do maior congresso da área de AP no Brasil e, portanto, as discussões ali realizadas em certa medida indicam os caminhos teóricos e práticos da AP no contexto brasileiro.

EVOLUÇÃO DAS PRODUÇÕES EM AP SEGUNDO AS DIFERENTES EDIÇÕES DO CONGRESSO BRASILEIRO DE AVALIAÇÃO PSICOLÓGICA: ARTICULANDO TEORIA A PRÁTICA

Foi pensando em analisar o papel histórico do IBAP e seu fomento à comunicação científica entre os pares, bem como os trabalhos realizados nos laboratórios de AP, universidades e ambientes clínicos, que se realizou um levantamento de todos os títulos de mesas redondas apresentadas nas 11 edições do Congresso Brasileiro de Avaliação Psicológica. A busca textual ocorreu no site do próprio

IBAP (https://www.ibapnet.org.br/congressos-do-ibap). Dessa forma, buscou-se descrever a evolução das discussões em AP ao longo da história do IBAP e do maior congresso de AP do Brasil.

Para gerar os dados aqui apresentados foram utilizadas diferentes técnicas de análise textual com o auxílio do *Software Iramuteq* (*Interface de R pour les Analyses Multidimensionnelles de Textes et de Questionnaires*). O principal objetivo desse *software* é identificar as relações entre os termos lexicais mais frequentemente utilizados no corpus textual (Camargo & Justo, 2013). Assim, serão apresentados: I) Análises lexicográficas clássicas, que apontam a quantidade de Segmentos de Texto (ST), evocações e formas utilizadas. II) Nuvem de palavras, que consiste em agrupar as palavras e organizá-las visualmente com base em sua relevância. As palavras mais frequentes, com uma frequência igual ou superior a três, são exibidas em tamanho maior na nuvem de palavras. III) Classificação Hierárquica Descendente (CHD) que permite inferir como as palavras podem ser agrupadas em função da frequência e do vocabulário dos ST. Como resultado, as classes que surgiram são apresentadas em um dendrograma, sendo que quanto maior o $\chi 2$, mais associada está a palavra com a classe. As palavras com $\chi 2 < 3{,}80$ ($p < 0{,}05$) foram desconsideradas. Dessa forma, as análises realizadas, por meio do *Software Iramuteq*, proporcionam *insights* sobre o conteúdo textual e as relações entre os termos empregados nos títulos das mesas submetidas aos congressos do IBAP.

No que diz respeito às análises lexicográficas, o corpus analisado foi constituído por 212 segmentos de textos (ST). Emergiram 8.301 ocorrências (palavras, formas ou vocabulários), sendo 1.263 palavras distintas. Para realização das nuvens de palavras, o corpus textual foi dividido em três grupos de análise, sendo o primeiro referente à primeira década de existência do IBAP, englobando, portanto, os congressos de 2003 a 2007. O segundo grupo, representando a segunda década e englobando os congressos de 2009 a 2017, e, por fim, o último grupo representando os últimos seis anos e englobando os congressos de 2019 a 2023. As palavras "avaliação", "psicológica", "psicológico" e "psicologia" foram excluídas das nuvens por serem redundantes com a temática geral do congresso, aparecem com uma alta frequência e poluem a nuvem de palavras, dificultando a visualização de outras que porventura poderiam expressar de forma mais adequada a discussão do objetivo deste capítulo.

A seguir é apresentado a Figura ilustrativa da nuvem de palavras referente à primeira década de existência do IBAP e congresso um a três.

Figura 1 • Nuvem de Palavras referente às mesas apresentadas nos congressos de 2003, 2005, 2007.

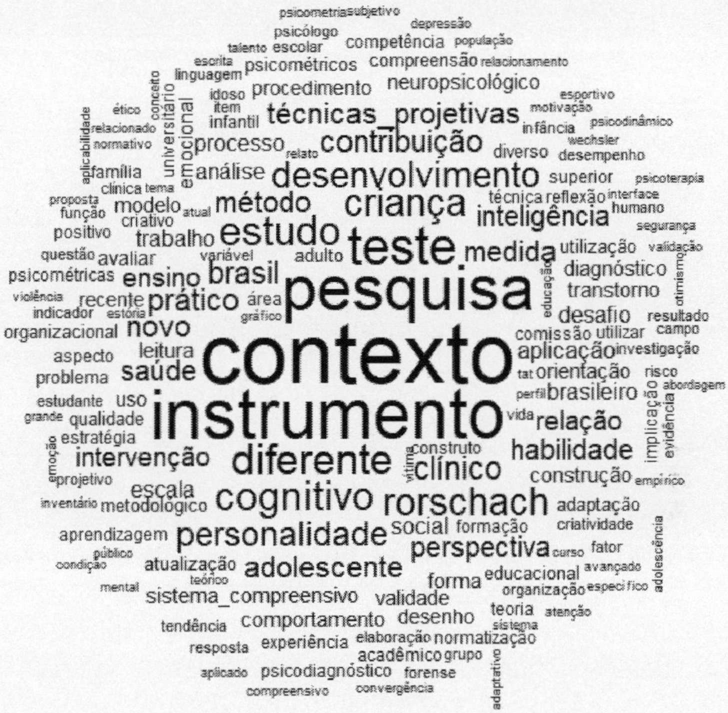

Conforme é possível observar na Figura 1, as palavras "contexto", "instrumento", "pesquisa" e "teste" são centrais no que diz respeito às produções apresentadas nos primeiros congressos realizados pelos IBAP. Tais dados apontam para o compromisso do instituto em favorecer espaços de trocas comprometidos com o avanço da área da Avaliação Psicológica, compromisso este expresso pelo objetivo I da missão do IBAP (Estatuto social do IBAP, 2019). Ainda, a Figura 1 indica a variedade de temas articulados e desenvolvidos nessa primeira década de produções científicas, tais como construtos específicos (p.e. a personalidade e inteligência), técnicas e métodos projetivos, processos desenvolvimentais, avaliação de processos interventivos e ensino da avaliação psicológica no país.

A Figura 2 apresenta a imagem ilustrativa da nuvem de palavras referente à segunda década de existência do IBAP e aos congressos quatro a oito.

Figura 2 • Nuvem de Palavras referente às mesas apresentadas nos congressos de 2009, 2011, 2013, 2015 e 2017.

Por sua vez, a Figura 2 traz como palavras centrais os termos "contexto" e "instrumento". Esse resultado pode ser explicado pelo momento histórico nacional, pois, no período de 2009 a 2017, houve um importante crescimento de técnicas e de testes psicológicos desenvolvidos pelos pesquisadores nacionais, atuando, notadamente, na ampliação de técnicas para a avaliação de diferentes construtos no país (Zanini et al., 2023). Também, é possível indicar a presença de palavras já observadas na Figura 1, como aspectos desenvolvimentais, construtos específicos, métodos e técnicas projetivas, porém há a ampliação de contextos e de públicos, como a interação da avaliação e o contexto escolar, forense e clínico. Nesses contextos, ainda se tem o aprofundamento em questões relacionadas à família, à vulnerabilidade social, aos aspectos relacionados à aprendizagem e à linguagem. Bem como ampliação de pesquisas envolvendo a avaliação psicológica em concursos públicos e para o porte de armas.

A seguir é apresentado a Figura 3 ilustrativa da nuvem de palavras referente à terceira década de existência do IBAP e aos congressos nove a onze.

Figura 3 • Nuvem de Palavras referente às mesas apresentadas nos congressos de 2019, 2021 e 2023.

Os resultados observados na Figura 3 apontam, de forma explícita, o momento histórico experimentado no início da década de 2020. As palavras "contexto" e "desafio" ocupam a centralidade da nuvem de palavras. É importante retomar que, nesses anos, a pandemia da Covid-19 trouxe inúmeros atravessamentos sociais, econômicos, educacionais, para além dos desafios relacionados à saúde pública. Nesse contexto, as produções apresentadas nos congressos do IBAP apontaram para o comprometimento dos pesquisadores nacionais com problemas atuais e, sobretudo, com a construção de propostas que potencialmente favoreceriam o enfrentamento dos diferentes desafios decorrentes da condição pandêmica (Zanini et al., 2020). Também, é importante refletir que, nesse período, a área da Avaliação Psicológica passava pelo julgamento da Ação Direta de Inconstitucionalidade (ADI) 3481, que declarou inconstitucional os dispositivos presentes na Resolução CFP nº 02/2003, vedando a limitação da comercialização dos testes psicológicos (Cardoso & Zanini, 2021). Portanto, o período - relativamente curto - de 2019 a 2023 foi marcado e atravessado por desafios importantes que trouxeram maior aprofundamento das reflexões voltadas à prática, às contribuições da Avaliação Psicológica, à promoção da saúde dos indivíduos e de comunidades, ao papel do Sistema de Avaliação de Testes Psicológicos (SATEPSI) e aos novos rumos da área

(Cardoso & Silva-Filho, 2018). Por essa razão, palavras como "novo" e "diferente" também estiveram em destaque.

Ainda, é importante destacar que as Figuras 1, 2 e 3 têm "contexto" como palavra central, indicando a relevância do termo para a compreensão conjunta dos dados. Esse achado se mostra importante e associado aos objetivos III, VI, VII e VIII expressos na missão do IBAP. Esses objetivos referem-se ao incentivo a pesquisas em campos diversos de aplicação da avaliação psicológica, ao favorecimento da comunicação de pesquisas que sejam orientativas quanto aos procedimentos que apresentem evidências empíricas de qualidade a fim de que as ações avaliativas sejam adequadas aos avaliandos e a suas comunidades. Ainda, esses resultados apontam para o caráter transversal da área da Avaliação Psicológica, uma vez que a aplicação dos métodos e técnicas têm sido investigados de forma contextualizada a públicos e a campos específicos (Resolução CFP nº 31/2022).

A Figura 4 apresenta o dendograma resultante da análise de Classificação Hierárquica Descendente (CHD). Para essa análise, o *software* utilizou 181 segmentos de texto, correspondendo a um aproveitamento de 85,38% do corpus total.

Figura 4 • Dendograma das classes encontradas na CHD.

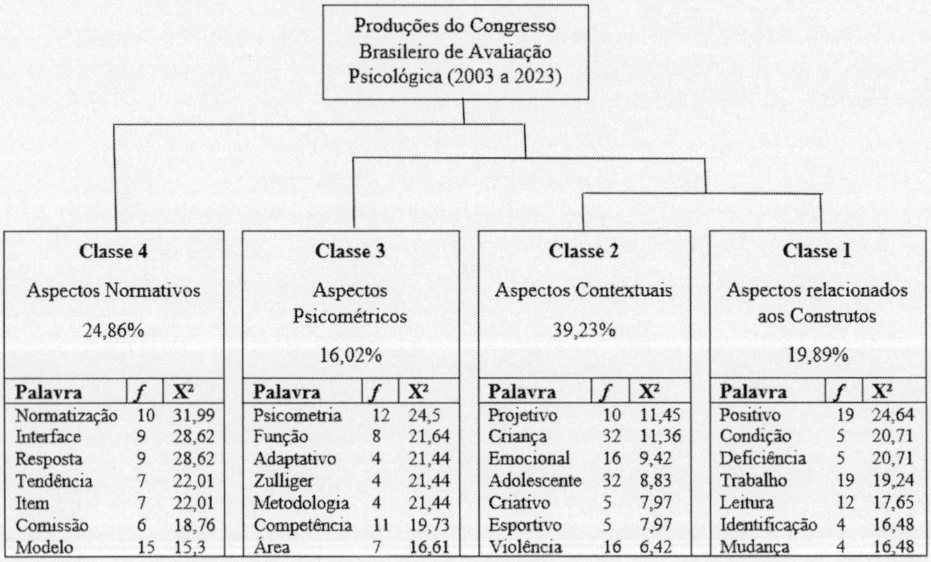

A partir da análise de CHD, os títulos das mesas redondas foram classificados em quatro classes. A análise do conteúdo de cada uma dessas classes permite identificá-las como: Classe 1 - Aspectos Contextuais, Classe 2 - Aspectos relacionados aos construtos, Classe 3 - Aspectos Psicométricos e Classe 4 - Aspectos Normativos.

Dessa forma, observamos que, ao longo da história do IBAP e da sua relação com a construção da AP brasileira, as discussões acerca da busca de estudos de normas (Classe 4) estiveram na base das discussões, orientando, inclusive, os demais eixos temáticos (aspectos psicométricos, construtos e conceituais). De fato, observamos que os aspectos normativos se desdobram em dois eixos, um relativo ao aspecto psicométrico (Classe 3) dos instrumentos, em que se observa a valorização da área em relação à necessidade desse conhecimento, inclusive, identificando-o como uma competência que diferencia a área e a metodologia que o utiliza. Outro eixo se desdobra em dois subeixos relativos aos aspectos de construtos (Classe 1) e contextuais (Classe 2). De fato, em conjunto com a análise da nuvem de palavras, observa-se uma porcentagem grande de interesse da área pelo estudo do contexto avaliado (Classe 2) e como este influencia no processo de avaliação psicológica, seja pela seleção do melhor método, técnica ou procedimento de coleta de informações, seja pela necessidade de desenvolver instrumentos mais sensíveis e específicos para contextos diversos. Atrelado a isso, observa-se a importância dada ao desenvolvimento de medidas capazes de avaliar diferentes construtos e que detectem uma variedade de fenômenos psicológicos ou não (Classe 1).

CONCLUSÃO

O presente capítulo buscou demonstrar, por meio da análise da produção expressa nos Congressos Brasileiros de Avaliação Psicológica, promovidos pelo IBAP, a contribuição dessa entidade científica para o desenvolvimento teórico e prático da área. As nuvens de palavras demonstraram uma estabilidade no cuidado e no desenvolvimento de estudos e trabalhos que se preocupavam com o contexto avaliado, considerando tanto em termos de construção de instrumentos, quanto na realização de estudos psicométricos e normas conforme demonstrado também pela análise do dendograma. Contudo, ao longo dos 26 anos de história analisados de acordo com as décadas 1997-2007, 2008-2017, 2018-2023, observa-se uma evolução das discussões realizadas no congresso para questões contextuais e desenvolvimento de instrumentos, pesquisa e testes psicológicos (primeira década), para uma maior amplitude de temáticas e diversidade de estudos na segunda década e ampliação para questões sociais, tais como pandemia, saúde mental, clínica, violência etc., na terceira década. Dessa forma, podemos dizer que, ao longo desses anos, o IBAP ajudou a fomentar o desenvolvimento da ciência psicológica e AP para a valorização da construção, adaptação e normatização de instrumentos para o contexto brasileiro, estando isso bastante evidenciado nos trabalhos e nas discussões presentes nos congressos que marcaram a primeira década de sua existência. Posteriormente, inclusive, em função de uma maior estruturação da área aliada ao desenvolvimento do SATEPSI e ao aumento de instrumentos com qualidades psicométricas satisfatórias para o contexto brasileiro, observou-se o florescer dos trabalhos para diferentes contextos e temáticas que envolviam o desenvolvimento humano, testes psicológicos e diferentes conteúdos. Por fim, nesta terceira década ainda em curso, observa-se que os trabalhos apresentados no congresso apresentam um olhar para as questões sociais, talvez impulsionados pelos desafios vivenciados pela pandemia de Covid-19 (Zanini et al., 2020), além da Ação Direta de Inconstitucionalidade (ADI-3481) (Cardoso & Zanini, 2021). O mapa de nuvens da terceira década nos permite ainda dizer que, embora esses eventos tenham sido vistos como desafiantes, também foram avaliados como positivos e potencializadores de uma discussão do papel e da contribuição da AP na saúde mental, na prática, na intervenção e no processo clínico.

REFERÊNCIAS

Argimon, I. I. L., Barroso, S. M., Baptista, M. N., & Cardoso, H. F. (2023). *Avaliação psicológica de idosos.* Petrópolis, RJ: Vozes.

Baptista, M. N., Muniz, M., Reppold, C. T., Nunes, C. H. S. S., Carvalho, L. F., Primi, R., Noronha, A. P. P., Seabra, A. G., Wechsler, S. M., Hutz, C. S., & Pasquali, L. (Orgs.). (2019). *Compêndio de Avaliação Psicológica.* Petrópolis, RJ: Vozes.

Camargo, B. V., & Justo, A. M. (2013). IRAMUTEQ: Um software gratuito para análise de dados textuais. *Temas em Psicologia, 21(2),* 513–518. https://doi.org/10.9788/TP2013.2-16

Cardoso, L. M., & Silva-Filho, J. H. (2018). SATEPSI e a Qualidade Técnica dos Testes Psicológicos no Brasil. *Psicologia: Ciência E Profissão, 38(spe),* 40–49. https://doi.org/10.1590/1982-3703000209112.

Cardoso, L. M., & Zanini, D. S. (2021). O que aprender com a decisão do STF sobre os Testes Psicológicos? *Psicologia: Ciência E Profissão, 41*(spe1), e253067. https://doi.org/10.1590/1982-3703003253067.

Estatuto Social do Instituto Brasileiro de Avaliação Psicológica - IBAP. (2019). *Aprovado na Assembleia Geral Extraordinária realizada em 26 de junho de 2019.* Instituto Brasileiro de Avaliação Psicológica. https://www.ibapnet.org.br/arquivos/estatuto-social.pdf

Faiad, C., Baptista, M. N., & Primi, R. (2021). *Tutoriais em análise de dados aplicados à psicometria.* Petrópolis, RJ: Vozes.

Mansur-Alves, M., Muniz, M., Zanini, D. S., & Baptista, M. N. (2021). *Avaliação psicológica na infância e adolescência.* Petrópolis, RJ: Vozes.

Nakano, T. C., & Roma-Alves, R. J. (2019). A Avaliação Psicológica no Brasil. Em Baptista, M. N., Muniz, M., Reppold, C. T., Nunes, C. H. S. S., Carvalho, L. F., Primi, R., Noronha, A. P. P., Seabra, A. G., Wechsler, S. M., Hutz, C. S., & Pasquali, L. (Orgs.), *Compêndio de Avaliação Psicológica* (pp. 122-132). Petrópolis, RJ: Vozes.

Oliveira, K. L., Muniz, M., Lima, T. H., Zanini, D. S., & Santos, A. A. A. (2021). *Formação e estratégias de ensino em avaliação psicológica.* Petrópolis, RJ: Vozes.

Oliveira, K. L., Schelini, P. W., & Barroso, S. M. (2019). *Avaliação psicológica: guia para a prática profissional.* Petrópolis, RJ: Vozes.

Oliveira, K. S., Reppold, C. R., Peixoto, E. M., & Zanini, D. S. (2023). *Avaliação em psicologia positiva.* Petrópolis, RJ: Vozes.

Resolução Nº 002, de 24 de março de 2003. *Define e regulamenta o uso, a elaboração e a comercialização de testes psicológicos e revoga a Resolução CFP nº 025/2001.* Brasília, DF: Conselho Federal de Psicologia.

Resolução Nº 31, de 15 de dezembro de 2022. *Estabelece diretrizes para a realização de Avaliação Psicológica no exercício profissional da psicóloga e do psicólogo, regulamenta o Sistema de Avaliação de Testes Psicológicos - SATEPSI e revoga a Resolução CFP nº 09/2018.* Brasília, DF: Conselho Federal de Psicologia.

Zanini, D. S., Faiad, C., Baptista, M.N., Oliveira, K.L., Oliveira, K.S., Rueda, F.J., Cardoso, H.F., & Henklain, M.H.O. (2023). O papel do Instituto Brasileiro de Avaliação Psicológica (IBAP) na construção histórica da psicologia brasileira. In Degani-Carneiro, F., Lima, T. H., Fukusima, S. S., & Bastos, A. V. B. (Orgs.), *Entidades Nacionais da Psicologia Brasileira: o FENPB e as suas histórias* (pp. 116-127). Brasília, DF: Conselho Federal de Psicologia.

Zanini, D. S., Moura, C. F., Cardoso, H. F., Oliveira, K. L., Makilim, N. B., Mansur-Alves, M., Muniz, M., & Lima, T. H. Avaliação psicológica no contexto da pandemia de Covid-19. (2020). In Vazquez, A. C. S. (Org.), *Protocolos em saúde mental na pandemia da Covid-19/ um guia com diretrizes práticas* (pp. 47-59). Porto Alegre: Ed. da UFCSPA.

HISTÓRICO E CONTRIBUIÇÕES PRÁTICAS DO SISTEMA DE AVALIAÇÃO DOS TESTES PSICOLÓGICOS (SATEPSI)

Evandro Morais Peixoto · UNIVERSIDADE SÃO FRANCISCO (USF)
Katya Luciane de Oliveira · UNIVERSIDADE ESTADUAL DE LONDRINA (UEL)
Ana Paula Porto Noronha · UNIVERSIDADE SÃO FRANCISCO (USF)
Lucila Moraes Cardoso · UNIVERSIDADE ESTADUAL DO CEARÁ (UECE)

O cenário da Avaliação Psicológica (AP) no Brasil até o final da década de 1990 era caótico, sendo que, somente a partir do início do milênio, houve incremento de modificações substanciais na área (Noronha & Reppold, 2010). Pode-se afirmar, com segurança, que a área era pouco valorizada e tinha a adesão de um grupo pequeno de psicólogos. As razões para tanto foram exaustivamente mencionadas por revisões da história da AP (Bueno & Peixoto, 2018; Noronha, 2002; Pasian et al., 2022; Wechsler et al., 2019, entre outros). Porém, é relevante fazer uma releitura de determinados acontecimentos.

Em pesquisa publicada em 2002, com o objetivo de compreender os problemas relacionados à avaliação psicológica e, mais especialmente, ao uso de testes, segundo a ótica de psicólogos, revelou-se argumentos organizados nas seguintes categorias: formação, uso, instrumento, ética e epistemológicos (Noronha, 2002). As três primeiras serão discutidas. A falta de reciclagem profissional, assim como o desconhecimento sobre os princípios de construção dos testes, no tocante à primeira categoria (formação), foram citados como elementos que podem prejudicar o uso de testes em processos avaliativos. A preparação profissional tecnicista, restringindo o ensino da AP à técnica de aplicação e de correção de testes, sem crítica e com pouco exercício do raciocínio avaliativo, aliado ao ensino de uma prática exclusivamente clínica reforçam que a formação em AP precisaria ser revisada (Bardagi et al., 2015).

A formação deficitária impacta o mau uso do instrumento. Tal como discutido por Noronha (2002), a falta de clareza do que se está medindo, o uso do material sem a observância das diretrizes prescritas pelo Manual Técnico, a ausência da compreensão das possibilidades de interpretação dos testes são exemplos de consequências que, de acordo com os psicólogos, poderiam prejudicar a avaliação psicológica, quando pautada exclusivamente no uso de testes. De acordo com Noronha e Santos (2021), é possível que a ideia de que testes psicológicos são sinônimos de avaliação psicológica ainda reine no imaginário de psicólogos, mas não naqueles que se consideram profissionais que usam avaliação psicológica em suas práticas, o que, em alguma medida, pode ser considerado um avanço. Embora essa ideia ainda precise ser debatida, é válido mencionar que, no Censo da Psicologia Brasileira, realizado em 2021, 11,6% dos psicólogos declararam atuar com Avaliação Psicológica. Desses, 98% declararam utilizar a entrevista, 78,7% a observação e 72,5% os testes psicológicos, corroborando a perspectiva de Noronha e Santos (2021).

Por fim, a categoria instrumento, identificada na pesquisa de Noronha (2002), foi o principal mote para o tema central desta publicação, a saber: o Sistema de Avaliação dos Testes Psicológicos (SATEPSI). Foi a construção desse sistema de avaliação que promoveu o importante aprimoramento da qualidade dos testes psicológicos disponíveis no Brasil. Uma pequena comissão de cinco especialistas e dois conselheiros federais (CFP, 2023) compuseram a primeira Comissão Consultiva em Avaliação Psicológica do CFP. Foram eles os responsáveis por definir os critérios mínimos de qualificação dos testes para uso profissional, com base em parâmetros internacionais (Bueno & Peixoto, 2018). A Resolução CFP nº 25/2001, substituída pela CFP nº 002/2003, trouxe os elementos nucleares que devem integrar o Manual Técnico, com base em pesquisas com amostras brasileiras e com comprovação empírica de evidências de validade e de estimativas de precisão, amplamente entendidos como parâmetros psicométricos dos testes psicológicos.

É preciso destacar que as ações promulgadas pelo Conselho Federal de Psicologia foram motivadas por um complexo movimento de atores distintos. O Instituto Brasileiro de Avaliação Psicológica (IBAP), a Associação Brasileira de Rorschach e Métodos Projetivos (ASBRo), os poucos laboratórios de pesquisa coordenados por pesquisadores renomados na área de AP e o Grupo de Trabalho Pesquisa em Avaliação Psicológica da Associação Nacional de Pesquisa e Pós-graduação em Psicologia (ANPEPP) foram relevantes protagonistas, sem os quais dificilmente teria sido possível construir um cenário tão positivo quanto o que se vê nos dias atuais em relação à AP (Pasian et al., 2022; Wechsler et al., 2019).

Mais especialmente em relação ao SATEPSI, seu sucesso foi reconhecido em âmbito nacional (Andrade & Valentini, 2018; Cardoso & Silva-Filho, 2018; Primi, 2018, entre outros), assim como no contexto internacional (Evers, 2012). De acordo com Primi (2018), além da contribuição imediata quanto à melhoria dos testes, foi possibilitado que profissionais e pesquisadores se mobilizassem e reunissem esforços na direção do resgate da importância da área de AP brasileira. Ainda em 2004, Noronha e Alchieri discorreram sobre os avanços que já podiam ser observados naquela época e que colocavam a AP em outro patamar de credibilidade. Os autores destacaram que foi construída produção científica atualizada; houve o aumento de pesquisas, por meio das Teses e Dissertações, e das realizadas em laboratórios junto às instituições de ensino; ampliação do número de pesquisadores; e, como consequência, testes psicológicos mais qualificados (Noronha & Alchieri, 2004).

O sucesso do SATEPSI também pode ser observado na formação das profissionais psicólogas no Brasil. Por meio de suas diretrizes e suas orientações, contribuiu para que as instituições de ensino superior estabeleçam uma base sólida de conhecimento teórico e prático na área da avaliação psicológica. Essa formação abrange desde os princípios éticos até a seleção e aplicação adequada dos instrumentos avaliativos. Além disso, a CCAP promove a reflexão contínua sobre a importância da atualização e do aprimoramento profissional, incentiva a participação em cursos, *workshops* e congressos de referência na área, fornecendo subsídios para a aquisição de novas competências e habilidades. Dessa forma, a comissão procura oferecer aos profissionais uma base teórica, técnica e ética sólida e atualizada para o fomento de uma atuação responsável e qualificada.

Mais recentemente, em 2018, o SATEPSI passou por revisão. A Resolução CFP nº 09/2018 substituiu a anterior e trouxe uma série de atualizações, a começar pelo aprimoramento dos critérios de avaliação da qualidade dos testes. Embora se tenha reconhecimento de que a Resolução nº 002/2003 marcou o crescimento da AP, a exigência preconizada para os testes ainda era incipiente em comparação aos critérios internacionais. A justificativa para tanto se dava em razão da situação precária dos testes até a década de 1990, como já exposto neste artigo. Foi necessário mais do que exigir qualidade, era preciso formar autores de testes, promover pesquisas e resgatar a legitimidade da área, o que ocorreu ao longo desses anos. Isto posto, a publicação da Resolução CFP nº 09/2018 trouxe maior exigência quanto aos critérios mínimos, além de ter trazido definições que poderiam importar para a prática de AP, por exemplo, as fontes fundamentais e complementares a serem observadas em processos de avaliação psicológica (Bandeira et al., 2021).

Um ano mais tarde, a área de AP teve uma conquista importante com a publicação da Resolução CFP nº 18/2019 que reconheceu a AP como especialidade da Psicologia (ver também Resolução CFP nº 23/2022 que institui condições para concessão e registro de psicólogos especialistas). O reconhecimento dessa especialidade vinha sendo defendida há mais de uma década e a publicação da referida resolução consolidou a Avaliação Psicológica como 13ª especialidade reconhecida pelo CFP.

Para obtenção do registro de especialista, as psicólogas e os psicólogos devem estar inscritos no Conselho Regional de Psicologia há pelo menos dois anos, bem como comprovar dois anos de efetivo exercício profissional na área de Avaliação Psicológica. Há duas categorias para a comprovação de conhecimento teórico-metodológico, sendo elas aprovação em concurso de especialista promovido pelo Conselho Federal de Psicologia ou conclusão de curso de especialização ofertado por Instituição de Ensino Superior credenciada pelo Ministério da Educação (MEC) ou por Sistemas de Ensino dos Estados e do Distrito Federal (Resolução CFP nº 23/2022).

Ao criar o título de especialista, foi preciso designar uma definição da especialidade em Avaliação Psicológica. Essa definição, que pode ser consultada na

Resolução CFP nº 18/2019, alinha-se com as 27 competências básicas esperadas do profissional de psicologia, conforme debatido por Nunes et al. (2012). A descrição dessas competências foi oportunamente revisada por Muniz (2017) e incluiu os conhecimentos, habilidades e atitudes que, como dito, um profissional deveria buscar desenvolver para atuar nessa área.

Esse reconhecimento do título de especialista é importante, sobretudo, para reforçar que a formação em avaliação psicológica deve ser contínua. Embora ao concluir a graduação em Psicologia e fazer o registro no Conselho Regional de Psicologia (CRP), o profissional esteja habilitado a conduzir processos de AP, defende-se que essa prática precisa ser balizada por um contínuo processo de aprimoramento profissional.

Nesse particular, a relevância de uma base sólida do ponto de vista teórico, técnico e ético foi colocada em voga um ano depois, em 2020, quando a Organização Mundial de Saúde (OMS) declarou a Covid-19 como pandemia. Momento em que toda a psicologia se viu desafiada a re(pensar) suas práticas para atender à realidade que se apresentava com aquele cenário. Com a AP não foi diferente, por isso a CCAP rapidamente buscou construir parâmetros seguros para a continuidade do trabalho em AP com orientações pautadas em critérios oferecidos pela Associação Americana de Psicologia (APA). Naquele momento tão devastador, foi preciso reunir esforços dos Grupos de Trabalhos com foco em Avaliação Psicológica da Associação Nacional de Pesquisa e Pós-graduação em Psicologia (ANPEPP); das entidades do Fórum de Entidades Nacionais da Psicologia Brasileira (FENPB), em especial, do Instituto Brasileiro de Avaliação Psicológica (IBAP); da Associação Brasileira de Rorschach e Métodos Projetivos (ASBRo) e do Instituto Brasileiro de Neuropsicologia e Comportamento (IBNeC). A CCAP elaborou a Cartilha de Boas Práticas em Tempos de Pandemia e trabalhou pautada no Princípio Fundamental III, do Código de Ética Profissional do Psicólogo que estabelece que "*O psicólogo atuará com responsabilidade social, analisando crítica e historicamente a realidade política, econômica, social e cultural*". Também buscou atender ao artigo 1º, alínea que estipula a necessidade de "*Prestar serviços psicológicos de qualidade, em condições de trabalho dignas e apropriadas à natureza desses serviços, utilizando princípios, conhecimentos e técnicas reconhecidamente fundamentados na ciência psicológica, na* ética *e na legislação profissional*".

Posto isto, a preocupação da CCAP foi, a partir de princípios basilares da profissão de psicólogo, poder entrar na minúcia do trabalho em AP em contextos mediados pelas Tecnologias para o Desenvolvimento da Comunicação e da Informação (TDICs). Por um lado, a Resolução CFP nº 11/2018 já tinha regulamentado a prestação de serviços psicológicos realizados por meios de tecnologias da informação e da comunicação, (a AP era uma das práticas possíveis de serem realizadas online), por outro ainda era incipiente as orientações sobre proceder nos casos que seriam atendidos inteiramente online devido à pandemia. Uma Nota técnica CFP nº 07/2019 também foi referência relevante na época, uma vez que complementou a resolução, tendo em vista que firmou a necessidade de se empregar em contextos online somente testes que havia sido aprovados pelo SATEPSI, pois reuniam todas as evidências psicométricas para serem usados mediados pela tecnologia.

Durante o período da pandemia (2020-2021), a CCAP teve que zelar por todos os percursos da AP realizadas no contexto nacional, incluindo tanto as fontes fundamentais, quanto às fontes complementares adotadas, incluindo-se orientações para os psicólogos que estavam na especificidade do ensino em AP e seus estágios, para tanto, publicou a Nota Orientativa sobre ensino da Avaliação Psicológica em modalidade remota no contexto da pandemia de COVID-19. Visando sustentar as práticas em AP pelos estados da federação, a CCAP também atendeu, em reuniões remotas, todos os Conselhos Regionais de Psicologia Brasileiros, oferecendo orientação e apoio em um momento no qual essas representações precisavam ser assistidas para poderem exercer de forma eficiente seu papel orientativo e fiscalizador. Quando se volta o olhar para esse momento histórico da pandemia e os alcances dos trabalhos da CCAP, é possível refletir também sobre o 'avanço repentino' dos estudos de medidas mediadas pelas tecnologias. Em 2003, existiam 30 instrumentos com parecer favorável, em 2011, o número era 121 (ver Ambiel et al., 2011), já em 2017 surge o primeiro instrumento com parecer favorável para aplicação informatizada (ver Reppold et al., 2017). Em 2020, o número de instrumentos aprovados era 4 e, no presente ano, 2023, o número de instrumentos com parecer favorável no SATEPSI subiu para 22.

A expansão no número de testes de aplicação online representa um avanço significativo no SATEPSI. Reflexões foram promovidas pela CCAP junto às entidades representantes da avaliação psicológica, aos pesquisadores da área e às editoras com o intuito de demonstrar as evidências psicométricas que assegurassem a adequação dos instrumentos nesse formato de aplicação, bem como da equivalência dessas propriedades quando os instrumentos contavam com versões anteriores com aplicação no formato convencional (lápis-papel).

Se por um lado essa expansão impacta em uma série de avanços, por outro há limitações que merecem reflexão. A facilidade de acesso aos testes, por meio das TIDCs, e a eliminação das barreiras geográficas proporcionam que números expressivos de respondentes façam parte das amostras das pesquisas, ampliando a representatividade de participantes e permitindo generalizações mais abrangentes. Isso se mostrou, inicialmente, como potencialidade para uma maior diversidade e variabilidade de características sociodemográficas dos participantes acessados nos estudos de validade, precisão e normas dos testes, enriquecendo os estudos e fornecendo dados mais sólidos para análises e pesquisas.

Embora parte disso seja verdadeiro, é importante considerar as limitações inerentes aos testes de aplicação online. Uma das principais preocupações está relacionada à homogeneização da amostra em função de aspectos sociais. Embora o alcance tenha sido ampliado, é necessário refletir sobre a real representatividade dos respondentes, uma vez que certos grupos sociais podem estar sub ou sobre-representados na amostra online, justamente por não terem acesso à internet e aos computadores. Isso pode levar a uma visão limitada e não abrangente dos perfis sociodemográficos, restringindo as generalizações e aplicabilidade dos resultados a diferentes populações. Em um país com tamanha desigualdade social como o Brasil, aspectos socioeconômicos, culturais e educacionais podem influenciar diretamente o acesso a aparelhos eletrônicos e à internet, por exemplo, portanto, na participação e no engajamento dos indivíduos em pesquisas dessa natureza, afetando diretamente a diversidade dessas amostras. Esse viés pode levar a interpretações equivocadas e a generalizações inadequadas dos construtos psicológicos, comprometendo a utilidade e a eficácia dos testes na prática profissional e na tomada de decisões. Nesse sentido, discussões têm sido promovidas pela CCAP com o intuito de desenvolver orientações que garantam o acesso a amostras que melhor representem a população brasileira em aspectos sociodemográficos, como raça, gênero, nível educacional, grupos minorizados, além de todos aqueles já descritos na Resolução vigente naquele momento nº 09/2018.

Como se não bastasse a demanda emergente, acarretada pela COVID-19, e consequências da adaptação da atuação profissional ao que era possível no contexto pandêmico, nesse ínterim houve o julgamento da Ação Direta de Inconstitucionalidade (ADI) 3.481 pelo Supremo Tribunal Federal (STF). O processo da ADI, iniciado em 2004, colocou em debate a constitucionalidade do Conselho Federal de Psicologia restringir a comercialização e o uso de manuais de testes psicológicos a profissionais inscritos na entidade (Noronha et al., 2021). Ainda que aos olhos da maioria dos psicólogos brasileiros essa restrição seja fundamental para minimizar a possibilidade de que as pessoas que serão submetidas ao teste não o estudem antecipadamente (Cardoso & Zanini, 2021), essa não foi a compreensão dos ministros. Em 22/08/2022, foi publicada no Diário Oficial da União (DOU) a decisão de que não cabe ao CFP regular a comercialização desses instrumentos.

A notícia foi recebida pelos profissionais com bastante pesar e forte receio sobre os impactos dessa decisão na prática profissional. Quase um ano depois, ao que parece, os efeitos foram menos severos do que o estimado e os profissionais continuam conduzindo suas atividades utilizando-se desses recursos. Nesse sentido, cabe reforçar que, conforme as palavras do Ministro Alexandre de Moraes, relator do processo "os votos proferidos em favor da declaração de inconstitucionalidade da norma impugnada foram expressos em delimitar que <u>o julgamento não tratava da normatização sobre requisitos, critérios e procedimentos para a execução de avaliações psicológicas exclusivamente por profissionais habilitados</u>" (grifo nosso). Isto é, o uso continua restrito aos profissionais de psicologia, que passaram (ou pelo menos deveriam) aumentar a atenção à possibilidade de os examinados terem contato prévio com os testes psicológicos.

Cabe mencionar que, nesse período, a CCAP trabalhou arduamente para dar subsídios aos memorias que foram entregues aos gabinetes dos ministros do STF, demonstrando os potenciais prejuízos à sociedade com a flexibilização do acesso aos testes psicológicos. Posteriormente, diante da decisão judicial, a comissão buscou reunir pesquisadores e editoras com o objetivo de encontrar alternativas viáveis para mitigar as possíveis consequências do livre acesso aos instrumentos. Ao longo de um trabalho colaborativo, a comissão promoveu debates e diálogos construtivos, levando em consideração os aspectos éticos, jurídicos e científicos envolvidos na avaliação psicológica. Esforços foram despendidos para o desenvolvimento de diretrizes que equilibrassem a necessidade de proteção do conteúdo dos testes, como o uso de plataformas digitais seguras para disponibilizar testes psicológicos de maneira controlada, além do incentivo a criação de versões computadorizadas e adaptativas dos testes. Essas iniciativas trouxeram à tona soluções que respeitassem as diretrizes legais e éticas, ao mesmo tempo em que promovessem o avanço contínuo da ciência psicológica em benefício da sociedade como um todo.

O ano de 2022 foi marcado pela publicação da Resolução CFP nº31/2022 que, em sua ementa, estabelece diretrizes para a realização de AP no exercício profissional da psicóloga e do psicólogo, regulamenta o Sistema de Avaliação de Testes Psicológicos - SATEPSI e revoga a Resolução CFP nº 09/2018. A resolução atualiza dispositivos da Resolução CFP nº 09/2018 e também elucida sobre a submissão no SATEPSI de versões equivalentes dos testes (estudos de equivalência para versões online), atualização de normas e de estudos de evidências de validade, além de novamente reafirmar os aspectos de justiça e proteção dos direitos humanos aplicados à AP. Além de apresentar um novo Anexo, a saber, formulário de avaliação dos critérios relativos a testes de aplicação informatizada (mediada por computador) e para os estudos de equivalência.

Cabe ainda mencionar que uma importante ação que marca a atuação da CCAP no ano de 2021 e 2022 foi o trabalho diante dos processos no âmbito do STF, conforme já debatido, e nos projetos de lei (no âmbito da Assembleia Legislativa Federal), em especial, a respeito da pauta da legislação nacional que especifica a comprovação da aptidão psicológica para manuseio de arma de fogo. Por essa via, o Projeto de Lei 2160/2022, que visava alterar a Lei do Estatuto do Desarmamento (Lei 10.826/2003), no quesito da exigência da comprovação de aptidão psicológica anual aos profissionais das forças de segurança para a concessão e/ou manutenção do porte de armas de fogo, foi arquivado. O referido projeto de lei tinha a pretensão de alterar a competência atribuída no Decreto nº 9.847/2019 aos psicólogos para os profissionais da medicina psiquiátrica. A CCAP apresenta um corpo técnico-científico plural e diferentes pautas de relevância nacional contam com a participação ativa de seus membros de modo a fortalecer ao longo dos anos os caminhos da AP no cenário nacional.

O ano de 2023 é marcado pelo início da gestão do XIX plenário do CFP e pela nova composição da CCAP. À nova composição cabe dar encaminhamento a ações de enfrentamento aos desafios iniciados na composição anterior, bem como a observância dos novos desafios que se impõem, dentre eles vale destacar aqueles relacionados a uma gama de instrumentos que terão seus estudos de evidências de validade, de precisão e de normas vencidos, conforme preconizam as resoluções 09/2018 e 31/2022. Nesse sentido, enquanto, no ano de 2022, as psicólogas brasileiras contavam com 163 testes em condições de uso e, em meados de 2023, esse número é 155, o movimento promovido pela CCAP junto aos pesquisadores, aos laboratórios de pesquisa e às editoras para renovar os estudos de evidência de validade ou normas desses instrumentos acarretarão um grande volume de avaliações a serem realizadas pela SATEPSI. Nesse sentido, orientações que contribuam para a realização de estudos com qualidade beneficiará os profissionais da área para que continuem contando com instrumentos adequados para uso profissional, o que trará benefício à comunidade como todo e promoverá a manutenção dos avanços alcançados nas últimas décadas.

Nesse sentido, uma das orientações deve ter como foco o artigo 22 da resolução 31/2002 "1º Os testes psicológicos com parecer favorável no SATEPSI, com data anterior à publicação desta Resolução, terão sua vigência mantida para os estudos de validade (20 anos) e para normas (15 anos)". Situação que possibilita que estudos de validade e normas sejam submetidos ao sistema separadamente. Essa configuração tem promovido situações interessantes em que os novos estudos de validade sejam submetidos sem a devida atualização teórica dos construtos alvo ou sem sustentações e hipóteses que embasam os novos evidências de validade. Vale ressaltar que não se trata de novas introduções, ou reformulação do arcabouço teórico já publicado no manual, as definições teóricas que justificam a manutenção do construto, expectativa de estrutura interna e hipóteses de direções/magnitudes das relações a serem estabelecidas com variáveis externas, procedimentos esses que caracterizam os estudos de evidências de validade (AERA et al., 2014).

Outro importante desafio a ser enfrentado em 2023 diz respeito à continuidade das discussões sobre os parâmetros que definem o teste psicológico de uso restrito da psicóloga, haja vista que apenas os instrumentos que são compreendidos dentro dessa categoria são submetidos à avaliação no SATEPSI. Outros instrumentos recebem a classificação dentro do sistema com "instrumentos não privativos" e são considerados como instrumentos que podem ser utilizados de forma complementar em processos de avaliação psicológica, desde que sua utilização seja fundamentada cientificamente. Embora a lista desses instrumentos não privativos esteja apresentada no SATEPSI no conjunto de instrumentos que a "Psicóloga(o) pode usar" (atualmente, essa lista conta com 23 instrumentos), esses não foram submetidos a uma avaliação de suas qualidades psicométricas. Nesse sentido, vale ressaltar as demandas de autores que julgam importante a avaliação de seus instrumentos hoje classificados como não privativos a fim de oferecer à comunidade de psicólogas ferramentas cuja qualidades psicométricas tenham sido atestadas. Investimentos dessa natureza podem contribuir para a valorização de outros instrumentos psicológicos e, consequentemente, a compreensão da avaliação psicológica como uma etapa da atuação profissional composta por múltiplos métodos, técnicas e procedimentos (Oliveira et al., 2021).

CONCLUSÃO

Os trabalhos da CCAP têm demonstrado coerência técnica e científica e compromisso social, seguindo os parâmetros éticos da nossa profissão. Sua trajetória histórica tem sido ilibada e aguerrida na luta pela qualidade da prática de AP e do seu ensino. Sob essa perspectiva, Muniz et al. (2021) argumentam que no Brasil há abismos sociais nos quais as diferenças sociais, econômicas e culturais são grandes. Assim, a prática de AP realizada em nossa realidade não pode servir como artifício para adensar as desigualdades. Por essa via, ressaltamos o compromisso estabelecido em relação à justiça social e preconizados nos artigos de nº 31, 32 e 33 da antiga Resolução CFP nº 09/2018 e reafirmados na atual Resolução CFP nº 31/2022 em seus artigos 39, 40, 41 e 42.

Embora a ADI dos testes tenha realizado a função de fazer toda a área de AP (re)pensar sobre o futuro a curto, médio e longo prazo, a flexibilização do acesso ao conhecimento (dos manuais dos testes) por leigos ou por outros profissionais de distintas áreas do conhecimento faz refletir sobre as competências necessárias para realização da prática de AP no âmbito nacional. O debate há muito existente sobre o assunto convoca a área à discussão sobre a competência instrumental necessária e a formação profissional. O resultado do julgamento da ADI de forma definitiva preconiza que o uso dos testes psicológicos na prática profissional continua restrito aos psicólogos, por isso há um longo caminho para que a área de AP possa construir soluções que melhorem a segurança dos testes de modo a continuar assegurando sua cientificidade.

A CCAP sempre pautou seu percurso na construção de parâmetros seguros para os psicólogos, seja do ponto de vista ético, quanto técnico, mas há que se ressaltar que a prerrogativa para a condução e a escolha de métodos depende de cada profissional (conforme consta na Resolução CFP nº 31/2022 em seu artigo 5º). Desse modo, a CCAP continuará escrevendo outros capítulos históricos na AP brasileira, dando materialidade ao desenvolvimento dessa área, de modo a respaldar seus campos científico e de conhecimento prático.

REFERÊNCIAS

Ambiel, R. A. M., Rabelo, I. S., Pacanaro, S. V., Alves, G. A. S. & Leme, I. F. A. S. (Orgs.). (2011). *Avaliação Psicológica. Guia de consulta para estudantes e profissionais de psicologia.* São Paulo: Casa do Psicólogo.

Andrade, J. M., & Valentini, F. (2018). Diretrizes para a construção de testes psicológicos: a Resolução CFP nº 009/2018 em destaque. *Psicologia: Ciência e Profissão,* 38(spe), 28-39. https://doi.org/10.1590/1982-3703000208890

American Educational Research Association – AERA, American Psychological Association – APA, and National Council on Measurement in Education – NCME. (2014). *Standards for educational and psychological testing* Washington, DC.

Bardagi, M. P., Teixeira, M. A. P., Segabinazi, J. D., Schelini, P. W., & Nascimento, E. (2015). Ensino da avaliação psicológica no Brasil: Levantamento com docentes de diferentes regiões. *Avaliação Psicológica, 14*(2), 253-260. https://doi.org/10.15689/ap.2015.1402.10.

Bueno, J. M. H., & Peixoto, E. M. (2018). Avaliação Psicológica no Brasil e no Mundo. *Psicologia: Ciência e Profissão, 38*(3), 108-121. https://doi.org/10.1590/1982-3703000208878

Cardoso, L. M., & Silva-Filho, J. H. (2018). Satepsi e a qualidade técnica dos testes psicológicos no Brasil. *Psicologia: Ciência e Profissão*, 38(spe), 40-49. https://dx.doi.org/10.1590/1982-3703000209112

Cardoso, L.M. e Zanini, D. S. O que Aprender com a Decisão do STF sobre os Testes Psicológicos?. *Psicologia: Ciência e Profissão* [online]. 2021, v. 41, n. spe1 [Acessado 24 Junho 2023], e253067. Disponível em: <https://doi.org/10.1590/1982-3703003253067>. Epub 23 Ago 2021. ISSN 1982-3703. https://doi.org/10.1590/1982-3703003253067.

Conselho Federal de Psicologia (2005). *Código de Ética Profissional do Psicólogo*. Recuperado de https://site.cfp.org.br/wp-content/uploads/2012/07/ codigo-de-etica-psicologia.pdf

Conselho Federal de Psicologia (2018). *Resolução 11 de maio de 2018*. Regulamenta a prestação de serviços psicológicos realizados por meios de tecnologias da informação e da comunicação e revoga a Resolução CFP n.º 11/2012. Recuperado de https://site.cfp.org.br/wp-content/uploads/2018/05/ RESOLU%C3%87%C3%83O-N% C2%BA-11-DE-11-DE-MAIO-DE-2018.pdf

Conselho Federal de Psicologia-CFP (2018). *Resolução CFP Nº 009/2018*. Estabelece diretrizes para a realização de Avaliação Psicológica no exercício profissional da psicóloga e do psicólogo, regulamenta o Sistema de Avaliação de Testes Psicológicos - SATEPSI e revoga as Resoluções nº 002/2003, nº 006/2004 e nº 005/2012 e Notas Técnicas nº 01/2017 e 02/2017. Recuperado de https://site.cfp.org.br/wp-content/uploads/2018/ 04/Resolução--CFP-nº-09-2018-com-anexo.pdf

Conselho Federal de Psicologia (2019). *Nota técnica CFP Nº 007/2019*. Substitui a Nota técnica nº 5/2019. Orienta psicólogas(os) sobre a utilização de testes psicológicos em serviços realizados por meio de tecnologias de informação e da comunicação. Recuperado de www.crprj.org.br/site/wp-content/uploads/ 2019/10/Nota_0169199_Nota_Tecnica_CFP_07.2019.pdf

Conselho Federal de Psicologia (2019). *Resolução CFP n.º 18 de setembro de 2019*. Reconhece a Avaliação Psicológica como especialidade da Psicologia e altera a Resolução CFP nº 13, de 14 de setembro de 2007, que institui a Consolidação das Resoluções relativas ao Título Profissional de Especialista em Psicologia. Recuperado de https://atosoficiais.com.br/cfp/resolucao-do-exercicio-profissional- n-18-2019-institui-condicoes-para-concessao-e-registro-de- psicologa-e-psicologo-especialistas-reconhece-as-especialidades-da-psicologia-e-revoga-as-resolucoes-cfp-n-13-de-14-de-setembro- de-2007-n-3-de-5-de-fevereiro-de-2016-n-18-de- 5-de-setembro-de-2019

Conselho Federal de Psicologia (2020). *Cartilha de Boas Práticas em Avaliação Psicológica Tempos de Pandemia*. Recuperado de https://site.cfp.org.br/wp-content/uploads/2021/02/ Cartilha-Boas-Pra%CC%81ticas-na-pandemia.pdf

Conselho Federal de Psicologia (2022). *Resolução nº 23 de setembro de 2019*. Institui condições para concessão e registro de psicóloga e psicólogo especialistas; reconhece as especialidades da Psicologia e revoga as Resoluções CFP nº 13, de 14 de setembro de 2007; nº 3, de

5 de fevereiro de 2016; nº 18, de 5 de setembro de 2019. Recuperado de https://atosoficiais.com.br/cfp/resolucao-do-exercicio-profissional-n-23-2022-institui-condicoes-para-concessao-e-registro- de-psicologa-e-psicologo-especialistas-reconhece-as-especialidades-da-psicologia-e-revoga-as-resolucoes-cfp-no-13-de-14-de-setembro-de-2007-no-3-de-5-de-fevereiro-de-2016-no-18-de-5-de-setembro-de-2019?origin=instituicao

Conselho Federal de Psicologia (2022). *Resolução nº 31 de dezembro de 2022*. Estabelece diretrizes para a realização de Avaliação Psicológica no exercício profissional da psicóloga e do psicólogo, regulamenta o Sistema de Avaliação de Testes Psicológicos - SATEPSI e revoga a Resolução CFP nº 09/2018. Recuperado de https://atosoficiais.com.br/cfp/resolucao-do-exercicio-profissional- n-31-2022-estabelece-diretrizes-para-a-realizacao-de- avaliacao-psicologica-no-exercicio-profissional-da-psicologa-e- do-psicologo-regulamenta-o-sistema-de-avaliacao-de-testes- psicologicos-satepsi-e-revoga-a-resolucao-cfp- no-09-2018?origin=instituicao

Evers, A. (2012). The internationalization of test reviewing: Trends, differences, and results. *International Journal of Testing*, 12(2), 136-156. https://doi.org/10.1080/15305058.2012.658932

Muniz, M. (2017). Competências e cuidados para a administração da avaliação psicológica e dos testes psicológicos. In: Manuela Ramos Caldas Lins;Juliane Callegaro Borsa. (Org.). *Avaliação Psicológica: aspectos teóricos e práticos*. Petrópolis-RJ: Editora Vozes Ltda, p. 100-114.

Muniz, M., Oliveira, K. L. & Rueda, F. J. M.. Ética e justiça em Avaliação Psicológica: formação e prática. In: K. L. Oliveira, M. Muniz, T. H. Lima, Zanini, D. S. & A. A. A. Santos (Orgs.), *Formação e estratégias de ensino em Avaliação Psicológica* (pp.21-36). Petrópolis: Vozes.

Noronha, A. P. P. (2002). Os problemas mais graves e mais frequentes no uso dos testes psicológicos. *Psicologia: Reflexão e Crítica*, 15(1), 135-142. https://doi.org/10.1590/S0102-79722002000100015.

Noronha, A. P. P., & Alchieri, J. C. (2004). Conhecimento em avaliação psicológica. *Estudos de Psicologia*, 21(1), 43-52. https://doi.org/10.1590/S0103-166X2004000100004

Noronha, A. P. P., & Reppold, C. T. (2010). Considerações sobre a avaliação psicológica no Brasil. *Psicologia Ciência e Profissão*, 30(nº Spe), 192-201. https://doi.org/10.1590/S1414-98932010000500009

Noronha, A. P. P., & Santos, A. A. A. (2021). Histórico da formação em Avaliação Psicológica no Brasil. In K. L. Oliveira, M. Muniz, T. H. Lima, D. S. Zanini, & A. A. A. Santos. (Orgs.). *Formação e estratégias de ensino em Avaliação Psicológica* (pp. 13-20). 1ª ed. Petrópolis: Vozes.

Noronha, A. P. P. et al. Os Impactos da Ação Direta de Inconstitucionalidade nº 3481 na Psicologia e na Sociedade. *Psicologia: Ciência e Profissão* [online]. 2021, v. 41, n. spel [Acessado 24 Junho 2023], e252730. Disponível em: <https://doi.org/10.1590/1982-3703003252730>. Epub 23 Ago 2021. ISSN 1982-3703. https://doi.org/10.1590/1982-3703003252730.

Nunes, M. F. O., Nascimento, M. M., Reppold, C. T., Faiad, C., Buen, J. M. H., & Noronha, A. P. P. (2012). Diretrizes para o ensino de avaliação psicológica. *Avaliação Psicológica: Interamerican Journal of Psychological Assessment, 11*(2), 309-316.

Pasian, S. R., Bandeira, D. R., & Santos, A. A. A. (2022). Do Teste ao Processo de Avaliação Psicológica: Memórias sobre a Formação do Psicólogo no Brasil. *Psicologia: Ciência e Profissão*, 42 (nº spe), e263867, 1-14. https://doi.org/10.1590/1982-3703003263867

Primi, R. (2018). Avaliação psicológica no Século XXI: De onde viemos e para onde vamos. *Psicologia: Ciência e Profissão*, 38(spe), 87-97. https://doi.org/10.1590/1982-3703000209814

Oliveira, K. S., Campos, C. R., & Peixogto, E. M. (2021). Avaliação de multitraços e por multimétodos em crianças e adolescentes. In: M. Muniz,, D. S. Zanini, & M. N. Baptista. (Org.). *Avaliação Psicológica na Infância e Adolescência* (pp. 131-150). 1ª ed. Petrópolis, Rio de Janeiro: Vozes.

Reppold, C. T., Serafini, A. J., Ramires, D. A., & Gurgel, L. G. (2017). Análise dos manuais psicológicos aprovados pelo SATEPSI para avaliação de crianças e adolescentes no Brasil. *Avaliação Psicológica, 16*(1), 19-28. https://dx.doi.org/10.15689/ap.2017.1601.03

Wechsler, S. M., Hutz, C. S., & Primi, R. (2019). O desenvolvimento da avaliação psicológica no Brasil: Avanços históricos e desafios. *Avaliação Psicológica*, 2019, 18(2), pp. 121-128. http://dx.doi.org/10.15689/ap.2019.1802.15466.02

PERÍCIA PSICOLÓGICA FORENSE

Lucas Dannilo Aragão Guimarães

UNIVERSIDADE ESTADUAL DO PIAUÍ (UESPI)
TRIBUNAL DE JUSTIÇA DO MARANHÃO (TJ-MA)

INTRODUÇÃO

A palavra "perícia" tem origem no latim (etimologia: *peritia*) e, de acordo com o dicionário Aurélio, significa habilidade, destreza, conhecimento, ciência, ou pode também se referir a uma inspeção ou a um exame técnico especializado. O dicionário Oxford traz uma definição semelhante, conceituando "perícia" como a qualidade de um especialista, habilidade ou mesmo exame e avaliação especializados. Essas definições apresentam dois aspectos semânticos relevantes. O primeiro está relacionado às características que um indivíduo deve possuir, como habilidade, destreza ou conhecimento, para desempenhar uma determinada tarefa. O segundo aspecto semântico concentra-se na própria tarefa em si. Por exemplo, quando alguém realiza a prática de examinar alguém, está realizando uma perícia.

No sistema jurídico brasileiro, as perícias forenses (também conhecidas como perícias judiciais) podem ser classificadas como perícias cíveis e criminais (Alberto Filho, 2018; Espíndula, 2013). A perícia cível tem o objetivo de responder a questões relacionadas a processos judiciais de natureza privada ou pública, em sua maioria, abrangendo áreas como relações trabalhistas, familiares, de infância e civil. Por outro lado, a perícia criminal destina-se a responder questões relacionadas a infrações penais, nas quais o Estado tem a responsabilidade de defender o cidadão. O objetivo da perícia psicológica forense não é confirmar fatos, materialidade ou autoria de crimes, mas sim investigar aspectos relacionados ao funcionamento psicológico da vítima, do acusado e/ou das testemunhas. No âmbito cível, por exemplo, é importante ressaltar que não cabe ao psicólogo perito provar se um dos pais abandonou a criança em um determinado dia ou afirmar se uma mãe praticou ou não atos de alienação parental, mas sim estimar indicadores psicológicos de satisfatoriedade do exercício da capacidade parental e outros aspectos da dinâmica familiar.

A perícia psicológica forense é um processo meticuloso que requer do profissional habilidades técnicas e éticas em cada fase de sua execução. Todas as etapas devem ser conduzidas com total atenção às exigências de uma prática sólida e em conformidade com diretrizes que direcionam o desenvolvimento de duas abordagens distintas - uma clínica e outra investigativa. Ambas têm o objetivo de fornecer dados para auxiliar o juiz na tomada de decisão.

A abordagem clínica instrui o psicólogo a formular perguntas sobre o funcionamento e o estado psicológico do indivíduo, a fim de obter informações sobre sua saúde mental e comportamental. Já a abordagem investigativa estimula o raciocínio científico do psicólogo ao responder questões relacionadas à competência e a requisitos legais. Por exemplo, é possível determinar se uma pessoa com capacidade intelectual dentro da média da população possui o conhecimento necessário para compreender suas responsabilidades, obrigações, direitos e deveres em relação à criação e à educação de seu filho? Esses elementos devem ser examinados durante a perícia psicológica forense.

A PROVA PERICIAL EM PSICOLOGAIA

Rovinski (2013) considera que a perícia psicológica na área judicial é um meio de prova, ou seja, é um meio de comprovar algo para alguém. Essa prova possui valor científico e não valor factual e jurídico. A responsabilidade de analisar, argumentar e julgar sobre eventos de relevância legal cabe ao juiz e, quando ele precisa de convicção técnico-científica para tomar uma decisão, ele pode nomear um perito com conhecimento na área em questão (por exemplo, medicina, engenharia, contabilidade etc.).

A prova pericial produzida pelo psicólogo é o resultado do exame psicológico realizado pelo profissional, abrangendo as faculdades mentais, estados e competências psicológicas de um indivíduo, de uma díade (por exemplo, um casal, pai/mãe e filho) ou de um grupo de pessoas (por exemplo, uma família). Por exemplo, um juiz que precisa de uma resposta sobre a incapacidade mental de alguém para decidir sobre assuntos relacionados à vida civil em um processo de interdição, ou sobre a capacidade parental de um dos pais em um caso de disputa de guarda, ou ainda sobre a existência de dano psíquico resultante de uma situação de dano moral.

É importante destacar que a perícia psicológica forense resulta da análise de aspectos psicológicos e requer um conhecimento abrangente, principalmente na área clínica, especialmente em avaliação e em diagnósticos clínicos. Vários autores afirmam categoricamente essa relação direta entre as avaliações psicológicas forenses e a importância de os psicólogos forenses adquirirem conhecimentos, habilidades técnicas e competências éticas na área clínica para realizar esse tipo de avaliação (Grisso, 1987; Heilbrun et al., 2008; Huss, 2009; Melton et al, 2018).

Drogin e Biswas (2016) corroboram essa relação próxima entre os contextos clínico e forense, destacando que a avaliação forense está enraizada na disciplina fundamental da psicologia clínica. A avaliação forense é projetada para fornecer ao sistema jurídico as opiniões mais refinadas, estabelecidas e confiáveis que os clínicos podem produzir. Para esses autores, a responsabilidade, a competência e a capacidade do psicólogo clínico que atua no contexto jurídico, ao apresentar dados clinicamente relevantes, são deveres primordiais em seu trabalho. Assim, o psicólogo perito forense está sujeito a um campo de tensões, no qual uma parte pode se beneficiar ou ser prejudicada pelo resultado de seu trabalho. As reações a essas consequências podem ser iminentes ao resultado final da avaliação ou ocorrer ao longo de todo o processo pericial, de forma tensa, ao ponto em que "nesse ambiente rarefeito, às vezes parece que a própria psicologia clínica está sendo julgada" (p. 167).

A perícia psicológica forense resulta de um processo inter-relacionado e interdependente entre as dimensões descritiva, demonstrativa, explicativa e elucidativa. Essas dimensões possuem natureza própria, mas influenciam umas às outras, de modo que um caso judicial é descrito, demonstrado metodologicamente, discutido teoricamente e cientificamente esclarecido para o entendimento do destinatário legal.

Figura 1 · Dimensões do processo pericial forense.

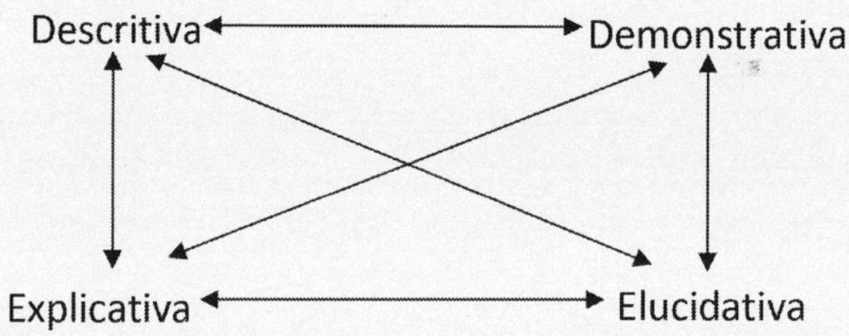

A dimensão descritiva está relacionada à apresentação detalhada e clara dos dados psicológicos relevantes para o caso. Sua relevância dependerá e influenciará as respostas que devem ser fornecidas ao juiz (dimensão elucidativa), as teorias psicológicas legalmente relevantes que subsidiarão os dados psicológicos pertinentes (dimensão explicativa) e os procedimentos adotados para explorar esses dados relacionados ao caso (dimensão demonstrativa). Muitas vezes, os psicólogos falham em descrever dados e informações relevantes para o assunto judicial, mais do que na escolha de métodos ou na discussão teórica dos resultados, o que resulta em descrições parciais e incompletas.

A dimensão demonstrativa refere-se à seleção, à descrição e à relevância do método utilizado (que inclui técnicas, instrumentos e procedimentos) para obter os dados psicológicos úteis (dimensão descritiva), levando em consideração a orientação teórica do especialista e as particularidades científicas do caso legal em questão (dimensão explicativa), além da aceitabilidade desse método pela comunidade científica da área e sua confiabilidade como suporte para a decisão do juiz (dimensão elucidativa). A dimensão demonstrativa tem recebido destaque no cenário brasileiro, com a previsão no Código de Processo Civil sobre a apresentação fundamentada da metodologia utilizada pelo perito.

A dimensão explicativa está relacionada às teorias, modelos teóricos e explicativos adotados para discutir os dados obtidos (dimensão descritiva), os quais dependem, em certa medida, dessa escolha. Isso ocorre porque, na psicologia, sendo uma ciência das Humanidades, é comum que cada perito seja orientado por uma determinada matriz teórica e epistêmica para compreender o funcionamento psicológico e o comportamento humano. Essa dimensão fornece interpretações científicas dos achados para subsidiar a decisão do juiz (dimensão elucidativa). A dimensão explicativa também está intimamente ligada à escolha e à aplicação dos métodos periciais (dimensão demonstrativa), pois deve haver coerência entre a orientação teórica e a abordagem metodológica selecionada.

Por fim, a dimensão elucidativa refere-se à apresentação de respostas científicas válidas para que o juiz possa decidir sobre o caso e a matéria legal. Não basta apenas descrever os dados, demonstrar como foram obtidos e interpretá-los teoricamente à luz da psicologia. É fundamental que o perito forneça subsídios compreensíveis e compatíveis com o entendimento do juiz. Essas respostas têm como objetivo esclarecer o juiz, seja por meio das respostas às perguntas fornecidas no laudo ou durante audiências, seja por meio das conclusões apresentadas na seção final desse documento pericial. Dessa forma, o trabalho do perito concentra-se na obtenção de dados relevantes (dimensão descritiva), na aceitabilidade do método para elucidar a questão legal (dimensão demonstrativa) e em sua capacidade de subsidiar discussões científicas com base em teorias psicológicas (dimensão explicativa).

A perícia psicológica forense não tem como objetivo comprovar a ocorrência de fatos (por exemplo, se ocorreu ou não abuso sexual), confirmar a veracidade de fatos (como confirmar se alguém falou a verdade ou mentiu sobre um determinado fato), indicar medidas jurídicas (como a indicação de uma pena ou regime de guarda) ou fornecer soluções práticas (como fornecer orientações e opiniões resolutivas sobre questões não psicológicas que afetam a vida das pessoas envolvidas). É importante destacar que a perícia forense é regida pelos mesmos princípios jurídicos que regem a atuação do magistrado, tais como imparcialidade, equidade, legalidade, transparência e outros. Isso coloca um alto grau de responsabilidade do perito psicólogo sobre suas abordagens metodológicas, análise e conclusão dos dados de natureza legal.

As avaliações psicológicas forenses realizadas por psicólogos que atuam no âmbito policial (solicitadas pelo delegado) ou ministerial (solicitadas pelo promotor) não são consideradas perícias psicológicas forenses ou judiciais, uma vez que esses tomadores de decisão não estão isentos de imparcialidade da mesma forma que o juiz. Embora a lei permita que eles solicitem perícias, sua imparcialidade e equidade são limitadas. Essas perícias também são conhecidas como perícias extrajudiciais, pois não são determinadas pelo magistrado e ocorrem para contribuir ou não com a instauração de um processo judicial. Além disso, essas perícias não dispensam a determinação judicial de realização de uma perícia forense ou judicial.

COMPETÊNCIAS LEGAIS ESSENCIAIS PARA A PERÍCIA PSICOLÓGICA FORENSE

Existe a possibilidade de um acusado com transtorno mental de esquizofrenia, que cometeu um crime, ser automaticamente considerado inimputável? Ou será que um genitor que negligencia suas responsabilidades e causa graves conflitos conjugais com sua ex-esposa está destinado a perder o poder parental sobre seu filho? E uma genitora que apresenta fortes traços de personalidade psicopática, agressiva, manipuladora e emocionalmente instável, está fadada a perder a custódia de seu filho? Essas questões são relevantes para que os psicólogos entendam que seu trabalho no campo jurídico vai além de meramente diagnosticar uma síndrome psicopatológica ou descrever o funcionamento psicológico de um indivíduo.

Um diagnóstico do funcionamento psicológico será apenas um diagnóstico se não estiver descrito, demonstrado, explicado e elucidado em relação à sua relação com a demanda legal. Portanto, o perito psicólogo deve apresentar a lógica que conecta suas observações clínicas às habilidades e às capacidades específicas relevantes para a lei. Para alcançar isso, é crucial reconhecer claramente a necessidade de observar e de descrever habilidades específicas, em vez de se ater apenas a condições clínicas diagnosticadas. Se o examinador acredita que a pessoa é deficiente nessas habilidades associadas à competência legal e se há um transtorno mental presente, o examinador deve explicar especificamente como os sintomas desse transtorno são relevantes para interferir na questão legal.

No contexto estadunidense, o chamado "testemunho diagnóstico" ocorria quando um perito diagnosticava uma condição psicopatológica em alguém e apresentava a descrição desses sintomas como forma de testemunhar em tribunais que a pessoa não era apta a exercer a custódia de um filho, ser considerada competente para julgamento ou ser responsabilizada por um crime cometido (Grisso, 2003). A lei não presumia que qualquer condição diagnóstica fosse suficiente para garantir uma incompetência legal, pois há casos de pessoas com condições psicopatológicas ou deficiências em seu desenvolvimento que são capazes de serem julgadas ou, até mesmo, de terem a custódia de um filho, enquanto outras podem não ter essas capacidades.

Competência legal é definida como a habilidade ou conjunto de habilidades prescritas pela lei que uma pessoa deve ter em um grau suficiente para desfrutar, sem intervenção governamental, de seus direitos, de seus benefícios e de oportunidades semelhantes às de outros cidadãos (Poythress, 2004). Para a psicologia forense, essas competências legais se referem às habilidades funcionais ou às capacidades psicológicas que um indivíduo possui para responder a uma demanda legal relacionada à sua capacidade ou à sua incapacidade de exercer seus direitos. Por exemplo, a capacidade de compreender e expressar a vontade para exercer o direito de comprar e vender bens ou a capacidade de exercer adequadamente as responsabilidades parentais em relação a um filho, compreendendo suas obrigações, responsabilidades e direitos em relação a ele. Dessa forma, a competência legal não varia em grau, uma pessoa a possui ou não, dependendo de sua capacidade de exercê-la para um propósito legal específico.

As competências legais são numerosas e variam nas áreas judicial, civil e criminal. Na área civil, as mais relevantes para a perícia psicológica são: competência parental para atender às necessidades de uma criança e competência para cuidar de si mesmo e administrar seus bens e negócios. A primeira é a principal demanda nas Varas de Infância e Juventude e de Família, como nos casos de disputa pela custódia ou perda do poder familiar. A segunda competência está relacionada às principais demandas em Varas Cíveis, como nos casos de interdição. Na área criminal, as principais competências legais envolvem a competência para ser julgado e a competência para ser responsável por um crime. No Brasil, o psicólogo desempenha um papel secundário na avaliação dessas últimas competências, pois a legislação processual penal designa o médico como especialista para responder a essas questões e o psicólogo só é chamado para colaborar com o trabalho do médico em casos graves de Transtornos de Personalidade ou de Transtorno do Desenvolvimento Intelectual.

Em 1986, Thomas Grisso elaborou um modelo explicativo das competências legais, que inicialmente consistia em seis características, mas que foram reduzidas a cinco componentes. Atualmente, os componentes primários de todas as competências legais são: (1) funcional, (2) causal, (3) interativo, (4) julgamental e (5) disposicional. Os três primeiros componentes são de extrema importância para o processo de avaliação forense, enquanto os dois últimos são considerados pelo julgador em sua decisão final (Grisso, 2003).

O componente funcional da avaliação de competências legais no contexto forense está relacionado à investigação das habilidades, dos comportamentos ou das capacidades funcionais de um indivíduo que estão diretamente ligadas à competência legal. É importante ressaltar que esse componente difere da investigação de diagnósticos psicopatológicos ou de habilidades intelectuais gerais e traços de personalidade. Esses processos psicológicos são construtos hipotéticos que supostamente influenciam a competência legal, mas não representam o funcionamento específico, o conhecimento ou a compreensão necessária para a competência legal. O principal objetivo dessa avaliação é identificar as habilidades funcionais da pessoa, ou seja, o que a pessoa sabe, conhece, acredita ou é capaz de fazer que está diretamente relacionado à competência específica. Por exemplo, a capacidade mental de um indivíduo em entender suas obrigações de cuidar e agir em benefício de uma criança em um processo de adoção, mesmo que ele possua traços de personalidade emocionalmente instáveis ou um diagnóstico de depressão. A análise e mensuração das capacidades funcionais são essenciais na avaliação da competência legal. Para identificar os aspectos a serem avaliados, é importante considerar teorias, evidências empíricas e definições legais sobre as capacidades funcionais necessárias para o exercício de uma determinada competência legal. Os métodos e os instrumentos utilizados na avaliação desse componente devem estar diretamente relacionados à descrição das capacidades funcionais exigidas para cada competência legal, como uma entrevista semiestruturada construída para estimar as habilidades do indivíduo em atender às necessidades básicas, fornecer afeto, proteção em situações de risco e cumprir as responsabilidades parentais em relação a um filho.

O componente causal visa fornecer explicações causais para os déficits de habilidades funcionais de um indivíduo ou déficits relacionados à competência legal. Portanto, quando são identificadas habilidades deficitárias associadas a uma determinada incompetência legal, é necessário que o psicólogo perito explore as prováveis causas desses déficits. A identificação das habilidades deficitárias é especialmente relevante em situações em que são constatadas incompetências legais específicas. Esse componente pode ser avaliado por meio de diferentes procedimentos, como testes psicológicos, métodos de entrevista clínica e forense, observação comportamental e análise de fontes documentais, entre outros, que descrevem de maneira precisa as características emocionais, motivacionais, intelectuais, cognitivas, traços de personalidade, histórico social e comportamentos diários do indivíduo, que podem estar relacionados à competência legal, (in)capacidade mental. Além disso, são utilizados os conhecimentos adquiridos por meio de teorias e de pesquisas empíricas que descrevem as relações entre as informações sobre o funcionamento do indivíduo e suas implicações no funcionamento passado, presente ou futuro. Por fim, é importante contar com o suporte de teorias psicológicas que permitam estimar a relação causal entre a incapacidade mental e a incompetência legal. Vale ressaltar que as causas não são comprovadas como verdadeiras ou falsas, seja por meio de pesquisa, seja pela elegância da teoria. As explicações causais teóricas podem parecer mais ou menos plausíveis ou úteis para esse propósito.

O componente interativo concentra-se nas interações entre a pessoa e o contexto. A questão central desse componente é: em que nível de habilidade a pessoa é capaz de atender às demandas de uma situação específica com a qual ela está ou estará confrontada? Um exemplo claro disso é o nível de capacidade parental de uma mãe para atender às necessidades de um filho, uma vez que esse nível de capacidade parental pode ser adequado para crianças com boa saúde, mas insuficiente para aquelas que têm problemas de saúde física e mental. A avaliação desse componente exige que o avaliador tenha conhecimento dos contextos ambientais e sociais nos quais a capacidade funcional do indivíduo é esperada para uma determinada competência legal. Por exemplo, na avaliação da competência parental, um dos pais pode ser avaliado em relação às suas habilidades funcionais (conhecimentos, crenças, habilidades etc.) para fornecer condições estruturais e operacionais de cuidado para o filho, enquanto a criança é avaliada em relação às suas necessidades estruturais e operacionais de cuidado. O objetivo dessa avaliação é verificar a congruência ou incongruência entre a pessoa e a situação, com base na qual as decisões sobre a competência serão tomadas.

Os componentes julgamental e disposicional estão inter-relacionados e são avaliados pelo juiz com base em considerações morais, sociais e legais. O componente julgamental refere-se à resposta do juiz à questão final: "Quanta incongruência é suficiente para justificar a constatação de incompetência?". O autor destaca que a legislação jurídica contém expressões como "suficiente", "grave", "significativo", "requisito", "pleno" e outras para se referir à extensão do déficit ou incongruência necessária para se enquadrar nos padrões legais estabelecidos. Por sua vez, o componente disposicional é evidente quando o estado legalmente considera um indivíduo como incompetente, conferindo ao estado a autoridade e a legitimidade para intervir na condição do indivíduo. Um exemplo disso são os casos de interdição, nos quais o estado retira do indivíduo o direito de lidar com seus próprios negócios e bens, transferindo essa responsabilidade para um terceiro (o curador).

O modelo proposto por Grisso enfatiza a importância do uso de dados empíricos sempre que possível ao invés de confiar apenas em observações e impressões clínicas. Portanto, é essencial garantir que as habilidades funcionais do indivíduo estejam em conformidade com as exigências estabelecidas pela legislação civil ou penal. O perito psicólogo deve sempre se questionar se está respondendo ao que um juiz espera para tomar uma decisão ou se está apenas oferecendo uma descrição diagnóstica do examinado. A resposta positiva à primeira pergunta permitirá ao profissional identificar quais habilidades funcionais são necessárias para que o indivíduo seja considerado (in)competente em cada demanda legal.

O PASSO A PASSO DA PERÍCIA PSICOLÓGICA FORENSE

Não há uma única abordagem para estabelecer o processo metodológico de execução de uma perícia psicológica forense. Será adotado, para este capítulo, o modelo proposto por Heilbrun (2006) adaptado para as particularidades do sistema jurídico brasileiro, com a finalidade de entender a execução de cada etapa do processo de realização da perícia psicológica.

Figura 2 · Sistematização da perícia psicológica forense.

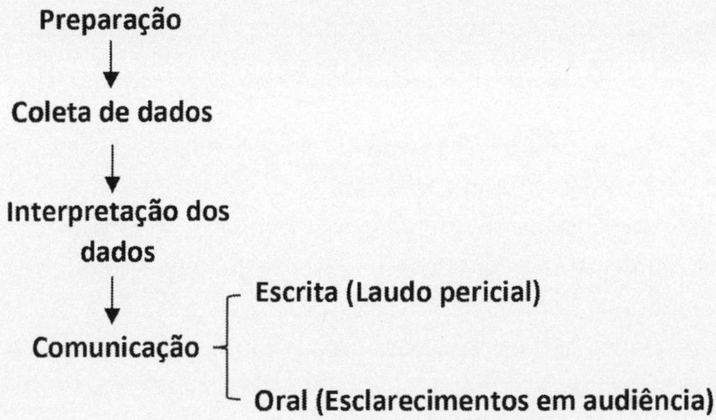

Nota: Estrutura adaptada de Heilbrun (2006).

Preparação

O objetivo principal da preparação é planejar toda a avaliação. Nessa etapa, são realizados procedimentos burocráticos e técnicos para garantir a adequada execução das etapas seguintes. O perito psicólogo deve primeiro se familiarizar com as questões legais que são demandadas pelo juiz. Heilbrun (2006) destaca que isso tem implicações importantes para a avaliação forense, pois é necessário identificar as habilidades ou as capacidades funcionais que devem ser avaliadas.

Um ponto de partida para identificar a questão legal é compreender a natureza do processo judicial. Para isso, o perito entra em contato com a vara judicial responsável pelo caso, seja por meio do Processo Judicial Eletrônico (PJe) ou, no caso de processos físicos, por meio do cartório judicial correspondente. No último caso, o perito solicitará acesso ao processo para analisar todos os documentos físicos relacionados ao caso, incluindo sua nomeação e intimação judicial. É importante observar que, até a publicação deste texto, os processos físicos estão se tornando cada vez mais raros e muitas orientações fornecidas aqui são direcionadas ao formato eletrônico.

Muitos peritos iniciantes têm dúvidas sobre o contato com o juiz - como e quando isso acontecerá. Normalmente, o contato é realizado por meio de comunicação documental, como intimações, petições e despachos judiciais, e pode ser finalizado com a elaboração do laudo psicológico ou, se necessário, com a participação do perito em uma audiência. No entanto, se houver necessidade de esclarecimentos adicionais sobre o despacho judicial ou outros aspectos do processo, o perito pode buscar um contato presencial com o juiz. Em geral, os magistrados estão disponíveis para esse tipo de contato, porém são breves e objetivos. Portanto, é importante que o perito nomeado demonstre conhecimento prévio sobre o que será solicitado ou questionado e se comporte de maneira segura e clara.

Nessa etapa inicial, o perito deve estar atento para determinar se a matéria processual em questão é de competência da ciência psicológica. Por exemplo, pode haver solicitações de perícias psicológicas relacionadas a tratamentos psiquiátricos. Além disso, é comum receber pedidos judiciais que excedem a natureza técnico-científica da profissão de psicólogo. Por exemplo, pedidos de perícias psicológicas para determinar a autoria de crimes contra crianças ou adolescentes, especialmente quando o depoimento da criança é limitado por suas habilidades comunicativas expressivas e compreensivas; solicitações para que o perito indique medidas socioeducativas para adolescentes em conflito com a lei ou, até mesmo, que sugira penas para crimes cometidos por usuários de substâncias ilícitas vão além da competência do especialista forense em psicologia. Esses exemplos são considerados "opiniões finais" pelos especialistas da área e são manifestações de natureza jurídica, não científicas, ou seja, estão além da capacidade científica do perito forense e não devem fazer parte do trabalho pericial, conforme previsto no §2º do art. 473 do CPC (Brasil, 2015) e no art. 7º da Resolução 08/2010 do CFP (Brasil, 2010). Se houver pedidos desse tipo, é importante que o profissional responda ao juiz informando sua incompetência para responder à matéria solicitada, com base em referências normativas, legais e teóricas que justifiquem sua posição técnica.

Nessa etapa de preparação, um dos maiores desafios para o perito psicólogo é compreender como seu trabalho deve ser realizado para responder à questão legal. Heilbrun et al. (2009) enfatizam que o especialista em saúde mental não pode iniciar uma avaliação forense sem entender razoavelmente o que é considerado relevante pelo direito em um determinado caso. Os termos jurídicos não são sinônimos de conceitos psicológicos, o que pode levar a confusões sobre o que deve ser avaliado pelo especialista da área. Esses autores também afirmam que o perito forense deve traduzir o padrão de competência legal em conceitos comportamentais e de saúde mental para o que irá ser avaliado psicologicamente.

Existem várias nuances e peculiaridades de cada caso que determinam o grau de complexidade, conforme mencionado anteriormente. O nível de expertise do perito psicólogo, assim como outras variáveis específicas do caso influenciarão a qualidade e o nível de detalhamento do trabalho pericial. Todas essas implicações e particularidades contribuem para uma estimativa de custos para a realização da perícia psicológica forense. Isso é essencial quando o perito psicólogo irá atuar no caso, nas situações em que não há impedimento ou suspeição para o seu trabalho.

Proposição dos honorários

Durante a etapa de preparação, o perito analisará a matéria processual e apresentará uma petição informando se aceita ou não o trabalho pericial, além de apresentar sua proposta de honorários. Essa proposta será elaborada levando em consideração todos os procedimentos que serão realizados, incluindo uma estimativa de participação em audiências e de resposta a questionamentos suplementares das partes durante o processo de perícia. Outros pedidos também podem ser feitos na petição inicial, como a solicitação de prorrogação de prazos ou, no caso de Assistência Judiciária Gratuita (AJG), a majoração dos honorários periciais, desde que devidamente justificados.

Os valores cobrados por uma perícia psicológica costumam variar de acordo com diversos fatores, como a complexidade do caso, o valor atribuído à causa (em processos civis), o grau de litigiosidade e, conforme sugerido por Rodriguez Sutil e Ávila Espada (1999), o impacto social, especialmente em casos que geram grande mobilização social e/ou midiática. Esses fatores influenciam o valor da hora cobrada e a quantidade de procedimentos a serem realizados. Alberto Filho (2018) sugere que a proposta de honorários leve em consideração a quantidade de questionamentos (quesitos), as tabelas dos órgãos de classe e o valor da causa judicial.

A quantidade e a complexidade dos questionamentos são elementos importantes a serem considerados para avaliar o esforço necessário por parte do perito. Todos os elementos considerados para formular a proposta de honorários são interdependentes e devem estar em conformidade com os princípios de proporcionalidade e da razoabilidade, visando a um resultado favorável para as partes interessadas e para o perito. Se esses princípios não forem observados, pode ocorrer uma "excessividade técnica" que entra em conflito com as condições reais das partes e/ou com a determinação judicial, o que pode levar à substituição do perito e a futuras nomeações de outros, tornando o processo interminável.

A fórmula para calcular os honorários é o resultado da multiplicação da quantidade de procedimentos realizados (medida em horas trabalhadas) pelo valor da hora de trabalho do profissional. O valor cobrado pode ser reduzido se solicitado por uma ou ambas as partes. É importante que o perito esteja ciente disso ao cobrar seus honorários.

Figura 3 · Fórmula para cálculo dos honorários periciais.

Honorários periciais = Quantidade de Procedimentos x Valor da hora trabalhada

(Número de horas trabalhadas em cada procedimento)

Na petição de aceitação dos encargos periciais, é relevante justificar imediatamente os honorários apresentados por meio de uma **explicação detalhada** sobre a complexidade do caso, descrevendo minuciosamente os procedimentos relevantes, sua quantidade e as horas estimadas para sua realização, a fim de evitar prejuízos na arbitragem dos honorários. O pagamento pode ser feito por depósito judicial, conforme solicitado pelo perito e determinado pelo juiz.

A exemplo disso, um processo de guarda de filhos, no qual foi solicitado uma perícia psicológica para averiguar as capacidades parentais para exercício dessa guarda e que seja de natureza menos complexa, sem grau exacerbado de litigiosidade e sem repercussões sociais e midiáticas, com um custo da causa apresentado no valor R$ 10.000 (dez mil reais), os honorários poderão ser cobrados seguindo a seguinte proposta:

Figura 4 · Exemplificação de proposta de honorários periciais em um PJe.

Quantidade de procedimentos

1 h – Leitura dos autos processuais (depende do volume de documentos e quantidade de páginas)

2 sessões (3 h) – Entrevista com o genitor

2 sessões (3 h) – Entrevista com a genitora

2 sessões (3 h) – Entrevista com a criança/adolescente

4 sessões (4 h) – Entrevista com terceiros (babá, professor etc.)

2 sessões (5 h) – Sessão de testagem psicológica (inclui aplicação, correção e interpretação)

3 h – Elaboração do laudo psicológico

1 h – Participação em audiência

Total de horas = 24 horas trabalhadas

Fórmula = 24 horas x R$ 200,00 = R$ 4.800,00 (quatro mil e oitocentos reais)

Ao apresentar a petição de aceite dos encargos periciais, é essencial justificar prontamente os honorários propostos por meio de uma explicação detalhada sobre a complexidade do caso. É importante descrever minuciosamente os procedimentos relevantes, incluindo suas quantidades e estimativas de horas de realização, a fim de evitar prejuízos na determinação dos honorários. Além disso, o pagamento pode ser realizado por meio de depósito judicial, conforme solicitado pelo perito e determinado pelo juiz.

Coleta de dados

A segunda etapa é a coleta de dados. Nessa etapa, é importante selecionar um modelo que oriente a apresentação das informações e esclareça o raciocínio do avaliador. Essa seleção ajuda a identificar os métodos e as fontes de informação relevantes. A abordagem de múltiplos métodos e informantes é recomendada para melhorar a precisão da mensuração e verificar hipóteses geradas pelos procedimentos.

No entanto, é essencial evitar o uso inadequado dessa abordagem, selecionando fontes de informação e procedimentos pertinentes ao caso e seguindo as recomendações técnicas. A Resolução 008/2010 do Conselho Federal de Psicologia estabelece que a perícia psicológica pode envolver **observações, entrevistas, testes**

psicológicos, recursos lúdicos e outras técnicas reconhecidas pela entidade (Brasil, 2010). Essa abordagem multidimensional permite a identificação de traços de personalidade, capacidade cognitiva, sintomas psicopatológicos e outras variáveis psicológicas relevantes para a questão legal.

Antes de realizar os procedimentos com o indivíduo avaliado, é necessário obter seu **consentimento informado**, respeitando seus direitos e implicações. O consentimento pode ser verbal ou por escrito, sendo a última opção mais segura para o perito em relação a suas obrigações e a suas responsabilidades. O consentimento informado deve incluir informações sobre a natureza e os objetivos da avaliação, os procedimentos a serem realizados, os limites de confidencialidade, o direito de recusar ou interromper os procedimentos, o destinatário das informações obtidas e a obrigação de alertar ou proteger em casos de risco. Quando o avaliado for uma criança, adolescente ou pessoa com capacidade limitada de expressar sua vontade, é necessário obter o consentimento do responsável legal.

Em relação às informações documentadas fornecidas por terceiros, como clínicas, escolas, empresas e órgãos públicos, é possível obtê-las por meio do consentimento assinado pelo avaliado ou por uma ordem judicial. Além disso, solicitar outros documentos relevantes, como relatórios médicos, escolares ou psicoterapêuticos, pode ampliar a compreensão do caso. A análise documental é um procedimento crucial para estimar dados psicológicos relevantes para a análise da competência e demanda legal. Os dados obtidos dos autos processuais e documentos anexos podem fornecer informações valiosas, e o profissional deve avaliar sua pertinência e significância para a compreensão psicológica e legal.

Rovinski (2018) ressalta que os documentos fornecidos pelo avaliado podem ser anexados ao laudo, mas é preferível fazer uma síntese de seus resultados e incluí-la como um item separado no histórico, mencionando a fonte original. Lago e Puthin (2020) enfatizam que a avaliação psicológica pericial deve ir além da perspectiva exclusiva do avaliado e das pessoas que o acompanham e deve se basear em dados da realidade obtidos por meio de métodos e de fontes variadas de informação. Essa abordagem aprimora a qualidade, a credibilidade e a confiabilidade da avaliação.

Como já citado, os procedimentos periciais incluem entrevistas psicológicas, informações obtidas por terceiros, testes psicológicos e outros instrumentos padronizados e não padronizados (como desenhos livres e técnicas gráficas). É importante ter cuidado ao usar excessivamente instrumentos não padronizados, pois isso pode questionar a validade e confiabilidade dos resultados. A escolha dos procedimentos, métodos, instrumentos ou testes psicológicos deve ser autônoma do profissional, embasada na literatura científica psicológica e nas normas do Conselho Federal de Psicologia.

O exame psicológico pericial deve priorizar a realização de vários procedimentos que subsidiem o diagnóstico psicológico para decisões judiciais. As avaliações forenses fornecem informações sobre a saúde mental das pessoas envolvidas, como competência legal para assumir responsabilidades civis e penais, presença de danos psíquicos, risco de violência e outros aspectos psicológicos relevantes para o contexto legal. Portanto, os métodos de avaliação são semelhantes aos usados pelos psicólogos clínicos, envolvendo entrevistas, testes psicológicos e coleta de informações de arquivos e terceiros (Huss, 2009).

É importante ressaltar que a aplicação de testes psicológicos deve ocorrer sem a presença de profissionais de outras áreas, pois essa atividade é exclusiva dos psicólogos, conforme estabelecido pela legislação e orientações do Conselho Federal de Psicologia. No entanto, é comum encontrar situações complexas de perícia que envolvem a participação de peritos de outras especialidades. Além disso, é relevante mencionar a participação de assistentes técnicos médicos da especialidade de psiquiatria em perícias trabalhistas, pois não há proibição normativa do Conselho de Classe de Medicina.

Os procedimentos periciais são concluídos quando o profissional tem dados suficientes para inferir sobre processos, estados ou capacidades psicológicas do avaliado e gerar suas análises e interpretações técnicas para o laudo pericial. Caso o prazo para a realização dos procedimentos seja encerrado, incluindo possíveis prorrogações, ou caso não seja possível obter outros dados, o perito psicólogo deve informar no laudo suas limitações para obter algumas inferências e conclusões.

Outra situação em que o perito psicólogo deve adotar essa conduta é quando realiza perícias por carta precatória, em que apenas uma das partes reside na comarca do perito. Nesses casos, o perito deve informar no laudo que suas análises são parciais e limitadas à realidade da parte examinada, não sendo possível inferir dinâmicas familiares ou padrões de cuidado e de relacionamentos com pessoas que não participaram do processo pericial. Nessas situações, é mais adequado produzir um relatório psicológico em vez de um laudo psicológico, pois as análises costumam ser descritivas e restritas a observações limitadas dos aspectos psicológicos pertinentes à demanda legal.

Interpretação dos dados

As diretrizes sobre a interpretação dos dados na perícia psicológica podem variar entre os autores da área. É fundamental compreender que a interpretação não é uma etapa isolada e estática do processo. À medida que os dados são coletados, a interpretação é guiada por diferentes atividades, como formulação de hipóteses, verificação, ampliação ou redução de procedimentos, definição de fontes relevantes e consolidação do raciocínio científico. A qualidade dessa etapa depende do êxito nas atividades e da expertise do perito. Na operacionalização desta etapa, é importante começar considerando o estilo de resposta do avaliado, antes de fazer conclusões importantes sobre suas características clínicas e comportamentais.

O perito deve ponderar as contribuições do autorrelato obtido por vários procedimentos e fontes de informação, inclusive, testes psicológicos. Caso esses dados sejam insatisfatórios, é necessário buscar informações adicionais por meio de fontes colaterais, como terceiros e documentos. Rogers e Bender (2018) apresentaram classificações de estilos de resposta, como termos inespecíficos, patologia exagerada, ajustamento simulado e outros. Essas classificações ajudam a reconhecer o estilo de relato apresentado durante a perícia. É importante considerar diferentes hipóteses para evitar vieses cognitivos e afetivos, como o de confirmação, o de ancoragem e o de disponibilidade.

Durante o processo de coleta de dados, o perito interpreta-os usando um raciocínio científico adequado ao caso, considerando sua natureza (idiográfica ou nomotética), solidez, convergência e divergência. Quanto mais precisa for a análise dos dados, mais sólidas serão as inferências alcançadas. A discussão dos dados baseia-se em estudos científicos relevantes para o caso, tanto no âmbito científico quanto jurídico, para explicar e esclarecer os resultados.

Nessa etapa da perícia, o perito converte os dados em inferências e as inferências em evidências periciais. Dados são fatos brutos, enquanto inferências resultam da interpretação dos dados e são usadas para formular opiniões sobre aspectos psicológicos específicos. As evidências periciais são inferências aplicadas a um contexto legal, como a avaliação das habilidades funcionais do indivíduo em relação a competências legais. Esse nível de inferência mais elevado envolve experiência, raciocínio e habilidades científicas para atender às demandas legais.

Ao averiguar hipóteses, é importante evitar confirmá-las ou refutá-las com base em expectativas pessoais, mas sim com base nos dados coletados. Hipóteses alternativas devem ser consideradas para evitar vieses e garantir conclusões mais robustas. Por exemplo, em um caso de abuso sexual, é necessário considerar diferentes possibilidades para explicar as alterações apresentadas pela criança, como desenvolvimento infantil típico, outros traumas ou fatores não relacionados à violência alegada.

Heilbrun (2006) destaca importante modelo para interpretação de dados. Esse apoia-se em três princípios e orienta tanto o processo de coleta, quanto o de interpretação de dados. O primeiro princípio possibilita o expert a se apropriar das informações específicas do caso (dados ideográficoss). O segundo enfatiza a integração de dados científicos (dados nomotéticos) para o caso em questão (dados ideográficos). E, por fim, o último princípio destaca a formulação do raciocínio científico, independentemente dos dados obtidos, e identifica as particularidades do processo para avaliação do caso. Isso significa que o perito psicólogo precisa explicitar o porquê dos procedimentos e das técnicas utilizadas, a importância dos dados coletados e sua relevância para a interpretação do caso, de forma clara e transparente, no laudo pericial.

Comunicação dos dados

A última etapa da comunicação deverá ocorrer de modo escrito e poderá ser complementada de forma oral, com a apresentação de esclarecimentos em audiências. Rovinski (2013) destaca atenção ao abordar o cuidado que o psicólogo precisa ter para a produção do documento oriundo da perícia psicológica, ao tempo que faz menção às normas do Conselho Federal de Psicologia para a diferenciação e finalidade de cada um desses documentos, em especial, o laudo psicológico.

A relevância dos dados em um laudo psicológico depende da natureza da demanda e dos procedimentos realizados. Heilbrun (2006) destaca a importância de uma comunicação clara no laudo, que deve incluir uma lista dos procedimentos adotados, fornecendo informações suficientes sobre cada um deles. O autor menciona, como exemplo, a duração das entrevistas com o réu e atleta olímpico Samuel Jones, uma com duração de 3 horas e outra com 2 horas, o que permite ao leitor entender o quanto determinados aspectos psicológicos foram explorados.

A atribuição de informações detalhadas no laudo tem a vantagem de fornecer ao leitor as informações necessárias sobre os procedimentos realizados e como eles contribuíram para as evidências psicológicas documentadas. A seção chamada "Procedimentos" no laudo é semelhante a uma receita de bolo, descrevendo o passo a passo dos procedimentos realizados, a quantidade de vezes que cada procedimento foi realizado, informações sobre data, horário e duração estimada dos procedimentos, e as conclusões obtidas por meio do raciocínio científico adotado para responder à demanda legal.

É importante descrever claramente a falta, incompletude ou erros na utilização de procedimentos que tenham gerado limitações na execução da avaliação. O laudo deve explicitar os procedimentos que deveriam ter ocorrido, mas não ocorreram ou foram incompletos ou insuficientes. Por exemplo, mencionar que a entrevista com uma professora importante para compreender aspectos parentais não pôde ser realizada devido às férias ou que a entrevista com uma madrasta relevante para a compreensão de uma demanda parental não ocorreu devido a uma opção pessoal ou à recusa do avaliado em realizar testes psicológicos ou por ter abandonado o teste durante a execução. Essa descrição precisa deve estar na seção de "Análise" e ser brevemente retomada na "Conclusão" do laudo, destacando o nível de inferência alcançado para as conclusões. Essas informações não podem ser omitidas, pois podem gerar falsas impressões ao juiz ao tomar sua decisão.

DESAFIOS PARA ATUAÇÃO NA PRÁTICA PERICIAL

Atuar no campo jurídico é uma tarefa que requer do especialista, seja qual área esteja inserida, a compreensão de processos e da organização de trabalho particulares do campo da Justiça. Vários meandros dessa atuação são reconhecidos há muito tempo como árduos, complexos e repletos de tensão (Brigham, 1999). Alguns dos principais desafios presentes na atuação do perito psicólogo estão relacionados ao campo operacional da ciência psicológica, bem como à consecução do trabalho no sistema judiciário (Rovinski, 2013; Weiner & Otto, 2013).

A compreensão das demandas legais é um dos principais desafios para atuação do psicólogo perito. Isso porque é necessário que esse *expert* tenha um conhecimento sólido das leis e dos procedimentos jurídicos, bem como das demandas específicas do sistema de justiça, as quais serão estabelecidas como foco de trabalho pericial. Conhecer a "letra da lei", bem como os significados que estão intrinsecamente relacionados ao trabalho psicológico é uma importante tarefa para garantir o alcance do êxito dos resultados periciais e da comunicação com o magistrado. Por exemplo, as demandas de disputa de guarda entre genitores e que envolvem crianças e adolescentes são regidas, dentre outros princípios, pelo do "melhor interesse da criança", contido no art. 227 da CF e no artigo 3° do Estatuto da Criança e do Adolescente (ECA). Nesses casos, o perito psicólogo deve reger o seu trabalho pela compreensão desse princípio e de outros, os quais irão lhe orientar a compreender sobre a competência legal e a capacidade parental dos genitores que melhor atendem ao que preconiza esse princípio. É essencial compreender como a avaliação psicológica se enquadra no contexto legal e como as informações obtidas podem ser aplicadas na tomada de decisões judiciais.

Outro importante desafio é o desenvolvimento da neutralidade e da imparcialidade. Essas previsões estão incluídas não apenas nas amplas referências teóricas da área (Rovinski, 2013; Rovinski, 2020; Heilbrun, 2006), como no campo deontológico da psicologia (Brasil, 2005). A neutralidade é entendida aqui como a propensão do psicólogo dispor-se de suas crenças, de suas preferências e de suas predisposições pessoais para coletar, analisar e interpretar os dados de natureza pericial. O perito psicólogo deve ser imparcial e objetivo em sua avaliação, evitando qualquer tendência pessoal que possa influenciar suas conclusões, de forma que os procedimentos sejam executados, preferencialmente, com ambas as partes judiciais (vítima e acusado; autor e réu; requerente e requerido etc.), e, com isso este, seja capaz de realizar estimativas sobre aspectos psicológicos de relevância legal com base na melhor compreensão do caso. Isso pode ser desafiador, especialmente quando há pressões externas ou quando o caso desperta emoções intensas.

O domínio no conhecimento técnico especializado da ciência psicológica é outro desafio. A expertise forense requer do psicólogo conhecimento especializado em diversas áreas da psicologia, como psicopatologia, avaliação psicológica, desenvolvimento humano, entre outras. O perito psicólogo precisa estar atualizado com as teorias, as pesquisas e as práticas relevantes para a sua atuação.

A gestão do processo de trabalho pericial a partir da complexidade dos casos. Os casos forenses muitas vezes envolvem questões complexas, como crimes graves, disputas familiares, abuso, violência, entre outros. O perito psicólogo deve ser capaz de lidar com a complexidade dessas situações, analisar informações multifacetadas e fornecer respostas claras e fundamentadas. Além disso, outro importante desafio é a pressão de cumprimento dos prazos e das demandas urgentes, especialmente aquelas que envolvem crianças e adolescentes ou matérias criminais. Desse modo, o perito psicólogo precisa ser capaz de lidar com pressões de tempo, sem comprometer a qualidade de sua avaliação.

A comunicação eficaz, a partir da elaboração do laudo ou dos esclarecimentos prestados em audiência, são outro desafio técnico. O perito psicólogo deve estabelecer com eficácia a comunicação dos resultados do seu trabalho, sem comprometer o rigor técnico e a compreensão da comunicação a um profissional do sistema de justiça, como juízes, advogados e promotores. Destarte, o uso de alguns termos psicológicos complexos pode necessariamente o levar a necessidade de explicar de maneira compreensível para as partes envolvidas no caso.

Por último e não menos importante, o cuidado com o agir ético. A atuação na perícia psicológica forense requer rigoroso cumprimento dos princípios éticos da profissão, atendendo ao que é preconizado eticamente e legalmente. O perito psicólogo deve garantir a confidencialidade dos dados, evitar conflitos de interesse e agir de acordo com as normas e diretrizes estabelecidas pelos órgãos reguladores da profissão. No entanto, haverá momentos em que o agir profissional irá conflitar com as normas legais. Várias situações já são conhecidas no cenário jurídico brasileiro, dentre as quais a presença do psicólogo assistente técnico junto ao psicólogo perito durante a realização de diligências periciais, o que é previsto pelo Código de Processo Civil (Brasil, 2015) e contrariado pela Resolução 008/2010 (Brasil, 2010). Situações como esta irão requerer do psicólogo que aja prioritariamente de forma transparente e orientada pelas deliberações normativas da profissão, sendo necessário informar ao magistrado sobre esse conflito normativo.

CONCLUSÃO

A perícia psicológica desempenha um papel fundamental em diversas demandas legais, como casos de custódia de crianças, avaliação de capacidade mental e risco de violência. Em cada situação, são utilizados diferentes métodos e técnicas, de acordo com as informações necessárias. Essa abordagem, que envolve múltiplos métodos e fontes de informação, tem um impacto direto na qualidade da evidência científica produzida pela perícia, assim como na consistência, validade e confiabilidade dos dados obtidos. A interpretação dos resultados deve ser feita com cuidado, considerando as limitações e possíveis vieses cognitivos e afetivos. Para isso, é essencial que o psicólogo perito tenha treinamento em métodos e técnicas com diferentes níveis de estruturação e padronização, além de conhecimento científico em teorias psicológicas reconhecidas no campo jurídico.

No entanto, é importante destacar que a perícia psicológica forense não é uma ciência exata e pode apresentar limitações na capacidade de estimar aspectos psicológicos relevantes para a justiça. Os peritos devem comunicar claramente as limitações de suas avaliações, como o raciocínio científico foi desenvolvido para chegar às conclusões e evitar fazer afirmações além de sua expertise e conhecimento. Em resumo, essa modalidade de avaliação é uma ferramenta essencial para o sistema de justiça, e os avaliadores devem seguir as melhores práticas e padrões éticos para garantir a integridade e a confiabilidade do processo.

Portanto, é fundamental que o conhecimento do psicólogo perito seja relevante para o caso judicial em questão. Isso envolve a preparação, organização e seleção adequada dos procedimentos técnicos, bem como sua análise, interpretação e comunicação dos resultados obtidos. O conhecimento e a aplicação de padrões e de diretrizes específicas para a prática pericial são essenciais para aumentar a confiabilidade e a validade das informações produzidas. Esses elementos são condições indispensáveis para um trabalho pericial sólido e a obtenção de evidências científicas de qualidade.

REFERÊNCIAS

Alberto Filho, R. P. (2018). *Da perícia ao perito.* 5ª ed. Niterói, RJ: Impetus.

Brasil. (2005). Código de ética profissional do psicólogo. Recuperado em https://site.cfp.org.br/wp-content/uploads/2012/07/codigo-de-etica-psicologia.pdf. Acessado em: em: 20 out. 2022.

Brasil (2010). Conselho Federal de Psicologia (CFP). *Resolução n. 008/2010,* Disposições Iniciais. Recuperado em: https://site.cfp.org.br/wp-content/uploads/2010/07/resolucao2010_008.pdf. Acessado em: em: 20 out. 2022.

Brasil (2015). *Lei nº13.105,* de 16 de março de 2015. Código de Processo Civil. Brasília, DF. Recuperado em: http://www.planalto.gov.br/CCivil_03/_Ato2015-2018/2015/Lei/L13105.htm

Brigham, J. C. (1999). What is forensic psychology, anyway?. *Law and Human Behavior, 23*(3), 273-298.

Drogin, E. Y., & Biswas, J. (2016). Forensic assessment. In Norcross, J. C., VandenBos, G. R., Freedheim, D. K., & Krishnamurthy, R. E. (2016). *APA handbook of clinical psychology: Applications and methods,* Vol. 3 (pp. xvi-621). American Psychological Association.

Espíndula, A. (2013). *Perícia criminal e cível: uma visão geral para peritos e usuários da perícia.* 4a ed. Campinas, SP: Millenium.

Grisso, T. (1986). *Evaluating competencies: Forensic assessments and instruments.* New York: Plenum. (Volume 7 of Perspectives in law & psychology).

Grisso, T. (1987). The economic and scientific future of forensic psychological assessment. *American Psychologist, 9,* 831–839.

Grisso, T. (2003). *Evaluating competencies: Forensic assessments and instruments* (Vol. 16). Springer Science & Business Media.

Heilbrun, K. (2006). *Principles of forensic mental health assessment* (Vol. 12). Springer Science & Business Media.

Heilbrun, K., Grisso, T., & Goldstein, A. (2008). *Foundations of forensic mental health assessment*. Oxford University Press.

Huss, M. T. (2009). *Psicologia forense: pesquisa, prática clínica e aplicações*. Artmed Editora.

Lago, V. M., & Puthin, S. R. (2020). Demandas de avaliação psicológica no contexto forense. In: C. S. Hutz, D. R. Bandeira, C. M. Trentini, S. L. R. Rovinski & V. M. Lago (Orgs.), *Avaliação Psicológica no Contexto Forense* (pp. 30-40). Porto Alegre, RS: Artmed.

Melton, G. B., Petrila, J., Poythress, N. G., Slobogin, C., Otto, R. K., Mossman, D., & Condie, L. O. (2018). *Psychological evaluations for the courts: A handbook for mental health professionals and lawyers*. Guilford Publications.

Otto, R. K., & Weiner, I. B. (2013). *Handbook of psychology: Forensic psychology, Vol. 11*. John Wiley & Sons, Inc..

Poythress, N. G. Legal competency. In: Spielberger, C. (2004). *Encyclopedia of applied psychology*. Academic press.

Rogers, R., & Bender, S. D. (Eds.). (2018). *Clinical assessment of malingering and deception*. Guilford Publications.

Rovinski, S. L. R. (2013). *Fundamentos da perícia psicológica forense*. 3 ed. São Paulo: Vetor.

Rovinski, S. L. R. (2018). A elaboração do relatório decorrente da avaliação psicológica. In: Lourenço, A. S., Ortiz, M. C. M., Shine, S. (Org.). *Produção de documentos em psicologia: prática e reflexões teórico-críticas* (pp. 123-138). São Paulo, SP: Vetor.

Rovinski, S. L. R. (2020). O papel de perito e de assistente técnico. In: C. S. Hutz, D. R. Bandeira, C. M. Trentini, S. L. R. Rovinski & V. M. Lago (Orgs.), *Avaliação Psicológica no Contexto Forense* (pp. 30-40). Porto Alegre, RS: Artmed.

Sutil, C. R., & Espada, A. Á. (1995). Evaluacion Psicológica forense. In Clemente, M. *Fundamentos de la psicologia jurídica*. Madrid: Pirâmide.

A OPERACIONALIZAÇÃO DA AVALIAÇÃO TERAPÊUTICA NO CONTEXTO DA CIRURGIA ORTOGNÁTICA: UMA POSSIBILIDADE INTERVENTIVA DE PSICODIAGNÓSTICO

Philipe Gomes Vieira • PONTIFÍCIA UNIVERSIDADE CATÓLICA DO PARANÁ (PUC-PR)

INTRODUÇÃO

A aparência física tende a ser uma característica socialmente valorizada. Conforme salientam Belucci e Kapp-Simon (2007), pessoas que apresentam certos atributos compatíveis com os padrões de beleza impostos costumam obter benefícios em diferentes esferas sociais, como, por exemplo, no trabalho e nas relações afetivas. Em contrapartida, a percepção de não corresponder a tais padrões pode desencadear um substancial sofrimento psicológico, que, por conseguinte, interfere diretamente na qualidade de vida das pessoas.

Um sólido exemplo disso é discutido por Carvalho, Martins e Barbosa (2012), os quais apontam para o fato de que comportamentos inerentes à fobia social, como medo e forte insegurança, podem ser experimentados quando se vê destoante desses padrões. Ainda para os referidos autores, a deformidade dentofacial é um dos fatores que afetam diretamente o bem-estar físico e psicológico das pessoas acometidas por essa condição, levando-as a evitarem situações corriqueiras, como o estabelecimento de novas relações sociais.

Uma alternativa para corrigir alterações dentofaciais é a cirurgia ortognática (CO), que, por sua vez, consiste em ações complexas tecnicamente planejadas e executadas por um cirurgião-dentista, conforme as resoluções nº 22/2001 e nº 63/2005 (Conselho Federal de Odontologia – CFO, 2001; 2005), visando a reparação das inadequações presentes nos ossos da mandíbula e do maxilar. Os resultados esperados abarcam ajustes no processo mastigatório, respiratório, na habilidade fonética, bem como na harmonia e estética facial. Cabe ressaltar que a decisão por se submeter à CO deve ser manifesta espontaneamente, não podendo ser induzida, ou sequer sugerida pelo cirurgião-dentista, familiares ou amigos do cliente (Ribas et al., 2005; Nóia et al., 2015).

Por se configurar uma condição complexa, as deformações dentofaciais esqueléticas demandam, antes da intervenção cirúrgica, a combinação do tratamento ortodôntico prévio ao longo de até dois anos, bem como o acompanhamento fonoaudiológico e psicológico. Após a conclusão da cirurgia, o aparelho ortodôntico pode ser mantido por mais um ano, em média, haja vista que não é possível corrigir a relação entre as arcadas dentárias apenas com o procedimento cirúrgico (Belluci & Kapp-Simon, 2007; Ribas et al., 2005).

De acordo com Carvalho et al. (2012), por meio de um estudo de revisão sistemática, a maioria das pesquisas sobre a CO enfatiza a caracterização do perfil psicológico do cliente, bem como as mudanças desencadeadas no funcionamento da personalidade, especialmente no pós-operatório. No que concerne às dimensões mais investigadas, os referidos autores evidenciam a ansiedade, a depressão, o *distress*, a autoestima e a imagem corporal. Ainda para eles, a principal motivação dos clientes para justificar a procura pela CO se dá em função da preocupação com a estética facial, uma vez que a aparência física é culturalmente valorizada e, a partir dela, as pessoas tendem a se sentirem mais confiantes para se relacionar socialmente. Assim sendo, indivíduos acometidos por deformidades dentofaciais acabam se sentindo prejudicados no que se refere a autoestima e identidade, alterações que afetam não apenas o funcionamento da personalidade, mas, ainda, podem desencadear distúrbios de natureza psicológica.

Contudo, embora as necessidades afetivas do cliente exerçam um papel crucial na busca pelo tratamento, fazendo-o apostar que a CO não apenas produzirá mudanças em sua aparência física, mas, também, possibilitará benefícios psicológicos, melhorando a sua qualidade de vida, não o preparam para lidar com as consequências imediatas do pós-operatório. Pelo contrário, a ênfase dada aos resultados e benefícios positivos da intervenção acabam por ofuscar as reais implicações do processo de tratamento, o que tende a estimular fantasias, bem como a gerar insatisfação (Carvalho et al., 2012).

Visando reduzir o risco de insatisfação por parte do cliente, Ribas et al. (2005) salientam caber aos profissionais envolvidos no caso, o trabalho da psicoeducação, ou seja, o fornecimento de todas as informações inerentes à CO. Dentre elas, destacam-se o tempo e os riscos do tratamento completo, o que exige explanar sobre a anestesia; a real possibilidade de sentir desconforto durante e/ou após a condução do procedimento; o fato de que, depois da cirurgia, haverá o bloqueio maxilomandibular por cerca de seis semanas; a dieta restrita a ser seguida que, inevitavelmente, resulta em perda de peso; a necessidade de afastamento temporário do trabalho; bem como a manutenção do aparelho ortodôntico no pós-operatório por até um ano.

Ribas et al. (2005) ressaltam que características como pessimismo, ansiedade, ausência de suporte familiar e/ou social adequados sugerem riscos de complicações no pós-operatório, que, por conseguinte, podem refletir no insucesso do tratamento. Por outro lado, clientes que revelam expectativas positivas a respeito da CO costumam lidar com a maioria dos sintomas inerentes à etapa pós-operatória, tais como ansiedade e estresse, de maneira mais branda e menos dolorosa.

Ademais, o processo de Avaliação Psicológica antecedendo a CO deverá elucidar as características de personalidade do cliente capazes de interferir no sucesso e na recuperação pós-cirúrgica, tendo em vista que elas podem indicar a presença de perturbações de ordem emocional, em especial, diante de um tratamento tão invasivo. Todavia, não se tem na literatura de referência um consenso acerca de quais condições psicopatológicas se configurariam pontos de contraindicação. Ao contrário, entende-se que clientes acometidos por perturbações psicoemocionais, identificadas na etapa pré-operatória, têm essas condições substancialmente atenuadas pelos resultados alcançados pela CO, sugerindo, em certa medida, o potencial psicoterápico da própria intervenção cirúrgica. Entretanto, seria ingênuo esperar que, para todos os casos, a intensidade da sintomatologia psicopatológica diminua automaticamente, uma vez que há evidências empíricas demonstrando o contrário, como já observado em quadros de fobia social, transtorno dismórfico corporal e depressão (Carvalho et al., 2012).

Desse modo, caso a avaliação psicológica identifique algum quadro nosográfico, ao invés de contra indicar o cliente à CO, caberá ao psicólogo registrar no documento psicológico a sugestão terapêutica para que um trabalho de acompanhamento, por vezes, multiprofissional, seja adotado a fim de auxiliar na promoção e/ou restabelecimento de sua saúde mental. Mesmo uma condição de predisposição ao adoecimento psicológico deve ser seriamente considerada, tendo em vista que, devido ao fato de o procedimento cirúrgico ser amplamente invasivo, tal condição tende a se agravar, como bem destacam Carvalho et al. (2012), ao citarem o fato de que pessoas com o humor deprimido podem desencadear um episódio depressivo no pós-operatório como reflexo natural da intervenção cirúrgica.

Embora, como mencionado previamente, não se tenha um perfil que justifique uma contraindicação, alguns fatores são ressaltados pela literatura como relevantes de se investigar durante a avaliação pré-cirúrgica. O candidato à CO deve apresentar motivações intrínsecas para o procedimento, assim como demonstrar competência emocional adequada. Outro fator relevante, é a autoimagem corporal, a qual deve estar minimamente preservada para que sua autoestima possa ser melhorada no pós-operatório. Além disso, faz-se necessário demonstrar conhecimento acerca do que se pode esperar da CO, uma vez que fantasias inadequadas tendem a prejudicar o seu sucesso. Por último, mas não menos importante, deve-se investigar a percepção dos suportes familiar e/ou social, pois, quando adequados, sugerem minimizar o impacto das possíveis complicações advindas do pós-operatório (Carvalho et al., 2012).

Ainda para os autores referenciados no parágrafo anterior, alguns instrumentos padronizados podem compor a bateria de ferramentas a ser adotada na coleta de dados. Instrumentos destinados a identificar sinais e sintomas compatíveis com a depressão, ansiedade, assim como escalas de autoestima, suporte familiar/social e personalidade são mencionados. No entanto, visando atender a premissa da Avaliação Psicológica Multimétodo, defendida por Meyer et al. (2001) e, internacionalmente respeitada enquanto padrão ouro de avaliação, deve-se, além de conduzir a entrevista psicológica, combinar a aplicação de pelo menos um instrumento de autorrelato com um instrumento de performance – tradicionalmente denominado projetivo. Ademais, cabe ao psicólogo condutor da avaliação, pensar em estratégias que possam ser adotadas durante a execução do trabalho que sirvam para estimular a obtenção de *insights* espontâneos por parte do cliente, a fim de aprimorar a sua autonomia e autoimagem, características necessárias para o bom enfrentamento do cenário pós-cirúrgico.

Nesse sentido, a Avaliação Terapêutica (AT), sistematizada pelo psicólogo norte-americano, Stephen Finn, sugere ser uma metodologia promissora para condução do psicodiagnóstico no contexto da CO, uma vez estimular o engajamento, a autonomia e a autoconsciência do cliente, bem como tende a atenuar o sentimento de vergonha, maximizando a sua autoestima. Tudo isso acaba desencadeando em uma adesão adequada ao tratamento buscado, o que abarca, também, o acompanhamento psicoterápico (Vieira, 2021).

Diante do panorama apresentado até aqui, pretende-se com este capítulo discorrer sobre a metodologia da AT, apresentando a sua aplicabilidade no contexto da CO. Assim sendo, cada passo do processo será apresentado de modo a possibilitar ao leitor vislumbrar a sua condução.

SERIA APROPRIADO APLICAR A AVALIAÇÃO TERAPÊUTICA NO CONTEXTO DA CIRURGIA ORTOGNÁTICA?

A Avaliação Terapêutica (AT) é uma metodologia colaborativa e semiestruturada para a condução do Psicodiagnóstico. Conforme discutido por Vieira (2021), ela foi originalmente apresentada – no formato sistematizado que se conhece atualmente – nos Estados Unidos no ano de 2007, propondo incorporar ao processo avaliativo, intervenções psicoterápicas, transcendendo, assim, o que tem sido tradicionalmente praticado por psicólogos avaliadores. Passaram-se 10 anos desde a sua publicação original, até que essa obra fosse traduzida e publicada no Brasil. Com isso, Finn (2017) possibilitou que mais psicólogos avaliadores tivessem acesso a essa abordagem metodológica, a qual vem sendo gradualmente difundida por aqui.

Como salientado por Vieira (2021), o grande diferencial da AT é dotar o processo avaliativo de sentido próprio para cada cliente, haja vista convidá-lo, logo no primeiro encontro, a compartilhar o que ele gostaria que fosse respondido sobre si ao final de sua avaliação. Em contextos compulsórios, sabe-se da existência de perguntas inerentes ao processo que demandam respostas. Desse modo, o psicólogo que optar por aplicar a AT em contextos assim, deverá redobrar a sua atenção para que nenhuma pergunta, contextual ou individualizada – compartilhada pelo cliente – seja negligenciada.

É válido ressaltar que Scaduto, Cardoso e Heck (2019) advogam a ideia de que a AT não deveria ser aplicada em contextos de avaliação compulsória, alegando que, por exigir uma postura colaborativa e interventiva, poder-se-ia facilitar o aprendizado do cliente quanto, por exemplo, aos aspectos técnicos e interpretativos de um teste psicológico, que poderiam ser utilizados por ele para burlar uma eventual futura avaliação. Todavia, apesar de os autores demonstrarem preocupação e cuidado com os aspectos éticos e deontológicos, o próprio Finn (2016) relata ter pensado na estruturação do que hoje se conhece como AT, quando surgiam em seu consultório demandas recorrentes de avaliação psicológica para afirmação de gênero. Para essa finalidade, em especial, também escrevi um capítulo que discorre sobre o passo-a-passo da AT de modo aplicado (Vieira, 2022). Da mesma maneira, outras publicações internacionais ilustram a possibilidade de aplicar essa metodologia em cenários que naturalmente estimulam os fenômenos da desejabilidade social e a tentativa de falseamento dos resultados, como acontece nos contextos carcerário (Chudzik, 2015; Chudzik, 2016) e forense (Chudzik & Aschieri, 2013).

Assim, entende-se que contextos pré-cirúrgicos, como é o caso da avaliação para a CO, podem se beneficiar dessa perspectiva colaborativa. Contudo, caberá ao psicólogo muita cautela quando, por exemplo, for realizar alguma intervenção, pois não se pode dar pistas para o cliente a respeito de como os instrumentos padronizados, utilizados durante o levantamento de dados, funcionam. Ou seja, não seria apropriado discutir aspectos teóricos inerentes às variáveis interpretativas de testes psicológicos, tendo em vista que tal prática poderia queimá-los e inviabilizar futuras avaliações (Vieira, 2021).

A seguir, considerando as especificidades inerentes ao contexto da CO, procurarei discorrer acerca de cada passo da AT, tendo como referência principal a obra de Finn (2017). Visando dar uma maior fluidez, sempre que oportuno serão referenciadas no corpo do texto apenas as demais publicações. Será proposto um plano avaliativo que pode ser adotado por psicólogos que se interessarem por essa metodologia de psicodiagnóstico. Haverá, ainda, a possibilidade de adaptar o plano de coleta de dados conforme o conhecimento técnico do profissional, uma vez que mencionarei diferentes ferramentas para cada categoria, que deverão ser selecionadas pelo psicólogo. O panorama da proposta de trabalho por mim adaptado, pode ser observado na Figura 1.

Passo 1: Sessão inicial

O primeiro passo da AT, denominado Sessão Inicial, é caracterizado por uma série de objetivos e metas que devem ser atendidos antes que se evolua para o próximo passo. Assim, caso seja necessário, a Sessão Inicial pode se desdobrar em mais do que um encontro, até que se cumpra todo o planejamento. A priori, deve-se realizar o acolhimento e buscar pelo estabelecimento do *rapport*, possibilitando que espontaneamente o cliente aborde os motivos que o fizeram chegar até você. Como ele está diante de um contexto compulsório de avaliação, será imprescindível estimular a sua curiosidade, que, por conseguinte, tenderá a fazê-lo baixar suas defesas, passando a assumir um comportamento engajado e colaborativo.

Figura 1 · Planejamento da Avaliação Terapêutica aplicada ao contexto da Cirurgia Ortognática.

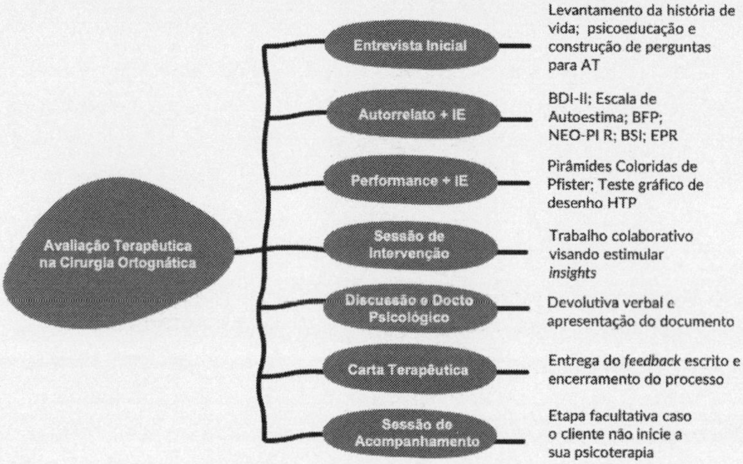

Fonte: Arquivo do autor

Recomendo iniciar a coleta de dados a respeito da história de vida do cliente com o auxílio de um roteiro de entrevista semidirigido. Vieira (2021) apresenta uma entrevista original, alinhada à literatura de referência, que poderá ser utilizada por você no levantamento dos dados. Tal roteiro, além de abordar dados de identificação sociodemográfica do cliente, propõe indagar as suas motivações para a cirurgia; o que ele espera dos resultados na esfera funcional e estética, bem como o impacto que o procedimento poderá ter em sua vida, incluindo o processo de recuperação no pós-operatório. Desse modo, aproveita-se a condução da entrevista para munir o cliente de informações sobre todo o processo da CO, o que consiste em uma estratégia de psicoeducação. Ademais, investiga-se sobre como era a vida escolar, abarcando interações com os colegas e professores, a fim de identificar vivências abusivas/degradantes e seu respectivo impacto na vida do cliente – ter sido alvo de *bullying*, por exemplo.

Outro aspecto importante contemplado pela entrevista é a área familiar. Assim, questiona-se sobre a sua composição e dinâmica de funcionamento, para entender o grau de dependência/autonomia apresentada, revelando como o cliente percebe o suporte fornecido pela sua família. Na mesma direção, levanta-se informações sobre uma possível rede de apoio advinda das interações sociais. Desse modo, deve-se averiguar com quem o cliente geralmente se relaciona, além dos membros próximos de sua família, o que deverá estar atrelado ao grau de desenvolvimento de sua autoestima. Logo, cabe indagar como o sujeito se percebe, assim como levantar dados sobre o seu histórico de relacionamentos afetivos/amorosos.

As histórias clínicas e de saúde geral também não poderão ser ignoradas. Nesse sentido, buscar por vivências de automutilação, ideação suicida ou mesmo um diagnóstico prévio de psicopatologia, se mostra relevante, para, então, entender como isso impacta na vida do cliente em seu momento atual. Essa preocupação se justifica em função de a CO ser amplamente invasiva, podendo, como destacam algumas publicações (Belluci & Kapp-Simon, 2007; Carvalho et al., 2012; Nóia et al., 2015; Ribas et al., 2005), piorar condições de saúde mental previamente identificadas. Dessa maneira, visando minimizar agravos decorrentes do procedimento, poder-se-ia estabelecer um plano de intervenção psicoterápica a ser adotado a posteriori.

Retomando a importância de se estimular a curiosidade do cliente com o intuito de engajá-lo no processo da AT enquanto um colaborador ativo, após ter coletado todas as informações abarcadas pela entrevista semidirigida, caberá dizer a ele que a sua avaliação, além de produzir um documento formal que atesta as suas condições psicoemocionais de enfrentar a CO, poderá ser usada como estratégia de autoconhecimento. Em outras palavras, deve-se enfatizar que as técnicas de avaliação psicológica a serem aplicadas, como, por exemplo, os testes psicológicos, poderão elucidar respostas às perguntas que talvez o cliente carrega sobre si ao longo de sua vida. Assim, deve-se ajudá-lo a construir perguntas norteadoras de avaliação, lançando mão de questionamentos como "o que você gostaria que fosse respondido sobre si ao final do processo?"; "o que você espera descobrir com a sua avaliação?"; "o que você gostaria que os testes psicológicos revelassem a seu respeito?".

A partir daí, cada pergunta por ele criada, devidamente registrada pelo psicólogo e, validada com cliente, demandará um levantamento histórico por meio de uma nova entrevista psicológica, que deverá ser preparada levando em consideração os conteúdos presentes nela. Não havendo tempo hábil, tal levantamento poderá ser deixado para um segundo encontro, que será introduzido fazendo menção ao fato de que naquela oportunidade, discutir-se-ão os elementos por trás de suas perguntas individuais compartilhadas na sessão anterior.

Para auxiliar o psicólogo durante a condução do passo 1 da AT, reduzindo o risco de se esquecer o que deve ser feito, ou, pelo menos para autoavaliar a sua postura após realizá-la espontaneamente, criei um *checklist* que poderá ser encontrado nos anexos de Vieira (2021) e levado para o seu posto de trabalho. Uma vez que todos esses pontos tenham sido contemplados, entende-se que o passo 1 foi concluído, podendo o psicólogo avançar para o passo 2, a testagem padronizada.

Passo 2: Sessão de testagem padronizada

As perguntas individuais criadas pelo cliente serão consideradas na hora de se planejar a bateria de testes e técnicas. Nesse sentido, elas se associam às perguntas contextuais inerentes ao processo de avaliação para CO. Logo, se o cliente compartilhou contigo a seguinte curiosidade pessoal "por que eu não consigo desenvolver intimidade nos relacionamentos que estabeleço?", um teste de personalidade poderá ser adotado como estratégia de elucidação de resposta. É válido salientar que palavras-chave presentes nas perguntas individuais podem sugerir qual teste especificamente seria o mais indicado. Por exemplo, se o questionamento do cliente tiver sido "o que eu poderia fazer para controlar melhor as minhas emoções?", além de pensar na pertinência de incluir um teste de personalidade na bateria, dever-se-á considerar qual teste, destinado a avaliar esse construto, tem condições de enfatizar aspectos de natureza afetiva e emocional, inerentes ao funcionamento da personalidade, mas que nem todo instrumento dessa categoria destina-se a aprofundar.

Como os testes são padronizados, não se pode, em hipótese alguma, alterar os seus procedimentos de aplicação, o que inclui fornecer as instruções tais como estão previstas nos respectivos manuais técnicos. No entanto, é possível introduzir cada sessão de testagem dizendo que o instrumento a ser respondido foi definido tendo como base uma ou mais perguntas do cliente, podendo retomá-la(s) antes da entrega da folha de resposta do teste e do fornecimento das instruções previstas no manual. Essa prática introduz um viés terapêutico na maneira como ele se implicará no teste, haja vista estimular uma maior reflexão e curiosidade quando se estiver respondendo-o.

Nenhuma intervenção que não esteja prevista na padronização do instrumento poderá ser realizada enquanto a testagem não se dê por concluída. Durante a aplicação, caso se identifique algo importante de ser discutido com o cliente, deve-se tomar nota para não se esquecer, mas deixar essa prática para o final da sessão. Uma discussão clínica a respeito da experiência de ter sido submetido àquele teste revela-se pertinente. Isso é o que na AT chamamos de Inquérito Estendido (IE). Essa técnica propicia coletar material verbal para uma posterior análise qualitativa, que deverá se associar e dar clareza aos aspectos quantitativos que serão evidenciados pelo teste padronizado após a sua apuração. Além disso, o IE serve para estimular pequenos *insights* que tenderão a fazer com que o cliente comece a se aproximar dos achados coletados, os quais serão apresentados e discutidos ao final da avaliação.

Assim sendo, ao final de cada testagem deve-se reservar um tempo para realizar o IE, iniciando-o com uma pergunta generalista, do tipo "como foi para você responder a esse teste hoje, sabendo que ele foi escolhido para auxiliar na construção de respostas às suas perguntas?". A partir daí, discute-se com o cliente o que ele for verbalizando, podendo o psicólogo direcionar essa discussão tomando como base itens do teste identificados por ele como muito alinhados ao modo que ele se percebe. Um breve exemplo de como fazer isso, seria escolher um item do teste que ele tenha atribuído pontuação máxima e/ou mínima, lendo-o em voz alta, para então indagar "como é isso na sua vida?"; "consegue me dar alguns exemplos reais de como isso acontece com você?", etc. Deve-se fazer isso apenas com alguns poucos itens, mas não com o teste inteiro, pois do contrário, tornaria o IE enfadonho e pouco produtivo.

No que diz respeito aos instrumentos de autorrelato possíveis para compor a bateria, Carvalho et al. (2012) fazem um levantamento dos mais utilizados na avaliação para CO. Dentre eles, é possível destacar alguns com adaptação para o cenário brasileiro, como é o caso do Inventário de Depressão de Beck – BDI, cuja segunda versão, publicada aqui no Brasil por Gorenstein, Pang, Argimon e Werlang (2011), possui parecer favorável para utilização; e a Escala de Autoestima de Rosenberg, ferramenta de cunho complementar – não é um teste psicológico – também traduzida e adaptada para o português (Hutz & Zanon, 2011). Na primeira publicação referenciada neste parágrafo, se faz menção, ainda, a uma escala para a avaliação da personalidade, a qual não é comercializada no Brasil. Por esse motivo, proponho outras possibilidades de instrumentos de autorrelato, para avaliação de traços de personalidade e construtos correlatos, que podem ser utilizados em substituição a escala por eles sugerida.

Os testes psicológicos baseados no modelo dos Cinco Grandes Fatores, Bateria Fatorial de Personalidade – BFP (Nunes, Hutz & Nunes, 2010) e o Inventário NEO de Personalidade Revisado – NEO-PI R (Costa Jr & McCrae, 2007) são duas opções interessantes para que o psicólogo possa escolher a fim de compor a bateria para a identificação do funcionamento do cliente por meio do seu autorrelato. Nessa direção, outros instrumentos de autorrelato, como o Inventário Breve de Sintomas – BSI (Derogatis, 2019) e a Escala dos Pilares da Resiliência – EPR (Cardoso & Martins, 2013) também podem ser incluídos. O primeiro, destina-se a rastrear sinais e sintomas que compõem dimensões presentes em diferentes condições psicopatológicas, tais como Somatização; Obsessivo-Compulsivo; Sensibilidade Interpessoal; Depressão; Ansiedade; Hostilidade; Ansiedade Fóbica; Ideação Paranóide; e Psicoticismo; enquanto o segundo tem como objetivo identificar o grau de desenvolvimento dos atributos pessoais que tendem a sugerir uma postura resiliente para enfrentar as adversidades do meio.

Quanto aos instrumentos de performance, recomendo duas opções para que o psicólogo avaliador possa escolher. Primeiramente, o teste das Pirâmides Coloridas de Pfister (Villemor-Amaral, 2012) cuja proposta é avaliar o funcionamento da personalidade enfatizando a dinâmica afetiva e emocional, bem como, de modo qualitativo, os recursos cognitivos que ele detém para se adaptar ao meio e às situações relacionais. É válido destacar que esse teste apresenta consistentes evidências de validade para o diagnóstico diferencial de condições de psicopatologia variadas, como o transtorno obsessivo-compulsivo (Villemor-Amaral, Silva, & Primi, 2002); o alcoolismo (Villemor-Amaral, Silva, & Primi, 2003); o transtorno do pânico (Villemor-Amaral., Farah, & Primi, 2004); a depressão (Villemor-Amaral et al., 2004); a esquizofrenia (Villemor-Amaral et al., 2005); e o transtorno da personalidade *borderline* (Vieira, Scortegagna, & Franco, 2022) o que, por conseguinte tende a contribuir para com a tomada de decisão, no sentido de direcionar adequadamente o plano de tratamento apropriado no pós-operatório a partir da identificação diagnóstica ou do seu respectivo descarte.

O segundo instrumento a ser sugerido, pertencente à mesma categoria, é o teste gráfico de desenhos, Casa-Árvore-Pessoa – HTP (Tardivo, Moraes, Marques, & Tosi, 2024). Com ele, se tem a possibilidade de levantar informações a respeito de três esferas muito relevantes do funcionamento psicodinâmico da personalidade: os relacionamento íntimos e familiares; a vida intrapsíquica e os recursos egóicos para lidar com as pressões ambientais; a autoimagem, bem como o seu reflexo nos relacionamentos sociais (Silva, 2011).

As ferramentas sugeridas neste capítulo possibilitam um leque de escolhas ao psicólogo, que deverá selecionar aquelas que julgar mais apropriadas de acordo com as perguntas pessoais compartilhadas pelo cliente. Cabe destacar que não é recomendado aplicar toda a bateria de testes e técnicas em apenas um ou dois dias. Fazer dessa forma afetaria o tempo de assimilação necessário para que se possa incorporar novas verdades à autopercepção, prejudicando, assim, o potencial terapêutico inerente a essa etapa do processo.

Passo 3: Sessão de intervenção

Indubitavelmente, essa é a etapa do processo que melhor diferencia a metodologia da AT de demais propostas de avaliação psicológica. Basicamente consiste em, após contextualizar os achados coletados por meio da entrevista com os resultados dos testes psicológicos previamente aplicados, promover uma conceitualização do caso que permita entender a dinâmica de funcionamento do cliente. Desse modo, poder-se-ia identificar qual(is) achado(s) tende(m) a ameaçar a sua integridade psíquica, caso ele entre em contato de modo abrupto – por exemplo, por meio da fala do psicólogo durante a devolutiva, sem haver uma preparação do cliente –, suscitando defesas mais rígidas e racionais a fim de se proteger, o que acabaria por dificultar a obtenção de *insights*. Uma vez identificado(s), caberá estabelecer uma estratégia interventiva, lançando mão de alguma atividade de cunho experimental, para que, colaborativamente, se possa aproximar o cliente de tal(is) achado(s).

Outro objetivo da Sessão de Intervenção (SI) é explorar hipóteses junto ao cliente, após a conceitualização do caso, que ainda não ficaram suficientemente claras com os dados obtidos. Assim, se mostra mais pertinente trabalhá-las a partir de uma atividade colaborativa, haja vista que o manejo interventivo permitirá ao sujeito demonstrar ao vivo, durante a sessão e com o devido suporte emocional necessário, como ele de fato funciona. Do contrário, levar uma informação conceitualizada de modo frágil, sem a devida exploração colaborativa, para a entrevista de devolução, pode desencadear equívocos interpretativos que em nada auxiliam na obtenção das respostas que satisfaçam as curiosidades pessoais do cliente.

Visando definir a atividade experimental a ser adotada na SI, o psicólogo deve, primeiramente, fazer o exercício de se colocar no lugar do cliente. Isso implica olhar para os achados, especialmente obtidos por meio dos testes psicológicos, questionando-se "como deve ser viver em um mundo tendo essas características?". Essa indagação que fazemos a nós mesmos, nos permite inferir em que medida determinados achados podem ser mais delicados de se assimilar para cada cliente, selecionando, assim, um alvo para a SI. A partir daí, de modo criativo, deve-se pensar em alguma prática que elucide o fenômeno psicológico em questão, para que, ao vivo, durante a sessão, o cliente se sinta mobilizado por ele, ao invés de meramente ouvir do psicólogo que aquilo faz parte do seu funcionamento. Torna-se menos ameaçador dessa forma, bem como reduz a chance de rejeição do achado, uma vez que o cliente acabará de tê-lo experimentado. Assim sendo, sentir na própria pele e, não apenas ouvir uma nova verdade que pode ser recebida por ele como uma imposição a qual não corrobora a sua autopercepção, mostra-se uma eficaz estratégia terapêutica.

No entanto, definir o que fazer na SI pode ser uma tarefa desafiadora e, por essa razão, a criatividade do psicólogo será muito bem-vinda nesse passo da AT. É possível se apropriar de técnicas já existentes para a condução dessa sessão, aplicando-as tais como foram idealizadas, ou adaptando-as para atender às demandas do caso. Criar uma técnica completamente nova também é permitido. O mais importante é ela ser suficiente para atingir o objetivo proposto, que consiste em elucidar um determinado fenômeno psicológico, a fim de, gradualmente, aproximar dele o cliente. Ou seja, a SI servirá para revelar a ele, de um modo colaborativo, aquilo que os testes e a interação prévia nos possibilitam saber a seu respeito.

Em Vieira (2021) um exemplo de atividade experimental adotada com um cliente candidato à CO ilustra um manejo bastante interessante. Com base nos dados coletados, pôde-se conceitualizar que o referido cliente apresentava um funcionamento da personalidade amplamente guiado pela introversão, caracterizado pelo forte movimento de voltar-se à ideação em detrimento da ação, assim como pela timidez, retraimento e inibição social. Ademais, os achados evidenciaram que ele tinha grande apreço por momentos de individualidade, ou de interação restrita a um pequeno grupo de pessoas mais próximas. Contudo, a principal pergunta de avaliação por ele criada era incompatível com o que os achados sugerem a seu respeito – "Como me sentir mais seguro para fazer novos amigos?".

Desse modo, a SI buscou mostrar para o cliente, a partir de uma atividade que explorava a experiência imaginativa, haja vista ele ser guiado pela introversão, o quanto o seu funcionamento de personalidade solicitava uma postura bastante contrária ao que ele demonstrava almejar, como observa-se em sua pergunta pessoal criada para a AT. Com o auxílio de duas imagens recuperadas da internet, bem como de um pequeno texto preparado por mim com o intuito de mobilizá-lo afetivamente, conduzi a intervenção.

Na primeira constavam muitas pessoas aglomeradas em um evento de música eletrônica, que de acordo com o cliente, era um ambiente comumente frequentado por ele, embora não fosse a atividade social que mais lhe proporcionasse prazer. A segunda, uma sala de vídeo muito bem equipada e aconchegante, na qual havia um pequeno grupo de pessoas que sugeriam desfrutar de um momento agradável de interação. Apresentei uma imagem por vez para que ele a analisasse, enquanto o texto preparado era lido por mim em voz alta. Solicitei que ele listasse em uma folha de papel palavras que fossem surgindo à sua mente durante esse processo. Como é possível imaginar, a quantidade e a qualidade das palavras listadas para a primeira cena aludiam forte incômodo e desconforto. Em contrapartida, para a segunda imagem, as palavras remetiam a vivências positivas, agradáveis e nada ameaçadoras.

Em suma, a atividade experimental usada nessa SI permitiu desbloquear uma discussão com o cliente, fazendo-o refletir acerca da incongruência entre o seu desejo manifesto, influenciado a partir da sua percepção sobre o que era socialmente valorizado – possuir muitos amigos –, e o que de fato o seu estilo de personalidade o requisitava para se ter qualidade de vida e em suas interações. É importante destacar que o caso clínico em questão pode ser acessado na íntegra em Vieira (2021).

Passo 4: Sessão de discussão sumária

A Discussão Sumária é uma etapa, de certa forma, equivalente à devolutiva da avaliação psicológica tradicional. Entretanto, Finn (2017) denomina esse momento do processo dessa maneira para enfatizar o caráter relacional e interacionista que a AT prima, o que não seria diferente quando se tem como objetivo apresentar ao cliente os achados coletados ao longo de sua avaliação. Nesse sentido, ao invés de meramente contar para ele o que foi revelado por meio dos seus testes, convida-o a verbalizar situações cotidianas que ilustrem aquilo que o psicólogo propôs discutir.

Como a AT é bastante alinhada às perguntas e curiosidades pessoais compartilhadas pelo cliente, deve-se iniciar a condução da Sessão de Discussão Sumária retomando-as, no sentido de lê-las em voz alta, para, então, iniciar a exposição dos dados coletados que sirvam como possíveis respostas. Visando minimizar o risco de rejeição quando da condução desta etapa do processo, deve-se mapear os achados em três níveis. Inicialmente, apresentam-se os achados de nível 1, que são informações atreladas à autopercepção do sujeito. Ou seja, informações que, ao serem utilizadas para iniciar a exposição dos achados, abrem portas, tendo em vista que mostram para o cliente que conseguimos compreender quem ele é. Afinal de contas, achados de nível 1 corroboram a maneira como o sujeito se vê no mundo.

Na sequência, evolui-se para a exposição dos achados de nível 2, que se referem às informações que não desconstroem a autopercepção do cliente, mas, sim, oferecem-lhe uma alternativa de visão a respeito do que ele está vivenciando. Desse modo, servem como uma luz no fim do túnel, estimulando uma reflexão e, até mesmo, possibilitando que mudanças sejam assumidas quanto à maneira de se perceber e se projetar no mundo. Como bem reforçam Smith e Finn (2014), durante a Discussão Sumária, esses são os achados que precisam ser enfatizados, haja vista que são deles que advém as principais mudanças terapêuticas.

Em contrapartida, os achados de nível 3, por estarem protegidos por mecanismos de defesa, encontram-se distantes do nível de consciência do cliente e, como salientam Villemor-Amaral e Resende (2018), tendem a suscitar defesas mais rígidas. Nesse sentido, recomenda-se abordar durante a discussão apenas os achados de nível 3 que tiverem relação direta com a(s) pergunta(s) compartilhada(s) no início do processo, pois caso contrário, poder-se-ia estimular um estado de desorganização intrapsíquica por parte do avaliado, o que, por conseguinte, prejudicaria o caráter terapêutico da avaliação, tornando-a potencialmente nociva. Por vezes, estabelecer o julgamento clínico de deixar que certos achados de nível 3 sejam explorados em uma eventual psicoterapia a longo prazo, pois não seriam capazes de estimular prontamente o processo mutativo, se revela uma decisão perspicaz.

Passo 5: Entrega de *feedback* escrito

Embora o contexto da CO exija, enquanto resposta da avaliação psicológica, um documento formal a ser encaminhado ao cirurgião-dentista – ou entregue ao cliente para que ele o faça –, outra forma de *feedback* escrito pode ser adicionada ao processo. Cabe, inicialmente, destacar que o documento psicológico mais apropriado aos contextos pré-cirúrgicos é o Atestado Psicológico, uma vez que ele apresenta sucintamente as características formalmente avaliadas, a fim de subsidiar a tomada de decisão, atestando a aptidão psicológica do cliente para uma finalidade específica naquele momento em que foi avaliado. O Laudo Psicológico, por sua vez, só deve ser priorizado – ou elaborado como peça complementar da avaliação – se houver demanda clínica de encaminhamento para outro profissional que dará continuidade no tratamento do caso, como, por exemplo, um psiquiatra ou outro psicólogo terapeuta (Conselho Federal de Psicologia - CFP, 2019).

Todavia, entregar para o cliente uma cópia do documento psicológico que formalizou a sua avaliação, independente da extensão das informações discutidas, não costuma ser algo produtivo. Afinal de contas, estamos falando de um documento elaborado sob um rigor técnico, o qual possui uma linguagem impessoal e científica. Na AT prioriza-se a entrega de um *feedback* elaborado de modo muito mais humanizado, pessoal e com um linguajar inteligível para o cliente. É imprescindível que ele seja pragmático no sentido de apresentar as soluções construídas e alcançadas colaborativamente na relação com o cliente. Por esse motivo, Finn (2017) recomenda preparar uma carta que, particularmente, gosto de intitulá-la Carta Terapêutica.

Deve-se introduzir a Carta Terapêutica cumprimentando o cliente, como se faz quando se escreve um e-mail, ou mesmo uma carta, apesar de essa última ser algo cada vez mais incomum em nossa sociedade atual. É importante enfatizar na carta que todas as descobertas possibilitadas pela AT só foram possíveis graças ao engajamento colaborativo do cliente que o permitiu trabalhar em conjunto com a figura do psicólogo. Assim, destaca-se que todas as respostas para cada pergunta de avaliação, compartilhada no início do processo, foram alcançadas a partir da relação terapêutica construída.

Após uma breve introdução contemplando sucintamente as demandas trazidas pelo cliente, bem como as impressões causadas diante delas, apresenta-se cada pergunta de avaliação compartilhada por ele, seguida da exposição dos achados contextualizados que endereçam o tema em questão. Procure usar falas e palavras do próprio cliente no decorrer da apresentação de suas ideias, incorporando-as em seu texto, tendo em vista que isso o faz se sentir validado, sintonizado e melhor compreendido.

Ao final da Carta Terapêutica apresenta-se uma breve sumarização das principais informações que ajudam a melhor entender a dinâmica de funcionamento do cliente, seguido do registro do direcionamento do caso. Ou seja, os encaminhamentos e sugestões terapêuticas devem constar nesse momento da carta. Não se esqueça, como bem enfatiza Finn (2017), de agradecer ao cliente por ter tido a oportunidade de trabalhar junto a ele na obtenção das respostas alcançadas. Destaque algo positivo da relação psicólogo-cliente que foi estabelecida entre vocês, a fim de demonstrar genuinidade na exposição desse agradecimento. Como esse *feedback* escrito consiste em uma ferramenta de cunho psicoterápico, não servindo, portanto, como documento formal de avaliação, não é necessário carimbá-lo, tampouco rubricá-lo – ou assiná-lo por extenso.

Uma última consideração importante a respeito da Carta Terapêutica se faz necessária. Deixe para produzi-la depois de ter conduzido a Sessão de Discussão Sumária. Dessa forma se tem a possibilidade de incorporá-la aos elementos que tenham sido abordados durante esse momento de devolutiva, tais como novas compreensões acerca do que ele produziu nos testes. Exemplos reais de cartas elaboradas para diferentes tipos de clientes podem ser acessados na obra de Finn (2017), assim como em Vieira (2021), na qual, dentre elas, uma refere-se ao contexto da CO.

Passo 6: Sessão de acompanhamento

O último passo da AT foi pensado para suprir a lacuna deixada pelo não engajamento no processo de psicoterapia, em especial, do cliente que apenas comparece ao serviço de avaliação psicológica compulsória por ter sido encaminhado por terceiros. É provável que ao final da avaliação esse tipo de cliente não se interesse pela psicoterapia. Nesse sentido, a Sessão de Acompanhamento (SA) serve como uma alternativa àqueles que quiserem retornar, talvez após dois ou três meses da conclusão do seu processo avaliativo, para compartilhar com o psicólogo que já o conhece, uma vez ter sido o responsável pela condução de sua AT, como tem sido viver em mundo depois de ter alcançados os *insights* possibilitados.

É importante ter em mente que a SA não consiste em uma sessão de psicoterapia, assemelhando-se mais, à prática do plantão psicológico. Desse modo, consiste em um espaço de acolhimento para tratar questões pontuais trazidas pelo cliente. Assim, o psicólogo deve informá-lo, quando da conclusão de sua AT, que ele poderá agendar a qualquer momento, uma ou duas sessões de acompanhamento, caso julgue necessário.

Você deve estar se perguntando se essa etapa facultativa do processo gerará algum custo para o cliente e a resposta é certamente que sim. Contudo, você pode embutir o custo de uma consulta psicológica, destinada à SA, no planejamento geral da AT, informando-o que o agendamento de tal sessão não demandará nenhum pagamento adicional. Uma alternativa seria, ao invés de incluir essa despesa no pacote inicial da AT, informar o seu respectivo valor quando o agendamento estiver sendo buscado.

Embora o cliente deva ter a sua autonomia de escolha respeitada para decidir se vai iniciar um processo psicoterápico, Carvalho et al., (2012) destacam que o pós-operatório da CO tende a ser complexo, doloroso e difícil de ser enfrentado. Dessa maneira, o acompanhamento terapêutico com um psicólogo após a intervenção cirúrgica pode auxiliá-lo a lidar com os obstáculos inerentes a esse cenário.

CONCLUSÃO

No decorrer deste capítulo procurei discorrer didaticamente sobre a prática da AT aplicada ao contexto da CO. Como foi possível perceber, mesmo diante de uma demanda de avaliação compulsória como essa, poder-se-ia transcender a prática de coleta de dados tradicionalmente adotada pela avaliação psicológica clássica. O manejo colaborativo e interventivo da AT tende a dotar o processo de significado próprio para cada cliente avaliado, tornando a experiência avaliativa mais amistosa e propícia para que ele revisite a sua história de vida e, quem sabe, inicie um processo mutativo.

Cabe ressaltar que a metodologia da AT é capaz de atender às demandas contextuais inerentes a um pedido de avaliação encaminhado por terceiros, embora a sua prática interventiva sirva como algo a mais a ser oferecido ao sujeito, o qual nem sempre chega ao nosso *setting* de trabalho interessado em contribuir. Assim sendo, torna-se plausível acreditar no potencial da AT dentro do cenário da CO, haja vista que essa abordagem tende a aguçar curiosidades, bem como a estimular uma participação ativa e engajada.

REFERÊNCIAS

Belluci, C., & Kapp-Simon, K. (2007). Psychological considerations in orthognathic surgery. Clinics in Plastic Surgery, 34, 11-16.

Cardoso, T., & Martins, M. C. F. (2013). *Escala dos pilares da resiliência*. São Paulo: Vetor.

Carvalho, S., Martins, E., & Barbosa, M. (2012). Variáveis psicossociais associadas à Cirurgia Ortognática: um a revisão sistemática da literatura. *Psicologia: Reflexão e Crítica, 25*(3), 477-490.

Conselho Federal de Psicologia (2019). *Resolução CFP nº 006/2019 comentada*. Orientações sobre elaboração de documentos escritos produzidos pela(o) psicóloga(o) no exercício profissional. Brasília, DF, Brasil.

Costa, Jr., P., & McCrae, R. (2007). *NEO PI-R: Inventário de Personalidade NEO Revisado e Inventário de Cinco Fatores NEO Revisado – NEO-FFI-R (versão curta)*. Manual. São Paulo: Vetor.

Chudzik, L. (2015). Loneliness, fear, and violence: what I learned from encountering evil through Therapeutic Assessment. *The TA Connection, 3*(1), 7-10.

Chudzik, L. (2016). Therapeutic Assessment of a violent criminal offender: managing the cultural narrative of evil. *Journal of Personality Assessment, 98*(6), 585-589.

Chudzik, L., & Aschieri, F. (2013). Clinical relationships with forensic clients: a three-dimensional mode. *Aggression and violent behavior, 18*(6), 722-731.

Conselho Federal de Odontologia (2001). *Resolução CFO nº 22/2001*. Baixa normas sobre anúncio e exercício das especialidades odontológicas e sobre cursos de especialização. Rio de Janeiro, RJ, Brasil.

Conselho Federal de Odontologia (2005). *Resolução CFO nº 63/2005*. Aprova a consolidação das normas para procedimentos nos conselhos de Odontologia. Rio de Janeiro, RJ, Brasil.

Derogatis, L. R. (2019). *Inventário Breve de Sintomas (BSI). Manual de aplicação e correção*. Tradução de Transperfect – São Paulo: Pearson.

Finn, S. (2016). Using Therapeutic Assessment in psychological assessments required for sex reassignment surgery. In Brabender, V., & Mihura, J. (Eds.). *Handbook of gender and sexuality in psychological assessment*. New York: Routledge.

Finn, S. (2017). *Pela perspectiva do cliente: teoria e técnica da Avaliação Terapêutica*. São Paulo: Hogrefe.

Gorenstein, C., Pang, W. Y., Argimon, I. L., & Werlang, B. S. G. (2011). *Inventário Beck de Depressão-II. Manual*. São Paulo, SP: Casa do Psicólogo.

Hutz, C., & Zanon, C. (2011). Revisão da adaptação, validação e normatizção da Escala de Autoestima de Rosenberg. *Avaliação Psicológica*, 10(1), 41-49.

Meyer, G., Finn, S., Eyde, L., Kay, G., Moreland, K., Dies, R., Eisman, E., Kubiszyn, T., & Reed, J. (2001). Psychological testing and psychological assessment. *American Psychologist, 56*(2), 128-165.

Nóia, C. F., Ortega-Lopes, R., Netto, H., Chessa, J., & Nascimento, F. (2015). Influência da cirurgia ortognática da harmonia facial: série de casos. *Revista Cirurgia e Traumatologia buco-maxilo-facial, 15*(1), 21-26.

Nunes, C. H. S., Hutz, C. S., & Nunes, M. O. (2010). *Bateria fatorial de personalidade - manual técnico*. São Paulo: Casa do Psicólogo.

Ribas, M., Reis, L., França, B., & Lima, A. (2005). *Cirurgia ortognática: orientações legais aos ordotontistas e cirurgiões bucofaciais. Revista Dental Press de Ortodontia e Ortopedia Facial, 10*(6), 75-83.

Scaduto, A., Cardoso, L., & Heck, V. (2019). Modelos interventivo-terapêuticos em avaliação psicológica: estado da arte no Brasil. *Avaliação Psicológica, 18*(1), 67-75.

Silva, M. (2011). A técnica da casa-árvore-pessoa (HTP) de John Buck. In Villemor-Amaral, A. E., Werlang, B. (Orgs.). *Atualizações em métodos projetivos para avaliação psicológica.* São Paulo: Casa do Psicólogo.

Smith, J., & Finn, S. (2014). Integration and therapeutic presentation of multimethod assessment results: Empirically supported guiding framework and case example. In C. J. Hopwood & R. F. Bornstein (Eds.), *Multimethod clinical assessment of personality and psychopathology* (pp. 403-425). New York, NY: Guilford.

Tardivo, L, Moraes, M., Marques, A., & Tosi, S. (2024). *A técnica do desenho casa-árvore-pessoa (HTP): avaliação psicológica no contexto brasileiro.* Vetor Editora: São Paulo.

Vieira, P. G. (2021). *Avaliação Terapêutica aplicada à procedimentos cirúrgicos: casos clínicos.* São Paulo: Vetor.

Vieira, P. G. (2022). Avaliação Terapêutica aplicada a intervenções clínicas e cirúrgicas para afirmação de gênero. In Lobosque, E., Pereira, E. (Orgs). *Práticas em Avaliação Psicológica.* Belo Horizonte: Artesã.

Vieira, P. G., Scortegagna, S. A., & Franco, R. R. C. (2022). Fundamentos teóricos e clínicos do Teste das Pirâmides Coloridas de Pfister. In Villemor-Amaral, A. E., Pasian, S. R., Amparo, D. M. (Orgs). *Avanços em Métodos Projetivos.* São Paulo: Hogrefe.

Villemor-Amaral, A. E., Silva, T. C., & Primi, R. (2002). O teste das pirâmides coloridas de Pfister e o transtorno obsessivo compulsivo. *Avaliação Psicológica, 2*, 133-139.

Villemor-Amaral, A. E., Silva, T. C., & Primi, R. (2003). Indicadores de alcoolismo no teste das pirâmides coloridas de Max Pfister. *Psico-USF, 8*(1), 33-38.

Villemor-Amaral, A. E., Farah, F. H. Z., & Primi, R. (2004). O teste das pirâmides coloridas e o transtorno do pânico. *Psicologia em Estudo, 9*(2), 301-307.

Villemor-Amaral, A. E., Primi, R., Farah, F. H. Z., Silva, S. M., Cardoso, L. M., & Franco, R. R. C. (2004). A depressão no teste das pirâmides coloridas de Pfister. *Paidéia, 14*(28), 169-176.

Villemor-Amaral, A. E., Primi, R., Franco, R. R. C., Farah, F. H. Z., Cardoso, L. M., & Silva, T. C. (2005). O teste de Pfister e sua contribuição para diagnóstico da esquizofrenia. *Revista do Departamento de Psicologia - UFF, 17*(2), 89-98.

Villemor-Amaral, A. E. (2012). *As Pirâmides Coloridas de Pfister.* São Paulo: Casa do Psicólogo.

Villemor-Amaral, A., & Resende, A. (2018). Novo Modelo de Avaliação Psicológica no Brasil. *Psicologia: Ciência e Profissão, 38*(n.spe), 122-132

PERÍCIA PSICOLÓGICA NO TRÂNSITO: FUNDAMENTOS, DESAFIOS E PRÁTICA

Roberto Moraes Cruz · UNIVERSIDADE FEDERAL DE SANTA CATARINA (UFSC)

Ivan Sant'Ana Rabelo · UNIVERSIDADE DE SÃO PAULO (USP)

Irene F. Almeida de Sá Leme · EDITORA NILA PRESS

Luis Anunciação · PONTIFÍCIA UNIVERSIDADE CATÓLICA DO RIO DE JANEIRO (PUC-RIO)

O TRÂNSITO NA VIDA DAS PESSOAS

O trânsito é, essencialmente, mobilidade humana mediada por tecnologias de transportes, infraestrutura de deslocamentos, regras e procedimentos de circulação. Em função disso, o trânsito pode ser descrito como um ambiente físico, social e normativo artificialmente construído (com maior ou menor planejamento) para promover a mobilidade humana por vias e meios de transportes, no sentido de encurtar distâncias, aproximar pessoas e culturas, reduzir esforços e tempo de deslocamento, promover a manutenção da vida por meio do acesso a produtos e a serviços (Cruz, 2020).

O trânsito, em sua forma mais básica, é um meio por meio do qual as pessoas acessam oportunidades e recursos em suas vidas diárias e, portanto, é inegável a importância do trânsito no funcionamento da sociedade como um todo. O ambiente de trânsito, de forma paradoxal, pode gerar encontros e desencontros, alegrias e tristezas, mobilidade e restrições, segurança e insegurança (Hoffmann & Cruz, 2003; Cruz et al., 2020). Além disso, a experiência no trânsito pode ter um impacto profundo no bem-estar emocional das pessoas. Os momentos de alegria ao desfrutar de uma viagem tranquila ou ao chegar a um destino desejado contrastam com as frustrações de engarrafamentos intermináveis e os sentimentos de insegurança que, muitas vezes, surgem nos deslocamentos cotidianos.

A proliferação do uso de veículos automotores e das vias rodoviárias, especialmente com a expansão das áreas urbanas, tem impulsionado uma amplificação da mobilidade humana, resultando, consequentemente, em um aumento das situações de perigo para a segurança e para a saúde dos participantes do trânsito (Cruz et al., 2020; Cruz, 2020). À medida que essas situações de risco se intensificam, as probabilidades de acidentes, danos pessoais e prejuízos materiais também se elevam, acarretando impactos coletivos, dadas as diversas interações sistêmicas entre o erro humano, as deficiências nos equipamentos técnicos e veiculares, bem como as condições das vias e do ambiente circundante.

A contribuição dos fatores humanos no contexto do trânsito está intrinsecamente ligada a uma série de eventos associados - tanto de natureza individual (envolvendo variáveis inerentes ao indivíduo e ao seu comportamento) quanto ambiental (abarcando o ambiente físico, os veículos, o contexto social e a organização), que influenciam o equilíbrio ou desequilíbrio do sistema de trânsito. Os erros humanos, as falhas tecnológicas, os problemas de planejamento e organização da locomoção humana são todos elementos potencialmente prejudiciais à segurança e à saúde das pessoas nas vias (Reason, 2000; Gebru, 2017; Zhang et al., 2019; Delben et al., 2020).

É possível afirmar que a atividade de condução de veículos, em diferentes condições de densidade de tráfego, exige níveis elevados de atenção, cuidado, dedicação, concentração, conhecimento sobre o ambiente e compreensão das regras de circulação, além de consciência dos limites do próprio corpo (Recarte & Nunes, 2009, Cruz, 2020). Portanto, o desempenho satisfatório dos condutores está diretamente relacionado às suas habilidades físicas e psicológicas, que, do ponto de vista social, são percebidas como determinantes na adoção de comportamentos seguros ou de risco no trânsito (Shinar, 2017).

De uma forma geral, os índices de acidentalidade no trânsito aparecem como um problema de saúde pública em vários países do mundo. As colisões de estradas são a segunda principal causa de morte para pessoas entre as idades de 5 e 29 e a terceira principal causa para pessoas entre 30 e 44 anos. Mais da metade dos óbitos em acidentes de trânsito são jovens adultos com idade entre 15 e 44 anos, muitos deles, mantenedores do sustento de suas famílias. Além disso, as lesões causadas pelo trânsito custam aos países de baixa renda e renda média entre 1% e 2% de seu produto interno bruto - mais do que a ajuda total ao desenvolvimento recebida por esses países (Goniewicz et al., 2016; De Wit et al., 2016).

Globalmente, a realidade é alarmante: aproximadamente 1,35 milhão de vidas são ceifadas anualmente devido a acidentes de trânsito. O que é ainda mais preocupante é que mais da metade dessas tragédias afetam os segmentos mais vulneráveis: pedestres e ciclistas (26%), motociclistas (28%), ocupantes de veículos (29%), e os restantes 17% compreendem usuários não identificados (Rodrigues et al., 2017; World Health Organization, 2018; Mohammed et al., 2019). Essas estatísticas refletem, de maneira inegável, que as lesões e os óbitos decorrentes de acidentes de trânsito representam um preocupante problema de saúde pública, impactando de forma desproporcional os grupos mais vulneráveis e destacando-se como a principal causa de óbito entre crianças e jovens, especialmente entre as nações de baixa renda (de Wit et al., 2016; Cruz, 2020a).

As perdas humanas decorrentes de acidentes de trânsito impõem um impacto profundo na economia e geram custos sociais substanciais, sobretudo no contexto do tratamento médico e hospitalização das vítimas. As famílias também enfrentam um fardo emocional devastador quando confrontadas com óbitos e incapacidades causados por acidentes de trânsito. Muitas vezes, as vítimas demandam cuidados médicos e apoio psicológico pelo resto de suas vidas, o que eventualmente se traduz em um peso financeiro e social significativo para seus cuidadores (Masilkova, 2017; Cruz & De Wit, 2020).

À medida que o tamanho da população idosa aumenta, o gerenciamento da mobilidade segura dos usuários no sistema viário passa a ser um componente importante das políticas públicas de saúde e de segurança no trânsito, tendo em vista a necessidade de prover a população idosa da manutenção de um estilo de vida com maior autonomia e bem-estar. Idosos que vivem em comunidades urbanas são cada vez mais dependentes de automóveis para a sua mobilidade cotidiana - uma forma ideal de manter a independência e autonomia na velhice (Albert et al., 2018).

A questão da aptidão e da segurança dos condutores idosos será de importância fundamental dentro de alguns anos no Brasil, em razão de sua transição demográfica. Há necessidade de identificar, dentre os condutores mais idosos, aqueles que realmente apresentam restrições importantes à sua segurança e à dos outros (Feng et al., 2018). O risco elevado de lesões e mortes no trânsito de condutores idosos pode ser atribuído principalmente à sua fragilidade física, a restrições sensoriais e no funcionamento mental à tomada de decisão mais imediata, ainda que idosos, em geral, tendem a dirigir em "baixa quilometragem", o que reduz os riscos de acidentes com lesões frontais, comuns entre os mais jovens (Cruz & De Wit, 2020). Ou seja, apesar de adotarem estilos de condução menos arriscados, as restrições impostas pelo aumento da idade tendem, ainda assim, a aumentarem riscos de envolvimento em acidentes.

Grupos de adolescentes e adultos jovens do sexo masculino mostram características favoráveis a assumir maiores níveis de risco na condução. Os acidentes de trânsito são a principal causa de hospitalização na adolescência, com a faixa etária de 18 a 24 anos, sendo responsável por 20-27% das mortes por acidentes de trânsito (Oh et al., 2020). A taxa de recorrência também é alta. Um em cada quatro adolescentes terá uma recaída no ano seguinte ao do primeiro acidente. Há prevalência de maior risco de acidentes de trânsito em jovens do sexo masculino, com 20 anos ou mais, e de elevado nível socioeconômico. Colisões entre jovens estão associadas, em sua maioria, ao uso de bebida alcóolica, ao excesso de velocidade, à transgressão às normas e à inexperiência ao volante (Gicquel et al., 2017; Cruz & deWit, 2020).

O contexto familiar pode se constituir em um importante fator de proteção particularmente aos jovens condutores, o que sinaliza o papel da educação preventiva ao risco. Aprendizagens voltadas ao cuidado, à empatia e à avaliação das consequências dos comportamentos no entorno social favorecem condutas protetivas. Por outro lado, ausência de coesão interna nas condutas parentais face ao risco, negligência e indiferença diante dos eventos no trânsito, associado a traços de personalidade agressivos e impulsivos são fatores de risco à direção (Gicquel et al., 2017; Julien-Sweerts et al., 2023).

Por todos esses aspectos, é relevante considerar a necessidade de adoção de medidas de contenção, de prevenção e de redução dos problemas decorrentes da alta prevalência de acidentes de trânsito. Há esforços psicoeducativos e de gerenciamento de intervenções no trânsito voltados ao aumento da segurança viária e à redução de acidentes no trânsito (Piccardi et al., 2021). Esses esforços precisam ser ampliados para salvar vidas e mitigar danos. Para os psicólogos que atuam nesse campo, é cada vez mais necessário aplicar os conhecimentos e métodos desenvolvidos na Psicologia do Trânsito para aperfeiçoar o seu escopo de trabalho – situado especialmente nas práticas de avaliação, de prevenção, de tratamento e de reabilitação (Cruz, 2020).

Fundamentos da Perícia Psicológica no Trânsito

Movimentar-se no ambiente de trânsito, seja na condição de condutor ou de passageiro de um meio de transporte, ou mesmo pedestre, é uma atividade que envolve riscos consideráveis às pessoas. Diversos fatores contribuem para acentuação dos perigos e dos eventos desagradáveis no trânsito, tais como as condições deficitárias do veículo, os eventos meteorológicos desfavoráveis, a poluição visual e sonora, a precariedade da infraestrutura viária, o tráfego intenso de veículos, as pressões por deslocamento em curto espaço de tempo, a fiscalização ineficiente (Cruz, 2020).

Somam-se a esses fatores aqueles de natureza psicofisiológica, psicológica e psicossocial, que exercem um papel crucial na ocorrência de acidentes, especialmente, a fadiga e o sono na condução de veículos, os comportamentos imprudentes em relação à própria segurança e à segurança dos demais usuários do sistema trânsito e a violação sistemática e recorrente das normas de trânsito (Hu & Lodewijks, 2020). Dentre esses últimos, concorrem, significativamente, nos eventos do trânsito, as manobras perigosas, o excesso de velocidade, o consumo de álcool e outras drogas por parte dos condutores, as condutas ofensivas ou hostis à convivência entre os participantes do sistema trânsito (Dawson et al., 2021).

O conjunto desses fatores é objeto de preocupação de uma disciplina denominada Psicologia do Trânsito ou do Tráfego. Mas, como compreender o papel dessa disciplina no trabalho dos profissionais de psicologia no contexto do trânsito?

Trânsito é um termo originado do latim *transitu*, que significa ato ou efeito de caminhar, marcha, movimento, circulação de pessoas ou de veículos ou, ainda, como o movimento de veículos e de pedestres considerado em seu conjunto (Houaiss, 2001). Por sua vez, tráfego tem origem no latim *traficum* e *trafficus*, respectivamente utilizadas para se referir ao comércio/transporte de mercadorias e para descrever o ato de passar por uma via, cruzar um caminho ou atravessar um local (De Vaan, 2018).

Com o tempo, o termo evoluiu para adquirir o sentido de movimento de pessoas, de veículos e de mercadorias em uma determinada área ou espaço, ou, ainda, como o fluxo das mercadorias transportadas por via aérea, férrea, aquática ou estrada de rodagem (Da Cunha, 2019). Do ponto de vista etimológico, portanto, destaca-se no termo trânsito a noção de ambiente de deslocamento ou de movimentação de pessoas e de coisas e, no termo tráfego, a caracterização de fluxo de pessoas e de coisas por diferentes meios de transporte.

O Código de Trânsito Brasileiro (CTB) define trânsito como a "utilização das vias por pessoas, veículos e animais, isolados ou em grupos, conduzidos ou não, para fins de circulação, parada, estacionamento e operação de carga ou descarga" ou simplesmente, em seu Anexo I, como a "movimentação e mobilização de veículos, pessoas e animais nas vias terrestres" (Brasil, 1997). Intuitivamente e com base na experiência brasileira, a noção que as pessoas em geral têm de tráfego ou trânsito está diretamente associada a todo tipo de circulação de pessoas e de coisas em ruas e em rodovias, embora também se possa referir ao tráfego ou ao trânsito de dados na internet, por exemplo. Nesse sentido, pode-se afirmar que os dois termos podem ser considerados sinônimos.

No Brasil, a Psicologia do Trânsito é definida por muitos pesquisadores com base nas contribuições de Reinier Rozestraten, um dos pioneiros e principais autores que marcaram o desenvolvimento da área no Brasil (Hoffmann & Cruz, 2003, Cruz, 2020). Em seu livro, Rozestraten define a Psicologia do Trânsito como "uma área que estuda, através de métodos científicos válidos, os comportamentos humanos no trânsito e os fatores e processos externos e internos, conscientes e inconscientes que os provocam ou os alteram" (Rozestraten, 1988). Nessa direção, a Psicologia do Trânsito pode ser compreendida como o estudo científico sobre o comportamento humano no trânsito, incluindo um leque amplo de perspectivas e de ênfases psicobiológicas, psicológicas, psicossociais, ambientais, educacionais, econômicas, culturais, normativas e tecnológicas que estão associadas à mobilidade humana (Hoffmann & Cruz, 2003; Cruz, 2020a).

No âmbito internacional, o uso da expressão inglesa *Traffic Psychology* é dominante, identificando um campo de conhecimento aplicado em Psicologia que tem por objeto o comportamento dos participantes do sistema de trânsito, seja em termos dos processos psicológicos subjacentes ou dos resultados produzidos por essa participação (Porter, 2011). Na língua italiana, *Psicologia del Traffico*, e em países de língua espanhola, *Psicología del Tráfico* são termos utilizados para designar o mesmo espectro de conhecimentos e de práticas da *Traffic Psychology*. A expressão espanhola *Psicologia del Tránsito* é utilizada em países da América Latina, assemelhando-se à Psicologia do Trânsito, tal como é utilizada no Brasil. E, apesar de existir o termo *transit*, na língua inglesa, ele não é utilizado para expressar o que o termo *traffic* possibilita, como a movimentação e o deslocamento de pessoas e de coisas em modais de transporte (De Souza et al., 2020).

No Brasil, a Psicologia do Trânsito, intimamente relacionada à avaliação psicológica de condutores, é uma subárea da Psicologia aplicada que se dedica ao estudo do comportamento humano no trânsito. Esse campo de estudo mobiliza recursos teóricos, metodológicos e instrumentais para compreender e intervir no ambiente de trânsito (Hoffmann & Cruz, 2003; Cruz, 2020).

O trânsito é entendido como um ambiente físico e social onde pessoas e veículos se movimentam para atender suas necessidades de consumo, trabalho e lazer. É um sistema de mobilidade humana organizado em torno de normas e procedimentos de conduta individual e coletiva, mediados por tecnologias e processos organizacionais. A mobilidade proporciona interações entre pessoas e culturas, cria oportunidades profissionais e espaços de convivência. No entanto, também determina a qualidade de vida das pessoas que dependem do trânsito para se deslocarem, viverem e trabalharem (Cruz et al., 2020).

A Psicologia do Trânsito e, de modo mais amplo, a Psicologia do Tráfego buscam compreender o comportamento humano nos diferentes arranjos espaciais ou modais (vias terrestre, aérea e marítimo), mediados ou afetados por meios de transportes (veículos motorizados ou não), pela qualidade das vias, pelas interações entre as pessoas, pelas características da cultura e pelas normas de segurança.

AVALIAÇÃO DA APTIDÃO PSICOLÓGICA PARA CONDUZIR VEÍCULOS NO BRASIL: PERSPECTIVAS E DESAFIOS

Historicamente, o campo de atuação profissional dos psicólogos de trânsito no Brasil tem se restringido à avaliação das condições psicológicas para dirigir – muitas vezes denominado de exame psicotécnico. É possível afirmar que a perícia psicológica no trânsito no Brasil, desde então, detém as seguintes características principais (Cruz & de Wit, 2020):

a) Seu foco é o exame da aptidão psicológica de condutores de veículos automotores;
b) É uma atividade compulsória, ou seja, é obrigatória a sua realização, prevista em dispositivos legais;
c) É uma atividade pericial e, portanto, o seu objetivo é verificar a capacidade de uma pessoa para executar tarefa específica (dirigir veículos automotores) e assumir os riscos relativos à sua execução;
d) É realizada por profissional especializado, que detém o título de especialista em Psicologia do Trânsito/Tráfego;
e) Sua finalidade é validar ou não a obtenção da permissão para conduzir ou continuar conduzindo veículos automotores.

Algumas questões podem ser consideradas norteadoras à compreensão sobre o trabalho dos profissionais de Psicologia que realizam a perícia psicológica no trânsito. O que é o trabalho do psicólogo perito no contexto do trânsito? Quais os aspectos científicos, técnicos e éticos orientam as condutas dos profissionais nessa atividade? Como a perícia psicológica é realizada? Quais as competências e os requisitos técnicos são necessários para atuar como psicólogo perito examinador de trânsito? Perguntas como essas refletem a necessidade de refletir sobre a perícia psicológica de condutores no Brasil, seus fundamentos, suas bases técnicas e seus desafios profissionais.

Perícia psicológica no trânsito: conceito, objetivo e características

A perícia psicológica pode ser genericamente definida como uma atividade técnico-científica, realizada por profissional legalmente habilitado, destinada a auxiliar a autoridade administrativa ou jurídica na tomada de decisão em matéria que exige competência especializada em Psicologia (Cruz, 2020a). Por isso, peritos em matéria psicológica são profissionais que devem apresentar um conjunto de habilidades voltadas à avaliação de fenômenos e de processos psicológicos relacionados a situações, a problemas ou a condições específicas que exigem a emissão de juízo crítico por parte dos psicólogos.

A perícia psicológica é uma modalidade de avaliação psicológica e, portanto, constitui um processo de investigação técnico-científica de busca de evidências acerca de demandas específicas. A realização de uma perícia psicológica implica um processo organizado, que exige a coleta e a apreciação de dados e de informações para produzir uma interpretação e uma conclusão acerca dos aspectos avaliados (Cruz & de Wit, 2020).

A perícia psicológica no trânsito é de natureza administrativa, ou seja, realizada por delegação do Estado à autoridade técnica em matéria psicológica, assim como no caso da perícia médica de condutores. A denominação de psicólogo perito examinador de trânsito, definida na CTB e em normas complementares, ao relacionar a denominação "perito" com "examinador", restringiu a perícia psicológica de condutores ao exame de determinadas funções ou de características psicológicas relacionadas à condução de veículos automotores (cognitivas, emocionais, de personalidade), com base em instrumentos psicológicos que apresentem validade interna, ou seja, que sejam capazes de medir, de forma precisa e confiável, os construtos psicológicos que se pretende avaliar. Por definição, avaliar com base em exames psicológicos implica considerar que a atividade do psicólogo perito examinador consiste em realizar procedimentos de exame, ou seja, administrar recursos técnicos e instrumentais, aferir os resultados colhidos, compará-los a tabelas normativas e decidir sobre o grau de aptidão de condutores para dirigir (apto, inapto ou inapto temporariamente).

O exercício profissional dos psicólogos que realizam a perícia psicológica no contexto do trânsito no Brasil não é recente e está diretamente ligado à história de regulamentação de práticas de avaliação de processos fisiológicos, psicofisiológicos e saúde mental de condutores, com diferentes graus de importância atribuídas a esses processos. Essas regulamentações, que remontam às origens da institucionalização da profissão de psicólogo no Brasil, foram sendo modificadas ao longo dos últimos 60 anos, por meio de leis ordinárias, de resoluções, de portarias de orientações técnicas, produzidas pelos mecanismos legislativos, pelos órgãos de trânsito e pelo Conselho Federal de Psicologia.

Um marco profissional importante da perícia psicológica no contexto do trânsito foi a sua caracterização como uma etapa obrigatória e complementar para candidatos à obtenção da Carteira Nacional de Habilitação para condutores, em geral, bem como a consolidação da nomenclatura de Psicólogo Perito Examinador de Trânsito no Código de Trânsito Brasileiro – CTB (Brasil, 1997). O CTB e as demais resoluções orientadoras da atuação dos psicólogos peritos examinadores constituem um conjunto técnico-normativo que influencia o trabalho dos psicólogos do trânsito no Brasil, desde o fim da década de 1990 (Hoffmann & Cruz, 2003; Cruz et al., 2020).

Desde então, a perícia psicológica no trânsito tem sido caracterizada como uma atividade profissional especializada da Psicologia que tem como objetivo avaliar aspectos psicofisiológicos, psicológicos e psicossociais relacionados à condução de veículos e aos riscos decorrentes da exposição das pessoas ao ambiente de trânsito. Nessa direção, a perícia psicológica desempenha um papel fundamental no apoio à legislação de trânsito - na garantia de que os condutores atendam aos critérios de aptidão necessários à promoção da segurança viária. O propósito da perícia psicológica da aptidão de condutores para a direção veicular é contribuir na identificação de processos psicológicos disfuncionais à atividade de condução de veículos automotores, denominados, genericamente, de comportamentos de riscos, com base em métodos e em recursos instrumentais válidos e confiáveis.

O comportamento de risco na direção veicular é considerado uma das principais causas de acidentes de trânsito, respondendo por aproximadamente 75-85% desses incidentes, embora também haja influência das condições do veículo e da qualidade da via (De Wit et al., 2016). Ou seja, o risco de envolvimento em acidentes de trânsito está diretamente associado ao cometimento de violações de direção, dirigir com excesso de velocidade, desatenção, uso/abuso de substâncias psicoativas, falta de rigor na tomada de decisões (Krüger et al., 2004; Panichi & Wagner, 2006; Frumento et al., 2022).

Níveis relativamente altos de violações (desvios deliberados da prática segura de dirigir), ao longo de um tempo na condução de veículos automotores, são correlacionados positivamente com envolvimento em acidentes, por exemplo, ultrapassagens indevidas, passagem em sinal amarelo e vermelho, não verificar os retrovisores antes de mudar a rota (Lucidi et al., 2019). Assim, habilidades atencionais, percepto-motoras, mnemônicas, de conscienciosidade e juízo crítico sobre os riscos são essenciais para a evitação ou a prevenção de desfechos desagradáveis no trânsito (Cruz et al., 2020). A presença de erros, lapsos e violações às leis de trânsito se mostram positivamente correlacionados com a atribuição da ocorrência de acidentes e com estilos de condução agressivo e negligente. Acompanhar o resultado de aptidão psicológica e a ocorrência de acidentes podem contribuir para o aprimoramento da avaliação psicológica pericial e favorecer medidas preventivas e de intervenção (Mognon & Santos, 2017; Cruz, 2020a).

Alguns traços de personalidade parecem estar relacionados às infrações, ao comportamento de risco e à violação das normas de segurança no trânsito (Lucidi et al., 2019). Traços de personalidade, como a abertura para novas experiências, que estão relacionados à fantasia e à imaginação, mostram-se relacionados ao aumento de incidência de comportamentos de risco, tais como a condução indevida e o excesso de velocidade (Bartholomeu, 2017; Ābele et al., 2020).

Nesse sentido, avaliar a presença de comprometimentos psicológicos em condutores, especialmente naqueles reincidentes em acidentes, e a necessidade de avaliações periódicas são relevantes para estabelecer a evolução e a progressão de indicadores clínicos que interferem na qualidade da condução segura (Fernandes et al., 2017). A redução no tempo da avaliação psicológica pode ser um fator de segurança e de acompanhamento do condutor, visto que implica levar em consideração que o aumento no tempo de exposição às situações de trânsito está associado ao aumento da vulnerabilidade a acidentes, principalmente quando há restrições médico-psicológicas (Padilla et al., 2018; Cruz, 2020).

A realização da perícia psicológica em condutores, em geral, e especialmente para aqueles reincidentes em acidentes e em infrações de trânsito, além de identificar os prováveis comportamentos de risco à direção veicular, permite, também, identificar aspectos da maturidade psicológica e habilidades funcionais suficientemente necessárias à manutenção do comportamento seguro, tendo em vista a exposição aos riscos no ambiente de trânsito (Cruz et al., 2020). Para tanto, é necessário organizar procedimentos compatíveis ao trabalho do psicólogo perito examinador, com base em fundamentos, marcos legais, critérios técnicos e recursos adequados.

Perícia psicológica no trânsito: escopo, marcos legais, critérios e operacionalização

A perícia psicológica, seja ela administrativa (como no caso do trânsito) ou forense, é uma forma especializada de avaliação psicológica com demandas e propósitos específicos. Em termos gerais, a avaliação psicológica é um processo que investiga as condições psicológicas dos indivíduos. Esse processo se baseia em recursos técnicos para coletar, sistematizar e interpretar evidências, todos fundamentados por argumentos científicos. A avaliação sempre leva em consideração o objetivo e o propósito para o qual é destinada (Alchieri & Cruz, 2004; Fernández-Ballesteros, 2014; Cruz, 2020).

As exigências metodológicas que constituem o processo de avaliação psicológica podem ser definidas em termos de três aspectos essenciais e interdependentes

(Alchieri & Cruz, 2004): a) a caracterização do(s) fenômeno(s) que se pretende avaliar (processos atencionais, mnemônicos, cognitivos, características de personalidade etc.); b) a definição dos recursos técnicos-instrumentais necessários ao acesso aos fenômeno(s) psicológicos - testes psicológicos, tarefas cognitivas, entrevista psicológica, anamnese, protocolos de observação, dentre outros; e c) o processo de interpretação dos dados ou informações coletadas necessários à compreensão das evidências investigadas e à comparação entre índices e indicadores individuais, mediante a medida padronizada desses fenômenos com base em normas populacionais.

Esses três aspectos permitem compreender, conforme o objetivo e a finalidade da avaliação psicológica, as variações dos fenômenos psicológicos nos respectivos contextos investigados - em termos de ocorrência, frequência, intensidade, amplitude -, condição necessária à caracterização de graus de aptidão psicológica, com base no desempenho dos indivíduos submetidos às tarefas examinadoras (Cruz, 2020a). A identificação dessas variações depende da qualidade do processo de avaliação psicológica, sobretudo dos recursos técnicos utilizados para acessar os fenômenos psicológicos sob investigação e da capacidade de observação e interpretação do avaliador.

A perícia psicológica da aptidão de condutores parte do pressuposto de que desempenhos inseguros e indesejáveis no trânsito produzem, em grande escala, eventos críticos importantes, dentre os quais, os acidentes de trânsito e suas consequências. Acidentes de trânsito são definidos como eventos súbitos, violentos e inesperados que ocorrem em um ou mais veículos, que resultam em lesões, distúrbios ou perdas de vidas humanas, além de prejuízos materiais (Cruz et al., 2017; Cruz 2020a). E, apesar do aumento das tecnologias de segurança nos veículos automotores, não há, de igual maneira, redução do número de acidentes, indicando que os fatores humanos permanecem sendo um componente capital às consequências desagradáveis e impactantes dos acidentes no tecido social (Cruz, 2020a).

A perícia médica e psicológica acerca da capacidade de conduzir veículos automotores está fundamentada em dois direitos legais importantes. Primeiro, está relacionada ao direito à proteção dos participantes do trânsito em geral, visando prevenir comportamentos abusivos e inadequados por parte de determinados condutores. Em segundo lugar, está vinculada ao direito individual à mobilidade, independentemente de a pessoa já ser habilitada ou não. Em uma sociedade em que a mobilidade por meio de veículos é frequentemente essencial para cumprir obrigações, compromissos sociais e profissionais, bem como para acessar serviços essenciais, restrições na mobilidade veicular, especialmente em veículos automotores, têm implicações significativas no uso do tempo, no esforço e na realização de tarefas cotidianas fundamentais.

Assim como perícia médica, a perícia psicológica deve ser orientada para fornecer os indicadores técnicos e evidências científicas sobre a aptidão psicológica para conduzir. Isso é crucial para atender aos requisitos da segurança viária coletiva e à preservação da vida. Isso significa que instrumentos de avaliação psicológica devem ser capazes de mensurar adequadamente funções psicológicas relacionadas à condução de veículos automotores, que sejam necessárias e relevantes ao enfrentamento das condições ofensivas ao desempenho no trânsito.

O **escopo do trabalho do Psicólogo Perito Examinador de Trânsito** está regulamentado no Código de Trânsito Brasileiro (CTB), em seus artigos 147 e 148 e, mais recentemente, na Resolução do Conselho Nacional de Trânsito (Contran) nº 927/2022, que dispõe sobre o exame de aptidão física e mental, a avaliação psicológica e o credenciamento das entidades públicas e privadas para a realização da avaliação da aptidão psicológica de condutores. Integra esse conjunto normativo a Resolução CFP nº 1, de 7 de fevereiro de 2019, que institui normas e procedimentos para a perícia psicológica no contexto do trânsito e reafirma o termo perícia psicológica como a modalidade de avaliação psicológica realizada por profissionais de Psicologia que atuam no contexto do trânsito.

De fato, a denominação de Psicólogo Perito Examinador de Trânsito, criada em 1998 no CTB e regulamentada nas Resoluções Contran n. 51/98 e n. 80/98, ainda persiste atualmente. Isso inclui a distinção entre exames de aptidão física e mental (destinados aos médicos) e exames de avaliação psicológica (Cruz & de Wit, 2020; Ciotta et al., 2021). Essa distinção, que coloca os psicólogos em desvantagem, resultou em várias limitações ao trabalho do psicólogo perito examinador ao longo dos anos. Notavelmente, a definição de que a investigação de aspectos da saúde mental relacionados à condução de veículos é de responsabilidade exclusiva dos médicos, não se confirma na prática. Isso é evidente tanto no estado atual do conhecimento sobre o assunto, quanto na utilização de recursos técnicos para avaliar atividades cognitivas, emocionais ou de humor.

No final dos anos 2000, o Conselho Federal de Psicologia, por meio da Resolução N.º 014/2000, de 20 de dezembro de 2000, institui o título profissional de Especialista em Psicologia e dispõe sobre normas e procedimentos para o seu registro, incluindo a Psicologia do Trânsito. Na verdade, já havia a previsão, por meio do Decreto 79.822 de 17/06/1977, art. 43, & 1º., da possibilidade de registro de Psicólogo Especialista nos Conselhos Regionais de Psicologia, indicando que os marcos legais, para serem efetivos, devem ser acompanhados pelo movimento de legitimação das próprias especialidades. Portanto, desde o final da década de 1970, já havia a possibilidade de regulamentação de Especialistas em Psicologia, mas que somente se tornaram realidade normativa a partir da década de 1990 (Cruz et al., 2020). E, para atuar como perito examinador de trânsito, os profissionais de Psicologia devem, obrigatoriamente, possuir o título de Especialista em Psicologia do Tráfego/Trânsito, inscrição ativa no Conselho Regional de Psicologia (CRP), em que atua regularmente, e não possuir penalidades que impeçam o exercício profissional.

A perícia psicológica no trânsito, realizada em todos os entes federativos, com base nos marcos legais referidos, atém-se aos processos de obtenção da primeira habilitação (CNH) e renovação - quando se trata de condutor que exerce atividade remunerada (EAR). A avaliação psicológica de um condutor reincidente no Brasil pode ser realizada como parte do processo de renovação da CNH ou como exigência determinada por um órgão de trânsito, como forma de verificar a aptidão psicológica do indivíduo para conduzir veículo automotor. No caso de estrangeiros, após 180 dias de estada regular no Brasil, obtenção da CNH brasileira é precedida obrigatoriamente por exame de aptidão física e mental e avaliação psicológica, respeitada a categoria de habilitação de interesse.

Além disso, é importante considerar alguns **critérios básicos para a realização da perícia psicológica no contexto do trânsito**, que se assemelham aos critérios básicos para processos de avaliação psicológica em geral, quais sejam:

a) Realizar a perícia psicológica em ambiente físico adequado à interação com o periciando e ao uso de recursos técnicos e instrumentais, sejam eles de forma coletiva ou individual: cuidados com iluminação, ventilação, mobiliários, isolamento acústico devem ser levados em consideração;
b) Planejamento das etapas e dos procedimentos periciais, de forma a garantir a coleta de dados e de informações necessárias e suficientes ao processo de investigação pericial;
c) Ater-se, cuidadosamente, aos aspectos instrucionais e à retirada de dúvidas dos periciados sobre a execução dos procedimentos e o uso dos recursos instrumentais;
d) Organizar o prontuário de registro de dados e de informações colhidos no processo de avaliação;
e) Produzir a análise necessária das características ou funções psicológicas aferidas no processo de avaliação pericial, concluindo acerca do grau de aptidão do periciado à condução de veículos automotores;
f) Emitir documentação pertinente à conclusão da perícia psicológica (laudo ou atestado psicológico);
f) Realizar a entrevista devolutiva com o periciado, com a devida explicação sobre os resultados e as conclusões da avaliação, conforme procedimento ou agendamento adotado pelo psicólogo perito;
g) Garantir que os dados e as informações coletados no processo de avaliação pericial serão mantidos em sigilo, considerando o previsto no Código de Ética Profissional dos Psicólogos (CEPP, 2005) e demais previsões legais;
h) Responder recursos administrativos à respectiva junta psicológica local, em casos de discordância de resultados/conclusão da avaliação pericial realizada. A junta psicológica é composta por três profissionais de Psicologia, que possuem as qualificações exigidas para o exercício da atividade, nomeados por autoridade do Poder Executivo Estadual para que exerçam a função, por um tempo específico.

O modelo atual de avaliação psicológica no trânsito no Brasil está focado na avaliação da aptidão psicológica para dirigir veículos. Essa avaliação é necessária tanto para a obtenção da Carteira Nacional de Habilitação (CNH) quanto para a renovação da licença, especialmente para condutores que desejam exercer atividades remuneradas no trânsito (de Wit et al., 2016; Cruz, 2020a).

Na perícia psicológica da aptidão psicológica para dirigir, algumas **funções psicológicas básicas devem ser objeto de investigação e análise** por parte dos psicólogos:

I - Atenção

Função psicológica responsável pela discriminação de estímulos detectados pelo sistema sensorial-perceptivo, habilitando o organismo para o estado de alerta, orientação e o controle psicomotor sob diferentes condições. Podem ser avaliadas, isoladamente ou conjuntamente, os diferentes tipos de atenção (concentrada, sustentada, dividida, seletiva). Déficits nas funções atencionais comprometem o funcionamento da memória, da orientação espacial e das funções executivas, podendo estar associados ao estresse, à fadiga, ao sono, a desconfortos fisiológicos, ao consumo de substâncias psicoativas e, também, a comportamentos impulsivos e à instabilidade na conduta (Wong & Huang, 2013; Hommel et al., 2019; Cruz, 2020a).

II - Memória de reconhecimento visual

Capacidade de discriminar, reconhecer e recordar estímulos visuais anteriormente já vistos ou retidos por um breve período. A memória visual é dependente dos processos atencionais e contribui significativamente na percepção de distratores ambientais, na compreensão e na aprendizagem de informações. A qualidade da memória visual é influenciada pelo envelhecimento, pelas restrições sensoriais visuais, por déficits cognitivos, por processos demenciais e por distúrbios de humor acentuados. Déficits mnemônicos comprometem a capacidade de discriminar estímulos, reter informações relevantes à conduta e à tomada de decisão no trânsito (Jagacinski et al., 2017; Xu et al., 2018; Anunciação et al., 2020; Cruz, 2020a).

III - Cognição/Flexibilidade Cognitiva

Capacidade de processar, controlar e regular informações geradas na interação do indivíduo com o ambiente, habilitando comportamentos adaptativos, auto-organizados e direcionados a objetivos. A combinação de estratégias de atenção, da velocidade de processamento de informações e do uso de processos cognitivos tende a facilitar a aprendizagem, a tomada de decisão e o desempenho psicomotor orientados, aspectos relevantes à condução de veículos em condições de riscos eventuais ou persistentes. Déficits cognitivos restringem a compreensão de conceitos e o raciocínio, aspectos necessários ao planejamento e à execução de comportamentos e de tarefas ou ao cumprimento adequado de regras. Condutores mais cuidadosos, conscientes do risco, abertos à mudança e com flexibilidade cognitiva demonstram condutas mais seguras no trânsito (Salvucci, 2006; Zicat et al., 2018; Cruz, 2020a).

IV - Tomada de decisão

Processo cognitivo que consiste em executar ações baseadas na escolha de uma alternativa dentre as opções pré-existentes ou disponíveis, levando em consideração as possíveis consequências dessa escolha em termos de risco ou de oportunidade. O processo de tomada de decisão envolve aspectos motivacionais, afetivos e cognitivos e o julgamento moral. No trânsito, a capacidade do condutor em tomar decisões adequadas está diretamente relacionada à consciência do risco e ao comportamento na direção segura. Insegurança e inflexibilidade na tomada de decisões aumentam a chance de erros, atrasos nas respostas ou aumento de reações emocionais inadequadas às situações (Ngueutsa & Kouabenan, 2017; Scott-Parker & Weston, 2017; Delben et al., 2020; Cruz, 2020a).

V - Traços de Personalidade

Traços de personalidade constituem padrões ou características psicológicas que refletem consistência e estabilidade no comportamento. A instabilidade em traços de personalidade indica baixo controle emocional, dificuldades adaptativas no enfrentamento dos desafios e estressores da vida e, também, comportamento contraproducente. Alguns traços de personalidade podem estar associados ao comportamento de risco no trânsito, especialmente, a impulsividade, o baixo controle inibitório, a agressividade, e a baixa tolerância à frustração, contribuindo para ocorrência e reincidência de acidentes e de violações no trânsito (Araújo et al., 2009; Hasaninasab et al., 2021; Cruz, 2020a).

Impulsividade: a impulsividade é entendida como a propensão a reações imediatas e não refletidas, a partir de estímulos internos ou externos, sem considerar as consequências negativas, para si ou para outros, bem como incapacidade em avaliar situações de risco e dificuldades de planejamento e/ou premeditação. Associada a comportamentos de risco, em geral, a impulsividade está relacionada a violações das leis de trânsito, ao excesso de velocidade, à propensão a acidentes veiculares, à raiva e a comportamentos agressivos, podendo influenciar a supressão do controle inibitório. A impulsividade e a busca por sensações podem estar presentes em usuários de substâncias: indivíduos mais impulsivos podem ter problemas com substâncias psicoativas, bem como o uso destas parecem potencializar a impulsividade (Peuker & Kessler, 2016; Bıçaksız & Özkan, 2016 Araújo et al., 2009; Cruz, 2020a).

Controle inibitório: controle voluntário ou inibição de respostas que possam ser prejudiciais ao organismo no atingimento de objetivos ou ao desempenho social. No trânsito, o controle inibitório atua para conter a impulsividade e as reações emocionais intempestivas, e favorecem no cumprimento de regras na supressão de interferências à atenção e em respostas motoras de aceleração. Há evidências de que o restrito controle inibitório e da impulsividade estão relacionados à condução arriscada, assim como ao aumento da irritabilidade, da hostilidade e de respostas socialmente inadequadas (Powell et al., 2017; Walshe et al., 2017; Tiego et al., 2018; Cruz, 2020).

Agressividade: a agressividade é compreendida como um traço de personalidade relacionado à adaptação, à sobrevivência e à afirmação pessoal/social. De acordo com a sua intensidade, a agressividade pode ser nociva, no sentido de provocar atos destrutivos e reprováveis, identificados como comportamento violento, e tende a aumentar à medida que as pessoas se apresentam psicologicamente descompensadas e instáveis. No trânsito, a agressividade exacerbada ou intensa favorece o comportamento de risco do condutor e está associada aos acidentes de trânsito, à exposição ao perigo e às violações. Níveis elevados de agressividade podem ser identificados em usuários e dependentes químicos e indivíduos que fazem uso de álcool, comprometendo as habilidades de autorregulação e autocontrole (Gatej et al., 2017; Cruz, 2020a).

VI - Transtornos Psicológicos

A presença de transtornos psicológicos pode afetar o comportamento, o raciocínio, a capacidade adaptativa e tornar instável o comportamento. A presença de ansiedade e de depressão tendem a aumentar a chance de acidentes e de violações às regras no trânsito. Outras condições clínicas neurofuncionais e transtornos psicóticos podem contribuir para os eventos no trânsito. Transtornos psicológicos associados ou decorrentes de uso e de abuso de substâncias psicoativas comprometem a conduta e a capacidade de ação e de reação às condições de trânsito. A presença de indícios de transtornos psicológicos ou de progressividade de agravo à saúde mental que possam comprometer a capacidade de condução veicular devem ser considerados como fatores de redução do prazo previsto para reavaliação psicológica (Alavi et al., 2017; Weaver et al, 2018; Šestan et al., 2017; Zamani et al. 2020; Cruz, 2020a; Liu et al., 2021).

É importante enfatizar que os peritos psicólogos, como quaisquer profissionais que realizam processos de avaliação psicológica, têm autonomia técnica e discricionaridade na escolha dos recursos instrumentais utilizados na perícia psicológica no contexto do trânsito. Uma vez utilizados testes psicológicos, é necessário, porém, que eles possuam parecer favorável ao seu uso, conforme previsto no Sistema de Avaliação de Testes Psicológicos (SATEPSI) do CFP, assim como devem ser verificadas as normas populacionais relativas ao grupo de referência (tais como faixa etária, escolaridade ou tipo de habitação), ao qual o periciando pertence (Cruz, 2020a).

A realização da perícia psicológica para avaliar a aptidão de condutores, em geral, e especificamente para os condutores reincidentes em eventos de trânsito, permite identificar níveis de maturidade psicológica e comportamentos funcionais e disfuncionais que podem comprometer a segurança no trânsito (Cruz et al., 2020).

Por isso, é importante realizar entrevistas psicológicas individualizadas, com o objetivo de criar um espaço dialógico para a compreensão psicodinâmica de aspectos da personalidade, atitudes, crenças, motivações, experiências passadas, percepções atuais e as formas de tomar decisões sob situações estressantes no trânsito.

Essas entrevistas psicológicas desempenham um papel crucial na avaliação da aptidão psicológica de condutores, tanto para indivíduos em geral quanto para aqueles que são reincidentes em eventos no trânsito. Além disso, a avaliação permite identificar comportamentos funcionais, que contribuem para um comportamento seguro no trânsito, bem como comportamentos disfuncionais, que podem representar riscos para a segurança viária.

Essa abordagem individualizada contribui para uma avaliação mais completa e precisa da aptidão psicológica dos condutores, fornecendo informações valiosas para a tomada de decisão na perícia psicológica. A seguir, apresentamos uma proposta de roteiro de entrevista psicológica para a perícia psicológica da aptidão psicológica de condutores no Brasil, com tópicos específicos a serem desenvolvidos pelo profissional.

Roteiro de Entrevista Psicológica

1. Identificação pessoal.
2. Condições gerais de saúde mental.
    2.1 Afeto e Humor.
    2.2 Morbidez psicológica pregressa e atual.
    2.3 Tratamentos psicológicos.
3. Vida social, ocupacional e familiar.
    3.1 Hábitos e comportamento social.
    3.2 Perfil ocupacional.
    3.3 Percepção do ambiente familiar e social.
    3.4 Qualidade dos vínculos familiares e sociais.
4. Reações ao ambiente de trânsito.
    4.1 Experiência com condução de veículos no trânsito.
    4.2 Percepção e consciência de riscos e de perigos no trânsito.
    4.3 Percepção do comportamento de condutores, de motociclistas, de ciclistas e de pedestres
    4.4 Visão sobre a conformidade com as regras de trânsito e com as infrações
    4.5 Visão sobre prevenção e cuidados em situações de trânsito
    4.6 Experiências ou envolvimento em acidentes e em infrações de trânsito.

CONCLUSÃO

Por fim, é importante refletir que o desenvolvimento e o aprimoramento técnico da perícia psicológica no trânsito dependem da qualidade da formação e atualização científica e profissional dos psicólogos que atuam no contexto do trânsito. É relevante considerar a necessidade de fomento a pesquisas científicas que ampliem as possibilidades teóricas e instrumentais que aperfeiçoem a busca de evidências qualificadoras às decisões dos peritos examinadores. É dever dos profissionais de Psicologia prestar serviços periciais com qualidade técnica e científica satisfatórias, em condições de trabalho apropriadas, zelando pelo material privativo do psicólogo, pelas boas práticas de condução dos processos de avaliação, pela qualidade dos documentos psicológicos emitidos, pela adequada e atualizada fundamentação científica das informações prestadas.

REFERÊNCIAS

Ābele, L., Haustein, S., Møller, M., & Zettler, I. (2020). Links between observed and self-reported driving anger, observed and self-reported aggressive driving, and personality traits. *Accident Analysis & Prevention, 140*, 105516. https://doi.org/10.1016/j.aap.2020.105516

Alavi, S. S., Mohammadi, M. R., Souri, H., Kalhori, S. M., Jannatifard, F., & Sepahbodi, G. (2017). Personality, driving behavior and mental disorders factors as predictors of road traffic accidents based on logistic regression. *Iranian journal of medical sciences*, *42*(1), 24. https://www.ncbi.nlm.nih.gov/pmc/articles/PMC5337762/pdf/IJMS-42-24.pdf

Albert, G., Lotan, T., Weiss, P., & Shiftan, Y. (2018). The challenge of safe driving among elderly drivers. *Healthcare technology letters, 5*(1), 45-48. https://doi.org/10.1049/htl.2017.0002

Alchieri, J. C. & Cruz, R. M. (2004). *Avaliação psicológica: conceito, métodos e instrumentos*. São Paulo, SP: Casa do Psicólogo

Anunciação, L., de Almeida Portugal, A. C., Rabelo, I., Cruz, R. M, & Landeira-Fernandez, J. (2020). Propriedades psicométricas de instrumento de Memória Visual de Curto Prazo (MEMORE). *Neuropsicologia Latinoamericana, 12*(2). https://doi.org/10.5579/rnl.2016.0545

Araújo, M. M., Malloy-Diniz, L. F., & Rocha, F. L. (2009). Impulsividade e acidentes de trânsito. *Archives of Clinical Psychiatry (São Paulo), 36*, 60-68. https://doi.org/10.1590/S0101-60832009000200004.

Bartholomeu, D. B. (2017). Traços de personalidade e comportamentos de risco no trânsito: Um estudo correlacional. *Psicologia Argumento, 26*(54), 193-206. https://periodicos.pucpr.br/index.php/psicologiaargumento/article/viewFile/19685/19013

Bıçaksız, P.; Özkan, T. (2016). Impulsivity and driver behaviors, offences, and accident involvement: A systematic review. *Transportation Research Part F: Traffic Psychology and Behaviour, 38, 194–223.* https://10.1016/j.trf.2015.06.001

Brasil (1997). *Lei n. 9.503, de 23 de setembro de 1997.* Institui o Código de Trânsito Brasileiro. Brasília, DF. http://www.planalto. gov.br/ccivil/ leis/l9503.htm.

Ciotta, S., Cruz. R. M., & Dagostin, C. G. Avaliação psicológica de condutores no trânsito no Brasil: marcos históricos e desafios atuais. *Revista Plural (2)*, 3, p. 39-52, dezembro 2021. https://crpsc.org.br/ckfinder/userfiles/files/Revista%20Plural_v1_n3_dezembro_2021_ok(1).pdf

Conselho Nacional de Trânsito (1998a). *Resolução n. 51, de 21 de maio de 1998*. Dispõe sobre os exames de aptidão física e mental e os exames de avaliação psicológica a que se refere o inciso I, do art. 147 do Código de Trânsito Brasileiro e os §§ 3º e 4º do art. 2º da Lei 9.602/98. https://www.legisweb.com.br/legislacao/?id=96363

Conselho Nacional de Trânsito. (1998b). *Resolução n. 80 de 19 de novembro de 1998*. Altera os Anexos I e II da Resolução no 51/98-CONTRAN, que dispõe sobre os exames de aptidão física e mental e os exames de avaliação psicológica. http://www.sgc.goias.gov.br/upload/arquivos/2013-11/resolucao-080_98.pdf

Cruz, R. M. (2020). Apresentação. In: R. M., Cruz, P.A.J. M. Wit, & C. Z. Souza *Manual de Psicologia do Trânsito* (pp. 11-14). São Paulo: Vetor

Cruz, R. M. (2020a). Modelo de avaliação psicológica de condutores no Brasil: justificativas técnico-científicas e fluxo de decisões. In: R. M., Cruz, P.A.J. M. Wit, & C. Z. Souza *Manual de Psicologia do Trânsito* (pp. 181-203). São Paulo: Vetor

Cruz, R. M. & de Wit, P. A. J. M. (2020). Perícia psicológica no trânsito. In: R. M., Cruz, P.A.J. M. Wit, & C. Z. Souza *Manual de Psicologia do Trânsito* (pp. 167-179). São Paulo: Vetor.

Cruz, R. M., de Wit, P. A. J. M., & de Souza, C. Z. (2020). Psicologia do trânsito: perspectiva histórica e conceitual. In: R. M., Cruz, P.A.J. M. Wit, & C. Z. Souza *Manual de Psicologia do Trânsito* (pp. 15-45). São Paulo: Vetor.

Da Cunha, A. G. (2019). *Dicionário etimológico da língua portuguesa*. Lexikon.

Dawson, D., Sprajcer, M., & Thomas, M. (2021). How much sleep do you need? A comprehensive review of fatigue related impairment and the capacity to work or drive safely. *Accident Analysis & Prevention, 151*, 105955. https://doi.org/10.1016/j.aap.2020.10595

De Souza, C. Z., Cruz, R. M., & de Wit, P. (2020). Psicologia do trânsito, psicologia do tráfego e mobilidade humana. In: R. M. Cruz, P. de Wit, & C. Z. Souza. *Manual de Psicologia do Trânsito*. 2ª. ed. (pp. 47-64). São Paulo: Vetor.

De Vaan, M. (2018). *Etymological dictionary of Latin and the other Italic languages*. Leiden: Brill.

de Wit, P. A., de Souza, C. Z. D., & Cruz, R. M. (2016). Improving accident statistics and expanding the role of traffic psychologists in Brazil. *Psicologia: Ciência e Profissão, 36*, 816-830. https://doi.org/10.1590/1982-3703002382016

de Wit, P. A., de Souza, C. Z., & Cruz, R. M. (2016). Improving Accident Statistics and Expanding the Role of Traffic Psychologists in Brazil. *Psicologia: Ciência e Profissão, 36*(4), 816-830. https://doi.org/10.1590/1982-3703002382016

de Wit, P., Oliveira, C. A. D., Cruz, R. M. & de Souza, C. Z. (2020). Processos psicológicos e condução de veículos. In: R. M. Cruz, P. de Wit, & C. Z. Souza. *Manual de Psicologia do Trânsito*. 2ª. ed. (pp. 135-164). São Paulo: Vetor.

Delben, P. B., Carlotto, P. A. C., & Cruz, R. M. (2020). Comportamento Seguro no Trânsito. In: R. M. Cruz, P. de Wit, & C. Z. Souza. *Manual de Psicologia do Trânsito*. 2ª. ed. São Paulo: Vetor.

Feng, J., Choi, H., Craik, F. I., Levine, B., Moreno, S., Naglie, G., & Zhu, M. (2018). Adaptive response criteria in road hazard detection among older drivers. *Traffic injury prevention, 19*(2), 141-146. https://doi.org/10.1080/15389588.2017.1373190

Fernandes, C., Esper, C. D. A., & Faiman, C. J. S. (2017). Esquizofrenia e direção veicular: uma revisão sistemática da literatura. *Saúde, Ética & Justiça (e-ISSN 2317-2770), 22*(2), 72-80. https://doi.org/10.11606/issn.2317-2770.v22i2p72-80

Fernández-Ballesteros, R. (2014). *Evaluación psicológica.* Madrid: Ediciones Pirámide.

Frumento, S., Bufano, P., Zaccaro, A., Poma, A. M., Persechino, B., Gemignani, A., ... & Menicucci, D. (2022). A systematic review on the role of substance consumption in work-related road traffic crashes reveals the importance of biopsychosocial factors in prevention. *Behavioral Sciences, 12*(2), 23. https://doi.org/10.3390/bs12020023

Gatej, E. R., Rizeanu, S., & Ursachi, G. (2017). Differences Between the Self-Assessed and Observed Level of Aggressivity of Young Drivers in Traffic–A Pilot Study. *Romanian Journal of Psychological Studies (RJPS)–Hyperion University of Bucharest, 5*(2).. https://ssrn.com/abstract=3098289

Gebru, M. K. (2017). Road traffic accident: Human security perspective. *International journal of peace and development studies, 8*(2), 15-24. https://doi.org/10.5897/IJPDS2016.0289

Gicquel, L., Ordonneau, P., Blot, E., Toillon, C., Ingrand, P., & Romo, L. (2017). Description of various factors contributing to traffic accidents in youth and measures proposed to alleviate recurrence. *Frontiers in psychiatry, 8*, 94. https://doi.org/10.3389/fpsyt.2017.00094

Goniewicz, K., Goniewicz, M., Pawłowski, W., & Fiedor, P. (2016). Road accident rates: strategies and programmes for improving road traffic safety. *European journal of trauma and emergency surgery, 42*, 433-438. https://doi.org/10.1007/s00068-015-0544-6

Hasaninasab, S., Jalili, S., & Mirani, K. (2021). Evaluation Effects of Personality on the Young people Traffic Offense and Accident. *Iranian Journal of Science and Technology, Transactions of Civil Engineering, 45*(1), 491-503. https://doi.org/10.1007/s40996-020-00399-5

Hoffmann, M. H., & Cruz, R. M. (2003). Síntese histórica da psicologia do trânsito no Brasil. In: M. H. Hoffman, R. M. Cruz, & J. C. Alchieri (Orgs.). *Comportamento humano no trânsito* (pp. 15-29). São Paulo: Casa do Psicólogo.

Hommel, B., Chapman, C. S., Cisek, P., Neyedli, H. F., Song, J. H., & Welsh, T. N. (2019). No one knows what attention is. *Attention, Perception, & Psychophysics, 81*(7), 2288-2303. https://doi.org/10.3758/s13414-019-01846-w

Houaiss, A. (2001). *Dicionário Houaiss da língua portuguesa*. São Paulo: Objetiva.

Hu, X., & Lodewijks, G. (2020). Detecting fatigue in car drivers and aircraft pilots by using non-invasive measures: The value of differentiation of sleepiness and mental fatigue. *Journal of safety research, 72*, 173-187. https://doi.org/10.1016/j.jsr.2019.12.015

Jagacinski, R. J., Hammond, G. M., & Rizzi, E. (2017). Measuring memory and attention to preview in motion. *Human factors, 59*(5), 796-810. https://doi.org/10.1177/0018720817695193

Julien-Sweerts, S., Romo, L., Blot, E., Ordonneau, P., Ingrand, P., & Gicquel, L. (2023). CBT program to reduce recidivism risk for road crashes among adolescents and young adults: Results of a randomized controlled study and prospects. *Heliyon, 9*, e20074. https://doi.org/10.1016/j.heliyon.2023.e20074

Krüger, H. P., Meindorfner, C., Körner, Y., & Siebers, A. (2004). Approaches in preventing driving under the influence of drugs. *Road traffic and psychoactive substances, 107.* https://rm.coe.int/168074600f#page=107

Liu, Y. C., Chen, V. C. H., Yang, Y. H., Chen, Y. L., & Gossop, M. (2021). Association of psychiatric comorbidities with the risk of transport accidents in ADHD and MPH. *Epidemiology and psychiatric sciences, 30.* https://doi.org/10.1017/S2045796021000032

Lucidi, F., Girelli, L., Chirico, A., Alivernini, F., Cozzolino, M., Violani, C., & Mallia, L. (2019). Personality traits and attitudes toward traffic safety predict risky behavior across young, adult, and older drivers. *Frontiers in psychology, 10*, 536. https://doi.org/10.3389/fpsyg.2019.00536

Masilkova, M. (2017). Health and social consequences of road traffic accidents. *Kontakt, 19(1)*, e43-e47. https://doi.org/10.1016/j.kontakt.2017.01.007

Mognon, J. F., & Santos, A. A. A. D. (2017). Avaliação do comportamento do motorista, lócus de controle e estilos de direção no trânsito. *Trends in Psychology, 25*, 1621-1635. https://doi.org/10.9788/TP2017.4-07

Mohammed, A. A., Ambak, K., Mosa, A. M., & Syamsunur, D. (2019). A review of traffic accidents and related practices worldwide. *The Open Transportation Journal, 13*(1). https://doi.org/10.2174/1874447801913010065

Ngueutsa, R., & Kouabenan, D. R. (2017). Accident history, risk perception and traffic safe behaviour. *Ergonomics, 60*(9), 1273-1282. https://doi.org/10.1080/00140139.2016.1259508

Oh, S., Vaughn, M. G., Salas-Wright, C. P., AbiNader, M. A., & Sanchez, M. (2020). Driving under the influence of alcohol: findings from the NSDUH, 2002–2017. *Addictive behaviors, 108*, 106439. https://doi.org/10.1016/j.addbeh.2020.106439

Padilla, J. L., Doncel, P., Gugliotta, A., & Castro, C. (2018). Which drivers are at risk? Factors that determine the profile of the reoffender driver. *Accident Analysis & Prevention, 119*, 237-247. https://doi.org/10.1016/j.aap.2018.07.021

Panichi, R. M. D., & Wagner, A. (2006). Comportamento de risco no trânsito: revisando a literatura sobre as variáveis preditoras da condução perigosa na população juvenil. *Interamerican Journal of Psychology, 40*(2), 159-166. https://www.redalyc.org/pdf/284/28440203.pdf

Peuker, A. C. & Kessler, F. H. (2016). Psicodiagnóstico e Transtornos por Uso de Substâncias. In: C. S. Hutz, D. Bandeira, C. Trentini, J. S. Krug. *Psicodiagnóstico.* Porto Alegre: Artmed.

Piccardi, L., Palmiero, M., Guariglia, P. (2021). Is the Risk Behaviour Related to the Ordinary Driving Violations? *Psychological Studies* 66, 26–35. https://doi.org/10.1007/s12646-020-00593-5

Porter, B. (2011). *Handbook of Traffic Psychology.* San Diego, USA: Academic Press.

Powell, D. J., McMinn, D., & Allan, J. L. (2017). Does real time variability in inhibitory control drive snacking behavior? An intensive longitudinal study. *Health Psychology, 36*(4), 356. https://doi.org/10.1037/hea0000471

Reason, J. Human error: models and management (2000). *British Medical Journal*, n. 320, p. 768-770. https://doi.org/10.1136/bmj.320.7237.768

Recarte, M. A., & Nunes, L. M. (2009). Driver distractions. In: C. Castro. *Human factors of visual and cognitive performance in driving* (pp. 75-89). Taylor & Francis Group.

Rodrigues, C. L., Rizzo, T. S. A., Merici, G., Ribas, M., & Górios, C. (2017). Perfil epidemiológico dos acidentes de trânsito entre crianças e adolescentes. *Arquivos Catarinenses de Medicina, 46*(4), 91-102. https://revista.acm.org.br/index.php/arquivos/article/view/213

Rozestraten, R. J. A. (1988). *Psicologia do trânsito: conceitos e processos básicos*. São Paulo: EPU-EDUSP.

Salvucci, D. D. (2006). Modeling driver behavior in a cognitive architecture. *Human factors, 48*(2), 362-380. https://doi.org/10.1518/001872006777724417

Scott-Parker, B. & Weston, L. (2017). Sensitivity to reward and risky driving, risky decision making, and risky health behaviour: A literature review. *Transportation research part F: traffic psychology and behaviour, 49*, 93-109. https://doi.org/10.1016/j.trf.2017.05.008

Šestan, N., Dodič Fikfak, M., & Balantič, Z. (2017). Patients› risk of causing traffic violations and traffic accidents while driving. *Central European journal of public health, 25*(3), 211-215. https://cejph.szu.cz/pdfs/cjp/2017/03/07.pdf

Shinar, D. (2017). *Traffic safety and human behavior*. Emerald Publishing Limited.

Tiego, J., Testa, R., Bellgrove, M. A., Pantelis, C., & Whittle, S. (2018). A hierarchical model of inhibitory control. *Frontiers in psychology, 9*, 1339. https://doi.org/10.3389/fpsyg.2018.01339

Walshe, E. A., Ward McIntosh, C., Romer, D., & Winston, F. K. (2017). Executive function capacities, negative driving behavior and crashes in young drivers. *International journal of environmental research and public health, 14*(11), 1314. https://doi.org/10.3390/ijerph14111314

Weaver, M. D., Vetter, C., Rajaratnam, S. M., O'Brien, C. S., Qadri, S., Benca, R. M., ... & Barger, L. K. (2018). Sleep disorders, depression and anxiety are associated with adverse safety outcomes in healthcare workers: A prospective cohort study. *Journal of sleep research, 27*(6), e12722. https://doi.org/10.1111/jsr.12722.

Wong, J. T. & Huang, S. H. (2013). Attention allocation patterns in naturalistic driving. *Accident Analysis & Prevention, 58*, 140-147. https://doi.org/10.1016/j.aap.2013.04.033

World Health Organization (2018). *Global status report on road safety 2018: supporting a decade of action*. Geneva, Switzerland: WHO. https://apps.who.int/iris/bitstream/handle/10665/277370/WHO-NMH-NVI-18.20-eng.pdf

Xu, Z., Adam, K. C. S., Fang, X., Vogel, E. K. (2018). The reliability and stability of visual working memory capacity. *Behavior Research Methods, 50*(2), 576-588. https://doi.org/10.3758/s13428-017-0886-6

Zamani Sani, S. H., Fathirezaie, Z., Sadeghi-Bazargani, H., Badicu, G., Ebrahimi, S., Grosz, R. W., ... & Brand, S. (2020). Driving accidents, driving violations, symptoms of attention-deficit-hyperactivity (ADHD) and attentional network tasks. *International journal of environmental research and public health, 17*(14), 5238. https://doi.org/10.3390/ijerph17145238.

Zicat, E., Bennett, J. M., Chekaluk, E., Batchelor, J. (2018). Cognitive function and young drivers: The relationship between driving, attitudes, personality, and cognition. *Transportation research part F: traffic psychology and behaviour, 55*, 341-352. https://doi.org/10.1016/j.trf.2018.03.013.

AVALIAÇÃO PSICOLÓGICA NO CONTEXTO DAS ORGANIZAÇÕES DE TRABALHO

Francisco Antônio Coelho Junior · UNIVERSIDADE DE BRASÍLIA (UNB)
Cristiane Faiad · UNIVERSIDADE DE BRASÍLIA (UNB)

As organizações de trabalho são entidades sociais, formadas por pessoas agrupadas em papéis ocupacionais e posições sociais diferenciadas, orientadas ao atingimento de sua missão e de seus objetivos (Oliveira, 2009). Os contextos organizacionais são muito diversos e complexos. Esses contextos são formados a partir da interação entre aquilo que é formalmente estabelecido e as crenças e percepções informais e compartilhadas entre os trabalhadores. Daqueles aspectos prescritos formalmente emergem um tipo de organização invisível, informal, que decorre das interpretações subjetivas e pessoais ante ao estabelecido.

Gerenciar os aspectos informais ou invisíveis das organizações de trabalho é o desafio que se coloca. Aplicar princípios sistemáticos de gestão e de governança é imprescindível ao alcance dos objetivos organizacionais, ainda mais no contexto de organizações de natureza pública, que têm exigências jurídico-normativas que, muitas vezes, dificultam a adoção de práticas mais ágeis, inovadoras e alinhadas às capacidades organizacionais (Correio & Correio, 2020).

Fazer gestão, em qualquer organização de trabalho, é uma atividade extremamente complexa, exatamente porque inúmeros aspectos derivam das percepções e das convicções humanas à luz do que a organização lhe provê e de como o indivíduo vivencia e estabelece a sua relação com o trabalho (Zanell et al., 2004). Um dos desafios passa a ser como determinar o nível de aderência humana e social aos componentes organizacionais (descrição das responsabilidades e das competências, perfil de indivíduos que atendam às demandas de um cargo, perfil de autoridade, autonomia decisória e comunicação) especial à promoção de boas práticas de gestão. Toda organização de trabalho, com uma gestão estratégica de pessoas (Coelho Junior et al., 2022), precisa ter pessoas eficientemente capacitadas e motivadas para trabalhar, que possuam perfil adequado ao exercício das suas atribuições e de suas responsabilidades e que tenham plenas condições contextuais de desempenhar as suas atribuições (Coelho Junior, 2011; Puente-Palácios & Peixoto, 2015). Os processos organizacionais precisam ser amadurecidos, ou seja, terem toda uma padronização sistemática estabelecida e convergente com a cultura organizacional vigente (Röglinger et al., 2012; Silveira, 2009 e Van Looy et al., 2017).

É nesse contexto que a Avaliação Psicológica (AP) se mostra extremamente necessária, haja vista sua aplicabilidade a distintos processos e rotinas organizacionais. Entendendo a AP no contexto das organizações como um conjunto científico e sistematizado de técnicas orientadas ao mapeamento e ao diagnóstico de fenômenos psicológicos individuais e sociais, que acontecem no contexto das organizações de trabalho (Pasquali, 2010), nota-se o grande potencial que a AP tem no sentido de fomentar a qualidade da execução de políticas e de práticas organizacionais. Possibilidades de sua aplicação são mais destacadas nas ações desenvolvidas pela área de gestão de pessoas e de recursos humanos, além de valer-se de conhecimentos produzidos no campo aplicado das teorias organizacionais e comportamento organizacional (Coelho Junior et. al., 2012).

Isso posto, o presente capítulo tem o objetivo de apresentar usos e possibilidades da aplicação de métodos e técnicas da AP no contexto das organizações de trabalho. Serão apresentados exemplos de variáveis, de nível individual e de equipes de trabalho, e as possibilidades relacionadas ao seu estudo. Procurar-se-á dar ênfase aos impactos da aplicação de premissas e de pressupostos da AP na promoção de boas práticas de gestão e de governança.

Organizações de trabalho poderão ter importante vantagem competitiva caso incorporem, de fato, fundamentos da AP no desenho de suas políticas e de suas práticas organizacionais, mais que isso, conceitos advindos também da psicometria e da importância de se atribuir evidências de validade a medidas e a processos avaliativos (Pasquali, 2010). Vivências humanas, em cenário laboral, orientadas pelo alcance de resultados e de desempenho desejado, serão mais bem compreendidas e mais bem instrumentalizadas em termos de ações de gestão, quando se tem conhecimento e domínio acerca do que influencia interpretações psicológicas ou subjetivas da realidade (Gondim et al., 2016).

A realidade organizacional é socialmente construída (Coelho Junior et al., 2016) e fundamentada na busca pelos objetivos e pela missão organizacionais. Considera-se, inclusive, que o conhecimento científico advindo das práticas de AP, desde que coadunado com os valores e os componentes de qualquer estrutura organizacional, possa ser considerado uma capacidade organizacional dinâmica, sinalizando maturidade na implementação das políticas e práticas organizacionais (Gonzalez, 2022; Leite et al., 2022). Organizações ambidestras (Lin et al., 2020), focada na necessidade contínua de inovação e na busca pela eficiência no alcance de seus resultados, serão mais bem gerenciadas, quando se analisa o impacto da presença humana no ambiente de trabalho. É importante ressaltar que a aplicação de conhecimento que se sugere aqui é o de natureza científica, com leis, teorias e métodos próprios que definem o seu escopo de atuação (Coelho Junior, 2020).

A produção de conhecimento científico e tecnológico, orientado ao diagnóstico e à interpretação psicológica e social da presença humana no cenário laboral, aplicado à melhoria dos processos e de cenários organizacionais, é outra importante vantagem que pode ser atribuída à aplicação de pressupostos e de técnicas da AP no cenário de trabalho. A AP Nunca deve ser considerada como um fim em si mesma (Pasquali, 2010), mas sim inserida em um complexo contexto organizacional interdependente e multinível em que diversas variáveis atuam isoladamente ou em interação (Borges & Mourão, 2013). Compreender as possibilidades de uso da AP na melhoria das rotinas organizacionais e administrativas, entendendo os efeitos da presença humana no cenário de trabalho, é fundamental. Interpretações subjetivas da realidade dizem respeito à maneira pela qual indivíduos e equipes de trabalho definem seus modos de atuação e atuam no ambiente laboral.

Muitos fenômenos organizacionais têm nível de análise humano (Bendassoli & Borges-Andrade, 2019), tais como bem-estar no trabalho, satisfação, envolvimento, significado do trabalho, positividade e emoções/vínculos associados ao ato de trabalhar. Tantas outras variáveis humanas também podem ser visualizadas no ambiente laboral (Coelho Junior et al., 2016b). Para que se tenha um diagnóstico acerca das vivências humanas no cenário do trabalho, a aplicação da AP é altamente recomendada. A AP pode contribuir na construção e na disponibilização de instrumentos psicológicos orientados ao mapeamento dessas variáveis quando no ambiente de trabalho, além de permitir a implementação de ações de gestão e de governança baseadas nos resultados desse mapeamento.

A mensuração de fenômenos psicológicos decorrentes de vivências laborais é a mais importante contribuição da AP no cenário de trabalho. Muito do conhecimento produzido nos campos da psicologia organizacional e do trabalho, bem como do comportamento organizacional partem de premissas advindas da AP (Meneses et al., 2014; Pasquali, 2010). Quando se vivenciam, por exemplo, eventos que promovam mal-estar associado ao trabalho (Barbosa et al., 2022), pode-se lançar mão de técnicas e de ferramentas advindas da AP, visando identificar quais são os fatores geradores de sofrimento no trabalho. Esses fatores, segundo Aketch et al. (2012) e Ahmad (2013), poderão corresponder a vivências psíquicas decorrentes da pouca identificação ou do pouco envolvimento com o trabalho em que o indivíduo não consegue estabelecer vínculo ou gostar do que faz. Por meio da aplicação de técnicas, de métodos e de ferramentas psicológicas, pode-se enveredar para o diagnóstico da situação e, então, promover-se ações de orientação, de acompanhamento e de resolução de problemas (Carvalho-Freitas et al., 2022; Coelho Junior, 2020). Outra questão envolve a melhor compreensão dos fenômenos que precisam ser mais bem avaliados, de forma que se alcancem resultados válidos para, consequentemente, a obtenção de diagnósticos confiáveis ou de intervenções efetivas (Cunha et al., 2023).

O nível de sensibilização para a ação dependerá das interpretações subjetivas, psicológicas e sociais que cada trabalhador faz acerca das condições organizacionais que lhes são oferecidas (Coelho Junior et al., 2016). Pontos de tensão organizacional, como conflitos nas equipes de trabalho e estratégias de negociação e de resolução, extremamente complexos e desafiadores aos gestores (Cardoso et al., 2021), podem ser mais bem resolvidos com a aplicação de instrumentação psicológica adequada, entendendo que a AP envolve processos dinâmicos, contínuos, vividos e adaptativos. O papel da AP na promoção de boas práticas de gestão e de governança é fundamental por meio da oferta de instrumental científico estruturado e métodos de acompanhamento, monitoramento e avaliação da presença humana no cenário laboral.

Muitas são as possibilidades decorrentes da aplicação de premissas e de princípios da AP em sistemas e em subsistemas organizacionais. Métodos e técnicas de obtenção de informações, enquanto fontes primárias ou complementares (CFP, 2018), tais como entrevistas em profundidade, individual ou em grupo, simulações, observação direta do comportamento, testes psicológicos, exercícios experimentais, técnicas projetivas, protocolos diversos, *surveys* e tantas outras (Coelho Junior, 2020; Meneses et al., 2014), poderão ser implementadas para cada uma das variáveis verificadas no cotidiano organizacional, a depender do interesse do pesquisador ou do gestor. A seguir, são citados exemplos de variáveis e de seus possíveis usos gerenciais a partir de premissas e de pressupostos advindos da AP.

Processos de recrutamento e de seleção de pessoal, por exemplo, trarão efeitos positivos às organizações desde que se apliquem estratégias e técnicas validadas e precisas àquilo que se propõem. Entrevistas comportamentais poderão fazer parte das estratégias de um processo seletivo, bem como a aplicação de dinâmicas de grupo e observação *in loco*. Quando se define o perfil desejado para um cargo e o compara com o perfil manifestado pelo candidato, tem-se a identidade profissiográfica requerida para o desempenho competente dele (Faiad et al. 2012; 2021). A título de exemplo, é no processo de seleção que está incluída a AP no contexto de concursos públicos, contando com a aplicação de conhecimentos advindos de profissiográficas profissionais (Coelho Junior et al., 2021b; Pasquali et al., 2010).

A gestão do desempenho poderá ser impactada positivamente quando se conhece as estratégias de autorregulação e adaptativas de performance utilizadas por indivíduos e equipes (Coelho Junior & Botelho, 2019). A maneira pela qual cada indivíduo performa leva em consideração seus aspectos disposicionais (Coelho Junior & Borges-Andrade, 2011), associados ao querer fazer e ao grau de vínculo ou relacionamento associativo com o que faz, além de levar em consideração as condições ambientais (poder fazer).

A própria inserção humana em grupos de trabalho pode requerer um acompanhamento mais sistemático por parte das lideranças, uma vez que são pessoas com distintos interesses e necessidades, muitas das vezes sem nenhum grau de afinidade social entre elas (Coelho Junior et al., 2018). A definição de estilos de liderança (Couto et al., 2022; Van Wart et al., 2017), apropriados a contextos laborais específicos, é outra possível vantagem decorrente da aplicação de premissas da AP nas organizações de trabalho. Quem é o líder? Quais competências pessoais e profissionais ele deverá manifestar? O que determina o desempenho de uma liderança? Quais processos cognitivos e sociais estão envolvidos no exercício da liderança em cenário de trabalho? Como se dá a influência do líder sobre seus liderados? O que traduz uma liderança eficaz?

A contribuição da AP pode se dar de maneira multinível, inclusive, abarcando aspectos humanos e sua inserção em agrupamentos sociais e ocupacionais. A gestão do clima organizacional passará pela compreensão das percepções humanas, compartilhadas socialmente, dizendo respeito à atmosfera psicológica de um grupo de trabalho. A natureza dos vínculos interpessoais, bem como o funcionamento das redes sociais e a análise das interações em cenário de trabalho também poderão ser beneficiadas a partir da aplicação de técnicas e de métodos científicos orientados à sua interpretação (Coelho Junior et al., 2021c).

A presença humana em cenário laboral se dá por meio de interpretações subjetivas da realidade social que lhe é dada. Compreender como se formam crenças, percepções, valores, sentimentos e atitudes é imprescindível para balizar o planejamento e implementar ações de gestão e de governança. Percepção de justiça organizacional, por exemplo, influencia no desenvolvimento de atitudes sociais mais positivas perante o trabalho. A percepção de autoeficácia, individual e coletiva, poderá gerar menor ou maior engajamento com o trabalho, impactando, possivelmente, o desempenho organizacional. A sensação de segurança psicológica (Coelho Junior et al., 2021a), quando desempenhando suas atribuições, é imprescindível para permanência do indivíduo em seu contexto de trabalho. Justiça organizacional baseia-se no princípio da transparência e da impessoalidade, essenciais na prática de avaliação de desempenho, por exemplo. Insatisfações individuais acerca de como essa avaliação é feita pode levar a convicções sociais entre membros de um grupo, e isso ocasionar um clima organizacional ruim (frio). Esta percepção social negativa poderá impactar nos resultados de trabalho, ocasionando perdas de performance e até dissonância cognitiva em relação às normas e às práticas existentes (Coelho Junior et al., 2023).

O ambiente organizacional é altamente dependente das interpretações subjetivas de cada trabalhador. Portanto, desenvolver e validar instrumentos psicológicos, bem como implementar técnicas de intervenção na realidade são imprescindíveis a uma gestão organizacional efetiva. Quando se pretende implementar algum tipo de mudança organizacional, é fundamental que se compreenda quais as atitudes perante ela e os impactos percebidos na transformação da cultura organizacional.

O nível de aderência à mudança ou de resistência a ela poderá impactar no êxito de sua implementação. A maneira pela qual cada trabalhador experimenta a mudança poderá trazer benefícios e eficiência quanto aos seus resultados. O engajamento, em nível da equipe, deverá ser monitorado. Instrumentos psicológicos e sociais, no nível da equipe, deverão ser construídos e validados para contextos laborais específicos. O grau e complexidade das experiências sociais compartilhadas e as sensações decorrentes do que poderá acontecer também deverão ser supervisionados.

O conjunto de variáveis comportamentais que existem dentro das organizações de trabalho faz com que práticas da AP sejam altamente recomendadas e aplicadas em ambiente laboral. Ações de promoção de qualidade de vida, bem-estar laboral, autonomia percebida, comportamento positivo associado ao trabalho e emoções/afetos poderão ser beneficiados quando implementadas à luz de conhecimentos científicos que sustentem as práticas implementadas. Vivências de despersonalização e falta de identidade com a tarefa, por exemplo, segundo Coelho Junior et al. (2021), uma vez diagnosticadas, deverão ser orientadas e monitoradas.

A origem precisa ser identificada, a fim de que as causas e os sintomas possam ser mais bem gerenciados. Ocorrências de conflito entre trabalho e família, por exemplo, também poderão fazer com que o indivíduo passe por dificuldades eventuais nas suas rotinas pessoais e profissionais (Ronda et al., 2016; Solís, 2017). Monitorar esses eventos, sob a ótica da promoção do enriquecimento trabalho-família (Clarke et al., 2004), é fundamental para a manutenção dos níveis de engajamento com o trabalho, ao mesmo tempo que o autoconhecimento e sensibilização à temática poderão auxiliar na sua resolução.

Expectativas quanto ao próprio crescimento profissional também podem ser monitoradas, identificando-se o nível de aderência à realidade, diferenças individuais e as repercussões verificadas no ambiente de trabalho. Estratégias de *job crafting* ou de redesenho e busca por um novo significado atribuído ao trabalho poderão ser estabelecidas à luz das experiências subjetivas e interpessoais (Diener et al., 2018).

Práticas organizacionais de valorização e de reconhecimento do trabalhador poderão ser implementadas à luz daquilo que, realmente, importa e faz diferença para os indivíduos (Coelho Junior et al., 2020). Práticas de trilhas de desenvolvimento, estimulando o suporte provido às ações informais aprendizes no trabalho, poderão proporcionar uma maior valorização e crescimento do indivíduo e da organização (Coelho Junior & Mourão, 2011). Aspectos relacionados à psicodinâmica do trabalho poderão ser mais bem trabalhados, inclusive, individualmente, quando se empregam métodos científicos para a sua análise e interpretação. Implementar novas formas de mensuração, avaliação e monitoramento de conduta e comportamentos poderá ser beneficiada com a aplicação de princípios da AP nas rotinas de trabalho. A busca por melhores práticas de retenção de talentos, segundo Coelho Junior et al. (2019), passa pela oferta de condições adequadas de trabalho, proporcionando um senso de identidade social e organizacional focado no desenvolvimento de *hard* (competências técnicas) e *soft skills* (competências comportamentais).

Oportunidades decorrentes da busca da melhoria das condições de trabalho passam pela interpretação que os indivíduos têm acerca daquilo que fazem. Tornar os indivíduos melhores em termos de capacidade de resposta ao contexto organizacional também pode ser uma importante contribuição a ser verificada. Trilhas de aprendizagem e de formação de novas competências poderão ser estabelecidas, considerando-se o nível de maturidade e de expertise dos trabalhadores (Pasquali et al., 2010). O monitoramento das condutas e do comportamento deverá ser contínuo com aplicação de ferramental científico e sistemático, atentando-se a eventuais especificidades que poderão acontecer e fomentando uma rápida capacidade de resposta.

Fatores situacionais, segundo Coelho Junior et al (2018), associados à maturidade de práticas e ao dimensionamento da força de trabalho (sobrecarga vivenciada e sensação de nunca poder parar, por exemplo), também exercem influência sobre o comportamento humano no cenário do trabalho e, também, poderão ser objeto de análise da aplicação de princípios da AP. A busca pela resolução de problemas, com base em dados e em evidências científicas, aperfeiçoando a comunicação, o trabalho desenvolvido em equipe e a orientação por valores éticos, segundo Fogaça et al. (2021), também podem ser consideradas importantes ações de gestão naquilo que AP pode oferecer.

Políticas organizacionais de prevenção ao suicídio também poderão ser estabelecidas, considerando-se um olhar mais particular acerca de condutas e de comportamentos extremos no trabalho (Marques-Quinteiro et al., 2021). Atenção à expressividade de competências emocionais e comportamentais deverá fazer parte de uma política de gestão de pessoas mais próxima aos interesses e às necessidades humanas (Enes et al., 2021; OIT, 2013).

É preciso uma gestão ativa, sistêmica e estratégica, que faça a interlocução entre os objetivos organizacionais e os pessoais. As lideranças precisam ser capacitadas continuamente. Experiências intergeracionais, no atual contexto da gestão da diversidade, também poderão impactar as rotinas laborais, sendo necessário um acompanhamento acerca dos seus impactos. Diretrizes organizacionais poderão ser implementadas à luz desse conhecimento. Rigor e sistematicidade, evitando-se o improviso na gestão, são essenciais para a garantia do êxito de tais ações.

Ações de aprendizagem humana no trabalho poderão ser implementadas no campo do conhecimento sobre competências profissionais requeridas (Flores et al., 2018). Capacidades organizacionais dinâmicas, relacionadas à oferta de condições para aprendizagem contínua e ao suporte à aprendizagem, poderão ser promovidas e incorporadas à cultura e a subculturas organizacionais. As próprias estratégias de aprendizagem, como reflexão intrínseca, busca de ajuda interpessoal e repetição mental, poderão ser menos ou mais incentivadas, conhecendo-se as especificidades de cada trabalhador e as demandas associadas ao contexto organizacional. Dessa forma, as ações de treinamento e de capacitação poderão gerar maior impacto, desde que com o suporte adequado à aprendizagem, à transferência e à compreensão das necessidades humanas associadas (características da clientela).

O desenvolvimento profissional é estimulado quando se tem conhecimento das necessidades, dos interesses e das motivações de cada trabalhador. Aspectos do *work design* (desenho do trabalho), inclusive, tais como autonomia decisória, liberdade criativa e exercício do poder e da autoridade, poderão ser mais bem alinhados quando se tem a aplicação sistemática de métodos e de técnicas relacionadas à interpretação psicológica e social da realidade. Compreender os limites da atuação profissional, a partir de vivências pessoais (Farsen et al., 2018), também, é outra importante contribuição da AP no cenário de trabalho.

No atual cenário, no século XXI, de acordo com reflexões apresentadas por Hite e McDonald (2020), Johson et al. (2020), Karanović et al. (2021), Perkins et al. (2022), onde começa e onde termina a vida pessoal e profissional? Qual é o limite da sua fronteira? Em que medida um impacta ou exige configurações contínuas no outro? Por que razões humanas, sociais e organizacionais mais conflitos nas equipes vêm emergindo e o planejamento do trabalho passa a incorporar outros fatores, tais como distribuição igualitária de tarefas entre todos os membros da equipe, tão essenciais ao desempenho? O que as lideranças e os gestores poderão fazer para atenuar tais conflitos e de que forma os conhecimentos das premissas da AP poderão contribuir na resolução de tais questões? Debate interessante, discutindo os desafios das organizações públicas, no atual cenário, pode ser encontrado em Klein et al. (2019) e Pinheiro et al. (2020).

Os próprios profissionais das áreas de recursos humanos e de gestão de pessoas poderão estimular capacitações, desenvolvendo competências de gestão associadas à aplicação de premissas da AP nas rotinas laborais, facilitando o diagnóstico correto e a proposição de ações de melhoria da governança mais eficazes. O desafio é árduo e desafiador, mas requer a atenção dos profissionais no cuidado do trato das questões relacionadas ao comportamento humano nas relações de trabalho.

CONCLUSÃO

O presente capítulo teve como objetivo geral apresentar algumas possibilidades e vantagens do uso de premissas e pressupostos da AP, contribuindo para a melhoria dos ambientes e dos contextos organizacionais. Muitos dos aspectos relacionados à busca por boas práticas de gestão e de governança passam pela compreensão da aplicação de conhecimentos da AP no fomento ao diagnóstico organizacional, à instrumentalização e aos usos relacionados à análise e à interpretação dos seus resultados.

Conforme visto aqui, a gestão organizacional poderá lançar mão de capacidades organizacionais dinâmicas, melhorando a ambiência organizacional, quando se considera o efeito de percepções e de interpretações psicológicas e sociais de cada trabalhador em termos das suas vivências relacionadas às rotinas e ao desempenho no trabalho. Exemplos de variáveis e de alternativas de ações de gestão, em uma perspectiva multinível (individual/humana, social e organizacional), foram apresentados aqui, visando facilitar a compreensão do leitor. Procurou-se utilizar uma linguagem direta e aplicada, orientada à resolução de problemas e à promoção de um ambiente organizacional saudável psicológica e socialmente. As ações mais eficazes de gestão de pessoas são aquelas que buscam aproximar interesses, demandas e necessidades, de forma recíproca e compartilhada, entre indivíduos e organizações. Não existe um jeito mais errado ou certo de agir, mas sim toda a ação deverá ser orientada pelo alcance de resultados, que visem à melhoria da gestão, e instrumentalizada com uso de ferramentas que deverão ser precisas e válidas às questões que pretende resolver. O conhecimento científico aplicado permite a busca por evidências que fomentem o redesenho de políticas e de práticas organizacionais, orientadas à melhoria e aperfeiçoamento das condições laborais oferecidas no trabalho.

Obviamente, não se esgotam, aqui, todas as possibilidades associadas ao uso da AP no contexto das organizações de trabalho. Cada componente organizacional, formal ou informalmente estabelecido, deverá ser objeto de análise e de compreensão, definindo-se as premissas que nortearão as ações a serem implementadas. Gerenciar não é tarefa fácil, pois requer o emprego de complexas possibilidades e metodologias de trabalho associadas à resolução de problemas, visando à maximização da performance organizacional. O desafio da gestão é diário e requer o emprego de técnicas, de procedimentos e de metodologias fidedignas ao objetivo da sua ação, levantando insumos que permitirão a busca por boas práticas de gestão e de governança associadas à melhoria de indicadores estratégicos, táticos e operacionais das organizações de trabalho.

Parte-se do pressuposto de que AP tem grande potencial para contribuir para a melhoria do cotidiano das organizações de trabalho. A AP, aplicada às organizações de trabalho, não deve se limitar apenas à questão de construção e de busca por evidências de validade de questionários ou escalas, mas sim considerar a sua inserção tática, por meio dos diagnósticos realizados nas rotinas e nas práticas estabelecidas. A AP tem o poder de contribuir para a gestão organizacional por meio da disponibilização de instrumentos psicológicos orientados à mensuração desses fenômenos em nível humano e social. Ainda como contribuições, a AP é útil no levantamento de informações sistemáticas, decorrentes dos diagnósticos organizacionais realizados, acerca da variável de interesse, que possibilitará a melhoria das práticas de governança.

Toda ação de gestão precisa estar fundamentada em evidências produzidas com base no conhecimento científico, e na instrumentação provida pela AP é útil para o alcance dessa finalidade. Seus usos e suas possibilidades, conforme discutido aqui neste Capítulo, deverão ser fomentados nas organizações de trabalho, melhorando aspectos da gestão e da governança, promovendo bem-estar e saúde psicológica aos trabalhadores, muitas vezes desempenhando suas atribuições em condições laborais pouco dignas de satisfação e de alcance de qualidade de vida pessoal e profissional. Estar sempre atento a tais condições é essencial, e todos, trabalhadores e organizações, só têm a ganhar. A busca pela maturidade das práticas organizacionais será reforçada com o emprego de ferramentas científicas, baseadas em premissas advindas da AP. Cada realidade organizacional precisa ser levada em consideração, a partir da análise de seus aspectos singulares que exigirão necessidades específicas de adequação e ajuste na instrumentação científica a ser utilizada. O tipo de lócus organizacional deverá ser levado em consideração ao tipo de usos e de possibilidades da AP junto à sua realidade. Assim como nenhuma organização de trabalho é igual a outra, todo o método científico utilizado precisa ser adaptado às particularidades e às idiossincrasias organizacionais, de acordo com o tipo de resultado ou proposta de ação esperado

Não existe contexto organizacional sem pessoas ao mesmo tempo que as organizações de trabalho, ainda que com os avanços da inteligência artificial, no século dos algoritmos, dependem das pessoas. Diversas variáveis influenciam na equação decorrente da relação entre indivíduos e organizações de trabalho. A maneira pela qual o indivíduo se comporta no ambiente organizacional diz respeito às formas de conduta socialmente aceitáveis, materializada na cultura e nas subculturas organizacionais, de modo a que se compreenda plenamente os efeitos e os impactos na dinâmica laboral são necessárias ferramentas e técnicas científicas baseadas na observação empírica dos fenômenos. Nesse sentido, espera-se que profissionais da área estejam cada vez mais preparados de forma técnica e ajam com base em sua competência política (legitimando e dando credibilidade às suas práticas e às suas atuações), buscando aprimorar o processo de avaliação no contexto das organizações.

A busca pelo conhecimento científico aplicado à resolução de problemas, no âmbito das organizações de trabalho, tenderá ser mais bem orientada e alcançar melhores resultados, quando se utilizam premissas e pressupostos da AP contextualizados à cada realidade laboral. A eficiência organizacional será alcançada por um ajuste fino e dinâmico entre aspectos da realidade laboral e a compreensão das diferenças individuais. O desafio é diário e requer aplicação de competências cada vez mais complexas e inter-relacionais, aplicadas à resolução de problemas e à melhoria das condições de trabalho e de saúde mental do trabalhador. Princípios e premissas, teóricas e metodológicas, advindas da AP, são úteis e amplamente recomendadas ao alcance da missão e dos objetivos organizacionais.

Contribuir, de maneira tática e estratégica, às organizações de trabalho, fomentando o redesenho de políticas e de práticas organizacionais, orientadas à resolução de problemas, agregando inovações e aperfeiçoando a gestão, conforme discutido neste capítulo, é a principal contribuição da AP no cenário organizacional. Esse é o desafio em um cenário de oportunidades que se impõem.

REFERÊNCIAS

Ahmad, S. (2013). Paradigms of quality of work life. *Journal of Human Values, 19*(1), 73-82.

Aketch, J. R; Odera, O; Chepkuto, P; & Okaka, O. (2012). Effects of quality of work life on job performance: theoretical perspectives and literature review. *Current Research Journal of Social Sciences, 4*(5), 383-388.

Barbosa, M. A., Coelho Junior, F. A., Marques-Quinteiro, P., & Faiad, C. (2022). Physical and psychological fatigue, and work performance among Brazilian workers during the SARS-CoV-2 (COVID-19) pandemic in Brazil. *Psychology, Health & Medicine, v.* -, 1-8.

Bendassoli, P.F. & Borges-Andrade, J.E. (2019). *Dicionário de Psicologia do Trabalho e das Organizações.* 1.ed. Editora Artesã. Belo Horizonte.

Borges, L.O. & Mourão, L. (2013). *O trabalho e as organizações: atuações a partir da psicologia.* 1.ed., Artmed.

Cardoso, P. F. A., Pereira, D. A. O., & Coelho Junior, F. A. (2021). Avaliação da percepção dos gestores participantes do Programa Piloto de Desempenho de Lideranças no Ministério da Economia. *Anais do Encontro Brasileiro de Administração Pública (EBAP)*, Evento On-line. Brasil, 8.

Carvalho-Freitas, M.N., Bentivi, D.R.C., Ribeiro, E.A., Moraes, M.M., Lascio, R., & Barros, S.C. (2022). *Perspectivas teórico-práticas da psicologia organizacional e do trabalho.* 1.ed., Vetor Editora.

Clarke, M.C., Koch, L.C. & Hill, E.J. (2004). The work and family interface: Differentiating balance and fit'. *Sciences Research Journal, 33*(2), 121-140.

Coelho Junior, F.A, Zerbini, T., Pereira, D.A.O., Goulart, M. C. M., Velasco, S. M. V. & Vieira, M. B. N. (2023). Gestão do desempenho e capacidades organizacionais dinâmicas em Organizações públicas brasileiras. In: *VIII Encontro de Gestão de Pessoas e Relações de Trabalho.* São Paulo. Anais do VIII Encontro de Gestão de Pessoas e Relações de Trabalho.

Coelho Junior, F.A, Pereira, D.A.O., Mota, J.C., Silva, A.L.P., Praça, V.A.C.P. & Araújo, I.G. (2022). Conseguir ser estratégica, ou não ser? Atuação e identidade da área de gestão de pessoas sob a ótica de servidores públicos federais. In: *XLVI Encontro da ANPAD (Enanpad)*, 2022, São Paulo. Anais do XLVI Encontro da ANPAD.

Coelho Junior, F.A, Marques-Quinteiro, P., Faiad, C., Figueira, T. G., Lima, A. P. P. & Freitas, L. C. O. (2021). "Sem trabalho eu não sou nada, não tenho identidade": um estudo qualitativo em uma Organização pública brasileira. *Ciências e Políticas Públicas*, 7, 145-167.

Coelho Junior, F.A, Nascimento, T.G., Barbosa, L. L. P., Macêdo, F. G. L. & Rodrigues, C. M. L. (2021). Profissiografia e Mapeamento de Competências no Contexto de Organizações de Segurança Pública: vantagens, oportunidades e desafios.. In: *XXIV SEMEAD Seminários em Administração*, 2021, On-line. Anais do XXIV SEMEAD.

Coelho Junior, F.A, Nascimento, T.G., Faiad, C., Barbosa, L.L.P. & Soares, V.A.M.L. (2021c). Gestão e Desenvolvimento de Pessoas no Contexto de Organizações de Segurança Pública: Estudo de Caso na Guarda Civil Municipal Brasileira.. In: *Viii Encontro Brasileiro De Administração Pública*, 2021, On-line. Anais.

Coelho Junior, F.A. (2020). *Descomplicando o pensar científico.* CRV Editora, 1.ed.

Coelho Junior, F.A., Faiad, C., Rêgo, M.C.B. & Ramos, W.M. (2020). What Brazilian workers think about flexible work and telework? *International Journal of Business Excellence, 20*(1).

Coelho Junior, F.A, Martins, M.C.F., & Rodrigues, M.C.F. (2019). O Suporte Psicossocial à Aprendizagem Informal no Trabalho influencia o Domínio de Competências Profissionais?. In: *XLIII Encontro da ANPAD - EnANPAD*, São Paulo. Anais.

Coelho Junior, F.A, & Botelho, E.A. (2019). Crenças e Opiniões sobre a Avaliação de Desempenho: Percepções dos Servidores de um órgão da Administração Pública brasileira. In: *XLIII Encontro da ANPAD - EnANPAD* 2019, 2019, São Paulo. Anais.

Coelho Junior, F.A., Meneses, P.P.M., Silva-Filho, A. I. & Fonseca, D.R.D. (2018). Maturidade da gestão do desempenho em uma agência reguladora federal. *Revista de Administração da UFSM*, 11 (3), 564-580.

Coelho Junior, F.A, Faiad, C., Ferreira, R.R. & Moura, G. L. (2016). Group Cognition as a Foundation for Organizational Strategy: Psychological, Social and Collectives Representations Shared in Perspective. *International Review of Management and Business Research, 5*, 912-925.

Coelho Junior, F.A, Rêgo, M.C.B., Cortat, M., Fogaça, N., Hollanda, P.P.T.M. & Silva, A.R. (2016b). Análise Conceitual Aplicada ao Comportamento Organizacional: Possibilidades acerca de seu uso.. In: *IX Eneo (Congresso de Estudos Organizacionais da Anpad)*, 2016, Belo Horizonte, MG. Anais, 1-12.

Coelho Junior, F.A., Gondim, S.M.G., Borges-Andrade, J.E., & Faiad, C. (2012). *O comportamento organizacional como campo científico: uma análise crítica*. XXXVI Encontro da ANPAD, Rio de Janeiro. Anais do XXXVI Enanpad.

Coelho Junior, F. A. (2011). *Gestão do desempenho humano no trabalho: Interfaces teóricas, etapas constitutivas e implicações práticas*. In: Encontro de Gestão de Pessoas e Relações de Trabalho, 3, João Pessoa. Anais.

Coelho Junior, F.A. & Mourão, L. (2011). Suporte à Aprendizagem Informal no Trabalho: Uma Proposta de Articulação Conceitual. *RAM. Revista de Administração Mackenzie* (Impresso), *12*, 224-253.

Coelho Junior, F.A. & Borges-Andrade, J. E. (2011). Efeitos de Variáveis Individuais e Contextuais sobre Desempenho Individual no Trabalho. *Estudos de Psicologia (Natal. Online), 16*, 111-120.

Correio, M. N. O. P & Correio, O. V. O. (2020). Práticas de Governança Pública Adotadas pela Administração Pública Federal Brasileira. *Administração Pública e Gestão Social, 11*(2), April-June.

Couto, F. J. B., Santos, A. P., Coelho Junior, F. A., & Marques-Quinteiro, P. (2022). How Do the Leadership Styles Impact the Performance of Professional Competences in Brazilian Workers? Identifying mechanisms and contextual variables. *Open Science* Journal, 7, 1-19.

Cunha, R. D., Faiad, C., Baptista, M. N. & Cardoso, H. F. (2023). The Data Generation Mechanism: Relationship Between Constructs and Their Indicators. *Psicologia: Teoria e Pesquisa, 39*, n.Spe, e39nspe08. https://doi.org/10.1590/0102.3772e39nspe08.en

Diener, E., Oishi, S. & Tay, L. (2018). Advances in subjective well-being research. *Nature Human Behavior, 2*(4), 253–260.

Enes, Y. O. S., Vieira, M. B. N., Pereira, D. A. O., Silva, E. R. Z. & Coelho Junior, F.A. (2021). *Teletrabalho na Administração Pública em Tempos de COVID-19: impactos percebidos sobre a Gestão de Desempenho e a Gestão por Competências*. XLV Encontro da ANPAD – EnANPAD. Anais.

Faiad, C., Coelho Jr., F. A., Caetano, P. F., & Albuquerque, A. S. (2012). Análise profissiográfica e mapeamento de competências nas instituições de segurança pública. *Psicologia: Ciência e Profissão, 32*, 388-403.

Faiad, C., Santos, A. P. D., Lobosque, E. M. G., Sant'Anna Filho, O., Prado, L. V. D., & Coelho Junior, F. A. (2021). Avaliação psicológica em concursos públicos e porte de arma: histórico e desafios. *Psicologia: Ciência e Profissão, 41.* https://doi.org/10.1590/1982-3703003252456

Farsen, T. C.. Boehs, S. T. M., Ribeiro, A. D. S., Biavati, V. P. & Silva, N. (2018). Qualidade de vida, bem-estar e felicidade no trabalho: Sinônimos ou conceitos que se diferenciam? *Interação em Psicologia, 22*(1).

Fogaça, N., Coelho Junior, F.A Paschoal, T., Ferreira, M. C. & Torres, C. (2021). A multilevel perspective of the relationship between job performance, well-being, justice and organizational support. *RAM. Revista de Administração Mackenzie (on-line), 22*, 1-27.

Flores, C. L., Coelho Junior, F.A, Martins, M. C. F. & Ferreira, R.R. (2018). Evidências de validade para uma medida de percepção de efetividade da aprendizagem informal no trabalho. *READ – Revista de Administração da EA/ UFRGS, 24*, 77-101.

Gondim, S. M. G., Bendassoli, P. F., Coelho Junior, F.A &Pereira, M. E. (2016). Explanatory models for work and organizational phenomena: Epistemological, theoretical, and methodological issues. *Revista Psicologia: Organizações e Trabalho, 16*, 316-323.

Gonzalez, R. V. D. (2022). Organizational structure as antecedent of dynamic capability. *Gestão e Produção, 29.*

Hite, L. M., & McDonald, K. S. (2020). Careers after COVID-19: challenges and changes. *Human Resource Development International, 23*(4), 427-437.

Johson, A. et al. (2020). A review and agenda for examining how technology-driven changes at work will impact workplace mental health and employee well-being. *Australian Journal of Management, 45*(3), 402-424.

Karanović, J., Berends, H., & Engel, Y. (2021). Regulated dependence: Platform workers' responses to new forms of organizing. *Journal of Management Studies, 58*(4), 1070-1106.

Klein, L. L., Pereira, B.A.D. & Lemos, R. B. (2019). Quality of working life: Parameters and evaluation in the public service. *Revista de Administração Mackenzie, 20*(3).

Leite, M. H. B., Coelho Junior, F.A., Rêgo, M.C.B., Marques-Quinteiro, P. & Perez-Nebra, A.R. (2022). Evidências de Validade de uma Escala de Maturidade de Práticas Organizacionais. In: *XLVI Encontro da ANPAD (Enanpad)*, São Paulo. Anais.

Lin, H. E., Hsu, I. C., Hsu, A. W., & Chung, H. M. (2020). Creating competitive advantages: Interactions between ambidextrousdiversification strategy and contextual factors from a dynamic capabilityperspective. *Technological Forecasting and Social Change, 154*, 1-11.

Marques-Quinteiro, P., Graça, A. M., Coelho Junior, F. A., & Martins, D. (2021). On the Relationship Between Authentic Leadership, Flourishing, and Performance in Healthcare Teams: A Job Demands-Resources Perspective. *Frontiers in Psychology, 12*(1).

Meneses, P. P. M., Coelho Junior, F.A, Ferreira, R.R., Paschoal, T. & Isidro-Filho, A. (2014). A produção científica Brasileira sobre a gestão de recursos humanos entre 2001 e 2010. RAM. *Revista de Administração Mackenzie (Online), 15*, 110-134.

Oliveira, D.P. R. (2009). *Sistemas, organização & métodos: uma abordagem gerencial.* 18.ed, Atlas.

Organização Internacional do Trabalho (OIT) (2013). *A prevenção das doenças profissionais.* Recuperado de http://www.ilo.org/public/portugue/region/ eurpro/lisbon/pdf/ safeday2013_relatorio.pdf

Pasquali, L., Faiad, C. & Freitas, L.C.O. (2010). Análise profissiográfica. In: Pasquali, Luiz (Org.). *Instrumentação psicológica: fundamentos e práticas.* Porto Alegre: Artmed, 441-453.

Pasquali, L. (2010). *Instrumentação psicológica: fundamentos e práticas.* Porto Alegre: Artmed.

Perkins, G., Gilmore, S., Guttormsen, D. S., & Taylor, S. (2022). Analysing the impacts of Universal Basic Income in the changing world of work: Challenges to the psychological contract and a future research agenda. *Human Resource Management Journal, 32*(1), 1-18.

Pinheiro, A. G., Coelho Junior, F.A. & Hollanda, P.P.T.M. (2020). Políticas organizacionais de qualidade de vida no trabalho, práticas e barreiras à ação: estudo comparativo em quatro Organizações públicas brasileiras.. In: *VII Encontro Brasileiro de Administração Pública*, On-line. Anais.

Puente-Palacios, K.E., & Peixoto, A.L.A. (2015). *Ferramentas de diagnostico para organizações e trabalho.* 1.ed, Artmed.

Ronda, L., Ollo-López, A. & GoÑe-Legaz, S. (2016). Family-friendly practices, high-performance work practices and work–family balance: How do job satisfaction and working hours affect this relationship? *Management Research, 14*, 2-23.

Röglinger, M., Pöppelbuß, J., & J. Becker. (2012). Maturity models in business process management. *Business Process Management Journal 18*, 328–346.

Silveira, V. N. S. (2009). Os modelos multiestágios de maturidade: um breve relato de sua história, sua difusão e sua aplicação na gestão de pessoas por meio do People Capability Maturity Model (P-CMM). *Rev. adm. contemp., 13*(2), 228-246.

Solís, M. (2017). Moderators of telework effects on the work-family conflict and on worker performance. *European Journal of Management and Business Economics, 26(*1), 21-34.

Van Looy, A., Poels, G. & Snoeck, M. (2017). Evaluating business process maturity models. *Journal of the Association for Information Systems, 18*, 461–486.

Van Wart, M., Roman, A., Wang, X. & Liu, C. (2017). Operationalizing the definition of e-leadership: identifying the elements of e-leadership.*International Review of Administrative Sciences,* 85(1), 80-97.

Zanelli, J.C., Borges-Andrade, J.E., & Bastos, A.V.B. (2004). *Psicologia, Organizações e Trabalho no Brasil.* 2.ed., Artmed.

A APLICAÇÃO DA PSICOMETRIA NO LEVANTAMENTO DE EVIDÊNCIAS EM PROCESSOS AVALIATIVOS

Ivan Sant'Ana Rabelo · UNIVERSIDADE DE SÃO PAULO (USP)

Roberto Moraes Cruz · UNIVERSIDADE FEDERAL DE SANTA CATARINA (UFSC)

Irene F. Almeida de Sá Leme · EDITORA NILA PRESS

Luis Anunciação · PONTIFÍCIA UNIVERSIDADE CATÓLICA DO RIO DE JANEIRO (PUC-RIO)

1 INTRODUÇÃO

A Psicometria é um campo da psicologia voltado aos processos de mensuração de construtos psicológicos em diferentes graus de abrangência, em contextos básicos e aplicados. Ela envolve o desenvolvimento científico e técnico de instrumentos ou de tarefas de medida de construtos psicológicos, tais como habilidades cognitivas, características de personalidade, atitudes, emoções e condições de saúde mental (Domino & Domino, 2006; Furr, 2021).

A Psicometria é um campo interdisciplinar, que se situa na interseção de várias disciplinas, incluindo teorias psicológicas, teoria da medida, estatística, teoria dos dados, econometria, biometria, bioestatística, entre outras. Por sua vez, psicometristas são profissionais especializados nesse campo e desempenham um papel crucial no desenvolvimento de métodos e de instrumentos de medida psicológica. Esses profissionais também se dedicam à criação de ferramentas de avaliação que sejam robustas e confiáveis e baseadas em evidências empíricas (Furr, 2021; Pasquali, 2009; Cruz & Reis, 2023).

Nesse sentido, a Psicometria tem um importante papel nos processos de avaliação psicológica e neuropsicológica, fornecendo estrutura, rigor e recursos técnicos descritivos e analíticos essenciais à interpretação de construtos psicológicos. Suas bases teóricas e metodológicas são fundamentais para a avaliação e a tomada de decisões em uma ampla gama de contextos psicológicos.

A avaliação psicológica e neuropsicológica desempenha um papel essencial na atividade científica e profissional em Psicologia. Processos de avaliação psicológica e neuropsicológica possibilitam descrever e explicar características e condições psicológicas das pessoas, seja no campo da cognição, das emoções, da personalidade ou do comportamento em geral. Ambas contribuem para o rastreio da qualidade de habilidades e do funcionamento psicológico no diagnóstico em saúde mental e no planejamento de intervenções terapêuticas (Schlindwein-Zanini & Cruz, 2018; Anunciação et al., 2021)

À medida que a ciência psicológica evolui no estudo de fenômenos e de processos psicológicos, é importante considerar os avanços dos métodos e dos recursos de mensuração de suas propriedades, tendo em vista as crescentes complexidades no estudo do comportamento humano e de suas relações com outras variáveis biológicas e ambientais. A natureza dos processos científicos em Psicologia requer constantes atualizações em técnicas de avaliação e em instrumentos de medição para capturar adequadamente a riqueza e a diversidade dos fenômenos psicológicos, garantindo, assim, a precisão e a relevância das descobertas científicas e a eficácia das intervenções práticas.

Avaliações psicológicas e neuropsicológicas desempenham um papel relevante na compreensão de demandas dos usuários da prestação de serviços em Psicologia, notadamente na tomada de decisão, em diferentes contextos - clínica privada, hospitalar, judicial, organizacional, entre outros. Os procedimentos e recursos técnicos utilizados em processos de avaliação apoiam decisões de profissionais de Psicologia e de equipes multiprofissionais, conforme a demanda e as finalidades da avaliação e da intervenção decorrente.

A avaliação psicológica é um pilar que serve não apenas como uma janela para entender a cognição, a emoção e o comportamento humano, mas também como uma ferramenta de diagnóstico, de orientação e de intervenção. No entanto, a eficácia dessa ferramenta depende de inúmeros fatores, dentre eles, do rigor e da precisão dos métodos empregados na investigação. A Psicometria moderna não apenas fornece medidas precisas, mas também contribui para a interpretação significativa dessas medidas, permitindo uma compreensão mais profunda das características individuais e coletivas.

Isso se dá também em razão da Psicometria ser uma disciplina em constante progresso, adaptando-se às demandas da sociedade contemporânea e aproveitando os avanços tecnológicos para aprimorar seus métodos e abordagens. Compreender a relação entre os construtos teóricos e as medições empíricas tornou-se essencial para garantir a validade e a confiabilidade das investigações, e não seria menos importante nos processos de avaliação psicológica.

À medida que novos desafios e complexidades surgem, a Psicometria encontra maneiras inovadoras de medir e de quantificar aspectos da experiência humana que antes eram difíceis de avaliar de maneira um pouco mais objetiva. Esse é um desafio constante: avançar, mesmo que a leves passos, na investigação das características humanas.

Este capítulo tem como objetivo explorar a vanguarda da Psicometria e seu papel vital no levantamento de evidências mais sofisticadas em processos avaliativos. Ao examinar as abordagens mais recentes e as tendências emergentes na avaliação psicológica e neuropsicológica, buscamos compreender como a

Psicometria pode contribuir para compreensão das características individuais e de grupos, auxiliando a prática dos profissionais, na direção de uma tomada de decisão um pouco mais qualificada, informada e embasada em evidências.

Partindo dos primórdios dessa interlocução entre a psicologia e a estatística, historiadores indicam que, no século XIX, à medida que a Psicologia trilhava o caminho para seu reconhecimento como uma ciência distinta das Ciências Naturais e da Filosofia, a adoção de métodos que permitissem a quantificação de características psicológicas se tornou crucial. Paralelamente, os pioneiros que se aventuraram na exploração dos processos psicofísicos das pessoas começaram a recorrer a procedimentos estatísticos para conferir validade científica às suas descobertas (Sass, 2008).

Foi, no início do século XX, que os testes psicológicos tomaram esses moldes que conhecemos atualmente, e um notável pesquisador soube empregar com destreza a estatística em suas investigações: Francis Galton, um biólogo por formação, que examinou as diferenças individuais das pessoas em seus experimentos, com o intuito de compreender como a interação entre hereditariedade e ambiente moldava o desenvolvimento e a manifestação dos traços característicos de cada indivíduo. Durante essa trajetória, Galton contou com a colaboração de Cattell, que posteriormente se tornaria uma figura proeminente no campo da personalidade (Schultz & Schultz, 2014).

No âmbito das análises modernas de Psicometria, a Teoria de Resposta ao Item (TRI) tem desempenhado um papel crucial na melhoria das avaliações psicológicas. A crescente adoção da TRI na criação de instrumentos mais precisos e mais adaptativos têm permitido uma mensuração mais refinada dos traços psicológicos (Anunciação, 2021).

De maneira mais contemporânea, a intersecção entre a Psicometria e a Estatística Aplicada tem se revelado uma fonte inestimável de avanços na compreensão da psique humana. Autores, como Anunciação (2021), Reis e Cruz (2022) e outros pesquisadores, têm explorado técnicas de modelagem de equações estruturais, fornecendo uma base sólida para a análise de relações complexas entre variáveis psicométricas.

Além disso, na atualidade, a Análise de Redes, uma abordagem relativamente recente no campo, tem atraído a atenção de pesquisadores que utilizam essa metodologia para mapear conexões e interações entre itens de testes, revelando padrões latentes e *insights* valiosos sobre a estrutura subjacente dos constructos avaliados (Reis & Cruz, 2022).

2 A ESSÊNCIA DA PSICOMETRIA NA AVALIAÇÃO PSICOLÓGICA

A Psicometria desempenha um papel crucial na avaliação psicológica. Seu objetivo é quantificar construtos psicológicos, muitas vezes considerados abstratos, da maneira mais objetiva e confiável possível, levando em conta os avanços de suas técnicas e pesquisas. Em sua definição mais básica, a Psicometria visa medir características psicológicas com o objetivo de tornar operacionais construtos teóricos, como inteligência, personalidade ou motivação, e fazer inferências válidas sobre esses fenômenos (Rabelo et al., 2017).

Dentro do campo da avaliação psicológica e da Psicometria, duas abordagens principais de compreensão e interpretação podem ser um pontapé inicial em uma discussão sobre Teoria da Medida em Psicologia e especialmente utilizados em neuropsicologia, que são o paradigma normativo e o paradigma idiográfico. Ambos têm suas origens, objetivos e implicações e a escolha entre eles depende do propósito da avaliação e do contexto em que é realizada.

A abordagem normativa envolve avaliar e interpretar o desempenho ou as características de um indivíduo em relação a um grupo referencial ou normativo. É amplamente utilizada em testes padronizados, referenciados por normas, nos quais os resultados de um indivíduo são comparados com uma amostra maior para determinar a posição relativa desse indivíduo, facilitando a categorização e o entendimento da posição de um indivíduo em relação à média de um grupo comparativo. É especialmente útil em contextos como seleções de emprego, diagnósticos clínicos ou avaliações acadêmicas (Rabelo et al., 2019). Entre as limitações da abordagem normativa, destaca-se que ela pode não capturar adequadamente a singularidade do indivíduo, uma vez que se concentra em comparações grupais. Além disso, a abordagem normativa pode ser influenciada pelas características da amostra normativa, que pode não representar adequadamente o indivíduo em avaliação.

A abordagem ideográfica, por outro lado, busca compreender o indivíduo em sua singularidade, sem necessariamente compará-lo a outros. Ela se concentra na compreensão detalhada das características, experiências e padrões específicos do indivíduo. Essa abordagem é frequentemente aplicada em processos clínicos e psicoterapêuticos, onde é necessária uma compreensão mais aprofundada de casos individuais. Ela permite capturar a complexidade e as nuances das características e experiências individuais, sem a necessidade de comparação direta exclusiva. Entre as limitações da abordagem ideográfica, ela pode ser menos eficaz em contextos em que são necessárias comparações rápidas ou categorizações. Além disso, pode ser um desafio aplicar conclusões ideográficas a outros contextos ou populações.

Ambas as abordagens, normativa e ideográfica, têm seu valor na avaliação psicológica e psicometria. A abordagem normativa oferece *insights* comparativos valiosos, enquanto a abordagem idiográfica fornece uma compreensão profunda e individualizada. Em prática, muitos profissionais combinam ambas as abordagens, dependendo da situação, para fornecer avaliações e *feedbacks* mais integrativos, informados, construindo um raciocínio clínico.

Avançando um pouco mais na discussão dos principais conceitos relacionados ao universo da Psicometria Moderna, a Teoria Clássica dos Testes (TCT) foi um dos primeiros pilares da área com foco em duas características centrais, que são a confiabilidade e validade (Anunciação, 2018).

2.1 Teoria Clássica dos Testes (TCT) e seus dois princípios centrais: confiabilidade e validade

A Teoria Clássica dos Testes (TCT) apresenta dois princípios centrais: confiabilidade e validade. Ambos os conceitos são vistos como fundamentais em outras áreas que trabalham com medida, tal como as Engenharias e a Física (Uher, 2020). A seguir serão descritos brevemente tais conceitos, seguidos de outros também relacionados à TCT, mas que ultrapassam e se mantêm presentes na Psicometria Moderna.

2.1.1. Confiabilidade

A confiabilidade ou precisão refere-se à estabilidade e à consistência dos resultados obtidos por um instrumento. Em termos simples, se aplicássemos repetidamente o mesmo teste a um indivíduo, sem que houvesse mudança real na característica medida, o resultado deveria ser o mesmo ou muito próximo. Como exemplo, se uma pessoa realizasse o mesmo teste de atenção em dois momentos distintos, seus resultados seriam bastante próximos.

Existem diferentes estimadores estatísticos para avaliar a confiabilidade e todos eles são baseados em técnicas correlacionais. A estabilidade costuma ser realizada calculando a correlação nos resultados obtidos em duas ou em mais aplicações de um mesmo instrumento. Por sua vez, a consistência é calculada pelo cálculo do coeficiente de correlação entre itens e o Coeficiente Alfa de Cronbach.

2.1.2. Validade

Tradicionalmente, a validade está relacionada à qualidade com que um teste mede o que pretende medir. Por exemplo, um teste destinado a medir inteligência geral não verbal deve medir a inteligência e não alguma outra característica ou aspecto cognitivo. Pela TCT, existem diferentes tipos de validade, como a validade de conteúdo, validade de critério, validade de construto, entre outras. É importante frisar que a perspectiva contemporânea não considera a validade uma propriedade do instrumento, mas sim das interpretações feitas pelos resultados obtidos por alguém ao realizar um instrumento.

2.1.2.1. Evidências de validade baseadas no conteúdo

Ao investigar a validade baseada no conteúdo, a preocupação central é verificar se os estímulos de uma tarefa ou de um instrumento de mensuração (denominado, genericamente de itens) são claros, relevantes e representativos do traço, da função ou da habilidade que se deseja medir. Por exemplo, um instrumento desenvolvido para avaliação de depressão deve abordar sintomas característicos desta condição (American Psychiatric Association, 2013). Nesse caso, os itens poderiam adotar as condições descritas no DSM-5 para transtorno depressivo, por exemplo.

Uma outra prática comum na validação de conteúdo de um teste é convocar especialistas no tema, frequentemente referidos como juízes, para analisar e avaliar o alinhamento do teste com a literatura relevante. Esse método é uma expressão concreta do que chamamos de validade de conteúdo.

2.1.2.2. Evidências de validade baseadas na estrutura interna

Nessa modalidade de evidência de validade, o foco está centrado na organização interna do próprio instrumento de teste, mais especificamente na relação entre seus itens. Para isso, é feita a investigação do peso ou da contribuição de cada item individual para a pontuação total do teste. Por exemplo, se a demonstração entre um item específico e o resultado total do teste é estatisticamente significativo, podemos inferir que o item em questão desempenha um papel relevante na representação do construto psicológico que o teste visa medir.

Além disso, uma estratégia comum para avaliar a estrutura interna do teste é por meio da análise de agrupamento de itens em fatores teoricamente previstos. Esse procedimento permite verificar se o teste está estruturado de uma maneira que corresponde às expectativas teóricas sobre o domínio psicológico em questão.

Se os itens forem agrupados de acordo com o que é esperado pela teoria, isso fornece uma evidência adicional de que o instrumento é uma representação válida do construto que se propõe a avaliar. Portanto, a estrutura interna do teste torna-se um indicador crucial para aferir sua validade, robustez e aplicabilidade em contextos de pesquisa e de avaliação prática.

2.1.2.3. Evidências de validade baseadas nas relações com outras variáveis

Em uma investigação desse tipo de validade, a ênfase é colocada nas conexões entre os resultados do teste e outras variáveis que podem refletir o mesmo aspecto, traços associados ou distintos. Essas variáveis complementares podem englobar fatores como gênero, idade, desempenho escolar e até critérios diagnósticos específicos, assim como a comparação com outros instrumentos de avaliação. Imagine, por um momento, um instrumento desenvolvido para medir a inteligência de estudantes do terceiro ano do ensino fundamental. Se os resultados desse teste forem fortemente correlacionados ao rendimento acadêmico dos alunos (evidenciado, por exemplo, por suas notas anuais), isso pode ser interpretado como uma indicação robusta da sua validade.

Ainda nesse exemplo, se observarmos que alunos com desempenho elevado no teste também mostram um desempenho acadêmico elevado, podemos deduzir uma relação positiva entre inteligência e desempenho escolar nesse grupo amostral, dentro dos limites dessas duas ou mais ferramentas usadas. Essa demonstração serve como uma evidência da validade do teste, demonstrando que ele não apenas mede o que se propõe a medir (no caso desse exemplo, inteligência), mas também tem relevância prática em contextos reais, como o ambiente escolar.

A relação entre essas duas características (resultado do teste e resultado do desempenho escolar, por exemplo, notas) ilustra as relações, medindo características relacionadas. A partir dessas relações, é possível inferir evidências de validade que convergem (mesma característica ou características relacionadas) ou divergem (características diferentes).

Portanto, quando as chances de um teste se alinharem bem com outras variáveis externas conhecidas, esse conjunto fortalece sua validade. Reforça-se que não se trata de ter uma única evidência de validade, mas se procura acumular um conjunto de evidências de validade, aplicando-se métodos repetidos, paralelos ou de distintas naturezas, objetivando o acúmulo de evidências.

2.1.2.4. *Evidências de validade baseadas no processo de resposta*

Esta categoria de validade foca nos mecanismos cognitivos e nos processos mentais que estão envolvidos na execução das tarefas propostas pelo teste. A ideia subjacente é entender um significado psicológico e a capacidade do indivíduo de responder corretamente aos itens com base na complexa inter-relação de seus componentes cognitivos.

Esse tipo de evidência geralmente é fundamentada em modelos teóricos explicativos que descrevem o processamento mental esperado durante a realização das tarefas. Esses modelos fornecem uma estrutura para fazer variações sobre comportamentos específicos, como taxas de acerto e tempos de ocorrência. As respostas observadas são, então, comparadas com essas análises teóricas. Quanto mais estreita a concordância entre as observações empíricas e o modelo teórico, maior é a confiança que podemos ter na validade da interpretação psicológica proposta pelo teste.

Outra abordagem para avaliar a validade baseada no processo de resposta envolve o exame direto das estratégias utilizadas pelos indivíduos ao responder aos itens. Isso geralmente é feito por meio de entrevistas ou de métodos semelhantes, em que os indivíduos são questionados sobre o julgamento ou as táticas que empregaram para chegar às suas respostas. Esse tipo de análise pode oferecer *insights* adicionais sobre a complexa rede de pensamentos que são acionadas durante a administração do teste, fornecendo mais uma camada de evidência para a sua validade.

2.1.2.5. *Evidências de validade baseadas nas consequências do teste*

Este conjunto pode ser considerado o de maior vanguarda entre as demais evidências de validade apresentadas nos livros de Psicometria. Ao mesmo tempo, infelizmente, carece ainda de estudos nas pesquisas e nas literaturas científicas, assim como tem pouca produção de artigos científicos. Estaria esse baixo engajamento de estudos relacionado à dificuldade de sua operacionalização?

Em suma, essa abordagem busca investigar as repercussões práticas e sociais advindas da utilização de determinado teste e/ou do seu resultado em meio ao contexto em que o avaliando está inserido. O objetivo central é discernir se os efeitos do uso do teste se alinham com os propósitos e as expectativas originais para os quais o teste foi projetado. Por exemplo, um teste idealizado para auxiliar em contextos clínicos deveria trazer benefícios tangíveis nesse ambiente, assim como estudos em contextos específicos, tais como seleção de pessoal, jurídico, neuropsicológico ou contextos acadêmicos.

Contudo, a mera existência de validade do teste não é suficiente para garantir que ele sempre fornecerá os resultados esperados, uma vez que variações externas e contextuais podem afetar e, até mesmo, distorcer as orientações tiradas de sua aplicação. Avaliar a validade com base nas consequências requer uma análise holística que não se limita apenas ao teste em si, mas também considerar todos os atores envolvidos, desde o profissional que administra o teste até os tomadores de decisão que utilizam os resultados do teste. É essencial estar atento ao potencial uso indevido ou interpretação tendenciosa dos resultados, que pode prejudicar tanto indivíduos quanto a coletividade.

Um ponto de contestação a essa abordagem de validade é que ela pode se desviar do rigor típico da pesquisa e da construção de testes. No entanto, ao expandir uma perspectiva para além do teste e considerar suas ramificações práticas e éticas, essa forma de validade promove uma análise crítica e socialmente responsável. Por exemplo, se um instrumento de diagnóstico detectar precocemente uma doença em um indivíduo, permitindo uma intervenção eficaz, isso corrobora a sua validade. Por outro lado, se a ferramenta conduz a um diagnóstico errôneo ou a sugestões de tratamento não indicados, isso levanta questões sobre sua validade no contexto específico em que foi aplicado.

2.1.3. Normatização de testes e interpretação dos resultados

Um elemento central na avaliação psicológica é a comparação de um indivíduo com um grupo referência ou normativo. Essa comparação permite que os avaliadores contextualizem os resultados dos testes e proporcionem uma interpretação mais adequada. Para fazer isso de forma eficaz, a normatização e os conceitos relacionados são essenciais. Entendê-los ajuda não apenas na interpretação, mas também no desenvolvimento de testes mais válidos e confiáveis (Rabelo et al., 2019).

2.1.3.1. Normatização

A normatização se refere ao processo de estabelecer normas ou padrões de desempenho para um teste ou tarefa específica. A normatização envolve o processo de administrar um teste a uma amostra representativa da população, à qual o teste se destina para a criação de um padrão de referência. Esses resultados são chamados de normas e fornecem uma referência estatística para interpretar os escores individuais. Um resultado obtido por alguém, visto de maneira isolada, tem pouco ou nenhum significado até que seja comparado com algum padrão ou norma de referência

2.1.3.2 Distribuição Normal ou Distribuição Gaussiana

A Distribuição Normal é uma função que pode ser útil para representar graficamente a distribuição teórica ou empírica dos escores de um instrumento em uma população. A maioria dos escores se concentra em torno da média, com menos escores nas extremidades ou caudas da distribuição. Com frequência, processos de criação de referências interpretativas (normatização) assumem que os escores seguem essa distribuição, permitindo utilizar vantagens dessa distribuição, como o formato simétrico, proporções conhecidas (regra empírica) e maior facilidade inferencial.

2.1.3.3. Percentil

O percentil é uma medida estatística que indica a posição relativa de um escore em uma distribuição. Por exemplo, um escore no percentil 90 em um teste de desempenho significa, pragmaticamente, que o indivíduo pontuou melhor do que 90% da amostra normativa. Em outros termos, que seu resultado divide dois grupos, sendo um formado por 90% das pessoas com resultados abaixo ou até o obtido e o restante com resultados acima. É uma ferramenta mais útil para entender a posição relativa de um escore especialmente em contextos educacionais e clínicos.

2.1.3.4. Escore Padrão Normalizado

Um Escore Padrão Normalizado é uma transformação dos escores brutos em uma nova escala que tem uma média e um desvio padrão específicos e que tenha uma distribuição subjacente característica. Por exemplo, o Escore de QI de Desvio, em que a média é 100 e o desvio padrão é 15, é um Escore Padrão Normalizado. A transformação ajuda a interpretar os escores em relação às distâncias da média da população.

2.1.3.5. Escore-Z e Escore T

O Escore-Z é um escore padrão que indica quantos desvios padrão um escore bruto está da média do grupo de referência. Um Escore-Z de 0 indica que o escore é igual à média, enquanto um Escore-Z de 1 indica que o escore é um desvio padrão acima da média. O Escore T, por sua vez, é semelhante ao Escore-Z, mas é reescalonado para ter uma média de 50 e um desvio padrão de 10. Ambos são usados para comparar escores individuais com uma distribuição normal.

É importante ressaltar que existem muitos outros procedimentos na Teoria Clássica dos Testes (TCT) que não foram abordados aqui. Para informações mais aprofundadas, recomenda-se a consulta a livros mais específicos de Psicometria. Este livro tem como objetivo abordar outras temáticas, servindo como um ponto de partida para aqueles interessados em aprofundar seus estudos em outras fontes, como livros, artigos científicos, conteúdo de mídias, vídeos, *podcast* e outros formatos digitais de acesso ao conhecimento.

Compreender esses conceitos de Psicometria é crucial para a avaliação psicológica. Psicólogos e neuropsicólogos devem ser proficientes em interpretar escores em relação a um grupo normativo para fornecer feedback apropriado, seja para identificar a necessidade de intervenção, para fins de seleção ou para orientação educacional. A normatização e os escores padrão são ferramentas essenciais que, quando usadas corretamente, melhoram substancialmente os processos de avaliação psicológica.

Os psicólogos também devem fazer uso de uma interpretação clínica, que é um processo complexo e multifacetado utilizado para entender e interpretar o funcionamento psicológico de um indivíduo, integrando seus resultados nos testes aos demais aspectos investigados. A avaliação clínica abrange uma ampla gama de técnicas e instrumentos destinados a coletar informações sobre os aspectos emocionais, comportamentais, cognitivos e sociais de um indivíduo.

À medida que a ciência psicológica se expandiu, a Psicometria também avançou, adotando abordagens mais sofisticadas, como a Teoria de Resposta ao Item (TRI). Esta abordagem se refere a um conjunto de modelos matemáticos que visa explicar a relação entre habilidades psicológicas (traços latentes) e suas manifestações obtidas pelas respostas dadas aos itens de um instrumento (Embretson & Reise, 2000).

A Teoria de Resposta ao Item (TRI) é vista como uma revolução na maneira como entendemos e medimos habilidades e traços latentes. Diferentemente da Teoria Clássica dos Testes, que foca na totalidade do teste, a TRI examina a relação entre a habilidade do indivíduo e a probabilidade de responder corretamente a um item específico. A obra de Embretson e Reise (2000), "Item Response Theory for Psychologists", lança luz sobre essa abordagem sofisticada e suas implicações.

2.2.1. Modelo Logístico de Um Parâmetro (1PL)

Este é o modelo mais simples da TRI. Assume que a dificuldade (parâmetro b) do item é o único parâmetro que influencia a probabilidade de um indivíduo responder corretamente ao item. O Modelo de Rasch é um caso particular do 1PL, que assume que a discriminação (parâmetro a) é fixa em 1.

2.2.2. Modelo Logístico de Dois Parâmetros (2PL)

Este modelo considera dois parâmetros - a dificuldade do item (parâmetro b) e o poder discriminativo do item (parâmetro a). Permite que itens diferentes tenham diferentes capacidades de discriminar entre os indivíduos com diferentes níveis de habilidade.

2.2.3. Modelo Logístico de Três Parâmetros (3PL)

O modelo 3PL incorpora um terceiro parâmetro - o "chute" (parâmetro c). Este parâmetro leva em consideração a probabilidade de um indivíduo responder corretamente a um item apenas por adivinhação ou de alguma maneira aleatória.

2.2.4. Curva Característica do Item (ICC)

Cada item em um teste tem uma ICC associada que representa graficamente a probabilidade de responder corretamente ao item em função do nível de habilidade do indivíduo. As ICCs fornecem uma visualização clara de como diferentes itens funcionam em diferentes níveis de habilidade.

2.2.5. Informação do item e informação do teste

Enquanto a informação do item reflete a quantidade de informação que um item específico fornece sobre a habilidade do indivíduo, a informação do teste é a soma das informações de todos os itens, mostrando o quão bem um teste estima a habilidade de um indivíduo.

2. 2.6. Testes Adaptativos Computadorizados

Com a TRI, a adaptação ao computador tornou-se possível e eficaz. Os Testes Adaptativos Computadorizados (CAT) selecionam itens com base na habilidade estimada do examinando, proporcionando avaliações mais precisas e eficientes.

3. A VANGUARDA DA PSICOMETRIA: MODELAGEM DE EQUAÇÕES ESTRUTURAIS (MEE)

A Modelagem de Equações Estruturais (MEE), como elucidado por Kline (2011), representa outro avanço, permitindo aos pesquisadores testarem modelos teóricos de relações entre variáveis latentes. Por sua vez, a Análise Fatorial Exploratória (AFE) (Comrey & Lee, 1992) oferece meios para identificar a estrutura subjacente de conjuntos de variáveis.

4. O OLHAR PROFUNDO: ALÉM DOS MÉTODOS TRADICIONAIS

Reconhecendo a diversidade e multiplicidade das experiências humanas, a Psicometria Moderna foi além das técnicas tradicionais. Técnicas como Análise de Redes propõem que a psicopatologia, por exemplo, deve ser compreendida como sistemas complexos interconectados, uma visão revolucionária em relação às abordagens diagnósticas anteriores (Borsboom & Cramer, 2013).

A Análise de Redes, inicialmente associada à psicopatologia, à sociologia e à física, tem visto uma aplicação crescente no domínio da Psicometria e da

Psicologia. Em vez de focar em latentes (isto é, variáveis não observáveis que se acredita estarem por trás das observadas, como a depressão ou a ansiedade), a análise de redes se concentra nas interações entre sintomas individuais ou comportamentos (Cruz & Reis, 2023).

4.1. Fundamentos da análise de redes

Nós: são as unidades individuais da rede. Na Psicologia, podem representar sintomas específicos, como insônia ou sentimentos de tristeza.

Arestas: representam as relações ou conexões entre os nós. No contexto da saúde mental, uma aresta poderia indicar que um sintoma (por exemplo, insônia) está associado a outro (como fadiga).

4.2. Peso e direção

Peso: as arestas podem ter pesos que indicam a força da relação. Um peso mais elevado sugere uma correlação mais forte entre os nós conectados.

Direção: algumas redes são "direcionadas", o que significa que a relação entre dois nós tem uma direção específica. Por exemplo, um sintoma pode levar ao surgimento de outro.

4.3. Centralidade

Força: é a soma dos pesos de todas as arestas conectadas a um nó. Um nó com alta força pode ser considerado um sintoma central em uma rede de sintomas de doença mental.

Intermediação (Betweenness): refere-se a quantas vezes um nó específico atua como uma "ponte" entre outros nós na rede. Um nó com alta intermediação pode ser crucial para conectar diferentes partes da rede.

4.4. Comunidades ou clusters

Em algumas redes, é possível observar grupos de nós que estão fortemente interconectados entre si, mas menos conectados com o resto da rede. Esses grupos podem representar síndromes ou subtipos de condições.

4.5. Implicações para a Psicometria e Psicologia

Modelagem: a análise de redes permite modelar a comorbidade de sintomas e condições, identificando quais sintomas tendem a ocorrer juntos ou sequencialmente.

Intervenção: compreendendo quais sintomas são centrais em uma rede, os clínicos podem direcionar intervenções para esses sintomas, potencialmente desestabilizando toda a rede de sintomas.

Redefinição de Desordens: ao invés de entender as condições como entidades latentes, a análise de redes sugere que as condições são, na verdade, redes de sintomas interconectados.

Os conceitos referidos anteriormente foram extraídos de capítulos presentes no livro Psicometria em Rede: Anunciação (et al., 2023), Cruz e Reis (2023) e Reis (2023).

Em suma, a análise de redes oferece uma perspectiva inovadora sobre como os sintomas e comportamentos estão inter-relacionados. Essa abordagem pode revolucionar a maneira como entendemos e tratamos condições psicológicas, movendo-nos de uma abordagem baseada em latentes para uma baseada em redes de sintomas interconectados. Ainda assim, é fundamental abordar essa técnica com uma compreensão sólida de seus princípios e limitações.

5 TÉCNICAS DA PSICOMETRIA EM AVALIAÇÃO PSICOLÓGICA

De maneira preliminar, serão apresentadas algumas das principais técnicas em psicometria ao longo dos últimos tempos. A cronologia das técnicas não é estritamente linear, uma vez que diferentes técnicas podem ter sido desenvolvidas e refinadas ao longo do tempo e em diferentes contextos.

Análise de Componentes Principais (PCA) - Origem: o conceito por trás da PCA foi introduzido por Karl Pearson em 1901.

Teoria Clássica dos Testes (TCT) - Origem: a TCT foi fundamentada nos trabalhos iniciais do início do século 20, especialmente a partir das contribuições de Cronbach e Charles Spearman (Cumming & Miller, 2017).

Análise Fatorial Exploratória (AFE) - Origem: a análise fatorial, que inclui a AFE, tem suas raízes no também trabalho de Charles Spearman em 1904. Louis Thurstone foi um grande contribuidor da Técnica.

Modelos de Rasch - Origem: introduzido por Georg Rasch em 1960.

Teoria de Resposta ao Item (TRI) - Origem: a TRI começou a se desenvolver na década de 1950 e 1960, com trabalhos notáveis de Lord e Novick, entre outros.

Métodos de Escalonamento Multidimensional (MDS) - Origem: o MDS teve seus primeiros desenvolvimentos na década de 1950, embora a técnica tenha se tornado mais popular e amplamente utilizada nas décadas de 1960 e 1970.

Análise Fatorial Confirmatória *(AFC)* - Origem: a análise fatorial confirmatória foi desenvolvida pelos trabalhos de Karl Gustav Jöreskog na década de 1970.

Modelagem de Equações Estruturais (MEE) - Origem: a MEE teve início nos anos 1970, embora suas bases, como a análise fatorial, sejam muito mais antigas.

Modelos de Cognição Diagnóstica (DCM) - Origem: os DCMs começaram a emergir nas décadas de 1970 e 1980.

Métodos IRT para testes adaptativos informatizados (CAT) - Origem: a idéia de testes adaptativos começou a ganhar tração, nas décadas de 1970 e 1980, com o avanço da computação.

Análise de redes - Origem: a análise de redes na psicologia é relativamente nova e começou a ganhar popularidade no início do século XXI.

Modelos de Teoria de Testes Baseados em Núcleos (KT) - Origem: os KT são uma abordagem mais recente que busca combinar elementos da TCT e da TRI e, portanto, podem ser considerados como desenvolvimentos do século XXI.

É importante ressaltar que acima está uma representação inicial e que muitas dessas técnicas evoluíram paralelamente e foram refinadas ao longo de várias décadas. Serão citadas algumas referências das quais resultaram nessa organização apresentada acima, tais como Nunnally (1978), Comrey e Lee (1992), Bond e Fox (2017), Schlindwein-Zanini e Cruz (2018), Anunciação et al. (2021), entre outros.

Destaca-se que o rápido avanço da Psicometria sugere um futuro em que as avaliações serão ainda mais personalizadas, mais adaptativas e mais multidimensionais. A análise de componentes principais (PCA), que se dedica à redução de dimensionalidade (Jolliffe, 2002), e a emergente Modelagem de Teoria de Testes Baseados em Núcleos, que busca combinar elementos da TCT e TRI, são testemunhos disso.

6 CONCLUSÃO

Ao final, destaca-se a importância de considerar muitos aspectos além dos métodos e dos procedimentos psicométricos, sobretudo, a influência cultural e contextual das pessoas e dos grupos nas avaliações psicológicas e neuropsicológicas, reconhecendo que os processos avaliativos não podem ser desvinculados das realidades socioculturais em que ocorrem.

De forma objetiva, evidências mostram que avanços na psicometria têm contribuído para psicodiagnósticos mais precisos e uma compreensão mais abrangente das características individuais e coletivas das pessoas. A interseção entre a psicometria e a neuropsicologia pode enriquecer ainda mais nossa compreensão das funções cognitivas e seus desdobramentos clínicos.

REFERÊNCIAS

American Psychiatric Association. (2013). DSM-5. In *Diagnostic and statistical manual of mental disorders.*

Anunciação, L. (2018). An Overview of the History and Methodological Aspects of Psychometrics. In *Journal for ReAttach Therapy and Developmental Diversities* (Vol. 1, p. 44). Stg ReAttach Therapy International Foundation. https://doi.org/10.26407/2018jrtdd.1.6

Anunciação, L. (2021). *Conceitos e análises estatísticas com R e JASP*. 1 ed. São Paulo: Editora NilaPress.

Anunciação, L., Marques, L. N., Andrade, L. B., Soares, A. C. C., Portugal, A. C. A., Landeira-Fernandez, J., & Cavalini, D. (2023). Análise de rede aplicada às competências socioemocionais: evidências empíricas com resultados de crianças e adolescentes. (p. 169-184). In A. V. dos Reis, & R. M. Cruz (org.). *Psicometria em rede: aplicações em psicologia e saúde*. Belo Horizonte: Editora Artesã / São Paulo: Editora NilaPress.

Anunciação, L., Portugal, A. C., & Landeira-Fernandez, J. (2021). Aspectos psicométricos de instrumentos neuropsicológicos: revisão conceitual, proposta de interpretação de percentis e classificações. *Interação em Psicologia*, *25*(3).

Bond, T. G., & Fox, C. M. (2007). *Applying the Rasch model: Fundamental measurement in the human sciences*. Lawrence Erlbaum Associates Publishers.

Borsboom, D., & Cramer, A. O. J. (2013). Network analysis: An integrative approach to the structure of psychopathology. *Annual Review of Clinical Psychology*, 9, 91-121.

Comrey, A. L., & Lee, H. B. (1992). *A first course in factor analysis* (2nd ed.). Lawrence Erlbaum Associates.

Cruz, R. M.; & Reis, A. V. (2023). Inovações em Psicometria?. In A. V. dos Reis, & R. M. Cruz (org.). *Psicometria em rede: aplicações em psicologia e saúde* (p. 13-18). Belo Horizonte: Editora Artesã / São Paulo: NilaPress.

Cumming, T., & Miller, M.D. (Eds.). (2017). *Enhancing Assessment in Higher Education: Putting Psychometrics to Work (1st ed.)*. Routledge. https://doi.org/10.4324/9781003444534

Domino, G., & Domino, M. L. (2006). *Psychological testing: An introduction*. Cambridge University Press.

Embretson, S. E., & Reise, S. P. (2000). Item response theory for psychologists. Lawrence Erlbaum Associates Publishers.

Furr, R. M. (2021). *Psychometrics: an introduction*. SAGE publications.

Jolliffe, I. T. (2002). *Principal component analysis* (2nd ed.). Springer.

Kline, R. B. (2011). *Principles and practice of structural equation modeling* (3rd ed.). Guilford Press.

Kruskal, J. B., & Wish, M. (1978). *Multidimensional scaling*. Sage.

Nunnally, J. C. (1978). *Psychometric theory* (2nd ed.). McGraw-Hill.

Rabelo, I. S., Brito, L., Rego, M. G. S. (2019). As nuances da padronização e normatização de testes psicológicos. (p. 109-144). In R. A. M. Ambiel, I. S. Rabelo, S. V. Pacanaro, G. A. S. Alves, I. F. A. S. Leme (org.). *Avaliação Psicológica: Guia de consulta para estudantes e profissionais de psicologia*. 2ª. Ed. Revisada e Atualizada. Belo Horizonte: Editora Artesã.

Rabelo, I. S., Bosque, A. E. S., Cruz, R. M. (2017). Instrumentos psicológicos na perícia psicológica no trânsito. (p. 233-272). In R. M. Cruz, P.A. J. M. de Wit, C. Z. de Souza (org.). *Manual de psicologia do trânsito*. 1ª. Ed. São Paulo: Editora NilaPress.

Reis, A. V. (2023). Redes em Psicometria: origem e principais métricas. (p. 19-38). In A. V. dos Reis, & R. M. Cruz, R. M. (org.). *Psicometria em rede: aplicações em psicologia e saúde*. Belo Horizonte: Editora Artesã / São Paulo: Editora NilaPress.

Rupp, A. A., Templin, J., & Henson, R. A. (2010). *Diagnostic measurement: Theory, methods, and applications*. Guilford Press.

Schlindwein-Zanini, R., & Cruz, R M. (2018). Psicometria e Neuropsicologia: interrelações na construção e adaptação de instrumentos de medida. *Psicologia Argumento, 36*(91), 49-69.

Schultz, D. P., & Schultz, S. E. (2014). *História da Psicologia Moderna*. São Paulo: Cengage Learning.

Uher, J. Measurement in metrology, psychology and social sciences: data generation traceability and numerical traceability as basic methodological principles applicable across sciences. *Qual Quant* 54, 975–1004 (2020). https://doi.org/10.1007/s11135-020-00970-2

Wainer, H., Dorans, N. J., Eignor, D., Flaugher, R., Green, B. F., Mislevy, R. J., & Thissen, D. (2000). *Computerized adaptive testing: A primer* (2nd ed.). Lawrence Erlbaum Associates Publishers.

AVALIAÇÃO DA PERSONALIDADE NA INFÂNCIA: ALGUMAS REFLEXÕES SOBRE FONTES FUNDAMENTAIS E COMPLEMENTARES E SUAS APLICAÇÕES

Marcela Mansur-Alves · UNIVERSIDADE FEDERAL DE MINAS GERAIS (UFMG)
Juliana Mendes Alves · ASSOCIAÇÃO DE ENSINO E SUPERVISÃO BASEADOS EM EVIDÊNCIAS (AESBE)
Pedro Saulo Rocha Martins · UNIVERSIDADE FEDERAL DE MINAS GERAIS (UFMG)

1 INTRODUÇÃO

A avaliação da personalidade na infância e na adolescência possui dificuldades conceituais e metodológicas (Shiner et al., 2021) que são comuns à avaliação psicológica na infância voltada a outros domínios (Sabol et al., 2021). Antes de apresentar ao leitor as técnicas e as metodologias atualmente utilizadas para a avaliação da personalidade, é necessário trazer à tona algumas dessas questões. Quando estamos falando de avaliação psicológica na infância precisamos reconhecer que há outras especificidades nesse processo, especificidades estas que estão alinhadas com as particularidades do desenvolvimento infantil como um todo (Reppold & Cardoso, 2021). Um ponto crucial quando pensamos em um processo de avaliação na infância é que, diferentemente do que acontece para adultos, ao menos no contexto de avaliações clínicas não compulsórias, as demandas pelo processo não partem da criança (Reppold & Cardoso, 2021). São as figuras parentais ou responsáveis legais que percebem ou são alertados acerca da existência de uma dificuldade no funcionamento da criança, que justificaria, em última instância, a busca por ajuda profissional. Contudo, ainda que a demanda não parta delas, é fundamental que o profissional considere compreender a demanda a partir da perspectiva da própria criança: ela sabe por que motivo ela está ali? Ela reconhece as demandas apresentadas pelos responsáveis como genuínas? Ela sabe de onde vem a demanda (qual o contexto que originou a solicitação por avaliação)? Quais seriam os motivos para ela estar ali na visão dela? O entendimento da visão da criança sobre suas dificuldades é essencial tanto para que o profissional tenha uma noção do nível de *insight* daquela criança, mas também para semear as bases do vínculo terapêutico tão valorizado no *setting* clínico. Outra especificidade do processo de avaliação psicológica com crianças, de acordo com Reppold e Cardoso

(2021), é que mesmo que o contrato de trabalho seja estabelecido e assinado com os responsáveis legais, garantir para a criança o respeito ao sigilo ao que for relatado é essencial. A criança precisa sentir confiança no profissional, precisa entender que está em um ambiente seguro e de acolhimento e que seus relatos serão ouvidos e preservados pelo psicólogo. Garantir sigilo para a criança implica também em explicar a ela que seus cuidadores terão acesso às informações que estiverem associadas às demandas trazidas por eles e àquelas que se associam à preservação da vida e ao bem-estar infantil. Ainda nessa fase de estabelecimento dos contatos iniciais com a criança, o profissional deve se lembrar que, ao oferecer serviços para o público infantil, é indispensável que ele tenha uma sala receptiva e acolhedora, adaptada às necessidades infantis, e que faça uso de linguagem simples, postura sensível, empática e flexível. É imperioso que considere os determinantes sociais e culturais que incidem sobre a demanda trazida pelos cuidadores e que colaboram para compreender as vivências da criança. Esses determinantes vão incidir transversalmente em todas as etapas do processo de avaliação, desde o acolhimento, à escolha dos instrumentos e à integração dos resultados obtidos durante a avaliação. Nesse sentido, olhar para as dificuldades de uma criança como sendo resultantes apenas de suas características individuais pode ser restritivo e perigoso, além de eticamente reprovável. Como exemplo, podemos pensar em uma menina negra que chega para avaliação com demandas associadas a dificuldades decorrentes de elevados níveis de ansiedade. Certamente que essas dificuldades poderiam ser explicadas por se tratar de uma criança com níveis elevados de neuroticismo associados à introversão alta (aspectos da personalidade da criança que estão associados a quadros ansiosos). Contudo, é impossível não considerar que sua condição de menina (mulher) negra pode fazer com que essa criança experiencie eventos e situações atrelados a esses lugares sociais que podem estar contribuindo para seu quadro psicológico.

No que se refere à elaboração do plano de avaliação e à escolha dos instrumentos, faz-se necessário considerar que, quando falamos de avaliação da personalidade, estamos falando de algo muito amplo, que envolve não apenas a testagem psicológica por si, mas um processo integrativo que, geralmente, envolve diversas fontes de informação. O clínico pode avaliar as diferentes nuances dos traços das crianças por meio de fontes fundamentais e complementares (como disposto na Resolução 31/2022 do Conselho Federal de Psicologia, CFP). De acordo com essa resolução, as fontes fundamentais incluem testes psicológicos, entrevistas/anamnese e observação comportamental (individual ou em grupo). Já as fontes complementares estão relacionadas a instrumentos não psicológicos com respaldo científico, bem como documentos técnicos (relatórios redigidos por outros profissionais ou equipe de profissionais). As entrevistas e os testes são fundamentais em qualquer processo de avaliação psicológica, assim como as estratégias de observação (diretamente no contexto da criança ou no *setting* clínico) e o são também na avaliação de crianças. Entretanto, o uso de ferramentas complementares ganha outra dimensão quando se refere à avaliação infantil. O plano de avaliação psicológica e da personalidade mais especificamente se beneficia, sobremaneira, com a inclusão de estratégias lúdicas diversas, tais como jogos, desenhos, brincadeiras livres/estruturadas e livros. Os recursos lúdicos possuem múltiplas funções em um processo de avaliação da personalidade. Podem ser usados para criação e consolidação do vínculo terapêutico; podem ser utilizados como formas de acesso a aspectos da personalidade não acessíveis à consciência ou mesmo ainda não totalmente reconhecíveis e claros para a criança, especialmente com crianças pequenas ou não verbais; podem ser utilizados para se mapear eventos e aspectos relacionais que ainda não passaram por processos de significação pela criança; além de poderem ser usados para observar características de personalidade em ação, em um espaço e um tempo definidos (para mais informações sobre esses recursos ver Mansur-Alves & Alves, 2023). Dessa forma, devemos entender que avaliação não possui como fim a testagem pura e simples, mas uma apreciação e integração de informações sobre o indivíduo (tema que será discorrido mais à frente neste capítulo na seção sobre multimétodos e com o estudo de caso apresentado). A ideia de avaliação como sinônimo de testagem é ultrapassada e carece de cientificidade, uma vez que não consegue capturar a complexidade inerente a todo e a qualquer processo de avaliação e não condiz com a produção de conhecimento científico mais atualizada.

Não obstante, quando estamos prontos para realizar o procedimento formal de testar a personalidade, é necessário realizar escolhas sobre como esse processo será realizado. Cada método diferente pode apresentar potencialidades e dificuldades. As características das metodologias disponíveis serão apresentadas abaixo. Não obstante, é necessário que o leitor esteja ciente que a escolha da metodologia deve estar relacionada ao objetivo da avaliação e a uma análise de custo-benefício para o processo. Além disso, a faixa etária a ser avaliada deve ser considerada, entendendo as especificidades de cada fase do desenvolvimento (Saklofske et al., 2013). Por exemplo, pode ser mais fácil avaliar crianças pequenas utilizando métodos que não são necessariamente adequados para pré-adolescentes. Não apenas isso, o conteúdo dos itens pode ser apreciado antes do momento de avaliação. Instrumentos que estão disponíveis para faixas etárias muito extensas podem apresentar algumas dificuldades, como itens que fazem mais sentido para adultos do que para adolescentes. Outro ponto a considerar é que, mesmo que o uso de recursos tecnológicos em processos de avaliação psicológica estivesse previsto e fosse permitido ao psicólogo desde 2018, o uso de tais recursos se tornou amplamente disseminado e, praticamente, incorporado à prática do profissional da Psicologia após a pandemia da covid-19 (Mansur-Alves & Miguel, 2021). Assim, face a esse novo cenário, a avaliação psicológica infantil tem, em sua rotina, o uso de testes e de demais ferramentas aplicadas remotamente. Todavia, o profissional que opta por fazer tal uso deve estar consciente de suas vantagens e de suas limitações, além de ser imprescindível analisar a viabilidade técnica e ética da avaliação remota com crianças, em que se pese a consideração de fatores como acesso à internet e aos recursos digitais (computador e celular), autonomia da criança para o manuseio do dispositivo utilizado, privacidade do ambiente da criança em sua casa ou em outro espaço, testes psicológicos disponíveis e com parecer favorável para uso em ambiente digital pelo Conselho Federal de Psicologia (Mansur-Alves & Miguel, 2021).

Tendo em vista o que foi exposto nos parágrafos anteriores e considerando as pontuações feitas, o presente capítulo pretende explorar um pouco mais detalhadamente as metodologias que são mais comumente utilizadas como fontes fundamentais em processos de avaliação psicológica com crianças e suas especificidades, dando destaque à avaliação da personalidade infantil (Saklofske et al., 2013).

2 O USO DOS RELATOS DE INFORMANTES PARA AVALIAÇÃO DA PERSONALIDADE NA INFÂNCIA

Em primeiro lugar, para que o uso de instrumentos faça realmente sentido e possa agregar o processo geral de avaliação feito pelo terapeuta, é necessário que quem vai responder ao questionário tenha de fato conhecimento sobre os comportamentos e os sentimentos de quem está sendo avaliado. Assim, em caso de instrumentos que não sejam respondidos pela própria pessoa (relato de informantes), é preciso que o respondente conheça bem a criança. Isso dá ao clínico mais confiança de que os resultados relatados serão, de fato, corroborados no funcionamento daquele paciente. Ademais, é necessário que o informante consiga comparar o comportamento da pessoa com outras de mesma faixa etária. Isso pressupõe, portanto, que o respondente não apenas possua conhecimento sobre o indivíduo, mas também que seja capaz de compará-lo com o que seria esperado para outras crianças. Este último pressuposto é importante em caso de informantes de mesma faixa etária/mesmo estágio do desenvolvimento (ou seja, crianças respondendo sobre seus colegas/irmãos/primos), uma vez que as crianças podem ter acesso aos comportamentos que devem ser respondidos, mas não necessariamente seriam capazes de entender o que seria esperado para os colegas.

O uso de relatos de informantes é muito frequente na literatura sobre personalidade infantil (Tackett, 2011). O uso da técnica é mais comum em relação à resposta de pais e de professores do que pares (Shiner et al., 2021). Dessa forma, as considerações feitas no presente capítulo terão como foco a resposta de adultos, para se aprofundar em literatura sobre respostas de pares, o leitor pode procurar pela referência de Mervielde e DeFruyt (2000). Em casos de respostas de adultos sobre crianças, a avaliação da personalidade se assemelha ao formato tradicional da avaliação psicológica (Mansur-Alves & Martins, 2021). Isso significa que a construção dos instrumentos não pressupõe dificuldades de leitura ou de concentração com questionários longos (Tackett, 2011). Dessa forma, os instrumentos podem apresentar muitos itens, como é o caso de instrumentos internacionais como o *Inventory of Children's Individual Differences* (ICID) e o *Hierarchical Personality Inventory for Children* (HiPiC), ambos com mais de 140 itens (Halverson, 2003; Mervielde & DeFruyt, 1999). Ademais, o formato de resposta também é, comumente, parecido com os de outros instrumentos, requisitando que o respondente indique quanto cada frase/enunciado representa a criança em escalas do tipo *likert* (Mansur-Alves & Martins, 2021).

O uso de relato de informantes tem apresentado resultados consistentes, indicando precisão em índices variados de evidências de validade (Tackett, 2011). Uma das vantagens exploradas para esse tipo de avaliação está relacionada à possibilidade de fazer avaliações extensas. Com uma grande quantidade de itens, várias características da personalidade podem ser medidas com profundidade sem prejuízo ao respondente (Shiner & DeYoung, 2013). Os instrumentos supracitados (HiPiC e ICID), por exemplo, apresentam a possibilidade de se avaliar diferentes facetas para os traços (Halverson, 2003; Mervielde & DeFruyt, 1999). O uso de facetas permite que o clínico tenha acesso a domínios mais específicos do funcionamento da criança/adolescente, aumentando a possibilidade de realizar intervenções mais pontuais. Ademais, estudos, usando essa metodologia, tentam ajustar os itens ao vocabulário de pais, permitindo que os instrumentos apresentem uma representação do comportamento dos filhos que esteja de acordo com o léxico dos pais.

Instrumentos como o M5-PS (Grist, 2012) permitem que crianças com pelo menos um ano de idade possam ser avaliadas por seus pais. Itens de questionários respondidos por informantes costumam perguntar para o respondente como é o comportamento das crianças. O ICID, por exemplo, possui itens que pedem que a criança seja comparada em relação às demais crianças de mesma idade. Um exemplo de item é "Essa criança é sociável", ao qual se deve responder em uma escala do tipo *likert* de 7 pontos (1 = muito menos ou nada parecido com que uma criança comum e 7 = muito mais do que uma criança comum – Halverson et al., 2003).

Mesmo com possibilidades interessantes para explorar a personalidade na infância (Tackett, 2011), o uso de relato de informantes pode apresentar algumas desvantagens. Assim como argumentado anteriormente, a técnica depende que o respondente possua acesso e familiaridade com a criança. Dessa forma, é possível que alguns dos sentimentos não sejam do conhecimento dos pais/responsáveis, resultando em menor precisão/concordância entre a técnica e o autorrelato (Mansur-Alves et al., 2010). Estudos apontam que traços mais visíveis, como Extroversão (Perret et al., 2019), apresentam maior concordância do que traços mais internalizantes, como Neuroticismo (Mansur-Alves et al., 2010). Esse fenômeno pode ser entendido utilizando o modelo de *self-other knowledge asymmetry* (SOKA Vazire, 2010), em que traços com menor visibilidade e com maior desejabilidade social apresentam menor concordância entre autorrelato e o relato de informantes.

3 OS AUTORELATOS NA AVALIAÇÃO DA PERSONALIDADE INFANTIL

O uso de autorrelato para avaliação da personalidade é mais popular a partir da adolescência (Costa et al., 2019). Isso se deve a algumas dificuldades de implementação das técnicas tradicionais de autorrelato na infância (Mansur-Alves & Martins, 2021; Sabol et al., 2021), que serão apresentadas no decorrer desta seção. Uma das questões iniciais está relacionada, de maneira similar, ao relato de informantes, à capacidade da criança responder de maneira fidedigna sobre si mesma (Costa et al., 2019; Sabol et al., 2019). Por muito tempo, a maioria das pesquisas indicavam que o autorrelato antes dos 10 anos de idade poderia não ser indicado (Costa et al., 2019), principalmente porque as crianças não seriam capazes de entender os enunciados verbais dos questionários. Entretanto, a necessidade de se entender os traços de personalidade pela perspectiva da criança é um tema crescente em pesquisas (Mackiewicz & Cieciuch, 2016; Sabol et al., 2019; Martins, 2021; Alves, 2021). Dessa forma, para que as crianças (especialmente as mais novas) consigam se expressar, pesquisas com métodos "especiais" têm sido desenvolvidas (Mansur-Alves & Martins, 2021). Esse tipo de metodologia tenta adaptar os instrumentos de personalidade para que sejam adequados ao estágio de desenvolvimento das crianças, apresentando itens mais simples e com conteúdo lúdico.

Uma pesquisa clássica que adotou métodos especiais, por exemplo, utilizou uma adaptação do *Big-Five Inventory*, reduzindo seus enunciados e utilizando fantoches para apresentá-los (Measelle et al., 2005). Os itens eram apresentados para as crianças com comportamentos opostos dos fantoches e era solicitado à criança dizer com qual dos dois ela se parecia mais. Uma das dificuldades de implementação da técnica para além de contextos de pesquisa, no entanto, estava relacionada à correção das respostas, que envolvia a codificação das falas das crianças (Peralta et al., 2021). As respostas eram avaliadas por juízes sendo indicativas ou não de alto traço e, posteriormente, era realizado um cálculo para avaliar a concordância entre avaliadores (Measelle et al., 2005). Considerando essa limitação, Peralta et al. (2021) conduziram uma pesquisa com crianças mexicanas, adaptando o procedimento descrito para que as crianças pudessem responder em *tablets* com escalas do tipo *likert*, indicando o quanto se pareciam com os comportamentos dos fantoches. Os autores apresentam resultados iniciais satisfatórios, levantando a possibilidade de uso do método em pesquisas e na clínica psicológica (Peralta et al., 2021). Entretanto, até o momento, ainda não existem pesquisas com crianças brasileiras com essa adaptação.

Outras formas de aumentar a ludicidade para avaliação da personalidade de crianças também foram implementadas. O estudo de Mackiewicz & Cieciuch (2016), por exemplo, apresenta um questionário com vocabulário simples e com imagens de apoio para que a criança possa responder aos itens com apoios concretos (Martins, 2021). O instrumento tem como foco a terceira infância (idades aproximadamente entre 6 e 12 anos). O *Pictorial Personality Traits Questionnaire for Children* (PPTQ-C) tem como pressuposto que as imagens utilizadas seriam capazes de representar os traços de personalidade e facilitariam o processo de resposta das crianças, apresentando um referencial para comparação do seu comportamento com um estímulo externo (a imagem do teste). Atualmente, o instrumento está em processo de adaptação para o Brasil (Martins & Mansur-Alves, no prelo) e pode ser utilizado em contexto de pesquisa para levantar maiores evidências de sua validade para o contexto nacional.

Outro instrumento que está sendo investigado para avaliação da personalidade na infância é o desenvolvido por Alves (2021). O questionário utiliza de vinhetas (pequenas histórias) para contextualizar os itens para as crianças. Ao final, as crianças devem indicar em uma escala do tipo *likert* o quanto as histórias descrevem seu próprio comportamento. Além de vinhetas, o instrumento ainda dispõe de uma escala do tipo *likert* que auxilia a resposta das crianças, apresentando maior ou menor quantidade de personagens. Assim, de maneira similar ao estudo de Peralta et al. (2021), o instrumento pode ser aplicado em pesquisas de modo relativamente simples (Alves, 2021).

Atualmente, entretanto, a lista de testes aprovados para avaliação da personalidade no Sistema de Avaliação de Testes Psicológicos (SATEPSI) ainda não traz nenhum teste com tais metodologias alternativas. Dessa forma, para o uso na clínica e tomada de decisão, o terapeuta ainda não dispõe de ferramentas que possam ser utilizadas usando métodos mais lúdicos. Por outro lado, caso seja necessário utilizar a avaliação da personalidade em crianças com menos de 10 anos, existe apenas uma alternativa, a Escala de Traços de Personalidade para Crianças (ETPC), que pode ser utilizada para o autorrelato de crianças com idades entre 5 e 10 anos.

Para crianças e adolescentes com mais do que 10 anos, existem opções para a avaliação dos traços de personalidade que se assemelham aos formatos utilizados para relato de informantes. Uma vez que se entende que a partir de determinada idade ou escolaridade os adolescentes poderiam responder a itens de maneira relativamente independente (Gomes, 2012). Este tipo de requerimento está relacionado à complexidade de se conseguir ler e entender os itens do instrumento. Muitas vezes, responder a itens de questionários de personalidade envolve entender normas sociais, conseguir se comparar com outras pessoas e recordar comportamentos e sentimentos ao longo da vida (Mansur-Alves & Martins, 2021). Alguns dos questionários que podem ser utilizados para adolescentes são utilizados em uma faixa etária ampla. Por exemplo, o inventário dos cinco grandes fatores da personalidade tem sido utilizado extensivamente em crianças e em adolescentes com mais do que 10 anos (Soto et al., 2008; van Dijk et al., 2021).

4 A OBSERVAÇÃO COMPORTAMENTAL COMO FERRAMENTA DE AVALIAÇÃO DA PERSONALIDADE NA INFÂNCIA

Diante das limitações supracitadas dos instrumentos de avaliação da personalidade e sua escassez, uma alternativa frequentemente adotada para entender a personalidade de crianças é a observação comportamental (Tackett, 2016). O uso dessa técnica não é novidade para psicólogos do desenvolvimento e é utilizado há muito tempo de modo sistemático para avaliação de traços de crianças. Protocolos de observação comportamental foram muito utilizados inicialmente para avaliação de traços de temperamento (que hoje em dia seriam considerados como equivalentes) (Tackett, 2016).

Como funciona a técnica? Bem, um dos pressupostos da observação comportamental está relacionado à consistência da manifestação dos traços. Dessa forma, ao observar os comportamentos de crianças em um *setting* de avaliação (ou seja, dentro do consultório do terapeuta), poderíamos inferir com certa confiança suas tendências para outras situações. O terapeuta poderia estudar o comportamento das crianças e dos adolescentes em um "ambiente controlado" e tirar conclusões sobre seus traços. A observação, de fato, pode ocorrer de várias maneiras, não apenas no consultório, mas também com visitas do terapeuta à escola e à casa da família. Assim, quanto maior a quantidade de ambientes observados, maior a chance de que se conheça a amplitude real de comportamentos da pessoa, aumentando a confiança na inferência que será feita (Tackett, 2016). Para realizar a avaliação, normalmente podem ser usadas estratégias complementares, observação livre do comportamento, uso de protocolos que indicam comportamentos esperados, manipulações experimentais no ambiente, entre outros.

A observação livre é a mais simples de ser operacionalizada, bastando que o clínico tenha a possibilidade de ir a ambientes de convivência da criança ou que meramente analise seus comportamentos no consultório. É sempre interessante, entretanto, observar como as atitudes da criança podem ser influenciadas (ainda que minimamente), por exemplo, pela presença de uma pessoa externa em sua escola. Nesses casos, é importante integrar as informações obtidas com outras fontes de avaliação da criança. Essa integração será discutida posteriormente na seção de multimétodos.

Em casos de protocolos e de manipulações experimentais, é possível realizar pequenos testes para tentar conhecer os traços das crianças e adolescentes. Por exemplo, pode-se pedir a elas que contem histórias ou inventem narrativas (Tackett, 2016). A partir da riqueza dos relatos, pode-se inferir seu nível de abertura a experiências e à criatividade. Outras estratégias podem envolver averiguar quanto tempo é necessário para que a criança interaja com uma pessoa nova que acaba de entrar em uma sala. Dependendo da interação e dos comportamentos sugestivos de sociabilidade, poderia ser compreendido alguns dos aspectos da extroversão. Aqui há espaço para criatividade para se criar diferentes estratégias de avaliação dos traços. Assim, o clínico ou pesquisador poderia ter uma visão da criança em um ambiente "natural". Para classificação posterior, comumente, essas observações são gravadas (com consentimento da família) para serem estudadas e classificadas como sendo representativas/indicativas de determinado traço. Uma forma de aumentar o rigor com a classificação é pedir para que diferentes pessoas examinem a mesma gravação, de modo a avaliar a concordância e/ou achar possíveis discordâncias (Tackett, 2016). Em casos de pesquisa, isso pode ser realizado por diferentes pesquisadores ou assistentes. Já na clínica, o avaliador pode requisitar ajuda a colegas. Essa prática, por outro lado, pode dificultar o uso da técnica em um ambiente em que apenas uma pessoa é responsável pela avaliação.

Atualmente, a prática de gravação e da avaliação dos comportamentos tem ganhado popularidade, sendo utilizada para avaliar não apenas traços de personalidade, mas também outras características de crianças e de adolescentes. Uma forma de contornar avaliações muito longas e com horas a fio de vídeos para serem julgados é o uso de julgamentos rápidos dos comportamentos (*thin-slice*, é o termo popularizado em inglês). Nesses casos, vários assistentes de pesquisa avaliam vídeos curtos dos comportamentos das crianças e julgam suas características. A técnica tem permitido maior agilidade e flexibilidade para o uso da observação comportamental (para maiores informações, ver Tackett, 2016).

O uso de observação do comportamento pode, desse modo, estar livre de alguns dos vieses previamente citados que estão associados ao autorrelato e ao relato de informantes. A conclusão sobre a criança não passa por uma possível visão distorcida dos pais/responsáveis e, também, não depende, de certa forma, do autoconhecimento necessário para a resposta à avaliação de autorrelato. Entretanto, a técnica pode possuir algumas limitações. Como apontado anteriormente, para uma avaliação rigorosa, pode ser necessário que mais de uma pessoa classifique os comportamentos observados. Ademais, questões sobre a generalização dos comportamentos sempre podem ser levantadas, indicando que pode não haver uma consistência perfeita entre o que foi observado e o dia a dia da pessoa. Por fim, alguns traços possuem conteúdos mais internalizantes, como o Neuroticismo. Dessa forma, contar apenas com comportamentos visíveis pode limitar a avaliação para apenas um aspecto de toda a amplitude possível da manifestação dos traços.

5 MULTIMÉTODOS

Parte importante da avaliação psicológica é a integração de várias fontes de informação sobre o indivíduo para tirar conclusões sobre suas características. Quando estamos estudando a personalidade, não é diferente. É necessário que as conclusões sejam, sempre que possível, baseadas em mais de uma forma de avaliação (McCrae, 2020). O uso de várias fontes de informação é chamado de multimétodo e sua implementação pode ser difícil devido à escassez de testes padronizados disponíveis para o uso na clínica. Por exemplo, quando falamos exclusivamente de testagem, não possuímos atualmente questionários de hétero e autorrelato para avaliação do modelo dos cinco grandes fatores em crianças que sejam aprovados pelo SATEPSI. Entretanto, a prática clínica não é limitada apenas à testagem, como foi apresentado anteriormente, existem técnicas diferentes, como a observação do comportamento. Vale ressaltar que, de acordo com a resolução 31/2022 do CFP, a prática de avaliação psicológica deve se valer de fontes fundamentais e complementares de informação. Dessa forma, é possível que a integração em contexto clínico seja respaldada na integração de técnicas descritas ao longo deste capítulo.

6 CASO CLÍNICO

Túlio foi encaminhado pela escola para avaliação neuropsicológica aos 7 anos. De acordo com a professora, encontrava-se em período de adaptação, mais lentificado, dependente e imaturo em relação aos seus colegas de turma. Durante a avaliação, apresentou-se aberto ao contato com os profissionais. Não apresentou dificuldades em manter o diálogo e em responder de forma amistosa. Não apresentou alterações de fala ou de marcha. Conseguiu atender, sem dificuldades, aos comandos e instruções dadas em relação às tarefas realizadas. Demonstrou preocupação constante com seu desempenho nas tarefas para saber se estava ou não indo bem.

Túlio mora com os pais e com seus dois irmãos. É o segundo filho do casal e sua gravidez foi desejada. A mãe relata que realizou pré-natal durante todo período gestacional e que a este ocorreu sem nenhuma intercorrência. Não houve uso de álcool, tabaco ou outra substância no período da gravidez. Amamentou no peito até o segundo mês de vida. Sobre o desenvolvimento, a criança se encontra dentro dos marcos esperados para desenvolvimento de todas as habilidades iniciais. Os pais não relatam alterações no sono do filho.

Não foi relatado pelos pais atraso na alfabetização da criança. Um fato relatado pela mãe é que o filho, durante a realização de provas, quando se depara com dificuldades na resolução de alguma questão, apresenta um comportamento de "travar". Ele parece não conseguir seguir na realização da tarefa após perceber alguma dificuldade. De acordo com os pais, Túlio é uma criança "perfeccionista", que tem medo de errar. Se irrita e se frustra com facilidade, não gosta de ser contrariado. A mãe relata que, há algum tempo, Túlio apresentava com mais frequência o comportamento de falar sem pensar e se arrepender do que havia dito. Ela diz, ainda, que ele "parece um espírito velho num corpo de criança". Essa descrição é referente ao comportamento excessivamente preocupado que Túlio apresenta, bem como um comportamento de demonstrar muita empatia. A mãe relatou uma situação que exemplifica essas características da criança: no primeiro ano do ensino fundamental, após um lanche coletivo em sala, Túlio retorna à sala e ao ver a funcionária da escola limpando sozinha a bagunça deixada, a criança começa prontamente a ajudar e demonstra decepção com o comportamento dos colegas que deixaram um ambiente muito desorganizado após a festinha.

A avaliação neuropsicológica apontou para os seguintes resultados principais: inteligência se apresenta dentro de uma faixa normal. Ele apresentou preservada a capacidade de memória de trabalho, tanto verbal quanto visual-espacial. Ele manipula bem conteúdos em mente. Já as habilidades de visuoconstrução e visuoespacial se mostraram menos desenvolvidas que o esperado para sua faixa etária. Contudo, deve ser considerada uma possível desmotivação durante a realização da tarefa. Sinais de dificuldades visuoespaciais não são descritas no seu dia a dia, tanto que, segundo a mãe, desenhar é uma tarefa que Túlio adora, bem como desempenha bem. Quanto às funções executivas, apresentaram-se, de forma prejudicada em leitura, inibição e escolha. Esses prejuízos corroboram relatos de comportamentos impulsivos relatados pela mãe e pela professora, como falar sem pensar e dificuldade em inibir comportamentos de enfrentamento quando contrariado.

Estratégias para avaliação da personalidade foram utilizadas, uma vez que não foram identificados prejuízo cognitivos significativos, embora a criança apresente certa lentidão e desatenção nas tarefas escolares e alguns prejuízos na execução de tarefas motoras, tais como cópia ou desenhos. Foram usadas estratégias complementares para entender melhor o funcionamento da personalidade da criança e a possível relação existente entre essa e as dificuldades observadas e relatadas por professores e figuras parentais.

Assim, utilizando-se de entrevistas e observação comportamental da criança, pôde-se observar que Túlio apresenta dificuldades consideráveis para o contato social com os pares, bem como limiar mais baixo à frustração, comportamentos indicativos de ansiedade, principalmente no que diz respeito à realização de tarefas. Túlio apresenta preocupação exacerbada com seu desempenho e um medo intenso de cometer erros. Ao levantar as dificuldades da criança foi possível observar, ainda, que ela tem uma tendência a sentir emoções desagradáveis como raiva, tristeza, medo e vergonha. Parece ser intolerante às experiências emocionais e sentir de forma muito intensa cada uma delas. Esses aspectos já podem ser associados a traços de Neuroticismo. Outro aspecto é quanto à Extroversão, Túlio prefere estar mais sozinho, tal preferência pode estar associada ao traço, mas também ao medo e à vergonha ativados nas relações com as pessoas, pois ele fica sempre pensando situações como ser ou não querido pelos colegas e se eles irão querer brincar das brincadeiras que ele gosta.

Estratégias lúdicas e uso de fontes complementares, tais como jogos, livros e baralhos, permitiram, também, ter acesso a informações adicionais sobre o funcionamento emocional e cognitivo da criança que corroboraram os resultados das outras fontes fundamentais de informações utilizadas para avaliação da personalidade. Por exemplo, os baralhos de emoções permitiram identificar que Túlio sente medo e vergonha quando erra. Também sente medo dos colegas não gostarem dele e o expulsarem da brincadeira. Sente raiva quando erra, perde, não pode fazer o que quer, fica de castigo, quando a TV trava e tristeza também quando erra, perde no futebol, machuca, tira nota baixa e por não ter e não saber fazer amigos. Ademais, os livros da Coleção Jeito de Ser (Mansur-Alves & Neufeld, 2019) foram utilizados não apenas como estratégia de psicoeducação acerca da personalidade da criança para ela mesma e seus pais, mas também como ferramenta adicional na avaliação do funcionamento da personalidade de Túlio. Usando os cinco livros da coleção, cada um representando um traço da personalidade segundo o modelo dos cinco grandes fatores, Túlio foi capaz de se perceber como: cooperativo, educado, amoroso, confiável, cuidadoso e generoso (o que indicaria muito provavelmente alta amabilidade); emotivo, nervoso, ansioso, envergonhado (dos colegas), preocupado e irritável (o que indicaria alto neuroticismo); pouco esforçado, dificuldade de seguir regras e não muito organizado (indicando uma conscienciosidade mais baixa); imaginativo, curioso, criativo, inventor, inovador e espontâneo (o que poderia indicar alta abertura a experiências); e aponta ser pouco sociável, pouco expressivo, pouco positivo (o que poderia indicar baixa extroversão).

O quadro de Túlio parece sugestivo de ansiedade direcionada ao desempenho. A desatenção é um sintoma cognitivo comum em quadros de ansiedade, bem como a alta reatividade a situações que apontam para falhas do indivíduo. A desregulação emocional bem como a preocupação exacerbada com problemas e em falhar também exemplificam bem como esse quadro pode ser apontado.

Diante do exposto acima, é possível afirmar a importância da avaliação da personalidade da criança para entender melhor a apresentação de algumas dificuldades por parte da criança, bem como na promoção do autoconhecimento e no planejamento interventivo, que pode aproveitar dos resultados obtidos para um direcionamento mais adequado para o caso.

7 CONCLUSÃO

No decorrer deste capítulo, foram abordadas considerações importantes sobre a avaliação da personalidade na infância. Como percebemos, essa área encontra-se em constante desenvolvimento, apresentando uma variedade de técnicas (como uso de fantoches, imagens e protocolos de observação comportamental). É fundamental destacar que as possibilidades apresentadas são promissoras, porém devem ser consideradas em conjunto para uma compreensão mais abrangente das características das crianças. Um dos principais pontos discutidos refere-se à integração de informações, buscando combinar fontes fundamentais e complementares. Essa integração torna-se particularmente relevante na avaliação da personalidade infantil, uma vez que há uma carência de instrumentos padronizados e com propriedades psicométricas sólidas que possam ser utilizados.

O estudo de caso apresentado exemplifica como essa integração de informações pode ser feita nesse contexto em que poucos instrumentos padronizados estão disponíveis. No caso de Túlio, foram utilizadas diferentes técnicas e perspectivas para entender seus traços de personalidade. É necessário entender que este não seria o cenário ideal, em que o clínico teria acesso a outras ferramentas para que pudesse fazer uma avaliação mais completa e capaz de posicionar Túlio em relação a crianças de idade semelhante (por exemplo, estabelecendo com mais precisão seu percentil de Neuroticismo). Esperamos que pesquisas futuras desenvolvam ou adaptem ferramentas diferentes para que a avaliação da personalidade na infância e na adolescência no Brasil possa ficar mais completa. Por exemplo, contemplando não apenas diferentes perspectivas de resposta (como autorrelato e relato de informantes), mas também diferentes modelos teóricos.

REFERÊNCIAS

Alves, J. M. (2021). *Construção de um instrumento em formato de vinhetas para a avaliação da personalidade em crianças.* Universidade Federal de Minas Gerais.

Costa, P. T., McCrae, R. R., & Löckenhoff, C. E. (2019). Personality Across the Life Span. *Annual Review of Psychology, 70*(1), 423–448. https://doi.org/10.1146/annurev-psych-010418-103244

Gomes, C. M. A. (2012). A estrutura fatorial do inventário de características da personalidade. *Estudos de Psicologia (Campinas), 29*(2), 209–220. https://doi.org/10.1590/S0103-166X2012000200007

Conselho Federal de Psicologia - CFP (2022). *Resolução 31/2022.* https://atosoficiais.com.br/cfp/resolucao-do-exercicio-profissional-n-31-2022-estabelece-diretrizes-para-a-realizacao-de-avaliacao-psicologica-no-exercicio-profissional-da-psicologa-e-do-psicologo-regulamenta-o-sistema-de-avaliacao-de-testes-psicologicos-satepsi-e-revoga-a-resolucao-cfp-no-09-2018?origin=instituicao

Grist, C. L., Socha, A., & McCord, D. M. (2012). The M5–PS–35: A Five-Factor Personality Questionnaire for Preschool Children. *Journal of Personality Assessment, 94*(3), 287–295. https://doi.org/10.1080/00223891.2011.653063

Halverson, C. F., Havill, V. L., Deal, J., Baker, S. R., Victor, J. B., Pavlopoulos, V., Besevegis, E., & Wen, L. (2003). Personality Structure as Derived From Parental Ratings of Free Descriptions of Children: The Inventory of Child Individual Differences. *Journal of Personality, 71*(6), 995–1026. https://doi.org/10.1111/1467-6494.7106005

Mackiewicz, M., & Cieciuch, J. (2016). Pictorial Personality Traits Questionnaire for Children (PPTQ-C)-a new measure of children's personality traits. *Frontiers in Psychology, 7*(APR), 1–11. https://doi.org/10.3389/fpsyg.2016.00498

Mansur-Alves, M., & Alves, J.M. (2023). Recursos lúdicos para avaliação e intervenção em traços de personalidade na infância. Em M. R.L. Caldas, & L.M.C.F. Gomes (Eds.), *Recursos Lúdicos na Clínica Infanto-juvenil* (1st ed). Sinopsys.

Mansur-Alves, M., Flores-Mendoza, C., & Abad, F. J. (2010). Avaliação multi-informe do traço de neuroticismo em escolares. *Estudos de Psicologia (Campinas), 27*(3), 315–327. https://doi.org/10.1590/S0103-166X2010000300004

Mansur-Alves, M. & Neufeld, C. B. (2019). *No mundo do jeito de ser: explicando personalidade para crianças.* Sinopsys Editora.

Mansur-Alves, M., & Martins, P. S. R. (2021). Avaliação da personalidade na infância e na adolescência. Em M. Mansur-Alves, M. Muniz, D. S. Zanini, & M. N. Baptista (Eds.), *Avaliação Psicológica na infância e na adolescência* (1st ed., pp. 259–276). Vozes.

Mansur-Alves, M., & Miguel, F.K. (2021). Uso de tecnologias de informação e comunicação para avaliação de crianças e adolescentes. Em M. Mansur-Alves, M. Muniz, D. S. Zanini, & M. N. Baptista (Eds.), *Avaliação Psicológica na infância e na adolescência* (1st ed., pp. 115–130). Vozes.

Martins, P. S. R. & Mansur-Alves, M. (no prelo). Adaptação transcultural do Pictorial Personality Traits Questionnaire for Children (PPTQ-C) para o português brasileiro. *Avaliação Psicológica.*

Martins, P. S. R. (2021). *Adaptação transcultural do Pictorial Personality Traits Questionnaire for Children (PPTQ-C) para o português brasileiro.* Universidade Federal de Minas Gerais.

McCrae, R. R. (2020). Get a second opinion: Comment on Bleidorn et al. (2019). In *American Psychologist* (Vol. 75, Issue 5, pp. 729–730). American Psychological Association Inc. https://doi.org/10.1037/amp0000626

Measelle, J. R., John, O. P., Ablow, J. C., Cowan, P. A., & Cowan, C. P. (2005). Can children provide coherent, stable, and valid self-reports on the big five dimensions? A longitudinal study from ages 5 to 7. *Journal of Personality and Social Psychology, 89*(1), 90–106. https://doi.org/10.1037/0022-3514.89.1.90

Mervielde, I., & De Fruyt, F. (1999). Construction of the Hierarchical Personality Inventory for Children (HiPIC). *Personality Psychology in Europe. Proceedings of the Eight European Conference on Personality Psychology/I. Mervielde, I. Deary, F. De Fruyt, & F. Ostendorf (Eds.).-Tilburg: Tilburg University Press, 1999*, 107–127.

Mervielde, I., & De Fruyt, F. (2000). The Big Five personality factors as a model for the structure of children's peer nominations. In *European Journal of Personality* (Vol. 14, Issue 2, pp. 91–106). John Wiley & Sons. https://doi.org/10.1002/(SICI)-1099-0984(200003/04)14:2<91::AID-PER356>3.0.CO;2-Z

Peralta, Y., Aguilar-Rodriguez, A., González Dávila, O., & Miranda, A. (2021). Dimensionality and Reliability Assessment of a Field Implementation of the Big Five in Mexican Children. *Journal of Psychoeducational Assessment, 39*(5), 579–592. https://doi.org/10.1177/07342829211002581

Perret, P., Ayad, M., Dauvier, B., & Congard, A. (2019). Self- and parent-rated measures of personality are related to different dimensions of school adjustment. *Learning and Individual Differences.* https://doi.org/10.1016/j.lindif.2019.02.007

Reppold, C. T., & Cardoso, L.M. (2021). Especificidades da avaliação psicológica em crianças e adolescentes. Em M. Mansur-Alves, M. Munis, D. S. Zanini, & M. N. Baptista (Eds.), *Avaliação Psicológica na infância e na adolescência* (1st ed., pp. 84–97). Vozes.

Sabol, T. J., Busby, A. K., & Hernandez, M. W. (2021). A critical gap in early childhood policies: Children's meaning making. *Translational Issues in Psychological Science, 7*(1), 9–20. https://doi.org/10.1037/TPS0000241

Saklofske, D. H., Joyce, D. K., Sulkowski, M. L., & Climie, E. A. (2013). Models for the personality assessment of children and adolescents. In *The Oxford handbook of child psychological assessment.* (pp. 348–365). https://doi.org/10.1093/OXFORDHB/9780199796304.013.0015

Shiner, R. L., & DeYoung, C. G. (2013). The Structure of Temperament and Personality Traits. In P. D. Zelazo (Ed.), *The Oxford Handbook of Developmental Psychology:*

Vol. 2: Self an (pp. 1–56). Oxford Handbooks Online. https://doi.org/10.1093/oxfordhb/9780199958474.013.0006

Shiner, R. L., Soto, C. J., & De Fruyt, F. (2021). Personality Assessment of Children and Adolescents. *Annual Review of Developmental Psychology, 3*(1), 113–137. https://doi.org/10.1146/annurev-devpsych-050620-114343

Soto, C. J., John, O. P., Gosling, S. D., & Potter, J. (2011). Age differences in personality traits from 10 to 65: Big Five domains and facets in a large cross-sectional sample. *Journal of Personality and Social Psychology, 100*(2), 330–348. https://doi.org/10.1037/a0021717

Tackett, J. L. (2011). Parent Informants for Child Personality: Agreement, Discrepancies, and Clinical Utility. *Journal of Personality Assessment, 93*(6), 539–544. https://doi.org/10.1080/00223891.2011.608763

Tackett, J. L., Herzhoff, K., Kushner, S. C., & Rule, N. (2016). Thin slices of child personality: Perceptual, situational, and behavioral contributions. *Journal of Personality and Social Psychology, 110*(1), 150–166. https://doi.org/10.1037/pspp0000044

van Dijk, I., Krueger, R. F., & Laceulle, O. M. (2021). DSM–5 alternative personality disorder model traits as extreme variants of five-factor model traits in adolescents. *Personality Disorders: Theory, Research, and Treatment, 12*(1), 59–69. https://doi.org/10.1037/per0000409

Vazire, S. (2010). Who knows what about a person? The self–other knowledge asymmetry (SOKA) model. *Journal of Personality and Social Psychology, 98*(2), 281–300. https://doi.org/10.1037/a0017908

AVALIAÇÃO PSICOLÓGICA DAS ALTAS HABILIDADES/SUPERDOTAÇÃO: TEORIA E PRÁTICA

Tatiana de Cassia Nakano · PONTIFÍCIA UNIVERSIDADE CATÓLICA DE CAMPINAS

Júlia Reis Negreiros · PONTIFÍCIA UNIVERSIDADE CATÓLICA DE CAMPINAS

1 INTRODUÇÃO

As Altas Habilidades/Superdotação (AH/SD) se manifestam na presença de um potencial elevado em qualquer área do desenvolvimento humano, de modo a ser considerada um fenômeno multidimensional (Clemens, 2016; Sternberg & Kaufman, 2018). Considerando essa compreensão, no Brasil, os estudantes com AH/SD são definidos como aqueles que apresentam potencial superior, isolado ou associado, nas áreas intelectual, acadêmica, criativa, de liderança e psicomotricidade, demonstrando também um alto nível de envolvimento e motivação para aprendizagem e realização de tarefas na sua área de interesse (Secretaria de Educação Especial, 2010). Tais estudantes são incluídos como público-alvo da educação especial (Brasil, 2008), de modo a garantir direitos tais como o de receber atendimento educacional especializado.

Sabemos que fatores de origem cognitiva, emocional, social e de personalidade podem estar presentes nas AH/SD, os quais, juntamente à diversidade de áreas em que esse potencial elevado pode se manifestar, faz com que não haja um perfil único que sirva para descrever todos os superdotados, de modo a assumir que estamos falando sobre uma população bastante heterogênea (Campos et al., 2019; Renzulli & Reis, 2018). As características de cada indivíduo podem apresentar variação de acordo com a sua área de destaque, oportunidades, estimulação e experiências ao longo da vida (Negrini & Freitas, 2008; Zaia et al., 2018). O quadro a seguir apresenta alguns exemplos de características que os superdotados apresentam, as quais variam dependendo da área em que a AH/SD é identificada (Chagas, 2007; Mettrau & Freis, 2007; Nakano & Campos, 2019).

Quadro 1 · Exemplos de comportamentos em diferentes áreas da superdotação.

Superdotação intelectual: caracterizada pela flexibilidade e fluência de pensamento, capacidade de pensamento abstrato para fazer associações, rapidez e independência de pensamento, compreensão e memória elevadas, alta capacidade de resolver e lidar com problemas. Avaliada por meio de testes de inteligência, sendo o tipo mais comum de ser identificado.
Superdotação acadêmica ou escolar: representada por habilidades relacionadas a altos níveis de desempenho escolar, boa memória, atenção, intensa atividade intelectual, processamento de informações complexas, gosto e motivação por disciplinas acadêmicas de seu interesse, alta capacidade de produção acadêmica.
Superdotação produtiva-criativa ou talentosa: estaria mais ligada à características como curiosidade, resolução de problemas de forma diferente, originalidade, imaginação, criatividade, desenvolvimento de novas ideias, produções artísticas ou produtos inovadores.
Superdotação social: relacionada à capacidade de liderança, sensibilidade interpessoal, atitude cooperativa, alta sociabilidade, capacidade de resolver conflitos, alto poder de persuasão e de influência em grupo.
Superdotação psicomotora: destaque para habilidades e interesse por atividades psicomotoras, velocidade, agilidade nos movimentos, força, resistência, controle e coordenação motora.

O quadro exemplifica a amplitude de áreas em que o potencial elevado pode se manifestar, demonstrando que essas áreas podem estar combinadas de diversos modos, de forma que diferentes perfis de superdotados podem ser encontrados. Entretanto, embora as legislações demonstrem a importância de ações voltadas à superdotação, na prática, vemos que a maior parte dos superdotados ainda não são reconhecidos no Brasil, ficando desprovidos dos seus direitos (Faveri & Heinzle, 2019; Vieira, 2010). Essa realidade pode ser explicada pelo fato de que a educação especial ainda é mais focada nas deficiências e nos transtornos, havendo, em número bem mais reduzidas, iniciativas voltadas ao aluno superdotado, os quais acabam sendo, mais frequentemente, negligenciados nos ambientes escolares (Maia & Amaral, 2013).

Para se ter uma ideia do tamanho dessa população, a literatura tem indicado que cerca de 2 a 3% da população pode apresentar superdotação (Karabulut & Omeroglu, 2021) de maneira que, proporcionalmente ao número de alunos matriculados na educação básica, no Brasil deveríamos ter mais de 5 milhões de identificados. Porém, ao consultarmos os dados dos censos escolares brasileiros, o que se vê é uma subnoticação dos casos (Wechsler et al., 2018), assim como pode ser observado no Censo Escolar de 2023, segundo o qual temos apenas 38.019 estudantes identificados com AH/SD (Instituto Nacional de Estudos e Pesquisas Anísio Teixeira, 2023).

Diversos são os desafios que a área precisa superar para modificar esse quadro. Dentre as possíveis questões, a identificação desses estudantes se mostra um ponto essencial. O entendimento por parte das escolas, famílias e profissionais, de que a identificação é uma das etapas mais importantes no fenômeno se faz essencial, visto que contempla o primeiro passo para que o superdotado possa receber um atendimento necessário e especializado para desenvolver o seu potencial elevado.

2 AVALIAÇÃO DAS AH/SD

Nesse processo de avaliação das AH/SD, é essencial a compreensão de que a superdotação pode se manifestar de diferentes formas, de modo que o conhecimento do perfil do indivíduo pode embasar um processo de identificação e de atendimento mais efetivos (Zaia & Nakano, 2020). Assim, os principais objetivos da avaliação dos superdotados são pautados na identificação dos sujeitos, no desenvolvimento adequado dos seus potenciais e no planejamento de um atendimento especializado (Wellisch & Brown, 2012), sendo que a literatura é unânime em reconhecer que esses processos devem ocorrer de forma dinâmica, o mais precocemente possível (Mendonça et al., 2017).

O objetivo principal da identificação dos superdotados, diferente do que algumas pessoas pensam, não é a criação de um rótulo ou de um grupo privilegiado, mas sim conhecer as potencialidades e individualidades do sujeito, com o intuito de lhe oferecer um atendimento adequado às suas necessidades e aos seus interesses e desenvolver, ao máximo, seu potencial (Almeida et al., 2017; Pocinho, 2009). Além disso, a identificação visa evitar que muitos indivíduos com superdotação tenham seu potencial ignorado ou mesmo reprimido (Martins & Chacon, 2016), prevenindo também vulnerabilidades sociais e emocionais, geralmente encontradas em superdotados que não têm as suas necessidades individuais atendidas (Prado & Fleith, 2017).

Assim sendo, esforços para avaliar os alunos superdotados vem sendo intensificados, pois compreende-se que a identificação e as futuras intervenções podem favorecer um desenvolvimento social, emocional, acadêmico e psicológico mais saudável dessa população (Irueste et al., 2018). Nesse sentido, a identificação também pode ser vista como um aspecto preventivo, já que o conhecimento e o desenvolvimento das áreas em que se têm um potencial superior pode prevenir possíveis desajustamentos socioemocionais e promover um autoconceito positivo, mais motivação, melhor qualidade de vida e bem-estar (Nakano, 2021).

A literatura tem recomendado que o processo de avaliação compreenda uma sequência de etapas, geralmente divididas em três fases (Oliveira, 2007), sendo que professores, pais e outros profissionais especializados, como os psicólogos, podem participar desse processo. A primeira fase, chamada de *screening*, é composta por uma sinalização dos casos (Miller & Cohen, 2012), envolvendo geralmente a aplicação de instrumentos de triagem que possam indicar possíveis características das

AH/SD, podendo estes serem respondidos pelos pares, pais, professores ou pelo próprio sujeito (Alencar et al., 2018). Usualmente envolve escalas que contemplam características tipicamente apresentadas por indivíduos com AH/SD, de modo que o respondente deve julgar com que intensidade eles descrevem o avaliando (Nakano, 2021).

Aqueles sujeitos, cujo resultado nessa triagem for sugestivo de indicadores de AH/SD, são encaminhados para uma avaliação mais aprofundada, a qual é descrita como uma segunda fase do processo (Nakano et al., 2016). De modo geral, pesquisadores têm recomendado uma avaliação multidimensional, que inclua não só variáveis relativas ao aluno (inteligência, criatividade, motivação, personalidade), mas também seus contextos de vida (práticas educativas, familiares, hábitos, interesses, atividades extracurriculares) (Almeida et al., 2017). Dessa forma, diversas técnicas podem ser utilizadas no processo de avaliação, incluindo observação, entrevistas, avaliação de portfólios, notas escolares e trabalhos já produzidos, questionários de interesse, escalas de *screening* (autoconceito, nomeação por pais e professores), cujas informações podem auxiliar na decisão acerca da presença de indicadores de AH/SD. Além desses métodos, testes psicométricos que visam à avaliação de aspectos cognitivos e não cognitivos (inteligência, criatividade, personalidade, autoconceito, escalas de ajustamento social e emocional, interesses, funções executivas, habilidades sociais, aptidões, dentre outros) também são amplamente utilizados (Heimann & Hennemann, 2022; Renzulli & Reis, 2018).

Ao final dessa segunda etapa, o resultado da avaliação pode confirmar ou não a presença da superdotação, bem como descrever o perfil psicológico e educacional do indivíduo em termos de suas potencialidades e fragilidades (Almeida et al., 2016). O principal uso desses resultados envolve a utilização dos dados como base para a elaboração de medidas educativas mais adequadas ao sujeito. Este último ponto revela-se como um dos mais importantes no processo de identificação.

Assim, a terceira fase é composta pela elaboração, acompanhamento e avaliação dos efeitos dos programas e planos de intervenção oferecidos ao sujeito, após a confirmação do quadro, ressaltando-se que o processo de avaliação não se encerra no diagnóstico (Nakano & Campos, 2019).

2.1 Desafios da Identificação

Apesar da importância da identificação das AH/SD, alguns desafios ainda se fazem presentes durante esse processo. Nessa seção, serão apresentadas não só as principais dificuldades, mas também reflexões sobre as formas como elas podem ser superadas. Os temas serão separados por tópico para facilitar a compreensão.

1) Mitos e concepções equivocadas sobre o fenômeno

Ao revisar a literatura científica, vemos que diversos mitos ainda permeiam essa temática (Antipoff & Campos, 2010; Azevedo & Mettrau, 2010; Freitas, 2018;

Ladeira, 2021; Pedro, Ogeda, & Chacon, 2017; Pérez, 2011; Rech & Freitas, 2005, Tejera et al., 2017). Dentre os principais, podemos citar alguns deles: (1) a criança superdotada se destaca e tem facilidade em todas as áreas acadêmicas, (2) o superdotado é aquele que apresenta uma inteligência acima da média (não considerando as demais áreas em que o alto potencial pode se manifestar), (3) associação de superdotação a um grupo privilegiado que não apresenta problemas emocionais e comportamentais, ou, em outro extremo, a um grupo que sempre apresenta esse tipo de problema, (4) presença de expectativas irrealistas, havendo uma ideia de que o superdotado, independente de receber ou não uma educação especial, sempre se destacará pelo seu potencial.

Sendo assim, apesar de uma tendência atual confirmar a importância da avaliação das crianças com AH/SD, esses desafios e mitos apresentados, caracterizados muitas vezes por uma falta de conhecimento sobre a temática, constituem-se em empecilhos para o processo de identificação e atendimento desse público-alvo. Uma recomendação no sentido de minimizar o impacto dessa dificuldade, envolve um trabalho de esclarecimento, não só junto à população em geral, como também pais e professores, a fim de que tais mitos possam ser desfeitos, evitando-se que os superdotados sejam prejudicados pela falta de informação ou pela informação equivocada, deixando de receber o cuidado e a estimulação necessária (Antipoff & Campos, 2010).

2) Dificuldades relacionadas à formação dos professores e à escassez no número de profissionais que atuam junto a esse público

A temática das AH/SD não tem sido, na maior parte dos cursos, inserida no currículo durante o processo de formação e nem em programas de educação continuada para professores, psicólogos e outros profissionais (Almeida et al., 2016). De forma bastante comum, os profissionais relatam lacunas na sua formação em relação à temática (Moreira & Lima, 2012), tratada de forma superficial e com pouca ênfase no currículo dos cursos (Iorio et al., 2016). Como consequência, apesar do reconhecimento da importância desse profissional para que a educação inclusiva seja colocada em prática, o que se nota é que sua formação inicial ainda se encontra precarizada e distante da realidade educacional brasileira, do paradigma da inclusão (Nakano & Campos, 2019).

Em geral, os professores não se sentem preparados para atender a amplitude de perfis de alunos encontrada em sala de aula, seja pela ausência de formação adequada e suficiente (Wechsler & Suarez, 2016) seja pelo fato de que o número de profissionais com especialização na área da AH/SD é extremamente pequeno (Pérez & Freitas, 2014). Assim, vemos que tais profissionais, em geral, mostram-se desconhecedores das particularidades desse público (Giroto et al., 2018).

Considerando-se a situação exposta, as mudanças necessárias envolvem, em primeiro lugar, a revisão dos currículos e das diretrizes curriculares dos cursos de formação em Pedagogia (Nakano, 2022), visto que a formação desses profissionais tem se mostrado um fator essencial para a melhoria da área. Enquanto tal profissional não estiver capacitado para atuar junto a essa população, pouco ou nenhum avanço no cumprimento dos direitos educacionais desses estudantes será alcançado (Delou, 2012).

Somente a formação adequada permitirá a identificação dos alunos com capacidades elevadas e a identificação das necessidades educacionais diferenciadas que essa população apresenta (Martins et al., 2018). Sabemos que o Atendimento Educacional Especializado (AEE) e as intervenções propostas somente serão bem-sucedidas se os professores estiverem suficientemente capacitados (Vreys et al., 2018), o que, em muitos casos, não é a realidade. A falta de conhecimento e de conscientização tem aumentado as crenças equivocadas dos professores e a relutância em oferecer um AEE.

Como sugestão, o incentivo à especialização nessa área é recomendado, para que os profissionais possam se sentir aptos a realizar processos de triagem e encaminhamento dos casos em que há indicadores de AH/SD. A oportunidade de formação continuada deveria ser oferecida a todos os profissionais que, eventualmente, possam ser desafiados a lidar com esses indivíduos (Nakano & Campos, 2019). Ainda segundo as autoras, esclarecimentos acerca das diferentes manifestações desse fenômeno, bem como da possibilidade da presença de transtornos e/ou dificuldades associadas ao quadro, como no caso da dupla excepcionalidade, mostram-se essenciais.

3) Reduzido número de instrumentos específicos para essa população ou ausência de estudos com esse público-alvo em instrumentos gerais

Historicamente, a superdotação foi sempre identificada a partir dos resultados em testes de inteligência, naqueles indivíduos que demonstravam desempenho igual ou superior a dois desvios padrões acima da média ou QI de 130 (Nakano, 2021). De forma menos frequente, o potencial elevado em outras áreas é investigado.

Parte dessa situação pode ser compreendida perante a constatação de que o Brasil se marca pela carência de medidas válidas para identificar alunos com AH/SD (Barbosa et al., 2012), quando comparado a outros países. De acordo com os autores, faltam, principalmente, medidas que avaliem domínios como o psicomotor e o socioemocional, que tendem a ser menos enfatizados por testes padronizados, bem como instrumentos elaborados especificamente para a identificação de características de superdotação.

O que se vê, na prática, é que a maior parte dos testes psicológicos utilizados no processo de identificação das AH/SD foi construída e validada para uso na população geral e, por tal motivo, podem não se mostrarem eficazes em capturar altos níveis de habilidades presentes nos superdotados e, muito menos, suas singularidades (Almeida et al., 2016). Dessa forma, a utilização em uma população-alvo para a qual suas qualidades psicométricas não foram investigadas torna o processo de identificação sujeito a erros. Tal lacuna de instrumentos adequados e específicos para a avaliação pode gerar resultados inconclusivos ou interpretações errôneas (Nakano et al., 2015).

Outro problema se refere ao fato de que é muito comum que indivíduos com AH/SD alcancem pontuações que vão além dos limites do instrumento, dentro do chamado "efeito teto", ou seja, obtenham pontuações superiores ao nível máximo que o teste consegue medir (Nakano et al., 2020). Nesse sentido, a preocupação se volta à necessidade de que os instrumentos utilizados na identificação desses indivíduos tenham seu uso investigado para essa população específica, de forma que possam capturar as diferenças individuais apresentadas por eles (Kiefer et al., 2010). Isso porque, dentre aqueles indivíduos que se encontram no topo das habilidades, ainda existem diferentes níveis que apenas os instrumentos específicos para essa população poderão ser capazes de inferir.

Nesse sentido, diferentes frentes de investigação devem ser incentivadas. A primeira se refere ao desenvolvimento de estudos de validação para essa população específica, dos instrumentos já aprovados no país. Esforços nesse sentido começaram a ser feitos, podendo-se citar, como exemplos, as pesquisas conduzidas com o WISC para seu uso na identificação das AH/SD (Hazin et al., 2009; Macedo et al., 2017; Mendonça et al., 2018). A segunda possibilidade engloba a adaptação de instrumentos internacionais para uso na população brasileira. Dentre eles, a Escala Hope (Rondini et al., 2022), a *Gifted Rating Scale* (Nakano & Siqueira, 2012) e as escalas de Renzulli (Callegari, 2019) já apresentam estudos iniciais com esse objetivo.

A terceira possibilidade envolve o desenvolvimento de novos instrumentais, específicos e que contemplem mais de um construto das AH/SD sob a forma de baterias. Tem-se, nesse foco, a Bateria de Avaliação da Inteligência e Criatividade para Adultos – BAICA (Milian, 2014) e Bateria de Avaliação das Altas Habilidades/Superdotação – BAAH/S (Ribeiro et al., 2014). Por fim, outra possibilidade envolve a construção de escalas de triagem voltadas a professores (Delou 1987; Freitas & Pérez, 2012; Freitas et al., 2017; Guenther, 2012; Martins, 2020; Suárez & Wechsler, 2019), de autorrelato (Lira et al., 2021; Oliveira & Barbosa, 2015; Pérez & Freitas, 2016; Zaia & Nakano, 2023) ou ainda de desempenho (Koga, 2021).

É importante esclarecer que, apesar do grande número aparente de instrumentos em processo de desenvolvimento, até o momento de publicação deste texto, somente dois deles haviam sido publicados e com número adequado de pesquisas voltadas à investigação das suas qualidades psicométricas. A Triagem de Indicadores de Altas Habilidades/Superdotação – TIAH/S (Nakano, 2021) é voltada a professores e avalia cinco áreas: capacidade intelectual geral, habilidades acadêmicas específicas, criatividade, talento artístico e liderança. A outra escala, Escala de Identificação de Características associadas às altas habilidades/superdotação - EICAH-SD (Zaia & Nakano, 2023), é do tipo autorrelato e avalia duas áreas em que esse fenômeno pode se manifestar: características cognitivas e características socioemocionais. Ressalta-se que ambas as escalas são consideradas ferramentas de triagem de indicadores de AH/SD utilizadas para identificação dos casos potenciais a serem encaminhados para uma avaliação mais aprofundada, não devendo ser utilizadas como única ferramenta para confirmação do quadro.

Os demais instrumentos citados ainda se encontram em fases de construção ou apresentam somente estudos iniciais de investigação das suas qualidades psicométricas (notadamente estudos de investigação das evidências de validade com base no conteúdo, a partir do julgamento de juízes especialistas e estudo piloto com amostra reduzida da população-alvo), podendo ser que, nos próximos anos, o número de instrumentos disponíveis seja ampliado significativamente.

2.2 O que pode ocorrer caso o indivíduo não seja identificado?

Considerando que as crianças com AH/SD apresentam necessidades específicas, a ausência da identificação pode acarretar diversos problemas de desenvolvimento, especialmente os que envolvem aspectos socioemocionais. A criança superdotada apresenta uma maior intensidade e sensibilidade emocional, fazendo com que a identificação e o atendimento sejam importantes para o seu desenvolvimento social e emocional (Negreiros, 2023).

Nesse contexto, a literatura tem demonstrado que, no caso de não terem as suas necessidades atendidas, os superdotados podem vivenciar vulnerabilidades, as quais podem resultar em comportamento sociais inadequados, autoconceito negativo, isolamento social, ansiedade, depressão, irritabilidade, problemas de conduta, perfeccionismo negativo e insegurança (Oliveira et al., 2021; Virgolim, 2021). A ausência de identificação também pode gerar, no contexto educacional, falta de interesse, baixo desempenho ou insucesso (Martins et al., 2016). Como consequência da falta de identificação, essas crianças ficam mais vulneráveis a desenvolverem comportamentos considerados negativos, além de dificuldades em diferentes áreas: emocionais, sociais, acadêmicas e de aprendizagem (Zaia & Nakano, 2023).

Assim, a identificação das AH/SD visa à prevenção de dificuldades, principalmente sociais e emocionais, que podem ser decorrentes da ausência de identificação, sendo tais aspectos usualmente apontados como fonte de vulnerabilidades e de dificuldades emocionais nessa população (Piske, 2017; Prado & Fleith, 2017; Valadez, 2010). Com a identificação desses indivíduos, busca-se evitar o aumento dos fatores de risco (Chagas-Ferreira & Sousa, 2018). Na presença de um ambiente adequado e de suporte, esses indivíduos geralmente não apresentam diferenças em relação à população geral no que se refere a questões emocionais e a possíveis dificuldades derivadas (Freitas et al., 2017).

A adequada identificação e o fornecimento de suporte, especialmente por meio do AEE, possibilitará, aos indivíduos com AH/SD, o desenvolvimento adequado de seu potencial, valorização das forças e das qualidades positivas, fortalecimento de recursos pessoais, altos níveis de bem-estar, comportamentos sociais bem desenvolvidos, construção de um autoconceito positivo, melhoria da motivação, da autoestima e da estabilidade emocional (Chagas-Ferreira, 2014; Pfeiffer, 2018;

Scorsolini-Comim & Santos, 2010). Segundo Nakano e Oliveira (2019), a dificuldade em determinar quem seriam essas crianças e, principalmente, de criar formas para avaliá-las apropriadamente tem atuado de forma a impedir que muitas delas tenham acesso a programas de estimulação e de desenvolvimento, devendo ser esse um dos desafios atuais da área da avaliação psicológica.

3 CONCLUSÃO

O texto buscou apresentar, de forma geral, uma introdução sobre a temática das altas habilidades/superdotação, visando desconstruir a ideia de que os superdotados somente são aqueles indivíduos que possuem inteligência acima da média. Além disso, apontou outros mitos comumente encontrados no senso comum e que atrapalham a identificação desses indivíduos. Ao ampliar a visão sobre o fenômeno, especialmente reconhecendo as diferentes áreas em que a superdotação pode se manifestar, foi possível verificar a ausência de instrumentos adequados para avaliação das AH/SD. Esforços de diversos pesquisadores são notados, especialmente na última década, de modo que se espera que a situação melhore nos próximos anos.

Por fim, foram apresentadas as principais dificuldades ainda presentes na área e sugestões de como superá-las. O foco foi dado em algumas dessas dificuldades, sendo importante ressaltar que diversas outras são reconhecidas na literatura científica, tomando-se, como exemplo, a dificuldade dos psicólogos em realizar a avaliação psicológica nesses casos dadas as lacunas na sua formação, ao número ainda reduzido de programas de atendimento, à ausência de estudos que avaliem a eficácia do AEE, ao desconhecimento do quadro da dupla excepcionalidade, quando uma deficiência, déficit ou transtorno ocorre, concomitantemente, com a superdotação. Tais pontos devem ser foco de atenção dos pesquisadores para que a área possa se fortalecer no Brasil.

REFERÊNCIAS

Alencar, E. M. L. S., Fleith, D. S., & Carneiro, L. B. (2018). Gifted education in Brazil: historical background, current practices, and research trends. In B. Wallace, D. A. Sisk, & J. Senior (Eds.), *The SAGE handbook of gifted and talented education* (pp. 432-445). Sage Publications.

Almeida, L. S., Araújo, A. M., Sainz-Gómez, M., & Prieto, M. D. (2016). Challenges in the identification of giftedness: Issues related to psychological assessment. *Anales de Psicología, 32*(3), 621-627.

Almeida, L. S., Costa-Lobo, C., Almeida, A. I. S., Rocha, R. S., & Piske, F. H. R. (2017). Processos cognitivos e de aprendizagem em crianças sobredotadas: Atenção dos pais e professores. In F. H. R. Piske, C. L. B. Vestena, J. M. Machado, A. O. M. Barby, T. Stoltz,

S. Bahia... & S.P. Freitas (Orgs.), *Processos afetivos e cognitivos de superdotados e talentosos* (pp. 15-39). Editora Prisma.

Antipoff, C. A., & Campos, R. H. F. (2010). Superdotação e seus mitos. *Psicologia Escolar e Educacional, 14* (2), 301–309. https://doi.org/10.1590/s1413-85572010000200012.

Azevedo, S. M. L. de, & Mettrau, M. B. (2010). Altas habilidades/superdotação: mitos e dilemas docentes na indicação para o atendimento. *Psicologia: Ciência e Profissão, 30*(1), 32–45. https://doi.org/10.1590/s1414-98932010000100004.

Barbosa, A. J. G., Schelini, P. W., & Almeida, L. C. (2012). Medidas de dotação e talento: Produção científica em psicologia (2006-2011). In E. Boruchovitch, A. A. A. dos Santos, & E. do Nascimento (Eds.), *Avaliação psicológica nos contextos educativo e psicossocial* (pp. 33-52). Casa do Psicólogo.

Brasil. (2008). *Política Nacional de Educação Especial na perspectiva da educação inclusiva*. Brasil.

Callegari, B. (2019). *Adaptação e evidência de validade de conteúdo das Escalas para Avaliação das Características Comportamentais de Estudantes com Habilidades Superiores* [Dissertação de Mestrado]. Universidade Estadual Paulista.

Campos, C. R., Zaia, P., Oliveira, K. S., & Nakano, T. C. (2019). Avaliação Psicológica e Intervenção: Um estudo de caso sobre altas habilidades/superdotação. *Revista Educação Especial,* 32, 1-20. http://dx.doi.org/10.5902/1984686X39550.

Chagas, J. F. (2007). Conceituação e fatores individuais, familiares e culturais relacionados às Altas Habilidades/Superdotação. In D. S. Fleith, & E. M. L. S. Alencar (Orgs.), *Desenvolvimento de talentos e Altas Habilidades: orientação a pais e professores* (pp. 15-24). Editora Artmed.

Clemens, S. (2016). Falando sobre superdotação na infância e adolescência. *Revista Sustinere, 4*(2), 319-327. https://doi.org/10.12957/sustinere.2016.26380.

Delou, C. M. C (2012). O atendimento educacional especializado para alunos com altas habilidades/superdotação no ensino superior: possibilidades e desafios. In L. C. Moreira & T. Stoltz (Orgs.), *Altas habilidades/superdotação, talento, dotação e educação* (pp. 129-142). Editora Juruá.

Delou, C. M. C. (1987). *Identificação de Superdotados: Uma Alternativa para a Sistematização da Observação de Professores em Sala de Aula* [Dissertação de Mestrado]. Faculdade de Educação, Universidade do Estado do Rio de Janeiro.

Doi, F. W., Polli, G. M., & Azevêdo, A. V. S. (2019). Mitos e representações sociais sobre altas habilidades/superdotação: revisão sistemática. *Psicologia Argumento, 36*(93), 275. https://doi.org/10.7213/psicolargum.36.93.ao01.

Faveri, F. B. M., & Heinzle, M. R. S. (2019). Altas Habilidades/Superdotação: políticas visíveis na educação dos invisíveis. *Revista de Educação Especial, 32.* http://dx.doi.org/10.5902/1984686X39198.

Freitas, M. F. R. L., & Schelini, P. W. (2018). Escala de identificação de dotação e talento: construção de instrumento e validade de conteúdo. *Interação em Psicologia, 2*(2), 114-122. http://doi.org/10.5380/psi.v22i2.46959.

Freitas, M. F. R. L., Schelini, P. W., & Pérez, R. (2017). Escala de identificação de dotação e talento: estrutura e consistência internas. *Psico-USF, 22* (3), 473-484, 2017. http://doi.org/10.1590/1413-82712017220308.

Freitas, S. C. (2018). Altas habilidades e superdotação: mitos e dilemas no Atendimento Educacional Especializado – caso específico do Estado do Paraná. *Revista Pontes, 1*(1), 70-87.

Freitas, S. N., & Pérez, S. G. B. (2012). *Altas Habilidades/Superdotação: atendimento especializado.* ABPEE.

Giroto, C. R. M, Sabella, N. M. M, & Lima, J. M. R. (2019). Representações do professor generalista acerca do papel do professor especialista: análise da produção científica em educação especial no período de 2008 a 2015. *Revista Educação Especial, 32*, 2. https://doi.org/10.5902/1984686x24254.

Hazin, I., Lautert, SL, Falcão, JTDR, Garcia, D., Gomes, E., & Borges, M. (2009). Contribuições do Wisc-IIIPara a compreensão do perfil cognitivo de crianças com altas habilidades. *Avaliação Psicológica, 8* (2), 255–265.

Heimann, P. C., & Hennemann, A. L. (2022). Instrumentos para identificação de alunos com altas habilidades/superdotação no contexto escolar. *Revista Científica Multidisciplinar Núcleo do Conhecimento, 8*(5), 137-149.

Instituto Nacional de Estudos e Pesquisas Anísio Teixeira (2023). Censo Escolar da Educação Básica 2023 - resumo técnico. INEP e Ministério da Educação. https://download.inep.gov.br/publicacoes/institucionais/estatisticas_e_indicadores/resumo_tecnico_censo_escolar_2023.pdf

Iorio, N. M., Chaves, F. F., & Anache, A. A. (2016). Revisão de literatura sobre aspectos das avaliações para Altas Habilidades/Superdotação. *Revista Educação Especial, 29*(55), 413 – 428. https://doi.org/10.5902/1984686X17447.

Irueste, P., Saco, A., & Nicolás, F. (2018). Dificultades socioemocionais reportadas por los padres y madres de ninos y ninas dotados y talentosos, consultantes del Servicio de Neuropsicologia, Área Infantil, em Córdoba, Argentina. In F. H. R. Piske, T. Stoltz, C. Costa-Lobo, A. Rocha, & Vásquez-Justo, E. (Orgs.), *Educação de superdotados e talentosos: emoção e criatividade* (pp. 75-88). Juruá.

Ka, A. P., Capellini, V. L. M. F., Rodrigues, O. M. P. R., & Bolsoni-Silva, A. T. (2021). Habilidades sociais e problemas de comportamento de crianças com Altas Habilidades/Superdotação. *Revista Ciência e Profissão, 41*, 1-17. https://doi.org/10.1590/1982-3703003219590.

Karabulut, R., & Omeroglu, E. (2021). A validity and reliability study of a nomination scale for identifying gifted children in early childhood. *International Journal of Curriculum and Instruction, 13*(2), 1756-1777

Kieffer, K. M., Reese, R. J., & Vacha-Haase, T. (2010). Reliability generalization methods in the context of giftedness research. In B. Thompson & R. F. Subotnik (Eds.), *Methodologies for conducting research on giftedness* (pp. 89-111). American Psychological Association.

Koga, F. O. (2021). *Protocolo para screening de habilidades musicais (PSHM).* Cultura Acadêmica.

Ladeira, T. A. (2021). Alunos com altas habilidades/superdotação: Levantamento Histórico e os Mitos a respeito do tema. *Revista eletrônica saberes múltiplos, 11*, 55-63, 2021.

Lira, M. V. A, Soares, D. A.S., & Piovesan, A. F. (2021). Desenvolvimento de escala piloto avaliativa para altas habilidades/superdotação e sua importância para o cenário educacional. *Simpósio Internacional de Educação e Comunicação-SIMEDUC*, (10), 1-14.

Macedo, M. M. F, Mota, M. E., & Mettrau, M. B. (2017). WISC-IV: Evidências de Validade para Grupos Especiais de Superdotados" WISC-IV. *Revista Psicologia Em Pesquisa, 11*(1). https://doi.org/10.24879/2017001100100213.

Maia, M. V. C. M., & Amaral, A. S. A. (2013). A importância da formação de professores na identificação de alunos com altas habilidades/superdotação: notas sobre o Atendimento Educacional Especializado realizado pelo projeto de extensão PAAAHSD da Universidade Federal Fluminense. *Revista Congreso Universidad*, 1(2), 1-10.

Martins, B. A, Chacon, M. C. M, & Almeida, L. S. (2018). Estudo Comparativo Luso-Brasileiro sobre a Formação Inicial de Professores em Altas Habilidades/Superdotação com Enfoque nos Conteúdos Curriculares. *Revista Brasileira de Educação Especial, 24* (3), 309–326. https://doi.org/10.1590/s1413-65382418000300001.

Martins, B. A. (2020). Escala de Identificação de Precocidade e Indicadores de Altas Habilidades/Superdotação (EIPIAHS): um instrumento em construção. *Revista Educação Especial, 33*, 1-25. http://doi.org/10.5902/1984686X34664.

Martins, B. A., Pedro, K. M., Ogeda, C. M. M., Silva, R. C., Koga, F. O., & Chacon, M. C. M. (2016). Altas habilidades/superdotação: estudos no Brasil. *Journal of Research in Special Educational Needs, 16*(1), 135-139. http://doi.org/10.1111/1471-3802.12275.

Martins, B. M., & Chacon, M. C. M. (2016). Crianças precoces com indicadores de altas habilidades/superdotação: as características que contrariam a imagem de aluno "ideal". *Educação Unisinos, 20*(1), 96-105.

Mendonça, L. D., Rodrigues, O. M. P. R., & Capellini, V. L. M. F. (2017). Identificação inicial de alunos com altas habilidades ou superdotação: avaliação intelectual, de desempenho escolar e indicação pelos professores. *Revista de educação especial, 30*(57), 203-217. https://doi.org/http://dx.doi.org/10.5902/1984686X24120.

Mendonça, LD, Rodrigues, OMPR, & Capellini, VLMF (2018). WISC-III: Instrumento para Confirmação de Altas Habilidades/Superdotação. *Psicologia: Ciência e Profissão, 38* (1), 50–62. https://doi.org/10.1590/1982-3703001062017.

Milian, Q. G. (2014). *Evidências de validade da Bateria de Avaliação Intelectual e Criativa – BAICA* [Dissertação de Mestrado]. Pontifícia Universidade Católica de Campinas, Campinas.

Miller, E. M. & Cohen, L. M. (2012). Engendering talent in others: expanding domains of giftedness and creativity. *Roeper Review, 34*, 104-113.

Ministério da Educação. (2008). *Política Nacional de Educação Especial na Perspectiva da Educação Inclusiva.* MEC/SEESP. Brasília, DF. http://portal.mec.gov.br/arquivos/pdf/politicaeducespecial.pdf.

Moreira, L. C., & Lima, D. M. M. P. (2012). Interface entre os NAAH/S e universidade: um caminho para a inclusão de alunos com altas habilidades/superdotação. In L.C. Moreira; T. Stoltz (Orgs.). *Altas habilidades/superdotação, talento, dotação e educação* (pp.143-154). Juruá Editora.

Nakano, T. C, Gomes, L. B, Zaia, P., Spadari, G. F, Miranda, M. A, & Pinto, M. M. S. (2020). Avaliação da Criatividade no Contexto das Altas Habilidades/Superdotação: Evidências de Validade. *Estudos e Pesquisas Em Psicologia, 20* (3), 835–854. https://doi.org/10.12957/epp.2020.54352.

Nakano, T. C. (2021). *Triagem de indicadores de altas habilidades/superdotação: manual técnico*. Vetor.

Nakano, T. C. (2022). Análise das diretrizes curriculares de pedagogia para formação em educação especial e altas habilidades/superdotação. *Revista Brasileira de Altas Habilidades/Superdotação*, n. esp. https://doi.org/10.56231/rbAHSD.105051.

Nakano, T. C., & Campos, C. R. (2019). Avaliação psicológica das altas habilidades/superdotação: problemas e desafios. In C. R. Campos & T. C. Nakano (Orgs.), *Avaliação Psicológica direcionada à populações específicas*: técnicas, métodos e estratégias - volume II (pp. 99-128). Vetor.

Nakano, T. C., & Siqueira, L. G. C. (2012). Validade de conteúdo da Gifted Rating Scale (versão escolar) para a população brasileira. *Avaliação Psicológica, 11*(1), 123-140.

Nakano, T. C., Gozzoli, M. Z., Alves, R. J. R., Zaia, P., & Campos, C. R. (2016). Investigación de la eficacia de una escala de evaluación de altas habilidades–versión profesor. *REXE--Revista de Estudios y Experiencias en Educación, 15*(29), 83-94. http://doi.org/10.21703/rexe.20162983945.

Nakano, T. C., Primi, R., Abreu, I. C. C., Gozzoli, M. Z., Caporossi, D. C., Miliani, A. F. M., & Martins, A. A. (2015). Bateria para avaliação das altas habilidades/superdotação: Análise dos itens via Teoria de Resposta ao Item. *Estudos de Psicologia (Campinas), 32*(4), 729-741. https://doi.org/10.1590/0103-166X2015000400016.

Negreiros, J. R. (2023). *Avaliação socioemocional de crianças com Altas Habilidades/Superdotação* [Dissertação de Mestrado]. Pontifícia Universidade Católica de Campinas, Campinas.

Negrini, T., & Freitas, S. N. (2008). A identificação e a inclusão de alunos com características de altas habilidades/superdotação: discussões pertinentes. *Revista Educação Especial*, 32, 273-284.

Oliveira, E. P. (2007). *Alunos sobredotados: a aceleração escolar como resposta educativa* [Tese de Doutorado]. Universidade do Minho, Portugal.

Oliveira, J. C., & Barbosa, A. J. G. B. (2015). Escalas de Sobre-excitabilidade: Construção e evidências de validade baseadas no conteúdo e na estrutura interna. *Psicologia: Reflexão e Crítica, 28*(4), 639-648. http://doi.org/10.1590/1678-7153.201528404.

Pedro, K. M., Ogeda, C. M. M., & Chacon, M. C. M. (2017). Verdadeiro ou falso? Uma análise dos mitos que permeiam a temática das altas habilidades/ superdotação. *Revista Educação e Emancipação*, (1), 111. https://doi.org/10.18764/2358-4319.v10n3p111-129.

Pérez, S. G. P. B. (2011). O culto aos mitos sobre as altas habilidades/superdotação? *Psicologia Argumento, 29*(67), 513-531.

Pérez, S. G. P. B. (2012). Mitos e Crenças sobre as Pessoas com Altas Habilidades: alguns aspectos que dificultam o seu atendimento. *Revista Educação Especial, 1*(1), 45–59.

Pérez, S. G. P. B. (2017). O culto aos mitos sobre as altas habilidades/superdotação? *PsicologiaArgumento, 29*(67). https://doi.org/10.7213/psicolargum.v29i67.20413.

Pérez, S. G. P. B., & Freitas, S. N. (2016). *Manual de identificação de altas habilidade/superdotação*. Apprehendere.

Pfeiffer, S. (2021). Optimizing favorable outcomes when counseling the gifted: a best practices approach. *Gifted Education International, 37*(2), 142-157.

Piske, F. H. R. (2016). Alunos com Altas Habilidades/Superdotação (AH/SD): como identificálos? In: Piske, F. H. R.; Stoltz, T., Machado, J. M., Bahia, S. (orgs.). *Altas habilidades/ Superdotação (AH/SD) e Criatividade: identificação e atendimento* (pp. 249-259). Editora Juruá.

Pocinho, M. (2009). Superdotação: conceitos e modelos de diagnóstico e intervenção psicoeducativa. *Revista Brasileira de Educação Especial, 15*(1), 3-14. https://doi.org/10.1590/ s1413-65382009000100002.

Prado, R. M., & Fleith, D. S. (2017). O papel do aconselhamento psicológico no desenvolvimento afetivo do aluno superdotado. In F. H. R. Piske et al. (Eds.), *Processos afetivos e cognitivos de superdotados e talentosos* (pp.209-224). Prisma.

Rech, A. J. D, & Freitas, S. N (2005). Uma análise dos mitos que envolvem os alunos com altas habilidades: a realidade de uma escola de Santa Maria/RS. *Revista Brasileira de Educação Especial, 11* (2), 295–314. https://doi.org/10.1590/s1413-65382005000200009.

Renzulli, J. S., & Reis, S. M. (2018). The three-ring conception of giftedness: A developmental approach for promoting creative productivity in young people. In *APA handbook of giftedness and talent* (pp. 185–199). American Psychological Association. https://doi. org/10.1037/0000038-012.

Ribeiro, W. J., Nakano, T. C., & Primi, R. (2014). Validade da estrutura fatorial de uma bateria para avaliação das altas habilidades / superdotação. *Psico, 45*(1), 100-109.

Rondini, C. A., Pedro, K. M., & Nakano, T. C. (2022). Adaptação brasileira da HOPE: escala de rastreio de superdotação. *Estudos em Avaliação Educacional, 33*, e08055. http:// doi.org/10.18222/eae/v33.8055.

Scorsolini-Comin, F., & Santos, M. A. (2010). The scientific study of happiness and health promotion: An integrative literature review. *Revista Latino-Americana de Enfermagem, 18*(3), 472-479.

Secretária de Educação Especial. (2010). *Políticas Públicas para Altas Habilidades/Superdotação.* Ministério da Educação – MEC. http://www.senado.gov.br/comissoes/CE/AP/ AP20080626_superdotados_Cl%C3%A1udiaGriboski.pdf

Sternberg, R. J., & Kaufman, S. B. (2018). Teorias e concepções de superdotação. In S.I Pfeiffer (Ed.), *Handbook of Giftedness in Children: Psychoeducational Theory, Research, and Best Practices* (pp. 29-47). Springer International Publishing. https://doi.org/10.1007/978-3-319-77004-8_3.

Suárez, J. T., & Wechsler, S. M. (2019a). Escala de identificação de talentos pelo professor, ITP: evidências de validade e precisão. *Revista Educação Especial, 32*, 1-21. http://doi. org/10.5902/1984686X30814.

Tejera, J. P., Borges del Rosal, Á., & Rodríguez-Naveiras, E. (2017). Conhecimentos e mitos sobre altas capacidades. *Talincrea. Revista de Talento, Inteligencia y Creatividad, 4* (1), 40–51.

Valadez, M.D. (2010). Estados emocionales em ninos y ninas com alta dotación. In K. Morales Chacon (Org.), *Alta dotación y talentos en la ninez: aspectos básicos* (pp.37-52). C.R. Litografia e Imprenta.

Vieira, N. J. W. (2010). Políticas públicas educacionais no Rio Grande do Sul: indicadores para discussão e análise na área das altas habilidades/superdotação. *Revista Educação Especial, 23*(37), 273-286.

Virgolim, A. (2021). As vulnerabilidades das habilidades e superdotação: questões sociocognitivas e afetivas. *Educar Em Revista*, 37. https://doi.org/10.1590/0104-4060.81543.

Vreys C., Ndungbogun G. N., Kieboom T., Venderickx K. (2018). Training effects on Belgian preschool and primary school teachers' attitudes towards the best practices for gifted children. *High Ability Studies*, 29(1), 3–22. https://doi.org/10.1080/13598139.2017.1312295.

Wechsler, S. M., Blumen, S., & Bendelman, K. (2018). Challenges on the identification and development of giftedness in South America. In S. I. Pfeiffer, E. E. E. Schunessy-Dedrick, & M. Foley-Nicpon (Ogs.). *APA Handbook of giftedness and Talent* (pp. 97-112). American Psychological Association.

Wellisch, M., & Brown, J. (2012). An Integrated Identification and Intervantion Model for Inttelectually Gifted Children. *Journal of Advanced Academics, 23(*2), 145-167. https://doi.org/10.1177/1932202X12438877.

Zaia, P., & Nakano, T. C. (2020). Escala de Identificação das Altas Habilidades / Superdotação: Evidências de Validade de Critério. *Revista Iberoamericana de Diagnóstico y Evaluación - e Avaliação Psicológica, 55*(2). https://doi.org/10.21865/ridep55.2.03.

Zaia, P., & Nakano, T. C. (2023). *Escala de Identificação das Características de Altas Habilidades / Superdotação - EICAS-AH/SD*. Vetor.

Zaia, P., Nakano, T. C., & Peixoto, E. M. (2018). Scale for Identification of Characteristics of Giftedness: Internal structure analysis. *Estudos de Psicologia (Campinas), 35*(1), 39–51. https://doi.org/10.1590/1982-02752018000100005.

A AVALIAÇÃO PSICOLÓGICA DOS ASPECTOS DESENVOLVIMENTAIS INFANTO-JUVENIS NA SAÚDE MENTAL (SUS): UMA PERSPECTIVA BIOECOLÓGICA

Michel de Rezende Costa · FUNDAÇÃO PRESIDENTE ANTÔNIO CARLOS (FUPAC-MG)

Isabella Pippa Ferreira Freitas · MEMBRO DA COMISSÃO DE AVALIAÇÃO PSICOLÓGICA (CRP/04)

1 INTRODUÇÃO

Na História da Psicologia, a Avaliação Psicológica realizou seus primeiros passos em 1905, por meio do teste criado por Binet e Simon. Ele tinha como foco avaliar crianças das escolas de Paris e separá-las por suas habilidades, dando início ao campo da Avaliação Psicológica de crianças. Outro marco importante para a Avaliação Psicológica aconteceu em 1917 nos Estados Unidos. Diante da Primeira Guerra Mundial, o foco se desenvolve nos processos em avaliar, de forma rápida, recrutas para saber suas condições intelectuais e emocionais (Nunes et al, 2017).

Segundo a Cartilha de Avaliação Psicológica do Conselho Federal de Psicologia (2022):

> A avaliação psicológica é um processo técnico e científico realizado com pessoas ou grupos de pessoas que, de acordo com cada área do conhecimento e com as demandas exigidas, requer metodologia específicas. A ... [Resolução CFP Nº31/2022], em vigência define a avaliação psicológica como um processo estruturado de investigação de fenômenos psicológicos, composto de métodos, técnicas e instrumentos, com o objetivo de prover a tomada de decisão, no âmbito individual, grupal ou institucional com base nas demandas, condições e finalidade específicas. (p.9)

A Avaliação Psicológica, enquanto área de conhecimentos das/dos psicólogas/os, traz contribuições substanciais para pensar intervenções no âmbito da saúde mental de crianças e de adolescentes. A definição sobre saúde mental está para além da ausência/presença de transtorno mental. De acordo com a Organização Mundial da Saúde (OMS), saúde mental está ligada ao bem-estar do indivíduo e como ele usa suas capacidades para lidar com as diversas situações de sua vida, desde os momentos mais conturbados até os momentos de equilíbrio. A saúde mental implica muito mais que a ausência de doenças mentais. Em linhas gerais, saúde mental envolve a relação das pessoas com a comunidade e a integração das suas características afetivas, cognitivas, volitivas, as suas construções de mundo e as perspectivas em relação ao passado, ao presente e ao futuro com a comunidade em que está inserida (Eriksson et al., 2018). A saúde mental envolve características singulares e, ao mesmo tempo, o campo de relações construídas pela pessoa com a comunidade e com a sociedade a que pertence (Lancetti & Amarante, 2012). Trata-se concomitantemente com a produção de estratégias de enfrentamento a possíveis situações que colocam em risco a estabilidade da saúde mental como o estresse, mudanças bruscas no ambiente e na disponibilidade de recursos para a manutenção do bem-estar biopsicossocial.

Uma acurada avaliação psicológica da saúde mental com uso de metodologias eficazes e de fundamentos científicos consistentes favorece a tomada de decisões e a estruturação de intervenções que propiciem a qualidade de vida do usuário atendido pelos serviços de saúde. Para isso, neste capítulo, a autora e o autor apresentam os construtos importantes da teoria bioecológica de Uriel Bronfenbrenner (2004), que podem auxiliar na avaliação, posteriormente, no estudo de casos e no acompanhamento integral da criança e do adolescente nos serviços da Rede de Atenção Psicossocial (RAPS) e, em especial, na atenção primária. Sabe-se que uma parcela dos processos de adoecimento e de comprometimento grave da funcionalidade na adultez tem suas origens na infância e na adolescência (Eriksson et al., 2018).

As discussões construídas neste capítulo parte dos desafios que se encontra na efetivação da avaliação psicológica dentro das intervenções no âmbito da saúde mental voltados a essa população mediante os inúmeros problemas que enfrentam o Sistema Único de Saúde (SUS), tais como: dificuldades de financiamento, problemas na infraestrutura dos serviços, fragmentação no acompanhamento e suporte dos casos, reducionismo nas análises em relação aos processos de adoecimento mental, entre outros (Mendes, 2011).

O SUS, enquanto rede, deve ser compreendido como um arranjo de conexões de serviços que funcionam de modo integrado e sua atuação deve estar de acordo com as especificidades de cada cidadã/cidadão e o território em que está inserida/o. Para entender essa rede, é necessário esclarecer o caráter hierárquico de organização dos serviços: a Atenção Primária em Saúde (APS), que envolve principalmente a Estratégia de Saúde da Família (ESF); a atenção secundária com vários serviços especializados, como Centros Regionais de Saúde, hospitais gerais e serviços de especialidades de média complexidade; e, por fim, a atenção terciária com serviços de alta complexidade, como as Unidades de Terapia Intensiva (UTI's) e centros de tratamento de alta complexidade (Mendes, 2011). Intervenções na área da saúde mental envolvem cada um dos serviços de saúde, uma vez que, apesar das particularidades de cada serviço, o princípio da integralidade não deve ser perdido, sendo a condição fundamental para as práticas de humanização no SUS.

Adentrando nessa rede, o SUS se organiza de acordo com demandas específicas da população que envolvem situações de vulnerabilidade psicossocial e agravos que atingem, por exemplo, as pessoas com sofrimento mental. Essa rede, denominada como Rede de Atenção Psicossocial (RAPS), envolve um conjunto de dispositivos e de serviços nas três esferas de atenção da saúde e tem, no Centro de Atenção Psicossocial (CAPS), o serviço com maior centralidade e organizador do acompanhamento dos casos de maior gravidade. Os CAPS's atendem a população com transtorno mental grave. Eles são organizados de acordo com a base territorial (I, II e III) e mediante demandas específicas - CAPSad (atende o público com agravos em relação ao uso abusivo de substâncias psicoativas), o CAPSi (público infanto-juvenil) (Brasil, Portaria nº336, de 19 de fevereiro de 2002). Com relação ao acompanhamento de crianças e de adolescentes, que envolve do nascimento aos 18 anos, as Redes de Atenção Psicossociais possuem, muitas vezes, poucos serviços especializados disponíveis. A presença de Centros de Atenção Psicossocial infanto-juvenis no país, em junho de 2022, era de apenas 256 CAPSi habilitados para atendimento dessa população. No estado de Minas Gerais, havia somente 41 CAPSi´s para atender uma demanda crescente de um estado que tem dimensões territoriais maiores que muitos países do continente americano (Brasil, 2022).

No âmbito da atenção primária, por exemplo, apesar de ser também a responsável pela porta de entrada para as questões relativas à promoção e ao cuidado na área da saúde mental, os casos de maior gravidade são conduzidos para ambulatórios, CAPSi e outros serviços especializados. No entanto, um ponto preocupante é que essa condução à atenção secundária pode representar muitas vezes o "apagamento" dessa pessoa no âmbito da atenção primária, ou seja, "os profissionais podem perdê-la na rede", e os serviços se tornarem altamente inoperantes. Isso ocorre quando se tem uma visão hegemônica da saúde "por especialidades" e sob a ótica das atuações dos profissionais que sobrepõe aos usuários dos serviços (Mendes, 2011; Camargo et al., 2023).

Apesar dos desafios, a construção do campo da saúde mental no Brasil é marcada pelas questões históricas e epistêmicas que culminam com a Reforma Psiquiátrica e a tentativa de superação de modelos *hospitalocêntricos* e *farmacocêntricos*. Os desafios, em momento algum, devem representar retrocessos ou a reafirmação de práticas ultrapassadas centradas na atuação médica e manicomial. Esse movimento no âmbito da estruturação do SUS enfatiza que as práticas em saúde mental nos serviços públicos possuem um caráter psicossocial, ressaltando a importância do território e da comunidade como lugares privilegiados para a promoção e para o cuidado das pessoas em sofrimento psíquico. As intervenções são estruturadas não somente por serviços específicos na saúde, mas por uma rede que se amplifica com os dispositivos em âmbito comunitário de presença dos usuários da saúde mental (escolas, associações, serviços da proteção social básica e especializada, entre outros).

Embora haja um delineamento da Rede de Atenção Psicossocial (RAPS) para uma visão integral dos usuários, ainda é comum, nos encaminhamentos e na operacionalização em alguns serviços de saúde, restringirem a pessoa somente a uma categoria diagnóstica de modelo biomédico. Essa redução ocorre devido às transformações lentas na visão sobre a loucura e ao enraizamento cultural de centralidade do médico para validar a doença e o sofrimento mental. Além disso, muitas vezes, é presente um diagnóstico cristalizado dos transtornos mentais por meio da estigmatização dos usuários. Tais atitudes infelizmente são reproduzidas por profissionais da saúde que possuem deficiências em suas formações e não foram preparados para lidar com as realidades complexas do SUS (Mendes, 2011).

Destaca-se ainda, como problema, os diagnósticos arbitrários estruturados no âmbito educacional e a tendência perigosa atual de *psiquiatrização*, de *psicologização* e de *medicalização* de crianças e de adolescentes que atravessam vulnerabilidades sociais, inadequações aos modelos excludentes de aprendizagem no contexto educacional e escolar e que são conduzidos a um tratamento nos serviços de saúde para a solução de problemas que devem ser discutidos em outros níveis (Dalgalarrondo, 2019; Leitão et al., 2020; Beltrame & Boarini, 2013). É fundamental compreender a criança e o adolescente em seu sofrimento mental e utilizar-se de processos diagnósticos no sentido de oferecer as ferramentas necessárias que garantam seu amadurecimento e sua participação na sociedade. Entretanto, é imprescindível o questionamento em torno da epidemia de diagnósticos cristalizados e da patologização da infância e da adolescência.

É dentro desse fazer que a Avaliação Psicológica propicia o reconhecimento dos fenômenos e dos processos psicológicos, por meio de procedimentos diagnósticos e prognósticos, e como campo de pesquisa e de intervenção a contribuir na construção de medidas capazes de acolher e de auxiliar os usuários a estruturarem práticas de cuidado da saúde mental. A avaliação psicológica, conforme definição presente na Resolução nº31/2022 (CFP, 2022), trata-se de um processo científico investigativo consolidado em instrumentos que servirão de base para que a/o profissional de Psicologia possa estruturar intervenções efetivas e fundamentadas eticamente nos direitos humanos. Tal definição em certo aspecto faz intersecção com as práticas e com os princípios norteadores da saúde mental no Sistema Único de Saúde. Os resultados e as conclusões de um processo de avaliação psicológica consistente podem servir para a estruturação das intervenções e a construção de suporte longitudinal à criança e ao adolescente, auxiliando a/o profissional de Psicologia na tomada de decisões e no diálogo com toda a equipe de saúde sobre aspectos desenvolvimentais importantes da/do usuário.

2 PRESSUPOSTOS PARA AVALIAÇÃO PSICOLÓGICA EM CRIANÇAS E ADOLESCENTES

A Avaliação Psicológica, enquanto prática científica, envolve "a observação sistemática do fenômeno estudado, o levantamento de hipóteses e a busca de evidências que confirmem ou refutem as hipóteses levantadas" (Reppold et al., 2019,

p. 16). Ao longo da história da Avaliação Psicológica, é possível acompanhar as descobertas, as críticas e, ao mesmo tempo, a ampliação de instrumentos e de técnicas interventivas capazes de oferecerem robustez na atuação da/do profissional de Psicologia.

A Avaliação Psicológica não pode ser confundida com a testagem. Ela envolve um processo mais amplo e contextualizado que necessita de amplo conhecimento da/do profissional de processos que envolvem o campo da psicologia social, psicopatologia, história da psicologia, teorias da personalidade e do desenvolvimento humano, entre outros. A Psicologia é uma ciência múltipla e que mantém diálogo com os vários campos investigativos das ciências humanas, sociais e da saúde. Esse diálogo permite que, por exemplo, a avaliação psicológica não seja a estigmatização da pessoa pelo seu fracasso. Em um passado remoto, muitas avaliações atreladas a uma Psicologia alienada das questões contextuais e culturais justificaram erroneamente práticas de exclusão e de negação aos Direitos Humanos (Patto, 2015; Nakano & Roama-Alves, 2019).

A história da Psicologia no Brasil, enquanto ciência e profissão, tem intersecções com a Avaliação Psicológica (Nakano & Roama-Alves, 2019). As visões fantasmagóricas que fazem ainda na atualidade com que a Avaliação Psicológica seja vista com certa esquiva por algumas/alguns profissionais não contempla as transformações ocorridas nas últimas décadas com relação às revisões teóricas, conceituais e práticas que perpassam o campo. O passado da Psicologia e, consequentemente, da Avaliação Psicológica deve ser rememorado para que na contemporaneidade as/os profissionais saibam o lugar e a importância das suas práticas na promoção da cidadania e no fortalecimento de espaços democráticos dentro das políticas públicas.

Esse solo sobre o qual se estrutura as pesquisas da Avaliação Psicológica no que tange aos aspectos desenvolvimentais da criança e do adolescente não se restringe à avaliação das características típicas/atípicas em cada fase. Sabe-se que o que se demarca, se delimita e se espera do comportamento, da inserção e da participação social da criança e do adolescente depende das construções sócio-históricas em torno dessas fases da vida (Ariès, 1978). No caso do Brasil, ainda, as questões estruturais das desigualdades econômicas, das questões étnico-raciais e de gênero delimitam a trajetória e o destino das crianças e dos adolescentes (Priore, 2013). No processo da Avaliação Psicológica desse público, as singularidades da trajetória de vida de cada avaliando é uma resposta diante das marcas históricas, das presenças e das ausências das políticas públicas na área educacional, da saúde e da proteção social.

A dialética entre os aspectos singulares e sociais devem ser mantidos durante o processo avaliativo em conjunto com uma investigação dos aspectos biológicos, de amadurecimento das funções psicológicas, de funcionalidade e de recursos ambientais que favorecem ou apresentam-se como obstáculo para a interação do avaliando. A observação atenta desses aspectos auxilia, por exemplo, que profissionais da atenção primária ou de um serviço especializado na área da saúde mental possam estruturar intervenções que levam em consideração um cuidado integral e longitudinal (Moskovics & Machado, 2019).

A Avaliação Psicológica, de acordo com a Resolução 31/2022, envolve o uso de fontes fundamentais e complementares de informação. Na resolução, são fontes fundamentais o uso de algumas dessas ferramentas: entrevistas, testes psicológicos aprovados pelo CFP, anamneses, protocolos de registros comportamentais realizados em grupo ou individualmente. As fontes secundárias envolvem a aplicação de técnicas e de instrumentos não psicológicos, mas que tenham fundamentação científica, e a consulta a outros documentos multiprofissionais em relação ao caso.

Importante destacar que, como objeto de controvérsia, encontra-se a necessidade de utilizar testes psicológicos aprovados pelo CFP para ser considerado um processo de avaliação psicológica em *stricto sensu*, principalmente para fins de psicodiagnóstico (Krug et al., 2016; Reppold et al., 2019). Essa situação, muitas vezes, pode ser utilizada para justificar a inadequação de processos de avaliação psicológica dentro da saúde mental. Todavia, tal posicionamento pode esconder a dificuldade da/do profissional em realizar o procedimento, em explicitar um equívoco na compreensão da própria Resolução 31/2022 ou ainda em pensar que a Avaliação Psicológica e, em específico, o psicodiagnóstico se restringe aos modelos de *settings* tradicionais.

Com relação às questões técnicas da Avaliação Psicológica desse público, é importante que a/o profissional utilize instrumentos e intervenções que tenham fundamentação científica. Por outro lado, coloca-se, por exemplo, o risco no uso de práticas não reconhecidas atualmente pelo Conselho Federal de Psicologia (CFP) como a "constelação familiar", "grafologia" e outras que favorecem estigmatizações e conclusões falaciosas, colocando em risco todo o processo de acompanhamentos de crianças e de adolescentes na rede de saúde mental.

Ainda, destaca-se que a/o profissional tenha cuidado em relação ao sigilo e à condução do caso a fim de não expor a criança e o adolescente de modo indevido ou potencializar situações de mais sofrimento. Do ponto de vista organizativo, é importante que a/o profissional tenha autorização por escrito das/dos responsáveis legais do menor para a realização dos procedimentos. A Resolução nº 13/2022 coloca essa obrigatoriedade para os processos de psicoterapia com a disponibilização de um modelo de autorização. Para fins de resguardo da/do profissional, considera-se importante adotar essa autorização também nos processos de avaliação psicológica. Para a realização de etapas posteriores com a criança após encaminhamento e primeiro acolhimento, Serafim (2016) orienta que, se o avaliando for uma criança, o melhor é entrevistar primeiro as/os responsáveis sem a presença do menor e, posteriormente, este. No caso de adolescentes, devido a características de busca de autonomia e de afirmação de identidade, pode ser feito primeiramente com o avaliando. Os casos específicos de mudanças na ordem das entrevistas devem ser avaliados pela/o profissional.

3 O MODELO BIOECOLÓGICO NA AVALIAÇÃO PSICOLÓGICA DOS ASPECTOS DESENVOLVIMENTAIS

O modelo bioecológico de Uriel Bronfenbrenner (2004), nos contextos de avaliação psicológica, pode fornecer compreensões importantes da relação da criança e do adolescente no contexto em que pertencem. Esse modelo, pelo fato de se fundamentar na sistemática ecológica, mediante os pilares Processo-Pessoa-Contexto-Tempo (PPCT), auxilia a/o profissional a entender as influências e as interações do avaliando no território e como tais fatores demarcam o seu desenvolvimento (Eriksson et al., 2018). Em cada fase da vida, a criança e o adolescente têm modos de explorar, de se apropriar, de internalizar e de interagir com o ambiente. Ao mesmo tempo, eles apresentam características particulares realçadas por processos onto e filogenéticos que devem ser bem investigados pela/o profissional, mediante o aparato técnico-científico que caracterizam as práticas observacionais, de organização de entrevistas e de outros instrumentos. Além disso, o modelo bioecológico pode ser útil para a estruturação dessas ferramentas, bem como contribuir na integração de resultados e elaboração de estratégias interventivas pela equipe de saúde.

Se inicialmente as pesquisas na área da Psicologia interessavam principalmente no desenvolvimento causalístico das crianças e dos adolescentes e em fornecer modelos universais para descrevê-lo, progressivamente, há uma transformação na necessidade de compreender aspectos contextuais. Abandona-se a ênfase pelos estudos das patologias ou das anormalidades a atingir o desenvolvimento de um determinado grupo etário para a compreensão das potencialidades, de capacidade de resiliência do comportamento humano ou do estudo das estratégias utilizadas pelo sujeito para superar as barreiras e as dificuldades ambientais (Paludo & Koller, 2007). Segundo Sifuentes et al. (2007), deixa a compreensão de um estado ideal de desenvolvimento normal para traçar um *curso da vida* em que os processos sociais, econômicos e culturais vivenciados pela pessoa são sistemas em que se estabelecem relações probabilísticas com o seu desenvolvimento e, consequentemente, com as transformações da pessoa em um curso histórico.

Nessa lógica, nasce o modelo bioecológico com a proposta compreensiva do desenvolvimento partindo das experiências e do mundo fenomênico das relações humanas, dando o devido valor à pessoa e ao ambiente. Esse modelo, já nos anos 60, foi útil na pesquisa sobre a influência dos processos parentais no desenvolvimento da criança e, nas outras décadas, amplia-se a sua aplicação nas pesquisas sobre desenvolvimento do estudante dentro do contexto escolar e na importância de discutir políticas públicas efetivas para propiciar situações favoráveis ao desenvolvimento de crianças e de jovens (Sifuentes et al., 2007).

A fecundidade da abordagem bioecológica nesses contextos e em outros se dá principalmente pelas suas propriedades e suas fundamentações teóricas que interrelacionam múltiplos olhares sobre os processos interacionais a demarcar o cotidiano do ser humano. O desenvolvimento se dá em fluxo intermitente e dinâmico a demarcar o ciclo de vida de cada pessoa de acordo com as experiências realizadas (Abreu et al., 2015). A/O profissional dirige o seu olhar para os vetores e para os sistemas de forças a atuarem nas interações, sendo que podem ser de coação, continuidade e descontinuidade ou bidirecionais na modificação dos processos evolutivos (Sifuentes et al., 2007). Esses sistemas interacionais que estão inseridos o adolescente e a criança são propulsores do desenvolvimento e demarcam qualitativamente as habilidades e as características biopsíquicas consolidadas por eles em um determinado ciclo de vida (Eriksson et al., 2018).

Quanto aos contextos, há os diversos níveis de análise que envolvem desde as relações próximas até as situações provenientes das questões culturais, políticas e sociais que as crianças e os adolescentes estão inseridos. Bronfenbrenner (2004, p.175) compreende, dentro do microssistema, as relações face a face que a pessoa em desenvolvimento usufrui e proporciona-lhe troca de experiências, à medida que acessa e utiliza um sistema de símbolos, convive e constrói relação com os objetos significativos nos ambientes que frequenta (Eriksson et al., 2018). Por um lado, nesse nível, há a necessidade de observar os aspectos biológicos, genéticos, psicológicos (idade, cognição, fatores emocionais, temperamento, habilidades socioemocionais e comunicativas, funcionalidade) e sociais (questões raciais e de gênero) que caracterizam a pessoa (Abreu et al., 2015). Porém, ainda, dentro desse microssistema, encontra-se a família, grupos de amigos, lazer, ambiente acadêmico, entre outros. No caso das crianças e dos adolescentes, as experiências nesse nível sistêmico são ricas, complexas e diversificadas, as quais podem proporcionar um diferencial na sua formação e explicitar aspectos de vulnerabilidade para o adoecimento psíquico. Em geral, sistemas sociais com maior estabilidade e mais flexíveis contribuem para um amadurecimento ou fornecem os recursos necessários para que a/o avaliando tenha a proteção necessária para criar autonomia (Borges & Barletta, 2015). Mediante a noção de "características desenvolvimentalmente instigadoras" (Bronfenbrenner,2004, p.130), é possível pensar se as interações realizadas pela criança e pelo adolescente no contexto familiar, na escola, nos grupos comunitários fazem com que eles se envolvam em atividades que provocam o amadurecimento de qualidades e de habilidades necessárias para a negociação dos problemas enfrentados no cotidiano e pouco prováveis de serem aprendidas e trabalhadas somente em um contexto isolado.

Seguindo a análise contextual sistêmica, Bronfenbrenner (2004, p. 176) refere-se ao mesossistema no contato de dois ou mais ambientes diferenciados em que a pessoa em desenvolvimento se encontra. Nesse nível, a criança e o adolescente podem relacionar-se entre vários contextos: sua casa e a escola, grupos comunitários e a família, serviços de saúde e o grupo de convívio, sua família e as preferências culturais, religiosas, entre outros arranjos. Essas variadas relações ambientais, problemas ou ganhos podem motivar a criança em suas atividades escolares ou situações familiares podem fazer com que os adolescentes se mantenham distantes de determinados grupos da comunidade. Nesse nível, é importante considerar o nível de flexibilidade e a riqueza de repertórios comportamentais que a criança e o adolescente podem apresentar na interação com os grupos. Destaca-se o seu nível de engajamento e como constrói suas relações afetivas nos variados grupos que movimenta, bem como os valores, os rituais e as visões de mundo de um determinado grupo influenciam nas posturas e comportamentos que a/o avalianda/o pode ter em determinadas circunstâncias.

O exossistema corresponde a interação entre contextos diferenciados, sendo que em um a pessoa não participa diretamente, mas o ambiente influencia direta ou indiretamente em seu desenvolvimento e escolhas (Bronfenbrenner, 2004). Como exemplo, é possível englobar a interferência da disponibilidade de determinados serviços na área da proteção social básica, educacional ou da saúde que auxiliam as/os responsáveis legais do menor nas tarefas cotidianas e na estabilidade em face da violência, do desemprego e das sobrecargas das obrigações sociais (Borges & Barletta, 2015). Responsáveis legais com maior sobrecarga e sem o apoio de políticas públicas podem ter dificuldades no suporte às crianças e aos adolescentes (Porto et al., 2019). Consequentemente, situações de maior estresse de cuidadores vulnerabilizam as crianças e os adolescentes para os processos de adoecimento mental. Por outro lado, uma maior estabilização do emprego, fortalecimento de vínculos comunitários e de apoio às/aos responsáveis legais podem representar mais segurança para o desenvolvimento das crianças e dos adolescentes.

Por fim, encontra-se o macrossistema. Ele consiste nas estruturas sociais responsáveis por auxiliar na construção dos valores e da ética, modos de vida, compreensão sobre a organização da sociedade e suas possíveis mudanças. Em geral, "O macrossistema pode ser definido como um modelo social para determinada cultura, subcultura ou outro contexto mais amplo" (Bronfenbrenner, 2004, p.177). No macrossistema, reúnem-se as políticas de educação, a compreensão na sociedade sobre os direitos da criança e do adolescente, entre outros. Na saúde, em referência a uma lei que fundamenta este nível, encontra-se a que regula o funcionamento do SUS (Lei 8080/1990). Em seu artigo 3º, ressalta sobre a impossibilidade de construir práticas de saúde se desconsiderar as condições como "a alimentação, a moradia, o saneamento básico, o meio ambiente, o trabalho, a renda, a educação, a atividade física, o transporte, o lazer e o acesso aos bens e serviços essenciais" (Brasil, 1990). Concomitante às questões jurídicas, é importante observar nesse nível como o país tem respondido no combate ao racismo e às práticas de preconceito e de violência de gênero que atingem de modo mais contundente às mulheres e à população LGBTTQIA+. A criança e o adolescente sentem o impacto dessas questões e como elas afetam o processo de saúde-doença e o seu desenvolvimento biopsicossocial.

Quanto à questão temporal, Bronfenbrenner (2004, p.116) refere à análise do desenvolvimento em uma perspectiva do cronossistema. No fenômeno em questão, pode-se refletir o impacto das escolhas da criança e do adolescente ao longo do tempo quanto às relações próximas, com os diversos ambientes e as mudanças desenvolvimentais. Nesse nível, enquanto relações proximais da criança e do adolescente se interessam sobre a manutenção ou não de vínculos e de amizades de grupos conviventes nos grupos sociais que participam, nas habilidades aprendidas nesse convívio e favorecedoras ao longo do tempo nas práticas que levam ao amadurecimento e a crises, entre outros. O acompanhamento longitudinal realizado no âmbito da atenção primária com avaliações psicológicas periódicas da criança e do adolescente pode fornecer à/ao psicóloga/ psicólogo e aos demais profissionais que compõem a equipe multidisciplinar os avanços, as consolidações e o que precisa de dar maior apoio à/ao avalianda/o.

4 ASPECTOS PRÁTICOS DA AVALIAÇÃO PSICOLÓGICA DE CRIANÇAS E DE ADOLESCENTES

No processo de organização de uma avaliação psicológica na atenção primária, atualmente, é possível a utilização de modelos de entrevistas, de anamneses e de outras técnicas que podem ampliar a visão sobre os casos acompanhados pela equipe, nos processos de matriciamento e, ao mesmo tempo, fornecer pressupostos efetivos para a elaboração conjunta com as/os atendidos pelos serviços de saúde dos projetos terapêuticos singulares (PTS). Nesta parte do capítulo, expõe-se algumas ferramentas úteis, mas que nunca devem se sobrepor a uma escuta atenta e uma entrevista aprimorada do caso. Vale ressaltar que a dimensão investigativa, a articulação da teoria científica e prática devem ser a tônica a organizar os passos e percursos a serem realizados durante a avaliação psicológica dos aspectos relacionados à saúde mental de crianças e de adolescentes no contexto da atenção primária.

Tabela 1 · Instrumentos investigativos que podem integrar o processo de avaliação psicológica de crianças e de adolescentes.

Instrumento	Tipo de instrumento	Finalidade
CIF-CJ: Classificação Internacional de funcionalidade, Incapacidade e saúde: versão crianças e adolescentes	Escala	Avalia as relações entre incapacidade e funcionalidade (capacidade para a pessoa realizar atividades de vida diária - AVD's - e atividades instrumentais de vida diária - AIVD's -, necessidade de suporte, acesso às políticas públicas). (Organização Mundial de Saúde, 2011).
Miniexame do estado mental	Teste	Teste que possibilita ao profissional checar o funcionamento de funções psíquicas como orientação (alo e autopsíquica), memória, atenção, raciocínio e linguagem. Fundamental utilizar o teste adaptado para contexto infanto-juvenil. (Moura et al., 2017; Salvador et al., 2019).

Instrumento	Tipo de instrumento	Finalidade
Entrevista Clínica Estruturada para os transtornos do DSM-5	Entrevista	Entrevista de acordo com os modelos diagnósticos propostos pela versão mais recente do DSM-5. Auxilia no direcionamento de questões que elucidem melhor as possibilidades de diagnóstico e podem servir de fundamento para a estruturação de observações diretas ou indiretas do contexto da criança e do adolescente (American Psychiatric Association, 2017).
Hora do Jogo Diagnóstica / Entrevista lúdica diagnóstica	Entrevista / técnica investigativa	Trata-se de uma das técnicas mais antigas utilizadas por profissionais da área para investigar aspectos interacionais da criança com o ambiente ou ainda, por meio do brincar e dos jogos, como ela traduz suas experiências psíquicas. Para essa atividade, é importante ter materiais como papel, lápis, giz de cera, jogos (dama, xadrez, baralhos, dominó), livros de história, entre outros. O importante é ter momentos de maior liberdade e, em outros, possíveis direcionamentos, observando a reação da criança/ do adolescente (Krug et al., 2016).
ECOMAPA	Técnica investigativa	Busca-se representar as relações da criança e do adolescente com sua família e com sua comunidade. Nele, é possível representar as relações que menos ou mais influenciam a criança e o adolescente e os lugares/ as instituições sociais que fazem parte do contexto desenvolvimental destes. Destaca-se a possibilidade da/ do profissional construir representações gráficas em que é possível oferecer à equipe da atenção primária uma visão dos múltiplos sistemas que demarcam e influenciam o cotidiano da criança / do adolescente. É uma ferramenta rica para as reuniões de equipe, estudos de caso e processos de matriciamento (Slomp et al., 2022).
Genograma	Técnica investigativa	Importante para descrever as interações e processos relacionais presentes na vida da criança e do adolescente no contexto familiar. Da mesma forma, como o ECOMAPA, o genograma pode subsidiar os estudos de caso pela equipe da Estratégia de Saúde da Família (ESF) e outros setores da saúde (Castoldi et al, 2006).
Técnicas de desenho	Técnica investigativa	Durante a aplicação da técnica, pode-se solicitar à criança e ao adolescente para desenhar em uma folha A4 temas como família, casa, árvore, pessoa ou livremente entre várias possibilidades. Pode-se usar lápis de cor ou giz de cera ou ainda somente o lápis, A4 e borracha. O desenho é uma técnica expressiva fundamental para que a/o psicóloga(o) explore aspectos do funcionamento da personalidade da criança e do adolescente à medida que projeta na folha suas vivências (Hammer, 1981). Importante destacar que, apesar de possuir semelhanças com o Teste HTP (House-Tree-Person), não se trata da mesma técnica, uma vez que o HTP possui validação e material próprio de acordo com dados do Sistema de Avaliação de Testes Psicológicos (SATEPSI).

Instrumento	Tipo de instrumento	Finalidade
Técnica dos Desenhos-Estórias e Desenhos de Família com Estórias	Técnica investigativa	Procedimento organizado por Walter Trinca (2013), que tem a finalidade de explorar aspectos do funcionamento da personalidade mediante a capacidade da criança e do adolescente em projetar nas folhas desenhos e em contar histórias que remetem o seu funcionamento psíquico
Baterias de testes de avaliação neuropsicológica	Técnicas investigativas	A/O profissional avalia o funcionamento de funções psíquicas como raciocínio, memória, atenção, funções executivas, psicomotricidade e linguagem. Destacam-se os seguintes testes: Teste dos Nove Pinos, Teste de Stroop, Teste dos Cubos de Corsi, Torre de Hanói, Torre de Londres, Teste dos cinco Dígitos, leitura de palavras e de pseudopalavras, entre outros. Alguns dos instrumentos podem ser adquiridos ou é possível encontrar textos científicos sobre como organizá-los e indicadores comparativos com populações da faixa etária avaliada. (Malloy-Diniz et al., 2010).
Instrumento de Avaliação da Qualidade de Vida da OMS - *World Health Organization Quality of Life* (WHOQOL-100)	Escala	A avaliação da qualidade de vida em crianças e em adolescentes envolve um cuidado atento em descrever aspectos adaptativos e de resiliência nos diversos contextos em que estão inseridas. Nela, é possível a/o psicóloga /o avaliar aspectos biopsicossociais que impactam nos processos de saúde-doença no avaliando (Fleck, 2000).
Escala Multidimensional de Ansiedade para Crianças (MASC)	Escala	Escala de rastreamento de ansiedade em crianças e em adolescentes com interferência desta nas diversas atividades que realizam cotidianamente (Freitas et al., 2018).
Escala para Avaliação de Depressão em Crianças (CDRS-R)	Escala	Fornece indicadores com relação ao funcionamento afetivo da criança e do adolescente (Pereira & Amaral, 2004).
Child Behavior Checklist (CBCL)	Escala	Importante para o rastreio de problemas de comportamento de crianças e de adolescentes (depressão, ansiedade, retraimento social, pensamentos, entre outros) e suas interações sociais. (Wielewicki et al., 2011).
Escalas de avaliação de uso de substância psicoativa - CRAFFT - CESARE	Escala	Escala utilizada para avaliar o uso e a dependência de substância psicoativa em adolescentes (Pereira et al., 2016).

Os instrumentos citados devem ser subsidiados com outros momentos que demarcam a avaliação psicológica no campo da saúde mental da criança e do adolescente. As entrevistas ou a anamnese com os responsáveis legais e com os que possuem maior proximidade afetiva são fontes primárias de informação. Elas são necessárias para que a/o profissional estabeleça correlações possíveis com outras fontes de informação como as citadas na tabela 1.

Conjuntamente, ainda é possível organizar observações diretas e visitas aos ambientes em que a criança e o adolescente frequentam (escolas, creches, associações, entre outros) (Nunes et al, 2017). Essas visitas devem ser combinadas previamente com os envolvidos na avaliação e devem seguir o rigor ético para que tais situações não representem um desrespeito à intimidade de quem passa pela avaliação.

5 CONCLUSÃO

Por fim, a avaliação culmina com possíveis tomadas de decisão e emissões de laudos que servirão para encaminhar a criança e o adolescente quando for a situação que necessite de suporte em outros serviços da rede de atenção psicossocial. Destaca-se, porém, que tal processo culmina com as múltiplas possibilidades de apoio e de suporte na própria atenção primária com a inserção em atividades desenvolvidas na própria comunidade da criança e do adolescente. O questionamento que sustenta uma boa conclusão do processo avaliativo deve ser: quais dispositivos e recursos presentes na comunidade e nas diversas intervenções em saúde na comunidade que auxiliem o avaliado com intervenções terapêuticas de apoio e de cuidado integral? Mediante a avaliação realizada, quais as reflexões que a/o profissional de psicologia pode propiciar nas reuniões de equipe e de matriciamento a respeito do caso? Quais as possíveis orientações a serem estruturadas com os envolvidos na avaliação? Caso a/o profissional não consiga respostas consistentes e bem elaboradas dessas perguntas, é importante que revise metodologias e reorganize os processos da avaliação psicológica no contexto apresentado neste capítulo.

REFERÊNCIAS

Abreu,S., Barletta, J. B.,& Murta, S.G. (2015). Prevenção e promoção em saúde mental: pressupostos teóricos e marcos conceituais. In Murta, S.G., Leandro-França, C., & Polejack, L. (org.). *Prevenção e promoção em saúde mental:* fundamentos, planejamento e estratégias de intervenção (Cap. 2, pp.54- 74). Novo Hamburgo: Synopysis.

Amarante, P. (2007) *Saúde mental e atenção psicossocial.* Rio de Janeiro: Fiocruz.

American Psychiatric Association (2017). *Entrevista clínica estruturada para os transtornos do DSM-5: SCID-5.* Porto Alegre: Artmed.

Ariès, P. (1978) *História social da infância e da família.* Rio de Janeiro: LCT.

Beltrame, M. M., & Boarini, M. L. (2013). Saúde mental e infância: reflexões sobre a demanda escolar de um CAPSi. *Psicologia: Ciência e Profissão,* 33(Psicol. cienc. prof., 2013 33(2)). https://doi.org/10.1590/S1414-98932013000200007

Borges, L. M., & Barletta, J. B.(2015). Teorias e modelos explicativos em prevenção e promoção da saúde orientados para o indivíduo e para a comunidade. Murta, S.G., Leandro-França, C., & Polejack, L. (org.). *Prevenção e promoção em saúde mental:* fundamentos, planejamento e estratégias de intervenção. (Cap. 5, pp.113-149). Novo Hamburgo: Synopysis.

Brasil (1990). *Lei nº 8.080 de 19 de setembro de 1990.* Brasília. In http://www.planalto.gov.br/ccivil_03/leis/l8080.htm

Brasil (2002). Ministério da Saúde. *Portaria GM/MS nº 336, de 19 de fevereiro de 2002.* In https://bvsms.saude.gov.br/bvs/saudelegis/gm/2002/prt0336_19_02_2002.html

Brasil (2022). Ministério da Saúde. *Dados da rede de atenção psicossocial (RAPS) no Sistema Único de Saúde (SUS).* Brasília: Secretaria de Atenção Primária da Saúde - SAPS.

Bronfenbrenner, U. (2004) *A ecologia do desenvolvimento humano:* experimentos naturais e planejados. Porto Alegre: Artmed.

Camargo, L. G. G., Oliveira, I. B., Bonini, J. S., Rangel, J. da S. B., Losso, R., Weber, A. L., & Abreu, I. S. (2023). Situação atual de saúde mental de crianças e adolescentes no Brasil. *Brazilian Journal of Development,* 9(1), 1997–2010. https://doi.org/10.34117/bjdv9n1-138.

Castoldi, L., Lopes, R. de C. S., & Prati, L. E. (2006). O genograma como instrumento de pesquisa do impacto de eventos estressores na transição família-escola. *Psicologia: Reflexão E Crítica,* 19(2), 292–300. https://doi.org/10.1590/S0102-79722006000200016.

Conselho Federal de Psicologia (CFP) (2022). *Cartilha Avaliação Psicológica.* 3 ed. In: https://site.cfp.org.br/wp-content/uploads/2022/08/cartilha_avaliacao_psicologica1.pdf.

Conselho Federal de Psicologia (CFP) (2022). *Resolução nº13, de 15 de junho de 2022.* In https://www.in.gov.br/en/web/dou/-/resolucao-n-13-de-15-de-junho-de-2022-408911936.

Conselho Federal de Psicologia (CFP) (2022). *Resolução nº 31, de 15 de dezembro de 2022.* In https://atosoficiais.com.br/cfp/resolucao-do-exercicio-profissional-n-31-2022-estabelece-diretrizes-para-a-realizacao-de-avaliacao-psicologica-no-exercicio-profissional-da-psicologa-e-do-psicologo-regulamenta-o-sistema-de-avaliacao-de-testes-psicologicos-satepsi-e-revoga-a-resolucao-cfp-no-09-2018?origin=instituicao.

Dalgalarrondo, P (2019). *Psicopatologia e Semiologia dos transtornos mentais.* 3 ed. Porto Alegre: Artmed.

Delgado, P. G. G. (2011). Democracia e reforma psiquiátrica no Brasil. *Ciência & Saúde Coletiva,* 16(Ciênc. saúde coletiva, 2011 16(12)). https://doi.org/10.1590/S1413-81232011001300019.

Eriksson, M., Ghazinour, M. & Hammarström, A. Different uses of Bronfenbrenner's ecological theory in public mental health research: what is their value for guiding public mental health policy and practice?. *Soc Theory Health* 16, 414–433 (2018). https://doi.org/10.1057/s41285-018-0065-6.

Fleck, M. P. de A. (2000). O instrumento de avaliação de qualidade de vida da Organização Mundial da Saúde (WHOQOL-100): características e perspectivas. *Ciência & Saúde Coletiva,* 5(1), 33–38. https://doi.org/10.1590/S1413-81232000000100004.

Freitas, L. C., Porfírio, J. C. C., & Buarque, C. N. L. (2018). Indicadores de ansiedade social infantil e suas relações com habilidades sociais e problemas de comportamento. *Psicologia em Pesquisa,* 12(2), 109-118. https://dx.doi.org/10.24879/2018001200200207.

Hammer, E. F (1981). *Aplicações clínicas dos desenhos projetivos.* Rio de Janeiro: Interamericana.

Krug, J. S., Trentini, C. M., & Bandeira, D. R. (2016). Conceituação de Psicodiagnóstico na atualidade. In Hutz, C. S. et al (org.). *Psicodiagnóstico.* (Cap.1, pp.16-25). Porto Alegre: Artmed.

Krug, J. S.; Trentini, C. M.,& Bandeira, D. R. (2016). Entrevista lúdica diagnóstica. In Hutz, C. S. et al (org.). *Psicodiagnóstico.* (Cap. 8, pp. 73-98) Porto Alegre: Artmed.

Lancetti, A.; & Amarante, P. (2012) Saúde Mental e saúde coletiva. In CAMPOS, G. W. S. et all (org.). *Tratado de saúde coletiva.* 2 ed. (Cap.19, pp.661-680). São Paulo: Hucitec.

Leitão, I. B., Dias, A. B., Tristão, K. G., Ronchi, J. P., & Avellar, L. Z.. (2020). Dez anos de um CAPSi: comparação da caracterização de usuários atendidos. *Psicologia USP,* 31(Psicol. USP, 2020 31). https://doi.org/10.1590/0103-6564e190011.

Malloy-Diniz, L. F., Fuentes, D.; Mattos, P., & Abreu, N. (2010). *Avaliação Neuropsicológica.* Porto Alegre: Artmed.

Mendes, E. *As redes de atenção à saúde.* Brasília: Organização Pan-Americana da Saúde, 2011.

Moskovics, J. M., & Machado, P. de F. (2019). Avaliação em saúde mental na atenção primária. In Hutz, C. S. et al (org.). *Avaliação Psicológica nos contextos de saúde e hospitalar.* (Cap.4, pp.55-65). Porto Alegre: Artmed.

Moura, R., Andrade, P. M. O., Fontes, P. L. B., Ferreira, F. O., Salvador, L. de S., Carvalho, M. R. S., & Haase, V. G. (2017). Mini-mental state exam for children (MMC) in children with hemiplegic cerebral palsy. *Dementia & Neuropsychologia,* 11(3), 287–296. https://doi.org/10.1590/1980-57642016dn11-030011.

Nakano, T. de C., & Roama-Alves, R. J. (2019). Avaliação psicológica no Brasil. In Baptista, M. N. et al. (org.). *Compêndio de avaliação psicológica.* (Cap.10, pp.122-132). Petrópolis: Vozes.

Nunes, M.L.T., Lourenço, L. J., & Teixeira, R. C. P. (2017). Avaliação psicológica: o papel da observação e da entrevista. Lins, M. R. C., & Borsa, J. C. (org.).*Avaliação psicológica: aspectos teóricos e práticos.* (Cap.2, pp. 25-35). Petrópolis: Vozes.

Organização Mundial de Saúde (OMS). *CIF - CJ: Classificação Internacional de Funcionalidade, Incapacidade e Saúde versão para crianças e jovens.* São Paulo: Editora da Universidade de São Paulo, 2011.

Paludo, S. S., & Koller, S. H. (2007). Psicologia Positiva: uma nova abordagem para antigas questões. *Paidéia,* vol. 17, nº 36, 9-20.

Patto, M. H. S. (2015). *A produção do fracasso escolar: histórias de submissão e rebeldia.* 4 ed. São Paulo: Casa do Psicólogo.

Pereira, D. A. P., & Amaral, V. L. A. R. do. (2004). Escala de avaliação de depressão para crianças: um estudo de validação. *Estudos De Psicologia* (campinas), 21(1), 5–23. https://doi.org/10.1590/S0103-166X2004000100001.

Pereira, B. A. de A. X., Schram, P. F. C., & Azevedo, R. C. S. de. (2016). Avaliação da versão brasileira da escala CRAFFT/CESARE para uso de drogas por adolescentes. *Ciência & Saúde Coletiva,* 21(1), 91–99. https://doi.org/10.1590/1413-81232015211.05192015

Porto, L., Bandeira, M., & Oliveira, M. (2019). Sobrecarga de familiares cuidadores de pacientes psiquiátricos: relação com a resiliência. *Interação em Psicologia,* 23(3). doi:http://dx.doi.org/10.5380/psi.v23i3.56750.

Priore, Mary Del (Org.) (2013). *História das crianças no Brasil.* 7. ed. São Paulo: Contexto.

Reppold, C. T.; Zanini, D. S.; Noronha, A. P. P. (2019). O que é a avaliação psicológica? In Baptista, M. N. et al. (org.). *Compêndio de avaliação psicológica.* (Cap 1, pp. 15-28). Petrópolis: Vozes.

Salvador, L. de S., Moura, R., Ferreira, F. O., Andrade, P. M. O., Carvalho, M. R. S., & Haase, V. G. (2019). The Mini-Mental Examination for Children (MMC): Evidence of validity for children with learning difficulties. *Dementia & Neuropsychologia*, 13(4), 427–435. https://doi.org/10.1590/1980-57642018dn13-040010.

Serafini, A. J. (2016). Entrevista psicológica no psicodiagnóstico. In Hutz, Claudio Simon et al (org.). *Psicodiagnóstico.* (Cap. 5, pp.45-51). Porto Alegre: Artmed.

Sifuentes, T. R., Dessen, M. A., & Oliveira, M. C. S. L. (2007). Desenvolvimento Humano: Desafios para a Compreensão das Trajetórias Probabilísticas. *Psicologia:* Teoria e Pesquisa, 23(4), 379-386.

Slomp, H., Jr., Merhy, E.E.,& Franco, T.B (2022). Exercitando o mapa das redes de conexões existenciais: uma leitura micropolítica da ferramenta ecomapa. *Revista saúde em redes*; v. 8, n. Sup 1, P. 321-337, supl.1. Disponível em: https://pesquisa.bvsalud.org/bvsms/resource/pt/biblio-1395896.

Trinca, W. (2013). *Formas compreensivas de investigação psicológica:* procedimento de desenhos-estórias e procedimento de desenhos de família com estórias. São Paulo: Vetor.

Wielewicki, A., Gallo, A. E., & Grossi, R. (2011). Instrumentos na prática clínica: CBCL como facilitador da análise funcional e do planejamento da intervenção. *Temas em Psicologia,* 19(2), 513-523. http://pepsic.bvsalud.org/scielo.php?script=sci_arttext&pid=S-1413-389X20110002000 14&lng=pt&tlng=pt.

O TESTE DE RORSCHACH: DA FORMAÇÃO À PRÁTICA

Marcelo Augusto Resende · INSTITUTO DE EDUCAÇÃO CONTINUADA DA PONTIFÍCIA UNIVERSIDADE CATÓLICA DE MINAS GERAIS (IEC PUC-MINAS)

Andréa Regina Marques Chamon · UNIVERSIDADE CIDADE DE SÃO PAULO (UNICID)

1 INTRODUÇÃO

O teste de Rorschach, também conhecido como o teste das manchas ou borrões de tintas, tem sido utilizado em diversas áreas da avaliação psicológica pelo mundo. Foi criado em 1921 e, apesar de antigo, mostra-se presente na escolha de muitos psicólogos por ser um instrumento capaz de revelar várias características de personalidade. É considerado um teste padrão ouro entre os projetivos, por ser um padrão que serve de comparação por parte de outros testes, com a finalidade de avaliar a exatidão dos mesmos.

O autor do teste, Hermann Rorschach, nasceu em 08 de novembro de 1884, em Zurique, Suíça. Ao revisar sua história, segundo Anzieu (1989), é possível compreender como ele foi capaz de criar um teste que utiliza borrões de tinta para decifrar a personalidade da pessoa que responde. A tarefa consiste em dizer o que as manchas de tinta parecem ser ou lembram. Segundo Rorschach (1921/1974), em seu livro Psicodiagnóstico, a instrução original era: "O que poderia ser isto?" (p. 16).

Seu pai era pintor e professor de desenho na escola secundária onde o filho estudou. Hermann era bom aluno, aplicado, introspectivo e com facilidade na aprendizagem. Gostava de pintura e fazia caricaturas. Na escola tinha um apelido sugestivo, Klex, que significa borrão de tinta. Hesitou entre a carreira artística e a médica, decidindo-se pela última e especializando-se em psiquiatria. A partir de 1909, ele trabalhou em diversas clínicas e hospitais psiquiátricos na Alemanha, Suíça e Rússia. Em 1910, com 26 anos, termina seus estudos superiores. Com 27 anos, em 1911, começou sua primeira experiência com os borrões de tinta em alunos, visando o potencial de imaginação. Em 1912 defendeu sua tese de doutorado em medicina sobre alucinações reflexas e fenômenos associados. Em 1917 iniciou o seu trabalho com o Psicodiagnóstico, nome dado à sua descoberta. O material do teste, manchas de tinta, é elaborado e testado em 288 doentes e 117 pessoas normais, em 1918 no hospital de Herisau. Seleciona quinze manchas, mas ao editar, o impressor reduz para dez pelo custo financeiro (Anzieu, 1989).

Durante sua formação profissional é bastante influenciado pelas ideias psicanalíticas florescentes na época. Chegou, inclusive, a ser vice-presidente da Sociedade Suíça de Psicanálise. Apresentou um caso clínico diagnosticado através do Rorschach, no intuito de demonstrar a validade de seu Psicodiagnóstico.

Vários antecedentes influenciaram Hermann em sua descoberta. Leonardo da Vinci, em seu livro sobre a pintura, indicava aos artistas a conveniência de inspirar-se através da contemplação de manchas de origem acidental. Justinus Kerner, foi um médico que criou um folheto intitulado Die Klecksografie. Era considerado um passatempo na época e nele havia 50 manchas de tinta com 39 versos melancólicos. Também havia vários experimentos que utilizavam manchas de tinta para revelar o potencial de imaginação, sobressaindo Alfred Binet e Victor Henri, em 1895; Deaborn, em 1897; Kirkpatrick e Sharp, em 1898 a 1900; Whipple, em 1910; Rybakoff, em 1910; e Bartlett, em 1916. Outra grande influência veio de seu amigo e colega de psiquiatria, Jung, que em 1904 criou o teste projetivo com associação de palavras. Em 1917, Szymon Hens criou um teste com oito cartões contendo manchas de tinta, tentando diferenciar pessoas normais de pessoas psicóticas (Bohm, 1973; Anzieu, 1989).

A grande descoberta de Hermann foi transformar a prova de imaginação em teste de personalidade, ao incluir cores diversas nos cartões e verificando que as respostas determinadas por movimentos expressavam introversão (vida emocional criadora e interiorizada), enquanto respostas determinadas pelas cores expressavam extratensão (exteriorização da vida emocional). Introversão e extratensão caracterizavam duas funções psíquicas coexistindo em graus variáveis. Rorschach em nenhum momento afirmou que seu teste poderia apreender a totalidade da personalidade. A interpretação seria decorrente da interação dos dados entre si e do contexto global (Anzieu, 1989).

O teste de Rorschach pode ser comparado a uma radiografia e a personalidade oculta seria o esqueleto invisível que as pessoas queriam ver. A projeção é o que a tornava visível (Sears, 2021). O comportamento projetivo pode ser compreendido como uma atribuição das próprias necessidades e qualidades a elementos externos, sem que a pessoa tenha consciência disto (Werlang & Cunha, 1993). Diante dos cartões com manchas de tinta, as respostas são livres e espontâneas, apesar das instruções e situação padronizada do teste.

Na avaliação psicológica sob enfoque projetivo, o psicólogo poderá identificar conflitos, mecanismos de defesa, estados emocionais, fantasias, traços de caráter e aspectos sadios e/ou patológicos do sujeito (Werlang & Cunha, 1993). O teste é capaz de avaliar a estrutura e a dinâmica da personalidade, o funcionamento das condições intelectuais, controles em geral, sociabilidade, adaptação à realidade, vida emocional, agressividade, impulsividade, nível de ansiedade, depressão e outros transtornos (Vaz, 1997). Assim como os projetivos, o teste de Rorschach proporciona hipóteses interpretativas e identifica características, traços de personalidade, sinais e sintomas de psicopatologias, fazendo emergir a singularidade na compreensão de si mesmo e do contexto em que vive. (Mishima-Gomes & Barbieri, 2019).

O teste consiste em dez cartões com manchas de tinta desestruturadas, em cores preta, vermelha e cores pastéis (azul, verde, rosa, amarela, laranja, marrom, entre outras). A preparação dos cartões era acidental, deixando-se cair gotas de tinta e dobrando-se a folha ao meio, mas nem todas as manchas seriam utilizáveis, pois tinham que reunir determinadas condições: simetria, simplicidade, composição e ritmo espacial, segundo Anzieu (1989).

Após a tomada de protocolo, quando o aplicador registra as respostas dadas pela pessoa diante das manchas de tinta, é feita a codificação. É dado um código de localização, determinante e conteúdo, além da especificação de ser uma resposta comumente dada pela população de referência. Posteriormente o psicólogo irá fazer a análise quantitativa e qualitativa dos resultados obtidos, extraindo as características de personalidade.

Um fato interessante é que com o passar dos anos, após o lançamento do teste, foram criadas diversas abordagens de correção, em função da difusão do mesmo nos diversos países por onde foi sendo utilizado. No Brasil, o trabalho utilizando o teste de Rorschach foi influenciado principalmente pelos estudos na Europa e Estados Unidos. Desta forma, o psicólogo que pretende trabalhar com este instrumento deve buscar uma formação adequada, baseada na sua linha teórica. Neste capítulo serão apresentadas algumas características dos sistemas de correção mais utilizados no país: Klopfer, Escola de Paris, Silveira, Compreensivo e R-Pass. Também serão levantados os principais contextos do mercado de trabalho em que o teste pode trazer contribuições importantes para a tomada de decisão na avaliação psicológica.

Sistema Klopfer

O sistema Klopfer foi desenvolvido por Bruno Klopfer, um psicólogo judeu, que nasceu no dia 1 de outubro de 1900 e faleceu no dia 23 de outubro de 1971. Em 1933 deixou a Alemanha para morar nos EUA, mas nesta mudança passou um ano na Suíça onde estudou com Carl Jung no *Zurich Psychotechic Institute* e conheceu o teste de Rorschach. Durante grande parte de sua carreira, dedicou-se ao estudo e aprimoramento da técnica nos Estados Unidos. Segundo Vaz (1997), em 1936 fundou a Revista *Rorschach Research Exchange* e posteriormente o Journal of Personality Assessment. Foi diretor do *Rorschach Institute* de 1939 a 1947 e presidente da *Society of Projective Techniques.*

Em contraste com outras abordagens, o Sistema Klopfer destaca-se pela ênfase na interpretação qualitativa das respostas, em vez de uma simples contagem quantitativa. Seu sistema foi desenvolvido no ano de 1936 e compõe um dos modelos norte-americanos que se utilizam da integração da análise qualitativa e quantitativa do Rorschach (Vaz, 2002; Grazziotin & Scortegagna, 2016). No Brasil esse sistema foi adaptado pelo psicólogo Cícero Emídio Vaz.

Cícero Emídio Vaz, nascido no Rio Grande do Norte, reside em Porto Alegre, RS, desde 1959. É psicólogo, doutor e livre-docente em Psicologia, titulação que adquiriu na Pontifícia Universidade Católica do Rio Grande do Sul (1972). Realizou seu pós-doutorado no Departamento de Antropologia da Universidade da Califórnia em Berkeley, EUA, em 1999, sob a orientação do Dr. George A. De Vos. Atuou como professor titular na Pontifícia Universidade Católica do Rio Grande do Sul de 1965 a 2007. Orientou várias teses e dissertações na área de Psicologia Clínica no Doutorado e no Mestrado em Psicologia da PUCRS. Em sua pesquisa e prática, utiliza os instrumentos Rorschach e Zulliger (Z-Teste) no Sistema Klopfer, que ele próprio adaptou e validou para o contexto brasileiro. Ele aprimorou o sistema para o ambiente cultural brasileiro, reconhecendo as nuances culturais que podem influenciar a interpretação das manchas. Além disso, Vaz fez um trabalho significativo na formação de psicólogos na técnica de Rorschach, assegurando a continuidade e a qualidade da prática no Brasil (Vaz, 1997, 2002).

2 ESCOLA DE PARIS

O sistema de correção e interpretação, conhecido inicialmente como "Escola Francesa", foi idealizado por Ombredane e Canivet. Segundo Jardim-Maran (2011), André Ombredane foi o responsável pela tradução do livro original elaborado por Rorschach, intitulado Psychodiagnostik, em 1947, e juntamente com Nella Canivet, em 1948 - utilizando contribuições de escolas norte-americanas, a partir de trabalhos desenvolvidos por Klopfer, Piotrowski e Beck - propuseram uma adaptação francesa dos índices do teste de Rorschach. Cécile Beizmann e Nella Canivet fundaram em 1950 uma associação denominada de Grupo Francês de Rorschach, que se tornou mundialmente conhecida como "Escola Francesa". Outros pesquisadores foram acrescentando novos estudos, a partir das ideias iniciais, como Didier Anzieu, Nina Rausch de Traubenberg, Catherine Chabert e Vica Shentoub. Posteriormente, essa escola passou a ser conhecida como "Escola de Paris de Métodos Projetivos", para diferenciar de outras escolas com a mesma denominação, mas com propostas diferentes, como a Escola Francesa Fenômeno-Estrutural e a Escola Francesa Exneriana (perceptivo-cognitiva). A metodologia projetiva, com referência às perspectivas psicanalíticas apresentadas pela "Escola de Paris", é muito utilizada e bastante estimada pelo seu potencial e por suas aberturas diagnósticas (Chagnon, 2013; Lelé, 2013).

Anzieu (1989) afirma que a "Escola Francesa" se situa entre o tradicionalismo suíço-germânico e os inovadores americanos como Klopfer. Pasian (2000) complementa que ela possibilita interpretações psicodinâmicas bastante enriquecedoras do teste e tem como referenciais tanto a teoria fenomenológica quanto a psicanalítica. Nesse sentido, buscou-se uma forma de análise e de interpretação especificamente clínica, mais qualitativa, individual e singular, permitindo uma melhor escuta do paciente (Chagnon, 2014).

O sistema francês teve grande repercussão no Brasil, a partir de 1960, com a vinda de Ombredane para o Rio de Janeiro e a criação do Instituto de Seleção e Orientação Profissional (ISOP). Neste instituto também trabalhou Monique Augras, que realizou pesquisas com o teste de Rorschach, no Rio de Janeiro, de 1961 a 1966, produzindo o primeiro atlas normatizado para a população brasileira (Augras, 1994). As publicações de Chabert, em 1993 (A psicopatologia no exame de Rorschach), e Traubenberg, em 1998 (A prática do Rorschach), também foram fundamentais para o ensino, a formação, a prática e investigações com base neste referencial teórico. Pesquisas posteriores foram realizadas por vários estudiosos - André Jaquemin, com crianças, em 1976; Japur, com adolescentes, em 1982; Pasian, com adultos, em 1998; e Gavião com idosos, em 2002 - promovendo a publicação de novos atlas com referenciais normativos.

A *International Rorschach Society and Projective Methods* (IRS) agrega atualmente várias associações científicas organizadas em vários países do mundo, inclusive no Brasil, responsáveis pela divulgação do método projetivo, estudos e pesquisas na área de avaliação (Jardim-Maran, 2011). A criação da Sociedade Brasileira de Rorschach e Métodos Projetivos (SBRo), em 1993, tendo o Prof. Dr. André Jaquemin como um dos idealizadores, fortaleceu ainda mais o aprendizado e a divulgação da escola francesa entre os psicólogos que trabalhavam com técnicas projetivas de manchas de tinta. A partir de 2004, esta Sociedade passou a ser denominada como Associação Brasileira de Rorschach e métodos projetivos (ASBRo), tendo a Profa. Dra. Sônia Regina Pasian como uma das grandes representantes da abordagem Escola de Paris. Segundo Pasian e Amparo (2018), esta Escola vem desenvolvendo um trabalho contínuo em pesquisas científicas ao redor do mundo, com ênfase na França, Argélia, Argentina, Bélgica, Brasil, Itália, Líbano, Suíça, Togo e Turquia.

3 SISTEMA SILVEIRA

A Sociedade Rorschach de São Paulo foi criada pelo médico e psicólogo Aníbal Cipriano da Silveira Santos. Nascido na cidade de São Roque no dia 17 de março de 1902, cursou medicina na Faculdade de Medicina da Universidade de São Paulo, recebendo posteriormente a titulação de psicólogo. Trabalhou no hospital Juqueri como psiquiatra, médico interno, anatomopatologista, sendo residente e chefe de clínica. A partir do ano de 1935 passou a trabalhar com o teste de Rorschach em pesquisas e na avaliação de seus pacientes. Publicou sua primeira sistematização do psicodiagnóstico no ano de 1943. Silveira lançou sua própria análise do Rorschach intitulada como: Sistema Anibal Silveira do Rorschach.

Para Aníbal Silveira a estruturação da personalidade se daria por meio de um esquema sistêmico no qual a cognição e a afetividade são vistas como sistemas adaptativos funcionais que se inter relacionam. Esses dois sistemas funcionam com informações provenientes tanto do ambiente externo quanto do interno, escolhendo os detalhes relevantes e provendo uma resposta adequada que garante a sobrevivência física e social. Ao mesmo tempo, esses sistemas são responsáveis pela integração dessas vivências na memória (Chammas *et al.*, 2018).

A interpretação do Rorschach utilizada pela escola de São Paulo tem como base o critério teórico, tendo a norma estatística como uma referência secundária. Esta perspectiva se aproxima de alguns exames neuropsicológicos, em que se analisa o processo como o todo e não como resultado exclusivo de uma tarefa. A preocupação, neste sentido, evitaria um relativismo exagerado das avaliações que consideram exclusivamente características individuais, ou exame impressionista, sem que houvesse um reducionismo do Rorschach à um exame psicométrico que se preocupa exclusivamente ao caráter quantitativo, ou exame métrico (Salvia & Coelho, 2007).

Segundo Costa (2007), no modelo de Silveira, o conteúdo é visto como uma emoção de uma experiência pessoal e única para um sistema verbal que permite a interação interpessoal. Enquanto a modalidade está relacionada à geração seletiva de estímulos no ambiente e os determinantes simbolizam os processos psíquicos, o conteúdo direciona-se para o uso da linguagem na comunicação. Consequentemente, dentro da classificação das respostas às manchas de Rorschach, o conteúdo é o elemento que está mais sob controle consciente. Por essa lógica, na categorização de uma resposta no teste de Rorschach, o conteúdo corresponde à manifestação verbal do que o indivíduo percebe nas manchas. Isso significa que, na categorização da resposta, o conteúdo registrado é deixado por aquele expresso verbalmente. Para facilitar esse processo, utiliza-se uma tabela de conteúdos que lista as várias categorias em que as respostas às manchas se enquadram.

A classificação, de acordo com o modelo de Silveira, deve registrar a dinâmica particular do psiquismo em cada percepção, de forma que a construção do psicograma revele uma estrutura de personalidade sistemática e completa. Nesse sentido, o conteúdo da resposta acomodada às manchas representa a fase final do processo de percepção, quando o sujeito categoriza sua imagem mental dentro de um sistema de significados aceito pela sociedade. Em resumo, o conteúdo é a concentração de uma experiência individual e singular para um sistema verbal que possibilita a comunicação interpessoal.

4 SISTEMA COMPREENSIVO

Ao ser levado da Europa para os Estados Unidos da América (EUA), em 1926, por Davi Levy, o teste de Rorschach teve grande aceitação da comunidade científica, sendo criadas diversas maneiras de classificação e interpretação. Segundo Nascimento e Semer (2018), destacaram-se os pesquisadores Samuel Beck, Marguerite Hertz, Bruno Klopfer, Zigmunt Piotrowski e David Rappaport. Em 1974, John Exner Jr., após um estudo sistemático das abordagens utilizadas por estes pesquisadores citados, elaborou um sistema agrupando as variáveis mais válidas e fidedignas. Para Exner, apesar de todos os sistemas propostos anteriormente apresentarem resultados satisfatórios, também demonstraram falhas na codificação e/ou interpretação das respostas que comprometiam a avaliação. Assim, surgiu o Sistema Compreensivo (SC) que se tornou o método mais ensinado nos EUA, em função dos estudos normativos e de sua credibilidade, principalmente na clínica e no campo jurídico (Hisatugo, 2019).

No Brasil, o Sistema Compreensivo começou a ser difundido a partir de 1990 com pesquisadores brasileiros que passaram a utilizar esta abordagem em seus estudos clínicos e na produção de normas. Destacam-se os trabalhos das professoras doutoras Regina Sônia Gattas Fernandes do Nascimento, Latife Yazigi, Norma Lottemberg Semer e Anna Elisa Villemor-Amaral como as principais responsáveis pela divulgação deste Sistema no país, segundo Hisatugo (2019).

5 SISTEMA R-PAS

O Sistema de Avaliação por Performance no Rorschach, mais conhecido como R-PAS, foi desenvolvido a partir de estudos realizados com o Sistema Compreensivo por um grupo de pesquisadores deste sistema, que verificaram a falta de comprovação estatística de algumas variáveis. Os criadores desta nova abordagem, segundo Hisatugo (2019), foram os psicólogos Gregory Meyer, Joni Mihura, Donald Viglione, Philip Erdberg e Robert Erard. Após a morte de Exner não foi possível fazer alterações no Sistema Compreensivo com os resultados alcançados nas novas pesquisas. As inovações criadas por este sistema dividiram opiniões pelo mundo, levando os estudiosos a continuarem seus trabalhos tanto no Sistema Compreensivo quanto no R-PAS.

O R-PAS visa tornar a avaliação com base no Rorschach mais evoluída, com uma perspectiva mais centrada nas evidências, internacionalmente orientada e com base nas pesquisas mais recentes. O rigor conceitual e empírico, assim como a base psicométrica, são pontos cruciais dentro deste sistema de correção e interpretação (Meyer et al., 2017).

O Sistema de Avaliação por Performance avalia os cinco grandes domínios do teste, a saber: Comportamentos durante o teste, Processamento e Engajamento Cognitivo, Problemas de Pensamento e Percepção, Estresse e Distresse, Percepção de Si e do Outro. Uma das diferenças em relação às outras abordagens está na otimização do número de respostas dadas durante a apresentação dos cartões do teste, assegurando um protocolo interpretável e significativo, evitando-se poucas ou excessivas respostas. Esta padronização permite protocolos mais uniformes, com um número aproximado de respostas e uma estimativa de tempo com pouca variação nas aplicações, durando de 60 a 90 minutos. A interpretação dos resultados é baseada nas referências normativas internacionais, diferente de outros sistemas em que os padrões se baseiam em pesquisas nacionais. No Brasil se destacam como pesquisadores colaboradores para dados de referência: Regina Sônia Gattas Fernandes do Nascimento, Latife Yazigi, Anna Elisa de Villemor-Amaral e Ricardo Primi. Os responsáveis pela tradução e adaptação do manual do R-PAS para o Brasil foram Fabiano Koich Miguel e Danilo Rodrigues Silva.

6 CONTRIBUIÇÕES DO TESTE DE RORSCHACH NO MERCADO DE TRABALHO

O teste de Rorschach é conhecido por sua versatilidade para diversas áreas do mercado de trabalho, por se tratar de uma técnica projetiva de análise da personalidade humana, estrutural e psicodinâmica. Se por um lado a análise da codificação permite uma avaliação quantitativa da personalidade, as verbalizações e reações diante aos borrões de tinta possibilitam acessar aspectos qualitativos que demonstram a relação do sujeito com ele mesmo e com o mundo.

Desde a sua publicação no ano de 1921 até hoje, o Rorschach vem sendo utilizado e estudado de maneira sistemática por diversas autoras e autores, que se debruçam sobre as pesquisas e o constante aprimoramento da técnica e seus usos. Em função das diversas pesquisas empíricas que mostram a aplicabilidade do instrumento, ele tem sido indicado para avaliação da personalidade nos contextos clínicos, como importante recurso para os processos de seleção profissional, na área forense e ainda para pensar e indicar elementos importantes para que o profissional da psicologia possa fazer encaminhamentos mais assertivos em qualquer área em que a técnica for utilizada (Cunha, 2007).

Cabe destacar que não se trata de uma ferramenta infalível que pode ser utilizada de maneira indiscriminada. Assim como qualquer teste projetivo, o Rorschach também possui suas limitações e o resultado final vai depender da competência técnica e habilidades específicas, que são exigidas para que o profissional da psicologia realize uma avaliação ética de acordo com os princípios estabelecidos pelo sistema conselhos que orientam, regulamentam e fiscalizam as práticas profissionais.

Embora seja uma técnica muito reconhecida pelos psicólogos em função dos resultados alcançados, o profissional deve estar ciente de suas peculiaridades que podem comprometer o processo avaliativo. A aplicação é sempre individual, podendo durar em média de 90 a 120 minutos (Anzieu, 1989). A correção e interpretação minuciosa do protocolo, além da elaboração de uma síntese, exige boa capacitação e expertise, necessitando em média de 5 horas, segundo pesquisa de

Resende (1997). Nesse sentido, torna-se inviável sua utilização quando o exame será em várias pessoas e com pouca disponibilidade de tempo.

O Rorschach vem sendo empregado de maneira mais específica nos contextos clínicos, mas seu uso também é requerido quando o psicólogo acredita que a técnica possa trazer contribuições importantes para sua tomada de decisão. Neste sentido, a ferramenta vem se mostrando cada vez mais útil, tanto para compor a bateria de testes utilizada no processo de psicodiagnóstico, quanto para ser utilizada no processo psicoterapêutico indicando o melhor caminho a ser seguido pelo profissional para atender as demandas do seu paciente.

Reppold et al. (2020) fizeram uma pesquisa por meio de questionário via plataforma online com 668 psicólogos. Os resultados obtidos evidenciaram que testes psicológicos são utilizados principalmente para fins psicodiagnósticos e entre os grupos etários, os adultos são os mais avaliados. Os testes psicológicos mais utilizados são destinados a avaliação de personalidade ou inteligência, sendo eles: Teste Palográfico, HTP, Rorschach, Bateria Fatorial de Personalidade e as Escalas Wechsler de Inteligência. Os testes projetivos/expressivos ou gráficos são os mais usuais para avaliação da personalidade.

No contexto jurídico o teste é utilizado para avaliar características da personalidade de indivíduos que estão em processos jurídicos como: disputa de guarda de filhos, perícia psicopatológica, adoção de crianças, suspeita de abuso sexual, responsabilização de culpabilidade, entre outros. Os resultados podem ser usados como prova. O Rorschach, entre outras técnicas, permite a compreensão de determinadas condutas comportamentais para uma melhor direção das decisões a serem tomadas a respeito do encaminhamento do caso avaliado (Villemor-Amaral & Pianowski, 2019). Rovinski (2017) adverte, no entanto, que os testes podem trazer informações distorcidas se forem produzidas por uma conduta pouco cooperativa ou mais resistente do cliente. A autora sugere que os resultados devem ser acompanhados de comentários sobre o nível de participação do cliente na perícia. Na avaliação psicológica, deve-se dar prioridade à abordagem ideográfica, em que os dados da testagem devem ser compreendidos através da história do sujeito e seu contexto. Lago (2019) complementa dizendo que neste tipo de avaliação o perito deve buscar múltiplas fontes de informação, com testes psicológicos e entrevistas, não devendo ficar restrito apenas aos discursos dos periciados.

No que se refere ao uso do Rorschach no processo de recrutamento e seleção, Villemor-Amaral e Pianowski (2019) pontuam que seu uso pode ser de grande relevância, uma vez que possui a capacidade de avaliar de maneira mais profunda a personalidade do candidato, principalmente quando se trata de cargos de altas exigências. Também demonstra a capacidade cognitiva, principalmente para as funções que exijam habilidades para lidar com questões mais complexas, a capacidade de controle de emoções e a tolerância no que se refere às atividades mais estressoras. Geralmente a escolha deste instrumento pelo psicólogo se dará na seleção de poucos candidatos, como gerentes, supervisores ou juízes, em função das contra indicações do teste já mencionadas. Quando se trata de um número expressivo de candidatos, o psicólogo pode optar por outros testes de aplicação coletiva, com duração mais rápida, como é o caso do exame psicológico para soldados, operários e agentes de saúde.

Na área de segurança, o teste de Rorschach pode ser utilizado na bateria avaliativa para a concessão de porte de arma de fogo. A demanda de armamento para defesa pessoal, segurança pública e/ou privada exige que a pessoa apresente condições psicológicas compatíveis com a função a ser exercida. A Polícia Federal (PF, 2014) e o Conselho Federal de Psicologia (CFP, 2022) estipularam uma bateria mínima a ser utilizada pelos psicólogos credenciados, devendo constar um teste projetivo entre outros. Nesse sentido, o teste de Rorschach é capaz de revelar vários indicadores de aptidão e inaptidão que nortearão o parecer do psicólogo. Na análise do protocolo deve-se estar atento principalmente aos controles: emocional, da agressividade e impulsividade, além de fatores psicopatológicos (Resende & Nascimento, 2019).

No contexto do trânsito, atualmente denominado de tráfego, a avaliação psicológica se faz presente na concessão da Carteira Nacional de Habilitação (CNH). Desde o nascimento da psicologia do trânsito, em 1910, o objetivo das avaliações psicológicas tem sido verificar as condições psíquicas dos motoristas visando a segurança e a prevenção de acidentes no trânsito. Quanto ao construto personalidade, deve-se priorizar a verificação da estabilidade emocional, ansiedade, impulsividade e agressividade (Rueda & Mognon, 2017). Embora o Rorschach não seja um teste usado nas avaliações iniciais, pode ser uma opção nos casos de reavaliação posterior, quando o sujeito não obteve êxito no exame anterior ou o psicólogo teve dúvidas no resultado de outros instrumentos utilizados.

Na área da saúde, os resultados obtidos com a utilização do teste de Rorschach possibilitam uma melhor compreensão da situação atual da pessoa enferma e nas indicações de tratamentos ou intervenções posteriores. Oliveira-Cardoso e Santos (2019) realizaram uma pesquisa com pacientes com transtornos alimentares: anorexia nervosa e bulimia. Os achados do presente estudo apontam para uma incapacidade de elaborar a tensão interna, resultante do descontrole sobre os impulsos, descarregando a ansiedade pela via somática, por meio de comportamentos auto agressivos e somatizações. O acompanhamento psicológico integrado à assistência de equipe multiprofissional foi indicado para melhora das dificuldades apresentadas.

Anorexia e bulimia nervosa também são transtornos frequentes nos casos de obesos com indicação para cirurgia bariátrica, juntamente com a compulsão alimentar, ansiedade, depressão e estresse. A avaliação e o preparo psicológico são os requisitos principais para o paciente que deseja submeter-se a esta cirurgia. As técnicas projetivas, incluindo aqui o teste de Rorschach, são uma opção a ser considerada nas avaliações por revelar tendência à impulsividade, imaturidade, descontrole emocional e presença de transtornos (Lucena & Alchieri, 2019).

7 CONCLUSÃO

Com mais de um século desde o seu lançamento, o teste de Rorschach tem demonstrado que é um instrumento projetivo que permite avaliar características de personalidade com a utilização de manchas de tinta. Um teste e várias abordagens de correção, cada uma delas com suas especificidades. No Brasil as mais utilizadas são Klopfer, Escola de Paris, Silveira, Sistema Compreensivo e R-Pas.

Pasian (2000) adverte que os diversos sistemas interpretativos apresentam peculiaridades na codificação e interpretação das respostas, causando dificuldades numa análise comparativa de casos. No entanto, eles tendem a chegar às mesmas conclusões sobre a personalidade do sujeito avaliado, o que fortalece o teste de Rorschach. Além disso, vários pesquisadores contribuíram para o desenvolvimento de estudos envolvendo normatização, validade, padronização e confiabilidade, demonstrando a cientificidade da técnica. A criação de manuais em conformidade com o Sistema de Avaliação dos Testes Psicológicos (SATEPSI) possibilita um aprendizado claro e objetivo da aplicação, correção e interpretação.

O psicólogo em formação precisa de capacitação específica para poder extrair do teste de Rorschach todos os elementos necessários para a compreensão do sujeito avaliado. Alguns desavisados acham que basta comprar o teste e o manual, como acontece com outros instrumentos psicológicos. Este é um equívoco que pode culminar em problemas éticos graves, pois irá comprometer a avaliação e os resultados alcançados, colocando em risco o sujeito examinado. Atualmente existem vários cursos de formação que possibilitam uma base segura e confiável aos que buscam este aprendizado. Informações podem ser obtidas pelas Instituições de referência, como Instituto Brasileiro de Avaliação Psicológica (IBAP), Associação Brasileira de Rorschach e outros métodos projetivos (ASBRo), Sociedade Mineira de Avaliação Psicológica (SAPSI), Sociedade Rorschach de São Paulo, entre outras. Além da formação teórica, é imprescindível uma prática supervisionada, permitindo que o psicólogo tenha experiência na aplicação, correção e interpretação. Outra fonte de informação e troca de conhecimentos é a participação em congressos científicos da área, possibilitando atualização e formação permanente que todo profissional deve buscar.

Uma vez capacitado, o psicólogo poderá utilizar o teste de Rorschach em diversas áreas de atuação no mercado de trabalho. Ciente das contribuições e limitações da técnica, saberá escolher em qual situação poderá incluí-lo em sua bateria. Sua utilização tem sido mais frequente no contexto clínico e jurídico, mas também pode ser usado em processos seletivos com poucos candidatos, na concessão de porte de arma de fogo e na liberação para procedimentos da saúde, como a cirurgia bariátrica, entre outros.

REFERÊNCIAS

Anzieu, D. (1989). *Os métodos projetivos* (5a ed.). Editora Campus.

Augras, M. (1994). *Teste de Rorschach: atlas e dicionário* (7a ed.). Fundação Getúlio Vargas.

Bohm, E. (1973). *Manual del Psicodiagnóstico de Rorschach* (5a ed.). Ediciones Morata.

Chammas, F. A., Leme, D. F., & Campos, R. M. F. (2018, 03 a 06 de julho). *Expressão e regulação afetiva-emocional em adolescentes agressores sexuais.* [Apresentação de trabalho]. IX Congresso da Sociedade Brasileira de Rorschach e outros métodos projetivos - SBRo. Pontifícia Universidade Católica de Goiás, Goiânia – GO.

Conselho Federal de Psicologia (2022). Resolução nº 1 de 22 de janeiro de 2022. *Regulamenta a Avaliação Psicológica para concessão de registro e porte de arma de fogo.* CFP. https://atosoficiais.com.br/cfp/resolucao-do-exercicio-profissional- n-1-2022-regulamenta-a-avaliacao-psicologica- para-concessao-de-registro-e-porte-de-arma-de-fogo-e- revoga-a-resolucao-cfp-n-18-de-09-de-dezembro-de-2008- a-resolucao-cfp-n-02-de-30-de--marco- de-2009-e-a-resolucao-cfp-n-10-de-21-de-outubro-de-2009

Cunha, J. A. (2007). *Psicodiagnóstico V* (5a ed. rev. e ampl.). Artmed.

Coelho, L. M. S. (Org.). (2007). *Rorschach clínico: manual básico.* Editora Didática Ltda.

Grazziotin, J. B. D. D., & Scortegagna, S. A. (2016). Revisão de pesquisas brasileiras sobre o teste Zulliger publicadas em artigos. *Avaliação Psicológica*, 15(2), pp. 227-235.

Lago, V. M. (2019). Avaliação psicológica no contexto judiciário cível. In Barroso, S. M., Scorsolini-Comin, F., & Nascimento, E. (Orgs.). *Avaliação psicológica: contextos de atuação, teoria e modos de fazer* (1a ed., pp. 141-164). Sinopsy.

Lucena, M. C. M. D., & Alchieri, J. C. (2019). Avaliação psicológica em cirurgia bariátrica. In Barroso, S. M., Scorsolini-Comin, F., & Nascimento, E. (Orgs.). *Avaliação psicológica: contextos de atuação, teoria e modos de fazer* (1a ed., pp. 187-208). Sinopsy.

Hisatugo, C. L. C. (2019). Desenvolvimento dos principais sistemas de Rorschach: contextos histórico e multicultural. In Amaro, T. A. C., & Hisatugo, C. L. C. *Rorschach: o método: passado, presente e futuro.* (1a ed., pp. 71-102). Hogrefe.

Meyer, G. J., Viglione, D. J., Mihura, J. L., Erard, R. E., & Erdberg, P. (2017). *Rorschach sistema de avaliação por desempenho manual de aplicação codificação e interpretação* (1a ed.). Hogrefe.

Mishima-gomes, F. K., & Barbieri, V. (2019). Utilização de métodos projetivos na avaliação psicológica. In Barroso, S. M., Scorsolini-Comin, F., & Nascimento, E. (Orgs.). *Avaliação psicológica: contextos de atuação, teoria e modos de fazer* (1a ed., pp. 41-68). Sinopsy.

Pasian, S. R. (2000). *O psicodiagnóstico de Rorschach em adultos* – Atlas, normas e reflexões. Casa do Psicólogo.

Polícia Federal (2014). Instrução normativa nº 78/2014 -DG/DPF (10 de fevereiro de 2014). htpp://www.dpf.gov.br

Resende, M. A. (1997, 13 a 16 de julho). *O Psicodiagnóstico de Rorschach em instituições: uma questão ética.* [Apresentação de trabalho]. I Congresso da Sociedade Brasileira de Rorschach e outros métodos projetivos e I Congrès de la Société Internationale de Psycopathologie Phénoméno-Structurale. FFCLRP/USP - Ribeirão Preto - SP

Resende, M. A. & Nascimento, E. (2019). Avaliação psicológica para concessão de porte de arma de fogo. In Barroso, S. M., Scorsolini-Comin, F., & Nascimento, E. (Orgs.). *Avaliação psicológica: contextos de atuação, teoria e modos de fazer* (1a ed., pp. 209-224). Sinopsy.

Reppold, C. T., Wechsler, S. M., Almeida, L. S., Paula Elosua, P., & Hutz, C. S. (2020). Perfil dos psicólogos brasileiros que utilizam testes psicológicos: áreas e instrumentos utilizados. *Psicologia Ciência e Profissão* (40). https://www.scielo.br/j/pcp/a/cvJ7NWPd-qNJdL55ZfZpNhZH/?lang=pt

Rorschach, H. (1974). *Psicodiagnóstico* (2a ed.). Mestre Jou.

Rovinski, S. L. R. (2017). Avaliação psicológica no contexto legal. In Lins, M. R. C., & Borsa, J. C. *Avaliação psicológica: aspectos teóricos e práticos.* (1a ed., pp. 414-426). Vozes.

Rueda, F. J. M., & Mognon, J. F. (2017). Avaliação psicológica no contexto do trânsito. In Lins, M. R. C., & Borsa, J. C. *Avaliação psicológica: aspectos teóricos e práticos.* (1a ed., pp. 381-397). Vozes.

Searls, D. (2021). *Teste de Rorschach* (2a ed.). DarkSide Books.

Souza, M. A., & Pasian, S. R. (2018). O sistema francês (Escola de Paris) do Rorschach: histórico, ensino, pesquisas e contribuições psicanalíticas. In Antúnez, A. E. A., & Safra, G. (Orgs). *Psicologia clínica da graduação à pós-graduação.* Atheneu.

Traubenberg, N. R. (1970). *A prática do Rorschach.* Editora Cultrix.

Vaz, C. E. (1997). *O Rorschach – Teoria e desempenho* (3a ed.). Editora Manole.

Vaz, C. E. (2002). *Z-teste: Técnica de Zulliger - Forma coletiva* (2a ed. rev.). Casa do Psicólogo.

Villemor-Amaral, A. E., & Pianowski, G. (2019). O teste de Rorschach e a personalidade em ação. In Baptista, M. N. et al. (Orgs) (2019). *Compêndio de Avaliação Psicológica* (1a ed., pp. 541-549). Vozes.

Werlang, B. G., & Cunha, J. A. (1993). Avaliação da personalidade sob enfoque projetivo. In Cunha, J. A., Freitas, N. K., Raymundo, M. G. B. *Psicodiagnóstico R* (4a ed. rev., pp. 123-129). Artes Médicas.

AVALIAÇÃO PSICOLÓGICA NA ÁREA ORGANIZACIONAL: DESAFIOS E TENDÊNCIAS EM RECRUTAMENTO E SELEÇÃO

Christiane Leolina Lara Silva · FACULDADE ARNALDO

Elza Maria G. Lobosque · CONSELHO REGIONAL DE PSICOLOGIA (CRP/04)

Isabella Pippa Ferreira Freitas · CONSELHO REGIONAL DE PSICOLOGIA (CRP/04)

1 INTRODUÇÃO

Revisitar e estudar a Avaliação Psicológica (AP) em processos de seleção é uma jornada contínua, pois representa um dos temas menos explorados tanto na Avaliação Psicológica quanto na Psicologia Organizacional e do Trabalho (POT). A escassez de artigos e discussões acadêmicas sobre o assunto torna esse desafio ainda mais relevante.

A avaliação psicológica é uma prática frequentemente empregada pelas organizações para obter informações mais detalhadas sobre os candidatos durante os processos seletivos, bem como para o desenvolvimento e acompanhamento dos colaboradores. Conforme estipulado na Resolução Nº 31, de 15 de dezembro de 2022, emitida pelo Conselho Federal de Psicologia (CFP 2022), a avaliação psicológica é definida como um processo estruturado de investigação de fenômenos psicológicos, composto por métodos, técnicas e instrumentos. Seu propósito é subsidiar a tomada de decisão no âmbito individual, grupal ou institucional, levando em consideração as demandas, condições e finalidades específicas.

O recrutamento e seleção de pessoal são etapas fundamentais do subsistema de provisão, integradas à administração de Recursos Humanos (Chiavenato, 2010). A participação do psicólogo é comum nesse processo, devido à aplicação de testes psicológicos para a seleção de candidatos.

O processo de Recrutamento e Seleção inicia-se por intermédio de atrair profissionais para preencher vagas de acordo com cada cargo. Pode ser realizado por meio da rede social, de aplicativos focados no cadastramento de profissionais e do recebimento de currículo a partir da publicação de vagas. É importante frisar que o recrutamento e a seleção são atividades complementares que trabalham juntas e buscam resultados distintos (Araújo & Garcia, 2010).

Chiavenato (2009) define a seleção de recursos humanos como a escolha dos candidatos recrutados que melhor se adequam ao perfil do cargo, visando manter ou aumentar a eficiência e o desempenho do pessoal, e consequentemente, a eficácia da organização.

Segundo Ivancevich (2011, p. 214), seleção é "o processo pelo qual a organização, a partir de uma lista de candidatos, escolhe aquele ou aqueles que melhor atendem aos critérios estabelecidos para preencher as posições disponíveis, levando em consideração o contexto ambiental atual".

No contexto organizacional, a avaliação psicológica desempenha um papel significativo nos processos de seleção de pessoal. Conforme estabelecido na Resolução 02 de 2016, emitida pelo Conselho Federal de Psicologia (CFP), em seu artigo 1, a avaliação psicológica destinada à seleção de candidatos é definida como um processo sistemático de coleta e síntese de informações. Este processo é fundamentado em métodos científicos, visando identificar aspectos psicológicos do candidato que estejam alinhados com as demandas e perfil profissional do cargo em questão.

Segue abaixo uma tabela contendo os principais instrumentos e técnicas que podem ser empregados na avaliação psicológica organizacional, considerando a Avaliação Psicológica como um processo composto por métodos, técnicas e instrumentos (CFP 2022).

Tabela 1 · Principais instrumentos e técnicas que podem ser utilizados na avaliação psicológica organizacional.

Instrumentos/técnica	Finalidade	Tipo de instrumento
Testes psicológicos:	São aplicados para avaliar características como inteligência, habilidades específicas, traços de personalidade, motivação, liderança, entre outros. Exemplos comuns incluem testes de personalidade.	Instrumentos: Inventários de Personalidade Testes de habilidades cognitivas
Entrevistas psicológicas:	São realizadas por psicólogos organizacionais para obter informações mais aprofundadas sobre o perfil do candidato.	Avaliar: suas experiências anteriores, motivações e comportamentos relevantes para o cargo em questão.
Dinâmicas de grupo:	São atividades que envolvem a interação entre os candidatos.	Avalia: habilidades de trabalho em equipe, comunicação, liderança, resolução de problemas e outras competências sociais.
Estudos de caso:	São situações fictícias ou reais apresentadas aos candidatos, geralmente relacionadas a desafios específicos da área de atuação.	Avalia: habilidades de análise, tomada de decisão e resolução de problemas.
Assessment center:	É uma técnica mais complexa e abrangente, que envolve a combinação de várias atividades.	Testes, dinâmicas de grupo, simulações de situações de trabalho e entrevistas, com o objetivo de avaliar múltiplas competências dos candidatos.

Instrumentos/técnica	Finalidade	Tipo de instrumento
Avaliação de competências:	Envolve a análise das competências necessárias para o cargo.	Aplicação de testes ou atividades específicas para avaliar se o candidato possui as competências desejadas.
Inventários de interesses e de valores:	Relacionados tanto ao ambiente de trabalho quanto às atividades e tarefas específicas do cargo.	Avalia por meio de questionários utilizados para identificar os interesses e valores dos candidatos.

Adaptado de: Lins, M. R. C.; & Borsa, J. C. (org.) (2017). Avaliação psicológica: aspectos teóricos e práticos. (Cap.24, pp. 371-373). Petrópolis: Vozes.

Os resultados obtidos por meio da avaliação psicológica são avaliados à luz do perfil profissional do cargo em questão. O psicólogo responsável pela seleção deve considerar as características comportamentais e habilidades cognitivas do candidato, buscando compatibilidade com os requisitos do cargo em oferta. Portanto, a avaliação psicológica emerge como uma ferramenta valiosa para as organizações, proporcionando uma compreensão mais profunda dos candidatos e fornecendo informações relevantes que podem orientar o processo de seleção. A AP contribui para evitar possíveis desgastes emocionais em candidatos inadequados para o cargo, além de facilitar a tomada de decisões por parte dos gestores

Dentro do conjunto de técnicas e abordagens aplicadas nos processos seletivos, os testes psicológicos assumem um papel essencial na coleta e mensuração da capacidade dos candidatos em áreas específicas. Os testes psicológicos têm como objetivo identificar, descrever, qualificar e mensurar características psicológicas, utilizando procedimentos sistemáticos de observação e descrição do comportamento humano, dentro do contexto da ciência psicológica e seus fundamentos (CFP, Resolução 31/2022).

Quando se trata da avaliação psicológica no ambiente corporativo, um dos principais desafios é para o psicólogo: a seleção das ferramentas mais apropriadas para avaliar os candidatos. Conforme estipulado no artigo 5 da Resolução 31/2022 (CFP), mencionada anteriormente, é responsabilidade do psicólogo decidir sobre a escolha dos métodos, técnicas e instrumentos a serem utilizados na avaliação psicológica. Essa escolha deve ser embasada na literatura científica da psicologia e nas normas estabelecidas pelo Conselho Federal de Psicologia. Essa responsabilidade levanta a questão inicial: qual instrumento escolher?

2 QUAIS INSTRUMENTOS ESCOLHER?

Essa questão é frequentemente levantada por psicólogos que estão ingressando na área de seleção, representando um dos primeiros desafios que enfrentam. É fundamental destacar que o psicólogo deve possuir um domínio das técnicas que pretende empregar. De acordo com o disposto na Resolução 02 de 2016, emitida pelo CFP, o profissional deve:

I. Selecionar métodos e técnicas psicológicas com base em estudos científicos, os quais devem contemplar as atribuições e responsabilidades dos cargos em questão. Isso inclui uma descrição minuciosa das atividades e características profissionais do cargo, além da identificação dos construtos psicológicos relevantes e das características restritivas e/ou impeditivas para o desempenho no cargo.
II. Analisar conjuntamente os resultados de cada instrumento de forma dinâmica, relacionando-os à profissiografia do cargo, às características necessárias e aos fatores que podem restringir ou impedir o desempenho no cargo.
III. Seguir as recomendações atualizadas dos manuais técnicos adotados em todos os procedimentos relacionados à administração, apuração dos resultados e emissão de documentos, considerando os procedimentos de aplicação e avaliação quantitativa e qualitativa.
IV. Garantir a competência técnica profissional ao utilizar testes psicológicos.

A escolha dos testes psicológicos deve ser feita levando em consideração o perfil profissiográfico previamente definido para o cargo em questão, visando identificar os principais construtos a serem avaliados. Com base nos resultados da avaliação, o psicólogo deve relacioná-los aos fatores restritivos e/ou impeditivos para o desempenho do cargo e emitir um documento conclusivo, sempre observando as resoluções vigentes e o código de ética profissional do psicólogo.

Ainda não temos pesquisas recentes sobre os principais testes utilizados em seleção de pessoal. Contudo, segundo pesquisa realizado por Reppold et al. (2020), através de um questionário eletrônico, respondido por 668 psicólogos, no período de maio de 2017 a janeiro de 2018, 94,33% responderam fazer uso de testes psicológicos e 10,64% dos respondentes utilizavam testes na atividade de recrutamento e seleção de pessoal. Ainda, segundo a mesma pesquisa, a maior demanda é por testes que avaliam os construtos de personalidade e inteligência, com destaque, também para a avaliação da atenção. Sobre os testes mais utilizados pelos psicólogos em primeiro lugar encontra-se o teste expressivo Palográfico.

É importante salientar que o psicólogo (a) ao escolher o teste que irá compor seu processo de avaliação psicológica deverá consultar o Sistema de Avaliação de Testes Psicológicos (SATEPSI), que tem como objetivo qualificar instrumentos como aptos e inaptos para o uso profissional do psicólogo. Os instrumentos podem ser consultados no site: www.satepsi.cfporg.br (Lins, M. R. C.; & Borsa, J. C. (org.) (2017).

3 PRODUÇÃO CIENTÍFICA RELACIONADA AO TEMA DE RECRUTAMENTO E SELEÇÃO

Trabalhar e pesquisar sobre a Avaliação Psicológica nos processos de seleção é um constante desafio, já que é um dos temas, tanto na área de Avaliação Psicológica , quanto na área da POT, com poucos artigos sobre o assunto e com poucas discussões no âmbito acadêmico.

Em relação à produção científica, segundo dados encontrados e divulgados através de artigos científicos, tanto Andrade e Frossard (2013), Borges-Andrade e Pagotto (2010) e Meneses Coelho Jr., Ferreira, Paschoal e Silva Filho (2014) o tema relacionado a recrutamento e seleção é o que aparece em menor frequência em publicações científicas. Contudo, há um aumento das produções relacionadas a ferramentas de avaliação, de diagnóstico e de intervenção no âmbito da gestão e, há indícios de poucos estudos longitudinais que diz respeito a processos dinâmicos relacionados ao mundo do trabalho e das organizações (Gondim; Andrade; Bastos, 2018).

Assim, pelas pesquisas apresentadas observa-se a importância da área da POT para os psicólogos (as), contudo, as pesquisas relacionadas à atividade de seleção de pessoal são escassas, o que ocasiona pouco suporte a esses profissionais na sua atuação dentro das empresas/indústrias.

4 DESEJABILIDADE SOCIAL

É amplamente reconhecido pelos profissionais da área de seleção que durante o processo de avaliação psicológica, o fenômeno da desejabilidade social apresenta-se com alta relevância. Antes de participar de um processo seletivo, muitos candidatos buscam informações que possam auxiliá-los durante a avaliação. Eles pesquisam sobre a empresa, a vaga em questão e até mesmo os principais testes que serão aplicados. Além disso, é comum encontrar empresas e profissionais que oferecem preparação para os candidatos neste momento crucial.

Portanto, é imperativo que o profissional de psicologia encarregado do processo seletivo esteja atento à desejabilidade social, tanto durante a entrevista quanto na dinâmica de grupo e na aplicação dos testes. Embora ainda não existam métodos conhecidos para eliminar completamente esse fenômeno (Carvalho; Ambiel, 2017), espera-se que, com o domínio das ferramentas utilizadas, a correta aplicação e correção dos instrumentos psicológicos e a capacitação dos profissionais, haja uma postura mais crítica no processo de avaliação psicológica.

5 AVALIAÇÃO PSICOLÓGICA ONLINE

Com o avanço da tecnologia, os desafios impostos pela pandemia do novo coronavírus (COVID-19),e a crescente digitalização de processos, a avaliação psicológica online tem se tornado uma alternativa cada vez mais explorada e valorizada no campo da psicologia. Este método oferece uma série de benefícios e possibilidades que complementam e, em alguns casos, superam as abordagens tradicionais de avaliação presencial.

De acordo com informações disponíveis no site da Editora Vetor, os modelos de trabalho remoto têm acelerado a adesão das organizações ao ambiente online, estimulando a procura por soluções digitais que possam apoiar os processos de seleção e gestão de pessoas.

O psicólogo que optar pela utilização de testes online deverá considerar a Resolução CFP nº 11/2018 que regulamenta a realização de serviços psicológicos por meio de tecnologias de informação e da comunicação e a Nota Técnica nº 7/2019/GTEC/CG que orienta psicólogas(os) sobre a utilização de testes psicológicos em serviços realizados por meio de tecnologias de informação e da comunicação.

6 CONCLUSÃO

Conclui-se que o processo de recrutamento e seleção desempenha um papel crucial nas organizações, estando intrinsecamente ligado à Avaliação Psicológica. Esse procedimento engloba uma diversidade de ferramentas, incluindo entrevistas, dinâmicas de grupo e testes psicológicos. É de suma importância ressaltar que a escolha do teste deve atender aos critérios estabelecidos pelo SATEPSI e estar alinhada com o perfil profissiográfico.

Apesar dos avanços alcançados, diversos desafios ainda permeiam a Prática da Avaliação Psicológica, especialmente no contexto do recrutamento e seleção. O psicólogo que opta pelo uso de testes psicológicos enfrenta obstáculos como a escassez de produção científica, a alta desejabilidade social e a necessidade constante de aprimoramento e especialização. Embora tenham sido observados progressos, como a adoção de testes online e correções informatizadas, que proporcionam ao psicólogo uma maior precisão, ainda há um longo caminho a percorrer.

Dessa maneira, a avaliação psicológica continua a ter muito a conquistar quando aplicada ao contexto do recrutamento e seleção.

REFERÊNCIAS

Araújo, L. C. G; & Garcia, A. (2010). *Gestão de Pessoas*: edição compacta. São Paulo: Atlas S.A. 366 p.

Associação Brasileira das Entidades Fechadas de Previdência Complementar (Abrapp) (2015). *Guia de Recrutamento e Seleção Pessoal.* Av. das Nações Unidas, 12551 – 20º andar – Brooklin Novo 04578-903 – São Paulo – SP.

Chiavenato O., Idalberto (2010). *Gestão de pessoas.* 3. ed. Rio de Janeiro: Elsevier.

Conselho Federal De Psicologia (Brasil). **Quem faz a psicologia brasileira?** um olhar sobre o presente para construir o futuro: formação e inserção no mundo do trabalho: volume II: formação e inserção no mundo do trabalho [recurso eletrônico] / Conselho Federal de Psicologia. — 1. ed.— Brasília : CFP , 2O22.

Conselho Federal De Psicologia. Resolução CFP nº 31, de 15 de dezembro de 2022. Estabelece diretrizes para a realização de Avaliação Psicológica no exercício profissional da psicóloga e do psicólogo, regulamenta o Sistema de Avaliação de Testes Psicológicos - Satepsi e revoga a Resolução CFP nº 09/2018. Brasília, 2022a

Conselho Federal De Psicologia. Resolução CFP nº 02, de 2016. Regulamenta a Avaliação Psicológica em Concurso Público e processos seletivos de natureza pública e privada e revoga a Resolução CFP Nº 001/2002.

Editora Vetor (2024) Quais as vantagens de utilizar testes psicológicos com aplicação on-line em processos seletivos? Disponível em: https://blog.vetoreditora.com.br/quais-as--vantagens-de-utilizar-testes-psicologicos-com-aplicacao-on-line-em-processos-seletivos/. Acesso 11 de maio de 2024.

Lins, M. R. C.; & Borsa, J. C. (org.) (2017). *Avaliação psicológica:* aspectos teóricos e práticos. (Cap.2, pp. 25-35). Petrópolis: Vozes.

Lins, M. R. C.; & Borsa, J. C. (org.) (2017). *Avaliação psicológica:* aspectos teóricos e práticos. (Cap.24, pp. 371-373). Petrópolis: Vozes.

Gondim, S. M. G.; Bastos, A. V. B.; Peixoto, L. S. A. Áreas de atuação, atividades e abordagens teóricas do psicólogo brasileiro. In: Gondim, S. M. G.; Bastos, A. V. B. (orgs) *O trabalho do psicólogo no Brasil.* Vale do Paraíba: Artmed, 2010.

Ivancevich, John M. ; CUCCIO Suely Sonoe. *Gestão de Recursos Humanos.* 10ª edição. São Paulo: AMGH, 2011.

Pedregon, A. C., Gomes, W.B., Silva, L. A. D. & Carvalho, L. F. (2012). Desejabilidade social.em R Primi (Org.),*Temas em avaliação psicológica* (Vol.2,pp.151-176). São Paulo: Casa do Psicólogo.

Malvezzi., S.; Souza, J. A. J.; Zanelli, J. C. Inserção no mercado de trabalho os psicólogos recém-formados In: Gondim, S. M. G.; Bastos, A. V. B. (orgs). *O trabalho do psicólogo no Brasil.* Porto Alegre: Artmed, 2019.

Pereira, D. F.; & Bandeira, D. R. (Orgs.) (2016). *Aspectos práticos da avaliação psicológica nas organizações.* São Paulo : Vetor, 2016.

Reppold, C. T. et al. Perfil dos Psicólogos Brasileiros que Utilizam Testes Psicológicos: Áreas em Instrumentos Utilizados. *Psicologia: Ciência e Profissão.* Disponível em: <https://search.scielo.org/?lang=pt&q=au:Reppold,%20Caroline%20Tozzi>. Acesso em: 10 maio 2024.

VIOLÊNCIA INFANTIL: O QUE OS DESENHOS PODEM NOS CONTAR SOBRE ISSO

Fernanda Gonçalves da Silva · FACULDADE FOCUS

Natália de Andrade Marcelino · UNIVERSIDADE ESTÁCIO DE SÁ (UNESA)

Beatriz Alves Alexandrino de França · UNIVERSIDADE ESTÁCIO DE SÁ (UNESA)

INTRODUÇÃO

A violência é caracterizada como o "uso de força física ou poder, em ameaça ou na prática, contra si próprio, outra pessoa ou contra um grupo ou comunidade que resulte ou possa resultar em sofrimento, morte, dano psicológico, desenvolvimento prejudicado ou privação", segundo a Organização Mundial da Saúde (OMS, 2002).

O conceito de violência envolve uma ampla gama de tipos de violência, tais como a violência psicológica e a violência física. Assim, a violência é considerada como um dos principais problemas de saúde pública, conforme afirmado pela Organização Mundial de Saúde em seu Relatório Mundial sobre Violência e Saúde (OMS, 2002).

Diversos fatores interagem na problemática da violência infantil, pois trata-se de uma população vulnerável nos aspectos físico, emocional, cognitivo e social. O processo de desenvolvimento da criança é predominantemente influenciado pelo meio no qual está inserida, provendo aspectos propícios para o seu crescimento ou inferindo condições desfavoráveis. Essas condições se configuram de diversas maneiras, sendo a violência uma delas. (Silva *et al.*, 2021). De acordo com o Estatuto da Criança e do Adolescente (ECA, 2008), a violência infantil é um fenômeno multifacetado, incluindo outras maneiras de apresentação como o bullying, a alienação parental e o trabalho infantil.

Segundo o relatório *Status Report On Preventing Violence Against*, a OMS tem como meta a extinção da violência contra crianças até 2030, promovendo estratégias mundiais para alcançar tal objetivo, já que essa atinge até um bilhão de crianças ao redor do mundo. A mensuração frequente das notificações permitirá ações mais contundentes para o cumprimento das metas de redução desse fenômeno (OMS, 2020).

Criança é a pessoa com até 12 anos de idade incompletos, e adolescente é aquela entre 12 e 18 anos de idade. Ambas gozam de direitos fundamentais, tais como o direito à vida, à saúde, à liberdade, ao respeito, à dignidade e à convivência familiar e comunitária. As oportunidades e facilidades devem ser asseguradas a fim de lhes facultar o desenvolvimento físico, mental, moral, espiritual e social (ECA, 2008).

Dessa maneira, toda criança deve ter seu pleno desenvolvimento, ou seja, longe de qualquer tipo de castigo físico, de tratamento cruel ou de condição degradante por parte de seus responsáveis legais. Estes possuem o dever de cuidar e zelar por uma educação digna, com proteção, sem utilizar de medidas punitivas com pretextos de correção. Assim, configura-se como violência física infantil toda atitude intencional de ferir ou causar dor na criança, desdobrando-se de forma fatal ou não. (ECA, 2008; Fundo das Nações Unidas para a Infância (UNICEF), 2006).

É relevante ressaltar que as diferentes formas de violência infantil podem ocorrer concomitantemente, propiciando intensos impactos à vítima. Quanto mais rapidamente for percebida a violência, as possibilidades de intervenções e de ressignificações se tornam mais viáveis. Para isso, é necessário que se tenha cada vez mais informações sobre o fenômeno e suas consequências para a vítima, já que isso possibilitará a sua identificação, uma vez que essas consequências podem servir como indicadores desse problema social.

Se por um lado é dever da família, da sociedade e do Estado garantir os direitos e a proteção integral da criança, por outro lado é evidente que existem profissionais de saúde que se encontram despreparados para a identificação da violência. Além disso, há uma carência de apoio para encaminhamento dos casos, o que favorece o silenciamento da violência. Esse fato pode estar relacionado a inúmeros fatores, como a cultura, o receio de denunciar, a desinformação, entre outros (Quadros *et al.*, 2016).

2 TIPOS DE VIOLÊNCIA E SUAS CONSEQUÊNCIAS PSICOLÓGICAS

Sobre os tipos de violência infantil Silva et.al (2021), em revisão sistemática de artigos e de relatórios, mapeou na literatura oito tipos de violência, conforme mostra o gráfico 1, sendo a violência sexual o tipo mais comumente estudado pela literatura, dado que destaca a violência sexual em detrimento da violência física. No estudo primário, tanto a violência sexual quanto a física obtinham prevalência nas pesquisas científicas analisadas.

Gráfico 1 · Tipos de violência mais identificadas na literatura

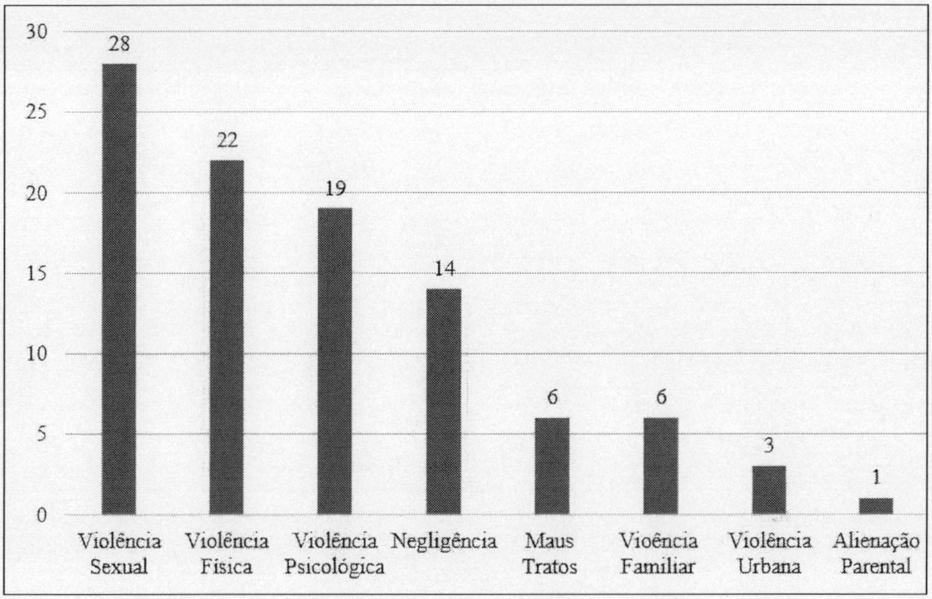

Nota. Fonte: Silva et.al,2021.

Diversos são os desdobramentos de experienciar a violência na infância. A correlação entre violência e suas consequências é de difícil mensuração pois é diretamente impactada por outros aspectos relacionados a essa experiência. Portanto, a literatura aponta que violências produzem consequências biopsicossociais que impactam no desenvolvimento infantil. Essas consequências podem servir de indicadores desse fenômeno ao permitir a identificação de aspectos comuns entre indivíduos que tenham vivenciado tais eventos, sendo entendidos como resultados dessas vivências. Tais indicadores surgem da violência experienciada e de acordo com o tempo durante o qual ocorre, podendo ser projetados no decorrer de toda a vida do sujeito (Nunes *et al.*, 2020).

Silva et.al (2021), em estudo de revisão sistemática, identificou na literatura a correlação das violências com os transtornos apresentados no gráfico a seguir:

Gráfico 2 · Indicadores de violência infantil de acordo com a literatura

Nota. Fonte: Silva et.al (2021).

3 AS CONTRIBUIÇÕES DA AVALIAÇÃO PSICOLÓGICA PARA AVALIAÇÃO DE VIOLÊNCIA

Nesse cenário, a avaliação psicológica pericial é uma ferramenta fundamental para investigação de violência, pois se configura como instrumento de auxílio na tomada de decisão para o contexto da justiça e de intervenções clínicas no sujeito que sofreu a violência (Platt *et al.*, 2018).

O psicólogo é o profissional especializado em determinada área do conhecimento, atividade ou assunto que possui domínio técnico ou prático em determinada profissão ou atividade (Guimarães, 2020). Ele coleta percepções ou emite informações ao juiz, colaborando na formação do conjunto de provas que embasam a decisão final (Dantas, 2021)

Considerando isso, as técnicas empregadas na avaliação psicológica devem ter o rigor científico e a imparcialidade, considerando o contexto em cada caso, pois a principal função do psicólogo é compreender e identificar análises específicas para diagnosticar aspectos conflitivos dessa dinâmica familiar e consubstanciar seus resultados e suas conclusões em um laudo, documento que será anexado ao processo, segundo as regras processuais e éticas (Dantas, 2021).

O profissional psicólogo dispõe de ferramentas, tais como entrevistas, técnicas e testes psicológicos, que permitem avaliar a demanda apresentada no contexto judicial, conforme resolução 008/2010 do Conselho Federal de Psicologia (CFP). É fundamental que a prática psicológica seja baseada nos princípios éticos, na competência técnico-científica, na proteção dos direitos da criança e do adolescente como pessoa em desenvolvimento.

Responder à demanda de identificação de queixas de violência, de forma ética e imparcial, requer do profissional psicólogo não só o conhecimento teórico dos aspectos relativos ao desenvolvimento humano e às possíveis consequências psicológicas da violência, mas também a capacidade técnica de elaboração e utilização de um plano de avaliação com base em técnicas psicológicas validadas cientificamente. Aznar-Blefari *et al.*, (2021) definem que:

> Para discutir o nexo causal entre a hipótese da situação abusiva e o impacto na saúde das vítimas, é necessário garantir que a informação fornecida pela criança tenha sido obtida a partir de técnicas e de protocolos de entrevista forense que tenham evidências científicas e que sejam destinados para esse propósito.

Neste capítulo, dedicá-lo-emos a apontar, no teste HTP, indicadores que revelem os indícios de violência.

4 O TESTE HTP

O desenho remonta uma longa história das primeiras formas de comunicação entre os seres humanos (Hammer, 1991; Wechsler, 2003). No entanto, somente a partir do século XX, o desenho passou a ser utilizado como técnica de avaliação psicológica para investigar habilidades cognitivas e características da personalidade humana (Bandeira, Costa & Arteche, 2008). Essas técnicas, que se baseiam no desenho como seu principal estímulo, são conhecidas como técnicas ou teste gráficos.

De acordo com essa abordagem, os desenhos passaram a ser analisados sob diferentes perspectivas. A perspectiva cognitiva compreende o desenho como uma medida de avaliação cognitiva (Goodenough, 1974; Koppitz, 1984). Os testes gráficos cognitivos mais conhecidos são o Desenho da Figura Humana (DFH) (Wechsler, 2003; Sisto, 2005) e o Teste Gestáltico Visomotor de Bender (Sisto *et al.*, 2004). Sob outro ângulo, a avaliação projetiva entende que o desenho é uma forma de manifestação dos aspectos inconscientes da personalidade (Hammer, 1991; Machover, 1967). Os testes gráficos projetivos mais conhecidos são o *House-Tree-Person Test* ou Teste do Desenho da Casa-Árvore -Pessoa (HTP) (Buck, 2003) e o Desenho da Família (Corman, 1979).

De acordo com a Resolução nº 02/2003 do Conselho Federal de Psicologia (CFP), que define e regulamenta o uso, a elaboração e a comercialização dos testes psicológicos no Brasil, o HTP é o único teste gráfico projetivo permitido para uso no contexto profissional da avaliação psicológica. Esse instrumento foi aprovado pelo Sistema de Avaliação dos Testes Psicológicos (SATEPSI) em janeiro de 2004 (CFP, 2009). Criado por John N. Buck, em 1948, o HTP tem por objetivo compreender aspectos da personalidade do indivíduo, bem como o modo desse indivíduo interagir com as outras pessoas e com o ambiente. Ele estimula a projeção de elementos da personalidade e de áreas de conflito dentro da situação terapêutica e proporciona uma compreensão dinâmica das características e do funcionamento do indivíduo (Buck,2003).

O teste Casa-Árvore-Desenho (HTP) é destinado a indivíduos maiores de oito anos e consiste na realização de três desenhos sequenciais: uma casa, uma árvore e uma pessoa. Cada um desses desenhos é feito em folhas separadas, utilizando lápis e borracha. Para sua aplicação, é proposto também que seja realizado um inquérito acerca das características e descrições de cada desenho realizado (Buck, 2003).

O HTP é uma das técnicas mais utilizadas pelos psicólogos brasileiros (Lagos & Bandeira, 2008; Noronha, 2002) e um dos mais ensinados nos cursos de formação em Psicologia (Freitas & Noronha, 2005; Noronha, Oliveira & Beraldo, 2003). Sua popularidade pode estar atrelada ao seu baixo custo e à facilidade de aplicação (Lagos & Bandeira, 2008). Contudo, a validade e fidedignidade do HTP são amplamente questionadas (Anastasi & Urbina, 2000; Cunha, 2000). Por se tratar de uma técnica projetiva gráfica, em que os aspectos pessoais são projetados sobre o estímulo do desenho, o HTP permite que o avaliador realize interpretações diante do conteúdo trazido. Em virtude da ambiguidade dos estímulos, as respostas são determinadas pelo conteúdo idiossincrático trazido pelo indivíduo (Hammer, 1991; Machover, 1967).

Ao longo dos anos, diferentes autores, em sua maioria orientados pela teoria psicodinâmica da personalidade, apresentaram o HTP (ver Anzieu, 1978; Di Leo, 1987; Grassano, 2004; Greig, 2004 e Hammer, 1991). As diferentes contribuições trouxeram diversidades quanto às interpretações e dificuldades para estabelecer critérios claros. Por tal razão, o HTP, muitas vezes, é compreendido como um instrumento baseado no senso comum e em conclusões arbitrárias e subjetivas.

Salienta-se que o HTP não deve ser considerado como o único instrumento em um processo de diagnóstico para avaliar aspectos da personalidade de um indivíduo. Recomenda-se o uso do HTP para indicação de caminhos no processo de investigação realizado a posteriori, discriminando características bizarras peculiares e servindo como um complemento para corroborar informações advindas de fontes adicionais.

4.1 Indicadores no teste HTP que revelam indícios de violência infantil

No manual do HTP (Buck, 2003) são apresentados indicadores diretos de violência física e sexual. Porém, na análise dos testes, encontramos outros indicadores que revelam respostas típicas, de acordo com a literatura, que são consequências de violência. Abaixo apresentaremos os indicadores.

4.1.1 Violência física

Figura 1 · Cabeça da pessoa maior que ¼ da altura total.

Figura 2 · Pés Omitidos.

Figura 3 · Desenho da pessoa feito apenas com formas geométricas.

Figura 4 · Membros das pessoas muito assimétricos.

4.1.2 - *Violência sexual*

Figura 5 · Genitais Desenhadas.

Figura 6 · Olhos enfatizados e muito grandes. Olhos pequenos e omitidos: sombreamento da face, do corpo, dos membros, das mãos ou do pescoço.

Figura 7 · Pernas das pessoas juntas e pressionadas umas às outras.

Figura 8 · Árvores Fálicas.

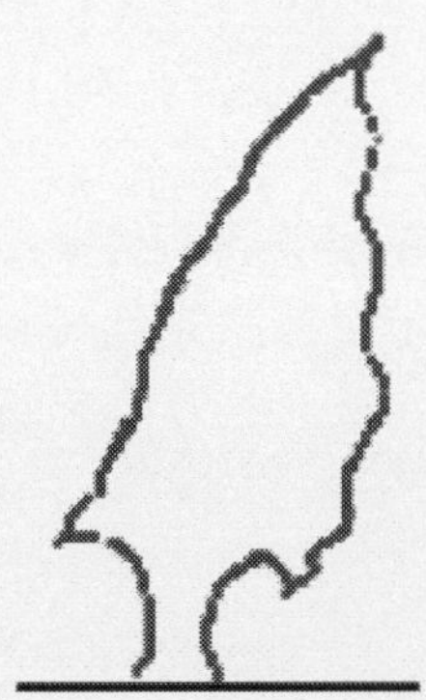

4.1.3 Demais indicadores

Figura 9 · Ausência de Janelas – Retraimento.

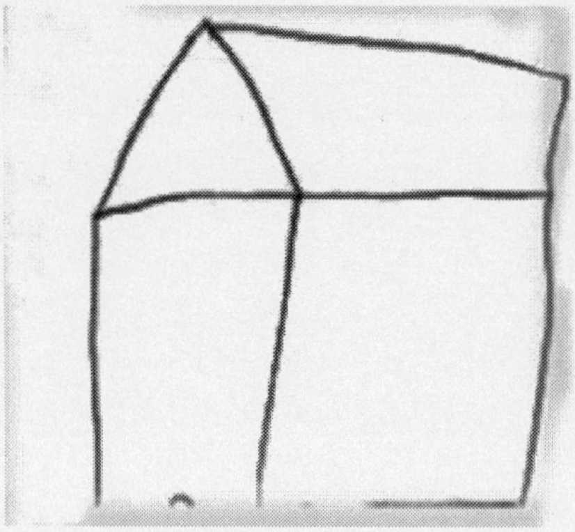

Figura 10 · Janelas fechadas – Hostilidade / Ênfase no telhado – Introversão.

Figura 11 · Portas muito pequenas – Inadequação.

Figura 12 · Excesso de detalhes não essenciais – Pressão do ambiente.

Figura 13 · Desenhos grandes – Tensão / Desenhos pequenos – Insegurança, retraimento / Proporções grandes – Ambiente restritivo, tensão, compensação / Intensidade dos Traços - Tensão, ansiedade / Cicatrizes – Traumas / Detalhes excessivos - Ansiedade.

Figura 14 · Ombros Quadrados – Hostilidade / Dedos pontiagudos – *Action out*, impulsividade / Olhos sem pupila – Contato pobre com a realidade / Ausência da boca – Agressão, depressão / Ausência de pescoço – Descontrole

5 CONCLUSÃO

A violência infantil é um fenômeno complexo que impacta diretamente no desenvolvimento infantil nos mais diversos transtornos ou comportamentos desadaptados.

A psicologia pode contribuir com sua investigação científica, seja no contexto jurídico, seja no contexto terapêutico, com a utilização de testes psicológicos com evidências de validade. Neste capítulo, apontamos as contribuições do teste projetivo HTP para avaliação de queixas de violência física e sexual.

REFERÊNCIAS

Anzieu, D. (1978). *Os métodos projetivos.* Rio de Janeiro, RJ: Campus.

Anastasi, A.; & Urbina, S. (2000). *Testagem psicológica.* Porto Alegre, RS: Artes Médicas.

Aznar-Blefari, C.; Schaefer, L. S.; P, C. da L., & Habigzang, L. F. (2021). Atuação de Psicólogos em Alegações de Violência Sexual: Boas Práticas nas Entrevistas de Crianças e Adolescentes. Psico-USF, 25(4), 625-635. Disponível em: https://doi.org/10.1590/1413/82712020250403>

Bandeira, D. R.; Costa, A.; Arteche, A. (2008). Estudo de validade do DFH como medida de desenvolvimento cognitivo infantil. Psicologia Reflexão e Crítica, 21(2), 332-337.

BRASIL. Lei nº 11.829, de 25 de novembro de 2008. Altera a Lei no 8.069, de 13 de julho de 1990 - Estatuto da Criança e do Adolescente, para aprimorar o combate à produção, venda e distribuição de pornografia infantil, bem como criminalizar a aquisição e a posse de tal material e outras condutas relacionadas à pedofilia na internet. Diário Oficial [da] República Federativa do Brasil, Brasília, DF, 25 nov. 2008. Disponível em: <https://www.planalto.gov.br/ccivil_03/_ato2007-2010/2008/lei/l11829.htm>

Buck, J. N. (2003). H-T-P: Casa – Árvore – Pessoa. Técnica Projetiva de Desenho: Manual e Guia de Interpretação. (1ª ed.). São Paulo: Vetor.

Conselho Federal de Psicologia (2003). Resolução nº 002, de 24 de março de 2003. Disponível em: <www.pol.org.br/pol/export/sites/default/pol/legislacao/legislacaoDocumentos/resolucao200 3_02.pdf>

Corman, L. (1979). O teste do desenho da família. São Paulo: Mestre Jou.

Cunha, J. (2000). Técnicas projetivas gráficas: Por que sim? Por que não? São Paulo: Casa do Psicólogo.

Dantas, J. dos S. O. M.; Fonte, V. A. de P.; da Conceição, J. A.; dos Santos, Y. P.; & da Silva, F. G. (2021). Técnicas da Perícia Psicológica em casos suspeitos de violência sexual infanto-juvenil / Techniques of Psychological Expertise in suspected cases of sexual violence against children and adolescents. Brazilian Journal of Development, v. 7, p. 76947-76963.

Di Leo, J. (1987). A interpretação do desenho infantil. (2 ed). Porto Alegre, RS: Artes Médicas.

Freitas, F. A.; Noronha, A.P.P. (2005). Clínica Escola: levantamento de instrumento utilizados no processo psicodiagnóstico. Psicologia escolar e educacional 9(1), 37-46.

Fundo Das Nações Unidas Para a Infância. Direitos negados: A violência contra a criança e o adolescente no Brasil, 2a ed., Brasília, DF: UNICEF, 2006. 16-17/141-146 p. Disponível em: <https://www.unicef.org/brazil/media/4021/file/Direitos_Negados.pdf>

Goodenough, F. (1974). Test de inteligência infantil por medio del dibujo de la figura humana (7. ed.). Buenos Aires, Argentina: Paidós.

Grassano, E. (2004). Indicadores Psicopatológicos nas Técnicas Projetivas. São Paulo, SP: Casa do Psicólogo.

Greig, P. (2004). A Criança e Seu Desenho: O nascimento da arte e da escrita. Porto Alegre: ArtMed.

Guimarães, D. T. (2020). Dicionário Universitário Jurídico. Atualização Ana Claudia Schwenk dos Santos. Rideel.

Hammer, E. F. (Org.). (1991). Aplicações clínicas dos desenhos projetivos. Rio de Janeiro: Interamericana.

Koppitz, E. M. (1984). El dibujo de la figura humana em los niños. Buenos Aires, Argentina: Guadalupe.

Lago, V. M., & Bandeira, D. R. (2008). As práticas em avaliação psicológica envolvendo disputa de guarda no Brasil. Avaliação psicológica 7(2), 223-234.

Machover, K. (1967). O traçado da Figura Humana: um método para o estudo da personalidade. Em H. H. Anderson & G.L. Anderson (Orgs.), Técnicas projetivas do diagnóstico psicológico 45-370.

Noronha, A. P. P.; Oliveira, K. L.; Beraldo, F. N. (2003). Instrumentos Psicológicos mais conhecidos e utilizados por estudantes e profissionais de Psicologia. Psicologia Escolar e Educacional, 7, 47-56.

Nunes, A. C. P.; Silva, C. C.; Carvalho, C. T. C.; Silva, F. G.; & Fonseca, P. C. S. B. (2020). Violência infantil no Brasil e suas consequências psicológicas: uma revisão sistemática. *Brazilian Journal of Development*, v. v6, p. p 79408-79441.

ORGANIZAÇÃO MUNDIAL DA SAÚDE. Relatório Mundial sobre Violência e Saúde. Genebra, 2002. 5 p. Disponível em: <https://portaldeboaspraticas.iff.fiocruz.br/wp-content/uploads/2019/04/14142032relatorio-mundial-sobre-violencia-e-saude.pdf>

Platt, V. B., Back, I. de C., Hauschild, D. B., & Guedert, J. M. Sexual violence against children: authors, victims and consequences. Ciência & Saúde Coletiva, Rio de Janeiro, v. 23, n. 4, p. 1019-1031, apr. 2018. DOI: https://doi.org/10.1590/1413-81232018234.11362016. Available on: <https://www.scielo.br/j/csc/a/hTR8wBZKQNrYLm4HB6p849c/?lang=en>-
Quadros, M. N.; Kirchner, R. M.; Hildebrandt, L. M.; Leite, M. T.; Costa, M. C. da; Sarzi, D. M. Situação da violência contra crianças e adolescentes no Brasil. Enfermería Global, s./l., n. 44, s./v., p. 174-185, out. 2016. Disponível em: <https://scielo.isciii.es/pdf/eg/v15n44/pt_docencia2.pdf>

Silva, F. G.; Fonseca, P. C. dos S. B. da; Dantas, J. dos S. O. M.; Silva, C. C. da; Carvalho, C. T. C. de. (2021). Violência infantil no Brasil: Panorama das notificações e indicadores desse fenômeno. *CONJECTURAS*, v. 21, p. 146-165. Disponível em: <https://doi.org/10.53660/CONJ-178-705>

Sisto, F. (2005). O desenho da figura humana – Escala Sisto. São Paulo, SP: Vetor.

Sisto, F. F.; Santos, A. A. A. & Noronha, A. P. P. (2004). Critérios de Integração do Teste de Bender: Explorando Evidências de Validade. Avaliação Psicológica, 3 (1), 13-20.

Wechsler, S. (2003). O Desenho da Figura Humana: Avaliação do desenvolvimento cognitivo de crianças brasileiras. Campinas: LAMP/PUC.

WORLD HEALTH ORGANIZATION. Status report on preventing violence against children, Geneva, 2020. 1-11 p. Available on: <https://www.who.int/publications/i/item/9789240004191>

AVALIAÇÃO NO CONTEXTO DAS ORGANIZAÇÕES: REPENSANDO TRILHAS DE DESENVOLVIMENTO

Cristiane Faiad · UNIVERSIDADE DE BRASÍLIA (UNB)

Dionne Rayssa Cardoso Corrêa · UNIVERSIDADE DE BRASÍLIA (UNB)

Laura Novaes Andrade · UNIVERSIDADE DE BRASÍLIA (UNB)

Tatiele Souza de Oliveira · UNIVERSIDADE DE BRASÍLIA (UNB)

1 INTRODUÇÃO

O debate sobre o capital humano e a gestão de recursos humanos sempre foi pauta de discussão na economia moderna (Codo, 2018). A perspectiva do capital humano coloca o trabalhador no centro da atividade de trabalho, encarando-o como ativo principal para o crescimento e o desenvolvimento organizacional, de maneira que a essência das organizações de trabalho – públicas ou privadas – derivam das pessoas que as compõem (Limongi-França & Souza, 2018). Com isso, têm-se um conjunto de práticas, conhecidas como subsistemas de recursos humanos, voltadas à organização da gestão do trabalho e à gestão da relação de emprego (Peixoto, 2020).

Desse modo, ao longo dos anos, a área de gestão de pessoas dentro das organizações passou a se responsabilizar não apenas pelas atividades administrativas básicas, como seleção, remuneração e movimentação de pessoas, para assumir também atividades voltadas à satisfação, à qualidade de vida, à saúde no trabalho e ao desenvolvimento de pessoas de maneira mais ampla, especialmente no que diz respeito ao comprometimento e ao engajamento pessoal (Limongi-França & Souza, 2018). Assim, a gestão estratégica de uma organização deve considerar, para além dos recursos ambientais e tangíveis, os recursos intangíveis que lhes fornecem vantagem competitiva, alcançada primordialmente pelos fatores associados à competência humana (Lima & Borges-Andrade, 2006).

A construção de práticas de Recursos Humanos mais adequadas e efetivas ganha um papel central no processo de avaliação dos indivíduos nesse contexto. Diferentes ações se estabelecem em torno do planejamento e da organização dos processos que compõem a gestão de pessoas nas instituições, consistindo no conjunto de funções e de atividades necessárias para uma gestão eficaz, configurando-se, na prática, como um processo contínuo de acompanhamento dos colaboradores (Peixoto, 2020). Faz-se fundamental o uso de técnicas e de medidas que possam fornecer à organização dados integralizados que auxiliem no processo decisório. Nesse sentido, a avaliação psicológica mostra-se como uma importante área para a compreensão de pessoas, de grupos e de instituições (Conselho Federal de Psicologia, 2022).

Muito vem sendo discutido no mundo do trabalho sobre estratégias de otimização de recursos humanos e de desenvolvimento das equipes de trabalho. No serviço público, por exemplo, a publicação do Decreto Federal n 5.707/2006, que instituiu a política e as diretrizes para o desenvolvimento de pessoal na administração pública federal, foi um marco importante para o direcionamento de investimentos em desenvolvimento de pessoas. Atualmente, a administração pública federal conta com o Plano Nacional de Desenvolvimento de Pessoas (PNPD), estabelecido pelo Decreto Federal n 9.991/2019, que determina um modelo de gestão que associa as necessidades de desenvolvimento do servidor à estratégia do órgão ou da entidade à qual ele pertence. Entre as demandas estabelecidas por esses decretos, consolidam-se a busca por maior qualidade dos serviços prestados, o foco no desenvolvimento do servidor e a necessidade de alinhamento entre as competências individuais e os objetivos institucionais do Estado.

Tendo em vista essa nova forma de gestão pública, fez-se necessária a construção de estratégias que possibilitem o desenvolvimento dos indivíduos e potencializem a efetividade das organizações. Neste capítulo, discutiremos algumas das principais estratégias de gestão de pessoas focadas em desenvolvimento organizacional e funcional.

2 GESTÃO POR COMPETÊNCIAS

A gestão por competências é um modelo estratégico de gerenciamento que se baseia no pressuposto de que o domínio de certos recursos é determinante para a melhora no desempenho de pessoas e de organizações. Com isso, essa concepção enfatiza a importância do direcionamento dos processos de gestão de pessoas, em especial, a capacitação e o desenvolvimento, ao proporcionar o alinhamento entre a estratégia organizacional e as competências requeridas do corpo funcional (Audenaert et al., 2014; Brandão & Bahry, 2005; Freitas & Brandão, 2006). Tal perspectiva evidencia que o investimento no(a) colaborador(a) é aspecto-chave para o crescimento da organização.

Esse modelo de gerenciamento é fundamentado no conceito de competências que diz respeito a combinações sinérgicas de conhecimentos, habilidades e a atitudes expressas pelo desempenho profissional em determinado contexto ou em determinada estratégia organizacional (Carbone, 2013; Freitas & Brandão, 2006). Tais competências podem assumir um caráter mais técnico, sendo formadas, principalmente, de conhecimentos específicos ou ainda comportamental, enfatizando o saber fazer e o agir do(a) colaborador(a).

O conceito de competência está bastante relacionado à aprendizagem, diz-se isso porque a aprendizagem diz respeito ao processo ou ao meio pelo qual o indivíduo adquire a competência, enquanto a competência representa a manifestação do que o indivíduo aprendeu (Freitas & Brandão, 2006). Sabe-se que o processo de aprendizagem é particular para cada pessoa e que a diferença no modo como cada um aprende está relacionada a predisposições individuais, por exemplo, as relações passadas com o mundo, a motivação e as expectativas para o futuro em relação à cultura em que vive (Natel et al., 2013; Souza, 2010). Por isso, é fundamental considerar três fatores no processo de desenvolvimento de competências: o interesse do indivíduo por aprender; o ambiente de trabalho como incentivador da aprendizagem; e o sistema de formação disponível (Le Boterf, 2003). Uma das estratégias de desenvolvimento profissional baseado em competências é o planejamento e a implementação de trilhas de aprendizagem.

3 TRILHAS DE APRENDIZAGEM

Tal processo visa estimular a aprendizagem e a busca por aquisição de competências necessárias para o bom desempenho no trabalho por meio de uma sistematização do que precisa ser aprendido pelo indivíduo (Freitas & Brandão, 2006). As trilhas de aprendizagem têm como foco a promoção do desenvolvimento de competências que atendam às expectativas da organização e do indivíduo (Freitas & Brandão, 2006; Rodrigues et al., 2014). Diferentemente de treinamentos ofertados institucionalmente, formais ou informais, a trilha de aprendizagem deve disponibilizar diferentes recursos para além de processos formais que contribuam com o desenvolvimento do trabalhador.

Esse foco em desenvolvimento faz com que as trilhas de aprendizagem sejam também chamadas trilhas de desenvolvimento. Na literatura nacional, é possível encontrar os termos trilhas de capacitação, trilhas de desenvolvimento profissional e trilhas de conhecimento apresentados como sinônimos de trilhas de aprendizagem (Amaral et al., 2020; Bündchen & da Silva, 2005; Chagas et al., 2021; Miyazaki et al., 2019; Oliveira-Junior & Menezes, 2016; Rollemberg & Farias, 2021). Todos esses termos fundamentam-se na premissa de que as expectativas do indivíduo sobre aspirações pessoais e de crescimento profissional podem e devem guiar os diferentes caminhos disponíveis para aquisição de competências. Assim, as trilhas podem ser definidas como "Caminhos alternativos e flexíveis para promover o desenvolvimento pessoal e profissional, para fazer referência a uma estratégia, com vistas ao desenvolvimento de competências direcionadas ao aprimoramento do desempenho atual e futuro" (Freitas & Brandão, 2006, p.102). Nas organizações públicas, esses caminhos são propostos, visando ao alinhamento com o Plano Nacional de Desenvolvimento de Pessoas (PNPD), tomando as trilhas de aprendizagem como ferramentas centrais desse processo.

A proposta de trilhas de aprendizagem aparece na literatura associada também ao mapeamento de competências. Dessa maneira, o requisito básico para a implementação dessa estratégia é a definição das competências que devem ser alcançadas pelo indivíduo na organização. Ainda, apesar do desenvolvimento de competências ser fundamental no trilhar profissional do indivíduo, aspectos como as possibilidades de progresso de carreira (Schuster & Dias, 2016; Vasconcelos & Neiva, 2017) e as estratégias de gestão de pessoas (Camões et al., 2010; Demo et al., 2018) também devem ser considerados.

Assim, apesar dos termos serem tratados como intercambiáveis, a concepção de trilhas de desenvolvimento no presente capítulo transcende a definição de trilhas de aprendizagem. O desenvolvimento considera, para além da aquisição das competências, as carreiras, os objetivos do indivíduo na instituição e o planejamento estratégico da organização.

4. TRILHAS DE CARREIRA

A expressão *trilhas de carreira* é abordada na literatura como um processo de escolhas de ocupações e de empregos que um indivíduo faz ao longo de sua carreira. Esse processo de tomada de decisão considera, entre outros fatores, a influência de aspectos individuais (e.g.: personalidade, aptidão, interesse) e organizacionais (e.g.: ambiente de trabalho, identificação com normas e valores da instituição) durante a trilha percorrida pelos indivíduos (Hassan et al., 2022; Kelsey et al., 2014; Tremblay et al., 2002). O termo *carreira*, especificamente, é marcado pela multiplicidade de significados que carrega, podendo referir-se ao pertencimento a um grupo profissional, ao conjunto de atividades/realizações de um indivíduo no trabalho, ao padrão de posições e de cargos oferecidos por uma organização, entre outras possibilidades (Vasconcelos et al., 2016).

De maneira abrangente, pode-se definir o Conceito de Carreira como uma sequência de atitudes e comportamentos associados às experiências relacionadas ao trabalho e a atividades ao longo da vida de uma pessoa (Hall, 2001). Nas organizações, muitas vezes, a carreira é evidenciada pelos movimentos progressivos de alteração de *status* dentro das ocupações, valorizando as posições apossadas dentro da instituição pelo indivíduo. Sendo assim, compreendemos carreira a partir da análise de duas dimensões: a) a dimensão organizacional, que engloba as estruturas, as rotinas e os padrões formais do desenvolvimento profissional; e b) a dimensão individual, que aborda os aspectos subjetivos e estratégicos do desenvolvimento a partir da visão do sujeito que trabalha (Bendassolli, 2009; Vasconcelos et al., 2016), permitindo que o indivíduo aja conforme sua necessidade de autorrealização dentro das possibilidades oferecidas pela instituição.

Para uma gestão de carreiras eficiente, a organização precisa garantir que o corpo funcional seja informado sobre o que é esperado pela instituição em termos de requisitos, de responsabilidades e de atribuições e sobre as formas de ascensão dentro da estrutura organizacional e os conhecimentos específicos necessários

(Queiroz & Leite, 2011; Souza et al., 2021). A carreira se mostra, então, como a linha mestra que confere dimensão temporal ao exercício de trabalho, sendo parte essencial do cotidiano dos trabalhadores e das organizações (Vasconcelos et al., 2016). Assim, adotar uma perspectiva de gestão da carreira do capital humano que busque a atratividade, a motivação e a retenção para os diferentes perfis, alinhando os interesses da organização e de seus colaboradores, oferece às instituições uma grande vantagem competitiva (Souza et al., 2021).

5 TRILHAS DE DESENVOLVIMENTO PROFISSIONAL: UMA NOVA PROPOSTA

Analisando as propostas apresentadas nas diferentes estratégias de gestão de pessoas descritas anteriormente, nota-se que a aplicação independente de cada uma delas acaba por fornecer uma visão restrita de desenvolvimento profissional. Nesse sentido, faz-se necessária a articulação dessas perspectivas a fim de promover uma visão mais abrangente do desenvolvimento profissional. Sendo assim, a definição de trilhas de desenvolvimento, nessa perspectiva, fundamenta a compreensão do desenvolvimento profissional a partir da análise combinada das trilhas de aprendizagem e das trilhas de carreira, ambas fundamentadas no mapeamento de competências necessárias para o bom desempenho do trabalhador.

Mas, afinal, como podemos chegar a uma proposta de trilha de aprendizagem, tendo como norte ganhos para o indivíduo e para a organização? O diferencial dessa proposta é acrescentar e especificar uma forma de levantar as trilhas de carreira, como fase que antecede a trilha de aprendizagem. A tabela a seguir sumariza as definições adotadas para a compreensão de cada uma das dimensões do desenvolvimento profissional.

Tabela 1 · Dimensões da trilha de desenvolvimento profissional

Dimensão	Definição
Trilhas de Desenvolvimento (TD)	Caminhos alternativos e flexíveis para promover o desenvolvimento pessoal e profissional, para fazer referência a uma estratégia, com vistas ao desenvolvimento de competências direcionadas ao aprimoramento do desempenho atual e futuro (Freitas & Brandão, 2006). Para seu alcance, faz-se necessário que sejam previamente definidas as trilhas de carreira, as competências e as estratégias a serem alcançadas.
Mapeamento de Competências (MC)	Diagnóstico que identifica quais são as competências necessárias para o desempenho adequado de tarefas da organização, com foco na identificação das lacunas que precisam ser investidas. A partir do mapeamento que se faz possível que os colaboradores se orientem no que é esperado de seu desenvolvimento profissional (Brandão, 2012; Coelho Junior et al., 2021).

Dimensão	Definição
Trilhas de Carreira/Trilhas Profissionais (TC)	Trajeto formativo e profissional percorrido pelo indivíduo para o alcance de objetivos profissionais e/ou pessoais. Trata-se de um aspecto mais prescrito do processo de formação. Compreende aspectos normativos, prescritos e reais oferecidos no campo do trabalho, incluindo facilidades e dificuldades da instituição. Trata-se de uma das dimensões da trilha de desenvolvimento, uma das fases para que ela seja alcançada.
Gestão Estratégica de Pessoas (GEP)	Alinhamento da gestão de pessoas com o objetivo e as metas estratégicas da organização (Mascarenhas, 2008).

A sistematização desta nova proposta de trilhas de desenvolvimento é operacionalizada em três passos, em que TD = MC + TC + GEP.

Figura 1 · Passos da trilha de desenvolvimento

1. Mapeamento de competências

O mapeamento de competências é a etapa inicial para identificar e operacionalizar as competências existentes na organização, é realizada a partir da descrição de comportamentos observáveis no ambiente de trabalho que direcionam a identificação de lacunas existentes entre as competências necessárias para alcance das metas organizacionais e as competências observadas no indivíduo. A partir desse mapeamento, é possível fundamentar as ações de educação, de avaliação de desempenho, de recrutamento e de seleção do corpo funcional (Coelho Junior et al., 2018; Faiad et al., 2012). Na proposta da gestão por competências, um dos processos que surgiu como estratégia de investimento por parte das organizações foi a trilha de aprendizagem.

Para que as trilhas realmente se estabeleçam e possam de fato agregar a formação das competências necessárias, faz-se importante que saibamos da realidade da instituição e de suas possibilidades. Afinal, se a trilha de desenvolvimento possibilita uma lista de diferentes opções de capacitação e que não serão trilhadas da mesma forma por todos os indivíduos, não saber o que precisa ser capacitado (mapeamento por competência) e qual a realidade de proposições que sejam factíveis na organização e no que vem sendo realizado (trilha profissional) limita as possibilidades e a sua efetividade. Sendo assim, alcançar a trilha de aprendizagem pressupõe: a) entender o que já existe e como funciona o crescimento profissional; b) a definição das competências a serem alcançadas; c) identificar as estratégias da organização, bem como suas possibilidades.

2. Trilhas de carreira/Trilhas profissionais (TC) - como identificá-las?

Na proposta de se identificar qual trajeto foi percorrido pelos indivíduos da organização, o mapeamento das TCs faz-se necessário. Identificar quais são as possibilidades prescritas e reais oferecidas no campo do trabalho permite que a instituição possa conhecer as facilidades e as dificuldades que permeiam o desenvolvimento do indivíduo dentro de determinado cargo. Para a identificação desses caminhos é necessário entender do(a) colaborador(a):

01. Quais foram os principais pontos de contato (pessoas, treinamentos, documentos)? Você sabia o que era esperado de você pela instituição?
02. Como se sente nesse período do desenvolvimento da carreira? O que pensa a respeito?
03. Quais são as necessidades (pessoais e institucionais) específicas dessa etapa da carreira? Quais são as principais demandas durante o desenvolvimento da carreira?
04. Quais são as frustrações e os pontos fracos em relação ao desenvolvimento da carreira?
05. O que funciona bem nesta etapa do desenvolvimento profissional?

Tais questionamentos devem ser feitos para pessoas em diferentes etapas do desenvolvimento de carreira pois, assim, é possível caracterizar e mapear as especificidades de cada fase.

Figura 2 · Fases propostas para levantamento da trilha de carreiras

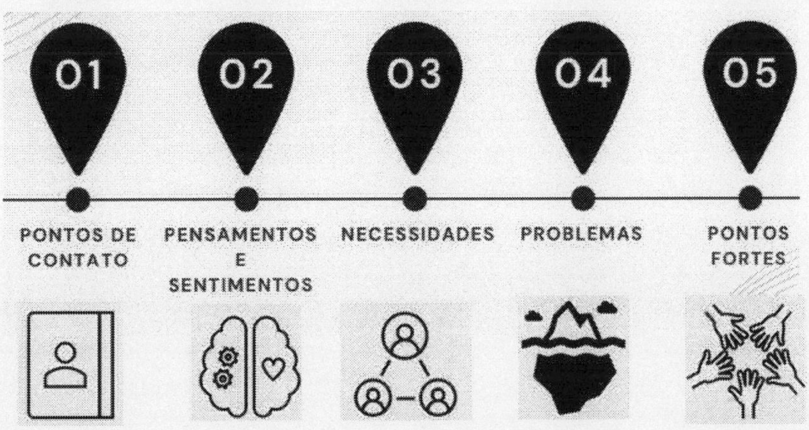

3. Gestão Estratégica de Pessoas

Essa abordagem estratégica deve contemplar aspectos que envolvem o estabelecimento de uma política de gestão com foco na importância dos gestores no processo de gerir as pessoas, planejamentos a curto, médio e longo prazo, questões relacionadas à recrutamento, à estratégia de desenvolvimento profissional e pessoal, à estratégia de realocação e de redistribuição do pessoal, à avaliação de desempenho, entre outros fatores, respaldando a sustentabilidade da gestão organizacional (Bergue, 2010; Dutra, 2017; Schikmann, 2010).

6 CONCLUSÃO

O presente capítulo se propôs a apresentar uma sistematização diferenciada do que até então vem sendo realizado no Brasil no que tange ao processo de trilhas de desenvolvimento. Para além de sua ligação com a gestão por competência, buscou-se mostrar que também é importante compreender o que já existe de prática e de possibilidades nas organizações. Afinal, muitas vezes, práticas de recursos humanos são implementadas sem que necessariamente haja não apenas o preparo, mas também a viabilidade de sua implementação nas organizações. Espera-se que pensar na trilha de desenvolvimento, antecedendo um melhor conhecimento das realidades do cargo e das estratégias da organização, para além do mapeamento por competência, pode ser uma prática que venha a auxiliar em ações mais efetivas para as instituições e seus servidores.

Na busca por processos mais ágeis e melhor desempenho por parte dos funcionários, diferentes são as estratégias buscadas pelas organizações de trabalho para alcançarem resultados esperados. Um dos desafios tem sido encontrar intervenções efetivas e que de fato apresentem resultados positivos. Nesse sentido, faz-se necessário que comecemos a entender a importância de que essas diferentes propostas apresentem impacto real e tenham evidências mais claras do ganho não apenas para a organização, mas também para o indivíduo. O que nos faz investir no aprimoramento contínuo e na busca por melhores formas de se acessar e avaliar os resultados.

REFERÊNCIAS

Amaral, A. M., Valerio, S. T., Pessanha, M. J. P. S., Azevedo, E. F., Barbosa, M. V., Silva, S. C. A., Tasso, E. B., & Kina, S. O. (2020). Trilhas de aprendizagem para capacitação dos profissionais em uma instituição de saúde. *Brazilian Journal of Development, 6*(12), 97428-97440. https://doi.org/10.34117/bjdv6n12-292.

Audenaert, M., Vanderstraeten, A., Buyens, D., & Desmidt, S. (2014). Does alignment elicit competency-based HRM? A systematic review. *Management Revue, 25*(1), 5-26. https://doi:10.1688/mrev-2014-01-Audenaert.

Bendassolli, P. F. (2009). Recomposição da relação sujeito-trabalho nos modelos emergentes de carreira. *Revista de Administração de Empresas, 49*(4), 387-400. https://10.1590/S0034- 75902009000400003.

Bergue, S. T. (2010). Especialização em Gestão de Pessoas no Serviço Público: uma perspectiva da vivência docente no contexto curso. Em M. J. Pantoja, M. R. S. Camões, & S. T. Bergue (Orgs), *Gestão de Pessoas: Bases Teóricas e Experiências no Setor Público.* (pp. 29 - 48). ENAP.

Brandão, H. P., & Bahry, C. P. (2005). Gestão por competências: métodos e técnicas para mapeamento de competências. *Revista do Serviço Público – RSP, 56*(2), 179-194. https://repositorio.enap.gov.br/bitstream/1/1504/1/2005%20Vol.56%2cn.2%20Brand%c3%a3o%20e%20Bahry.pdf.

Brandão, H.P. (2012). *Mapeamento de Competências: Métodos, Técnicas e Aplicações em Gestão de Pessoas.* Atlas.

Bündchen, E., & da Silva, A. B. (2005). Proposta de um plano de desenvolvimento de competências individuais genéricas alinhado à estratégia empresarial. *Revista de Ciências da Administração, 7*(13), 1-24. https://www.redalyc.org/pdf/2735/273520147005.pdf.

Camões, M. R. S., Pantoja, M. J., & Bergue, S. T (Orgs.). (2010). *Gestão de pessoas: bases teóricas e experiências no setor público/organizado.* ENAP https://repositorio.enap.gov.br/bitstream/1/1504/1/2005%20Vol.56%2cn.2%20Brand%c3%a3o%20e%20Bahry.pdf.

Carbone, P. P. (2013). Gestão por competência e educação corporativa: caminhos para o desenvolvimento de competências. *Inclusão Social, 7*(1) http://hdl.handle.net/20.500.11959/brapci/100312.

Chagas, R., Ribeiro, N. M., & Costa, T. D. (2021). Modelo baseado em blended learning para trilhas de aprendizagem por competências. *Revista Gestão Universitária, 15,* 1-19. http://www.gestaouniversitaria.com.br/system/scientific_articles/files/000/000/637/original/Proposta_de_um_modelo_baseado_em_blended_learning_para_trilhas_de_aprendizagem_por_compet%C3%AAncias.pdf?1611347259.

Codo, W. (2018). Capital Humano. Em R. Mendes (Org.), *Dicionário de saúde e segurança do trabalhador: conceitos-definições-história-cultura,* 225. Proteção Publicações Ltda.

Coelho Junior, F. A., Faiad, C., & Marques-Quinteiro, P. (2021). Seleção por competências. Em A. O. R. Marçulo, F. G. Silva & M. H. O. Henklain (Orgs). *Temas emergentes em psicologia organizacional e do trabalho* (pp.107-119). Editora Enterprising.

Coelho Junior, F.A., Faiad, C. & Rêgo, M.C.B. (2018). Mapping the Management and Pedagogical Support Competences of Professionals Working with Distance Learning. *Educação em Revista,* 34, 1-28. https://www.scielo.br/pdf/edur/v34/en_1982-6621-edur--34-e140488.pdf.

Conselho Federal de Psicologia. (2020). *Cartilha Avaliação Psicológica.* Conselho Federal de Psicologia https://site.cfp.org.br/wp-content/uploads/2022/08/cartilha_avaliacao_psicologica-2309.pdf.

Demo, G., Fogaça, N., & Costa, A. C. (2018). Políticas e práticas de gestão de pessoas nas organizações: cenário da produção nacional de primeira linha e agenda de pesquisa. *Cadernos EBAPE.BR, 16*(2), 250–263. https://doi.org/10.1590/1679-395159073

Dutra, J. S. (2017). *Gestão de Pessoas: modelo, processos, tendências e perspectivas.* 2. ed. Atlas.

Faiad, C., Coelho Junior, F. A., Caetano, P. F., Albuquerque, A. S. (2012). Análise profissiográfica e mapeamento de competências nas instituições de segurança pública. *Psicologia: Ciência e profissão, 32*, 388-403. https://doi.org/10.1590/S1414-98932012000200009.

Freitas, I. A., & Brandão, H. P. (2006). Trilhas de aprendizagem como estratégia para desenvolvimento de competências. Em J. E. Borges-Andrade, G. S. Abbad, & L. Mourão (Orgs.), *Treinamento, desenvolvimento e educação em organizações e trabalho: fundamentos para a gestão de pessoas* (pp. 97-113). Artmed/Bookman.

Hall, D. T. (2001). *Careers in and out of organizations. Sage Publications*, Inc.

Hassan, H., Hussain, M., Niazi, A., Hoshino, Y., Azam, A., & Kazmi, A. S. (2022). Career Path Decisions and Sustainable Options. *Sustainability, 14*(17), 10501. https://doi.org/10.3390/su141710501 .

Kelsey, C., Allen, K., Coke, K., & Ballard, G. (2014). Lean in and Lift up: Female Superintendents Share Their Career Path Choices. *Journal of Case Studies in Education, 6*.

Le Boterf, G. (2003). *Desenvolvendo a competência dos profissionais*. Artmed.

Lima, S. M. V. & Borges-Andrade, J. E. (2006). Bases conceituais e teóricas de avaliação de necessidades em TD&E. Em J. E. Borges-Andrade, G. S. Abbad, & L. Mourão (Orgs.), *Treinamento, desenvolvimento e educação em organizações e trabalho*, (pp. 199-215). Artmed.

Limongi-França, A. C. & Souza, E. C. R. (2018). Gestão de Pessoas. In: Mendes, R. (Org.), *Dicionário de saúde e segurança do trabalhador: conceitos-definições-história-cultura*, 568-569. Proteção Publicações Ltda.

Mascarenhas, A. O. (2008). *Gestão estratégica de pessoas: evolução, teoria e crítica*. Cengage Learning.

Miyazaki, F. R., Kuniyoshi, M. S., de Amorim, W. A. C., & Alves, L. R. (2019). Práticas de aprendizagem organizacional: Estudo de casos múltiplos em empresas de consultoria na cidade de São Paulo. *Pensamento & Realidade, 34*(3), 125-145. doi: https://doi.org/10.23925/2237-4418.2019v34i3p125-145.

Natel, M., Tarcia, R., & Sigulem, D. (2013). A aprendizagem humana: cada pessoa com seu estilo. *Revista da Associação Brasileira de Psicopedagogia*, 30 (92),142 - 148. https://cdn.publisher.gn1.link/revistapsicopedagogia.com.br/pdf/v30n92a08.pdf.

Oliveira-Junior, N. J., & Menezes, N. O. (2016). Desenvolvimento de competência gerencial no setor público: um estudo reflexivo, *Revista de administracao de Roraima*, 6 (2); 346-360. https://doi.org/10.18227/2237-8057rarr.v6i2.3520

Peixoto, A. L. A. (2020). Processo de avaliação do desempenho individual no trabalho. Em C. S. Hutz, D. R. Bandeira, C. M. Trentini, & A. C. S. Vasquez (Orgs.) *Avaliação psicológica no contexto organizacional e do trabalho*. (pp. 142-152). Artmed.

Queiroz, C., & Leite, C. (2011). A organização e a gestão de carreira. Em C. Queiroz,. & C. Leite. *O elo da Gestão de Carreira: O papel do empregado, da liderança e da organização*. (pp.96-131). DVS.

Rodrigues, C. M. C., Mello, S. P. T. D., & Ribeiro, J. L. D. (2014). Trilhas de aprendizagem e mapeamento de competências: uma solução efetiva. Em C. S. Calvete, & M. C. Gosmann (Orgs.). *Políticas de emprego, trabalho e previdência [recurso eletrônico]*.(pp. 54-71). Editora da UFRGS.

Rollemberg, G., & Farias, M. A. D. F. (2021). Mapeamento sistemático de tecnologias sociais no Brasil: subsídio para formação docente no Instituto Federal de Sergipe. *Educação em Revista, 37.* doi: https://doi.org/10.1590/0102-4698233140

Schikmann, R. (2010). Gestão estratégica de pessoas: bases para a concepção do curso de especialização em gestão de pessoas no serviço público. Em M. J. Pantoja, M. R. S. Camões & S. T. Bergue (Orgs), *Gestão de Pessoas: Bases Teóricas e Experiências no Setor Público.* (pp. 09 - 28). ENAP.

Schuster, M., & Dias, V. (2016). Plano de Carreira nos Sistemas de Gestão Público e Privado: Uma Discussão a luz das Teorias Motivacionais. *Revista de Administração IMED, 2*(1), 1-17. https://doi.org/10.18256/2237-7956/raimed.v2n1p1-17

Souza, A. D. O., Antonalia, C. M., Dezerto, G. N. D. T., Schwambach, I., Breda, R. M., Emke, S., & Gagliardi, S. B. D. (2021). *Gestão do capital humano: proposta de uma ferramenta que estimule o protagonismo e desenvolvimento na busca de trilhas de carreira no setor aéreo.* [Trabalho de Conclusão de Especialização em Gestão de Recursos Humanos, Fundação Dom Cabral; Instituto de Transporte e Logística]. https://repositorio.itl.org.br/jspui/bitstream/123456789/529/3/Gest%c3%a3o%20do%20capital%20humano.pdf

Souza, L. F. N. I. D. (2010). Estratégias de aprendizagem e fatores motivacionais relacionados. *Educar em Revista*, (36), 95-107. http://educa.fcc.org.br/pdf/er/n36/n36a08.pdf.

Tremblay, M., Wils, T., & Proulx, C. (2002). Determinants of career path preferences among Canadian engineers. *Journal of Engineering and Technology Management, 19*(1), 1-23. https://doi.org/10.1016/S0923-4748(01)00043-1.

Vasconcellos, V. C., & Neiva, E. R. (2017). Antecedentes de expectativas de carreira na organização. *Temas em Psicologia, 25*(1), 193-205. https://dx.doi.org/10.9788/TP2017.1-13.

Vasconcellos, V. C., Borges-Andrade, J. E., Porto, J. B., & Fonseca, A. M. D. O. (2016). Carreira nas organizações: Revisão da produção brasileira no âmbito do microcomportamento organizacional. *Revista Psicologia Organizações e Trabalho, 16*(1), 73-87. https://dx.doi: 10.17652/rpot/2016.1.375.

DA TEORIA À PRÁTICA: A APLICAÇÃO DA AVALIAÇÃO TERAPÊUTICA EM UM SERVIÇO ESCOLA DE PSICOLOGIA

Michelle Morelo Pereira · UNIVERSIDADE DO ESTADO DE MINAS GERAIS (UFMG)

Maria Eduarda Oliveira Avila · UNIVERSIDADE DO ESTADO DE MINAS GERAIS (UFMG)

Izabela Cristina Lourenço da Silva · UNIVERSIDADE DO ESTADO DE MINAS GERAIS (UFMG)

1 INTRODUÇÃO

A partir dos anos 80, surgiu, nos Estados Unidos, a Avaliação Terapêutica (AT), que propôs ser um novo método de atuação para modificar a forma de se fazer Avaliação Psicológica (AP) em todo o mundo, inclusive, no Brasil. Nesse sentido, a AT busca estabelecer uma nova metodologia para a Avaliação Psicológica, diferenciando-se do processo tradicional, estabelecendo novos preceitos e, também, ampliando o campo de atuação do psicólogo.

Para compreender o nível de inovação da Avaliação Terapêutica, é importante observar os procedimentos que a distinguem da Avaliação Psicológica tradicional. Nesse sentido, a Avaliação Psicológica pode ser compreendida como um processo técnico e científico que utiliza de metodologias para coletar dados, realizar estudos e interpretar informações por meio de técnicas e de instrumentos específicos (Resolução CFP 31/2022[1]). Por meio da coleta sistemática de informações, o psicólogo utiliza diferentes técnicas, como testes psicológicos, entrevistas, observações e análise de documentos, a fim de obter uma visão abrangente e aprofundada do funcionamento psicológico do cliente (CFP 31/2022).

Assim, o modelo tradicional da Avaliação Psicológica considera fontes fundamentais de informações, tais como os testes psicológicos em vigor, as entrevistas psicológicas e anamnese e os registros de observação do indivíduo e/ou grupo (CFP 31/2022). Vale ressaltar que nem sempre é necessário utilizar todas as fontes de coleta de informação disponíveis, sendo possível fazer combinações adequadas de acordo com os objetivos e as demandas específicas da avaliação.

[1] Disponível em: https://atosoficiais.com.br/cfp/resolucao-do-exercicio-profissional-n-31-2022-estabelece-diretrizes-para-a-realizacao-de-avaliacao-psicologica-no-exercicio-profissional-da-psicologa-e-do-psicologo-regulamenta-o-sistema-de-avaliacao-de-testes-psicologicos-satepsi-e-revoga-a-resolucao-cfp-no-09-2018?origin=instituicao&q=31/2022

Além da abordagem tradicional da Avaliação Psicológica, outras abordagens se destacam nesse campo de atuação, tais como a Avaliação Psicológica Interventiva e a Colaborativa. A Avaliação Psicológica Interventiva é caracterizada pela combinação abrangente e simultânea das práticas de avaliação psicológica e intervenção psicológica (Barbieri et al., 2004). Assim, significa que esse processo não se limita à investigação e ao diagnóstico, mas inclui intervenções terapêuticas conduzidas durante as sessões. De acordo com Barbieri (2010), a abordagem interventiva é um procedimento clínico que permite intervenções ao longo do processo de avaliação e não apenas no final. Dessa forma, implica que o terapeuta pode fornecer *feedback* e intervenções durante a própria avaliação, visando promover mudanças imediatas e terapêuticas para o cliente.

Por sua vez, a Avaliação Psicológica Colaborativa, como o próprio nome sugere, é baseada na cooperação, em que a capacidade de trabalhar em conjunto é fundamental tanto para o psicólogo quanto para o cliente em questão (Yeehia, 2004). Nesse sentido, desde o início da busca pelo serviço, a demanda deve ser compreendida pelo cliente que a traz e é estabelecido um ambiente colaborativo para a avaliação. O processo de avaliação ocorre de forma conjunta, com ênfase na observação e na compreensão mútua entre o psicólogo e o cliente. Com isso, ambos desempenham papéis ativos na coleta de informações, compartilhando perspectivas e experiências relevantes para a compreensão do quadro em questão. Essa abordagem valoriza a participação e a autonomia do cliente no processo de avaliação, promovendo uma parceria colaborativa em busca de *insights*, soluções e possíveis intervenções terapêuticas (Yeehia, 2004).

Compreende-se, assim, que, na Avaliação Psicológica Interventiva, o papel do psicólogo é mais ativo durante o processo, visto que, após interpretar os dados obtidos por meio dos testes psicológicos, o psicólogo elabora estratégias intervencionistas com o objetivo de promover a resolução dos problemas e o bem-estar do cliente (Barbieri, 2010). Dessa forma, as sessões de avaliação já se tornam terapêuticas, integrando o diagnóstico e a intervenção de forma simultânea. Por outro lado, na prática Colaborativa, o cliente desempenha um papel ativo e se torna o principal colaborador no processo de avaliação. Nesse sentido, o trabalho do psicólogo é realizado em estreita colaboração com o cliente, caminhando lado a lado com suas elaborações e suas contribuições. Essa abordagem valoriza a autonomia do cliente, dando espaço para que ele tenha voz ativa na definição dos objetivos, na escolha das técnicas utilizadas e na tomada de decisões ao longo do processo de avaliação, tornando o psicólogo um facilitador, estimulando a participação ativa do cliente e promovendo sua autonomia no processo (Yeehia, 2004).

Com o surgimento de novos pressupostos metodológicos, destaca-se a abordagem inovadora conhecida como Avaliação Terapêutica (AT), que surge como uma proposta colaborativa e interventiva. Ela foi idealizada por Finn e Marte ao aprofundarem os estudos de Fisher e Tonsager (Scaduto et al., 2019). Os autores se basearam nos princípios da fenomenologia e do humanismo, porém não amarraram a sua teoria a uma abordagem ou a uma técnica específica, tornando-a flexível e adaptada de acordo com as necessidades e as particularidades do cliente (Villemor-Amaral et al., 2018).

Logo, o presente capítulo tem como objetivo descrever e discutir os aspectos teóricos, práticos e metodológicos da Avaliação Terapêutica no Brasil. Para tanto, o capítulo apresenta, inicialmente, uma discussão teórica sobre a Avaliação Terapêutica. Em seguida, é conduzida uma revisão bibliográfica sistemática, contendo as publicações científicas no período de 2013 a 2023 sobre o tema. Posteriormente, é abordada a aplicação da AT em um Serviço Escola de Psicologia, vinculado a uma instituição de ensino superior pública da região sudeste do país, por meio da descrição de dois casos. Por fim, buscou-se destacar as considerações finais, as limitações encontradas e a agenda futura de pesquisa sobre o tema.

2 AVALIAÇÃO TERAPÊUTICA

Como o próprio nome sugere, a Avaliação Terapêutica busca ser um processo terapêutico, no qual o psicólogo não apenas compreende e cuida do paciente, mas também o auxilia na criação de mudanças positivas e no desenvolvimento do autoconhecimento. Segundo Villemor-Amaral (2016), durante o processo de avaliação, é possível realizar intervenções que tragam benefícios diretos ao cliente, promovendo, assim, um caráter terapêutico à avaliação.

De acordo com Finn (2017), o profissional que utiliza essa metodologia busca oferecer ao cliente uma experiência favorável para ajudá-lo a criar mudanças positivas por meio da autocompreensão e da autonomia durante o processo. Por conseguinte, o cliente e suas inquietações são o foco central da avaliação, que não se resume apenas a coletar e a devolver informações, nem a oferecer um diagnóstico ou uma resposta pronta ao sujeito. Com suporte nisso, entendemos a Avaliação Terapêutica como uma metodologia colaborativa e semi-estruturada (Villemor-Amaral et al., 2018) na qual o psicólogo trabalha em conjunto com o cliente para explorar seus problemas, suas preocupações e suas questões emocionais a fim de elaborar novos recursos. Finn apresentava a ideia de que assim seria mais fácil do indivíduo aceitar os encaminhamentos e se engajar nos tratamentos a posteriori.

A aplicação da Avaliação Terapêutica possibilita reflexões sobre a Avaliação Psicológica em geral, promovendo um trabalho mais humanizado e acolhedor no diagnóstico de sintomas em adultos. Isso contribui para evitar estereótipos de estigmatização e rótulos patológicos e promove uma visão integrada e positiva da saúde mental. Nesse sentido, o processo de avaliação irá acontecer em múltiplos encontros, permitindo o trabalho cooperativo entre psicólogo e cliente. Esse diálogo mais aberto e exploratório será capaz de direcionar para descobertas mais profundas e para formulação de um plano de intervenção mais eficaz (Finn, 2017).

Durante o processo de Avaliação Terapêutica, o psicólogo pode aplicar testes psicológicos, questionários e entrevistas para obter informações relevantes sobre o cliente e sua situação. No entanto, o foco da AT não está apenas nos resultados desses testes, mas sim na interpretação das informações e na exploração da perspectiva do cliente. Ao integrar e interpretar essas informações, a AT pode oferecer ao cliente um novo olhar e uma perspectiva diferenciada diante da demanda inicial. Com isso, é possível proporcionar uma narrativa mais coerente e compassiva, bem como integrar afetos e aspectos de sua autopercepção que, anteriormente, poderiam estar confusos ou incongruentes (Finn, 2017).

As sessões de Avaliação Terapêutica serão conduzidas presencialmente, com duração média de 60 minutos cada, com a presença de seis etapas principais (Villemor-Amaral, 2018), a saber: entrevista inicial; aplicação dos testes de acordo com as hipóteses, sessão de intervenção; sessão de sumarização e discussão; relato dos resultados e sessão de *follow-up* (Ver Tabela 1).

As sessões seguirão a estruturação formulada por Finn (2017) para essa abordagem. Nas primeiras sessões, ou seja, nas entrevistas iniciais, o terapeuta tem como objetivo estabelecer um ambiente acolhedor e seguro, no qual o cliente se sinta confortável. A partir disso, o avaliado terá a oportunidade de levantar perguntas individualizadas relacionadas às suas dúvidas, inseguranças, problemas e dificuldades que trazem inquietações para o cliente (Villemor-Amaral, 2018). Dessa forma, juntos, eles irão formular perguntas que serão norteadoras e busquem ser respondidas no processo terapêutico que é limitado no tempo (Silva et al., 2021).

De acordo com Finn (2009), o estabelecimento colaborativo de metas envolve o cliente no processo, promovendo a redução da ansiedade e facilitando sua participação. Isso porque insere o cliente em todas as etapas, desde a formulação de perguntas, que poderá despertar a curiosidade, promover a reflexão interna e proporcionar ao sujeito a oportunidade de transformar suas emoções e seus sofrimentos em questões concretas (Villemor-Amaral, 2018). Ademais, as perguntas formuladas junto ao cliente também servirão como base para escolhas mais assertivas de quais instrumentos e técnicas serão utilizados durante a AT. Em resumo, essa técnica permite, ao avaliador, compreender a demanda por meio do olhar do cliente e, a partir disso, refletir sobre como a mudança terapêutica pode ocorrer nesse contexto específico (Aschieri et al., 2015).

Na segunda etapa do processo, ocorre a aplicação dos testes selecionados com base nas hipóteses iniciais. Essa escolha é feita levando em consideração as demandas específicas do cliente, o que permite que ele perceba que a avaliação está seguindo a direção dos seus objetivos, contribuindo para um maior engajamento (Finn, 2017). Se difere, ainda, de utilizar baterias de testes pré-definidas, visto que os testes são escolhidos de forma individualizada, visando obter informações relevantes. Dessa forma, podem ser utilizados testes de autorrelato e testes projetivos. Os testes de autorrelato permitem ao indivíduo refletir sobre seu comportamento diante de situações cotidianas ou mais complexas, fornecendo informações sobre suas percepções, emoções e experiências. Também, nessa etapa, são utilizados instrumentos de avaliação psicológica além dos testes psicométricos, tais como entrevistas estruturadas e observações clínicas, atentando-se à necessidade e aos objetivos do processo terapêutico.

Em complemento aos recursos de coleta de dados anteriormente citados, os testes projetivos exploram o modo como o cliente pensa, sente e age, permitindo ao psicólogo acessar aspectos mais profundos e inconscientes da personalidade do indivíduo (Villemor-Amaral, 2018). Ainda nessa etapa, que pode se estender por mais de uma sessão, o avaliador tem a oportunidade de aprofundar em temas específicos que surgiram a partir do refinamento de questões obtidas nos testes.

A terceira etapa envolve a intervenção do terapeuta, que utiliza sua criatividade para provocar reflexões no cliente a partir dos achados da etapa anterior. Conforme destacado com Ascheiri et al. (2016), durante a sessão de intervenção, o avaliador busca proporcionar ao cliente uma experiência na qual ele possa confrontar e integrar informações que, sem uma preparação adequada, poderiam gerar ansiedade. O objetivo não é apenas apresentar os resultados, mas trazer à consciência as dificuldades demonstradas pelo cliente, para que juntos possam observar, compreender e, se necessário, modificar a forma de funcionamento diante das questões apresentadas (Finn et al., 2002). As sessões de intervenções são cuidadosamente planejadas com base na formulação do caso, visando atingir um ou mais objetivos específicos, tais como explorar hipóteses derivadas dos testes, compreender diferentes aspectos dos resultados da avaliação e, gradualmente, aumentar a consciência sobre os achados que poderiam ser rejeitados (Villemor-Amaral, 2018).

Na quarta etapa da Avaliação Terapêutica, ocorre a fase de intervenção, na qual retomam-se as perguntas orientadoras do processo, buscando a reflexão sobre o progresso até o momento. De acordo com Finn (2017), os resultados apresentados pelo cliente podem ser analisados em três níveis diferentes. No nível 1, estão os resultados relacionados aos modos habituais de pensar sobre si mesmo, sendo os mais fáceis de serem identificados e aceitos pelo cliente. Essas modificações podem ser mais superficiais, mas ainda assim significativas. Já no nível 2, encontram-se as mudanças mais amplas, que podem afetar a autoestima e a autopercepção do cliente. Essas modificações podem desafiar crenças arraigadas e exigir um maior esforço de adaptação por parte do indivíduo. Por fim, o nível 3 abrange as respostas de maior elaboração e complexidade, nas quais podem ser observados mecanismos de defesa do cliente sendo ativados. Nessa etapa, é possível que surjam resistências e dificuldades emocionais mais profundas, exigindo um trabalho terapêutico mais intenso e mais cuidadoso (Villemor-Amaral, 2018).

Na quinta etapa da Avaliação Terapêutica, é realizada a elaboração dos *feedbacks* escritos (Villemor-Amaral, 2018). Conforme descrito por Finn (2017), nesse momento, adota-se um formato de carta, evitando formalidades e terminologias psicológicas complexas, com o objetivo de trazer à tona todo o processo vivenciado pelo cliente durante a avaliação. A partir disso, o foco é destacar as potencialidades identificadas ao longo do processo, evidenciando os aspectos positivos e ressaltando as conquistas alcançadas, conforme exposto por Villemor-Amaral (2018). Com isso, podemos inferir que os *feedbacks* escritos podem ser uma ferramenta valiosa para consolidar as percepções e *insights* obtidos ao longo da Avaliação Terapêutica, oferecendo ao cliente uma visão clara e significativa de sua jornada terapêutica e dos caminhos percorridos em direção ao seu bem-estar psicológico.

Já a última etapa da Avaliação Terapêutica consiste em uma sessão de *follow-up*, que ocorre em torno de 2 a 3 meses após aplicação prática do processo terapêutico na rotina do cliente. Nessa etapa, é realizada uma análise dos resultados obtidos e uma avaliação do impacto das intervenções terapêuticas implementadas. Assim, o objetivo é revisitar as perguntas norteadoras e refletir sobre o progresso e os resultados alcançados ao longo do processo de Avaliação Terapêutica. Então, a sessão de *follow-up* irá permitir uma avaliação mais abrangente e mais aprofundada do processo terapêutico, possibilitando identificar as mudanças positivas, os desafios encontrados e possíveis novos questionamentos (Villemor-Amaral & Resende, 2018).

A Avaliação Terapêutica, portanto, é uma proposta que tem se expandido nos dias de hoje nos Estados Unidos e em países europeus, seja porque pode ser ensinada de forma sistemática e objetiva, seja porque pode ser aplicada em serviços públicos de saúde nos mais diversos contextos com benefícios terapêuticos imediatos como demonstram as pesquisas (Finn & Chudzik, 2010; Ougrin et al., 2012; Poston & Hason, 2010) de acordo com Villemor-Amaral (2018). Vislumbra-se que o campo da Avaliação Terapêutica no Brasil é novo e carece de estudos empíricos.

É importante citar a lacuna existente nos serviços públicos de saúde, nos quais a Avaliação Psicológica integrada não é amplamente oferecida. Diante dessa realidade, justifica-se a necessidade de desenvolver projetos e iniciativas que se concentrem em viabilizar o acesso da comunidade à Avaliação Psicológica e a serviços de psicodiagnóstico.

Tabela 1 · Síntese das etapas da Avaliação Terapêutica

ETAPAS DA AVALIAÇÃO TERAPÊUTICA		
Etapa 1	Entrevista inicial	Levantamento de perguntas individuais do cliente sobre suas dúvidas, inseguranças, problemas e dificuldades; Formulação de perguntas norteadoras para o processo terapêutico.
Etapa 2	Aplicação de testes de acordo com as hipóteses	Aplicação de testes selecionados com base nas perguntas norteadoras.
Etapa 3	Sessão de intervenção	Intervenção do terapeuta com criatividade para provocar reflexões no cliente; Exploração das hipóteses, compreensão dos resultados e aumento gradual da consciência.

ETAPAS DA AVALIAÇÃO TERAPÊUTICA		
Etapa 4	Sessão de sumarização e discussão	Retomada das perguntas orientadoras e reflexão sobre o progresso.
Etapa 5	Relatos dos resultados	Elaboração dos *feedbacks* escritos na Avaliação Terapêutica; Foco em trazer à tona o processo vivenciado pelo cliente durante a avaliação; Destaque para as potencialidades identificadas e conquistas alcançadas.
Etapa 6	Sessão de follow-up	Análise dos resultados e avaliação do impacto das intervenções; Identificação de mudanças positivas, desafios encontrados e possíveis novos questionamentos.

3 A PRODUÇÃO CIENTÍFICA NO BRASIL

Segundo os estudos de Silva et al. (2021) e Barbieri (2010), o método da Avaliação Terapêutica é pouco conhecido e utilizado pelos profissionais, uma vez que são escassas as obras publicadas sobre o tema na língua portuguesa, como também pouco discutida nas graduações em Psicologia. Em uma evidência de desequilíbrio quando comparada aos estudos e publicações internacionais.

Nesse sentido, foi realizada uma revisão sistemática bibliográfica nos bancos de dados: Google acadêmico, CAPES periódicos, SciElo e PePSIC. Sendo que o primeiro acesso ocorreu em 05/05/2023, utilizando apenas o descritor "avaliação terapêutica", e o segundo acesso ocorreu em 10/06/2023, seguindo os mesmos procedimentos e com o resultado igual ao anterior.

A partir da busca, foram encontrados inicialmente 1420 artigos que faziam referência ao utilizar a palavra de rastreio "avaliação terapêutica" no Google acadêmico, 66 artigos no Capes- periódicos, 29 no SciElo e 64 no PePSIC. Após a aplicação de filtros temporais, restringindo entre os anos 2013 e 2023, foram identificadas 832 publicações na primeira base de dados, somente 17 na segunda, 6 na terceira e 5 na última (Ver Figura 1).

Figura 1 · Fluxograma representando o processo de busca

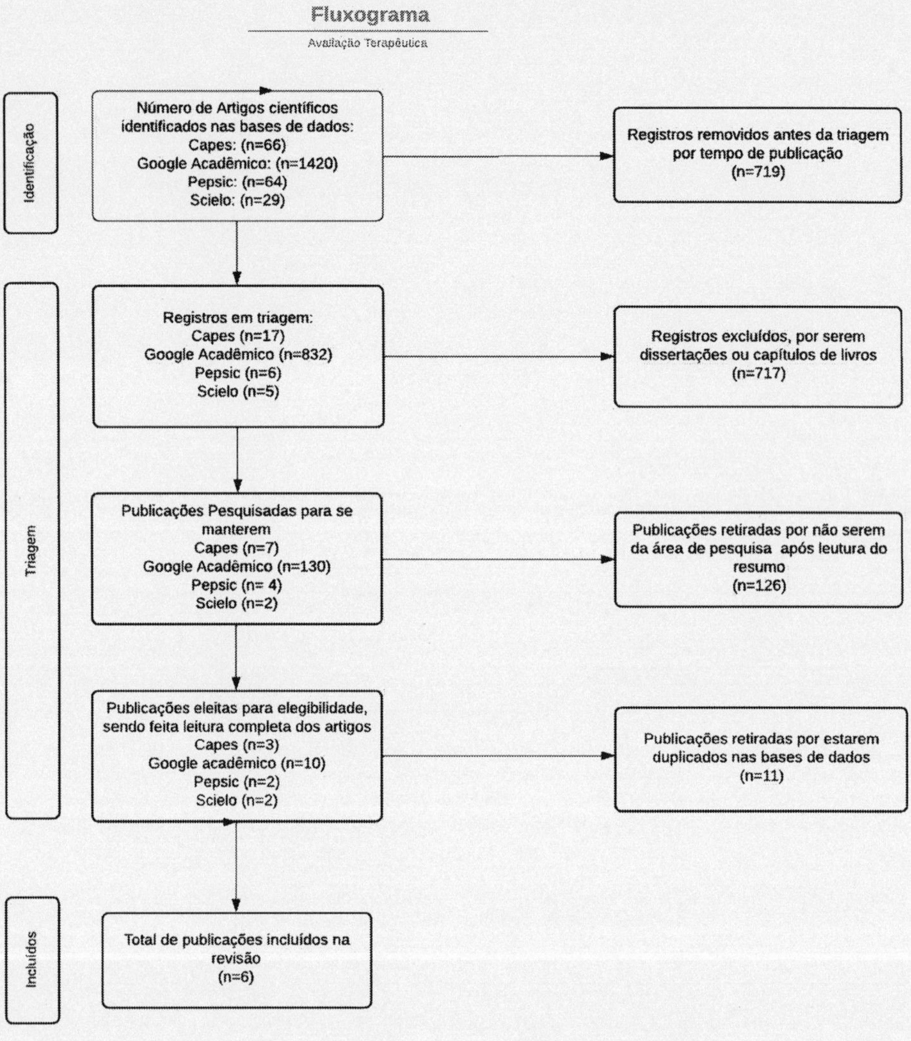

Verifica-se ainda que a revisão seguiu o formato PRISMA[2] e, assim, após a aplicação dos critérios de inclusão e de exclusão nas bases de dados acima citadas, das publicações retiradas, das produções pesquisadas para se manterem, das publicações eleitas para o processo de elegibilidade, do processo de leitura integral dos artigos que tinham sido indicados como possíveis para compor a análise, o total de publicações julgadas pertinentes e incluídas na revisão da literatura brasileira foram de 6 artigos em todas as bases de dados utilizadas nesse processo (Ver Tabela 2).

---

2 É um protocolo que representa todo o processo de busca e triagem dos artigos presentes na composição da revisão (Page et al., 2023)

Tabela 2 · Artigos incluídos na revisão

Autores	Título	Tipo do estudo	Universidade principal
Villemor-Amaral (2016)	Perspectivas para a Avaliação Terapêutica no Brasil	Revisão de Literatura	Universidade São Francisco
Villemor-Amaral e Resende (2018)	Novo Modelo de Avaliação Psicológica no Brasil	Estudo teórico	Universidade São Francisco/ Pontifícia Universidade Católica de Goiás
Scaduto et al. (2019)	Modelos Interventivo-Terapêuticos em Avaliação Psicológica: Estado da Arte no Brasil	Revisão de Literatura	Universidade Potiguar
Silva et al. (2021a)	Avaliação terapêutica: uma nova possibilidade de atuação	Estudo de Caso	Universidade Potiguar
Silva et al. (2021b)	Avaliação terapêutica como potencializadora de tratamento: um estudo de caso	Estudo de Caso	Universidade Potiguar
Giasson et al. (2023)	O Florir da Violeta: Um Estudo de Caso em Avaliação Terapêutica	Estudo de Caso	Universidade Estadual do Ceará

4 A PRÁTICA EM UM SERVIÇO ESCOLA DE PSICOLOGIA

A aplicação da Avaliação Terapêutica em uma universidade pública do sudeste do país se iniciou pela articulação do Núcleo de Estudos em Avaliação Psicológica e Saúde (NEAPS) em propor um grupo de estágio obrigatório supervisionado integrado com pesquisa e extensão com o objetivo principal de aprofundar os estudos sobre a Avaliação Terapêutica no país, assim como observar a sua eficácia. Esse grande projeto está vinculado a um Serviço Escola de Psicologia, no qual são acolhidos pessoas pertencentes à comunidade acadêmica, ou seja, estudantes, docentes, funcionários e a população do entorno da universidade. Até o momento, o projeto específico atendeu aproximadamente 20 pessoas por meio da Avaliação Terapêutica, entre os períodos letivos de 2022/1 e 2023/1, sendo a maioria dos atendidos estudantes de ensino superior.

Cabe ressaltar que, por se tratar de um projeto ampliado, ele segue todas as exigências da Resolução 466/2012 e da Resolução 510/2018 do Conselho Nacional de Saúde (CNS) e foi aprovado pelo Comitê de Ética em Pesquisa[3]. Além disso, os

[3] Projeto aprovado no Comitê de Ética em Pesquisa da universidade das autoras, sob o nº CAAE: 68456823.6.0000.5115

casos descritos tiveram autorização por meio de Termo de Consentimento Livre e Esclarecido.

O movimento inicial para a realização dos atendimentos foi consultar a lista de espera do Serviço Escola de Psicologia, identificando casos possíveis para a realização da Avaliação Terapêutica. Os clientes atendidos pelas estagiárias eram informados sobre o processo e as diferenças entre psicoterapia e avaliação psicológica tradicional. Após tirar as dúvidas, iniciou-se o processo da Avaliação Terapêutica com os que manifestaram interesse, seguindo as etapas desenvolvidas por Finn (2017).

Neste capítulo, foram selecionados dois casos para discussão a seguir, compartilhando as experiências e as etapas realizadas por duas estagiárias de psicologia do último ano e vinculadas ao projeto de pesquisa. O primeiro caso trata-se de uma mulher, de 20 anos, com queixa inicial de dificuldades nos relacionamentos interpessoais. O segundo caso refere-se a uma mulher, de 19 anos, com relato inicial de ansiedade. Foram escolhidos dois casos, pois mostram diferentes aspectos da avaliação terapêutica, sendo um com desenrolar positivo e fluido e outro que precisou ser interrompido.

4.1 Caso 1 - Jasmin[4]

Jasmin chega ao serviço, inicialmente, com queixas vinculadas à ansiedade e com dificuldades nos relacionamentos interpessoais. Após o aceite para realizar a avaliação terapêutica, inicia-se o processo, fundamentando-se na proposta de Finn (2017). No total, foram realizadas nove sessões com a cliente, sendo sete presenciais e uma remota.

Primeiramente, realizou-se duas sessões de 50 min cada para as entrevistas iniciais e a elaboração das perguntas norteadoras que guiaram as demais sessões. Nota-se que a cliente já vinha realizando atendimento psicológico pela Abordagem Centrada na Pessoa e já demonstrava interesse e engajamento em seu autoconhecimento.

Dessa forma, foram formuladas três perguntas pela cliente: "Por que eu espero/exijo que as pessoas me tratem de forma igual?"; "Por que tenho a sensação de afastar as pessoas próximas de mim?"; "Por que eu me apego muito?". Para tanto, para a etapa de coleta de informações, foram realizadas três sessões com dois testes projetivos (Palográfico5 e as Pirâmides Coloridas de Pfister[6]) e um

[4] Nome fictício.

[5] Técnica projetiva que permite avaliar aspectos da personalidade por meio da análise do comportamento expressivo de um indivíduo.

[6] O teste de personalidade Pirâmides Coloridas de Pfister tem como objetivo investigar os aspectos relacionais da personalidade.

teste de autorrelato (Neo PI R[7]aplicado em versão remota. Destaca-se que, pela cliente ser estudante de Psicologia, optou-se por selecionar testes que ela possuía menor familiaridade, mas que também possibilitasse uma compreensão sobre as perguntas norteadoras.

Após a correção dos instrumentos psicológicos, foi realizada a primeira sessão de intervenção, utilizando-se dos próprios testes aplicados nas sessões anteriores. Iniciou-se o atendimento com as perguntas norteadoras a fim de que fosse possível a formalização de suas respostas pela cliente. O objetivo foi possibilitar a ela uma reflexão com maior profundidade sobre a experiência trazida pela cliente. Nesse momento, observou-se a compreensão da cliente sobre seus aspectos da personalidade e emocionais e, principalmente, como essas características interferem nas suas questões relacionais.

A sessão seguinte também foi destinada a uma intervenção, para tanto, selecionou-se os bonecos terapêuticos para que a cliente construísse uma simulação de suas relações interpessoais. A partir dessa intervenção, foi possível que a cliente elaborasse respostas para todas as perguntas norteadoras, de modo a compreender seu funcionamento e as questões individuais que permeiam seus relacionamentos afetivos.

Posteriormente, foi realizada uma sessão de síntese, na qual foi discutido com a cliente todo o processo, os resultados dos testes, suas questões e perguntas norteadoras, a fim de que fosse possível a assimilação dos aspectos percebidos e vivenciados. Nessa sessão, a cliente conclui as perguntas e observa-se que não ficaram questões em aberto para serem exploradas. Dessa forma, percebe-se que todas as perguntas elaboradas pela cliente estiveram entre os níveis 1 e 2, como proposto por Finn (2017), ou seja, permeiam questões vinculadas aos modos habituais de pensar sobre si, envolvendo alguns aspectos da autoestima, os quais mobilizaram mais a cliente.

De modo posterior, seguindo a Resolução CFP 06/2019, que diz respeito à elaboração dos documentos psicológicos, foi realizada a sessão devolutiva com a apresentação do laudo psicológico. Em tal ocasião, foi lido o documento, esclarecidas as últimas dúvidas e entregue o documento impresso para a cliente. Por fim, foi realizado um combinado para que ainda fosse possível um último encontro com o objetivo de entregar uma carta com as percepções da estagiária que a atendeu. A carta foi elaborada relacionando dois textos da autora favorita da cliente (Rupi Kaur) com os sentimentos e as emoções trazidos ao longo dos encontros e que se vinculam às respostas elaboradas.

Torna-se importante informar que não foi possível realizar a última etapa proposta por Finn (2017), o *follow-up*, dentro do período semestral do estágio

[7] Uma ferramenta de avaliação psicológica que mede traços de personalidade com base no Modelo dos Cinco Grandes Fatores da Personalidade.

obrigatório. Tendo em vista que o semestre letivo tem duração de aproximadamente quatro meses de aula. Portanto, sugere-se a organização da prática em dois estágios para que o *follow-up* possa ser realizado no semestre letivo subsequente.

Compreende-se, assim, que a Avaliação Terapêutica possibilitou o acesso a compreensões subjetivas e a esclarecimentos das questões pessoais elaboradas por meio das perguntas norteadoras. A cliente demonstrou-se engajada em todas as etapas, o que contribuiu para a fluidez e a qualidade da Avaliação Terapêutica.

4.2 Caso 2 - Amarilis[8]

A cliente é encaminhada ao Serviço Escola de Psicologia pela Unidade Básica de Saúde da região com demanda inicial de depressão e ansiedade. Buscou-se seguir todas as etapas propostas por Finn (2017). No total, foram realizadas nove sessões com a cliente, todas em formato presencial.

Inicialmente, ocorreram três sessões para as entrevistas iniciais e a elaboração das perguntas norteadoras que guiaram as demais sessões. Dessa forma, foram formuladas quatro perguntas pela cliente: "Por que eu tenho dificuldades de me relacionar com as pessoas?"; "Por que eu não me reconheço mais e me acho tão infantil?"; "Por que eu sempre mudo pelos outros?" e "Por que eu sou tão instável, chorona e tão nervosa?".

Destaca-se que, em algumas sessões, a cliente se demonstrava bastante chorosa e trazia demandas que necessitavam de manejo e de acolhimento específico. Pontua-se que, em todas as sessões, foi realizado o engajamento da cliente no processo e ela se colocava disponível e interessada. Contudo, foi possível observar a presença de oscilação de humor, o que permitiu a elaboração da hipótese de um possível transtorno de humor e/ou de um transtorno de personalidade. Para tanto, na etapa de coleta de informações, foram planejados o uso dos seguintes instrumentos psicológicos: *House Tree Person* (HTP)[9] as Pirâmides Coloridas de Pfister como testes projetivos, o Neo PI R como teste de autorrelato e DASS 21[10] como fonte de informação complementar.

Todavia, o processo para a Avaliação Terapêutica foi suspenso devido a crises que a cliente apresentou ao longo das semanas, incluindo, uso abusivo de medicamentos, desencadeados por conflitos em seu relacionamento amoroso. Outrossim, foi relatado, ainda, o não cumprimento do tratamento medicamentoso elaborado pelos médicos da Unidade Básica de Saúde. A crise em saúde mental pode ser, portanto, compreendida como alterações nas emoções e nas cognições e que altera o estado habitual do cliente e, consequentemente, a sua rotina e manifesta-se

[8] Nome fictício

[9] Casa, árvore e pessoa, teste expressivo que avalia a personalidade

[10] Consiste em um escala para avaliar os diferentes níveis de depressão e ansiedade

na presença de forte angústia e sofrimento (Gomes et al., 2022). Nesse sentido, foram realizados acolhimentos de emergência, e as sessões subsequentes ocorreram em formato de terapia, impossibilitando a continuidade da AT. Ademais, foram formulados um diagnóstico situacional e o encaminhamento para a rede de saúde mental vinculada ao Sistema Único de Saúde para acompanhamento com psiquiatra e psicólogo.

Entende-se que, apesar de parecer que houve uma experiência negativa na Avaliação Terapêutica, a cliente não estava em condições subjetivas para implicação nas etapas propostas por Finn (2017). O autor considera, ainda, que para que a AT ocorra é necessário que a pessoa esteja preparada ou interessada no processo. No caso específico, a cliente se apresentou, inicialmente, engajada e disposta, mas, ao longo dos encontros, tornou-se evidente as alterações e as mudanças constantes em suas condições psicológicas, e o intenso sofrimento manifesto pelas crises indicaram que a AT não seria o melhor tratamento para o quadro apresentado no momento. Compreendeu-se que os resultados esperados seriam mais adequados com a cliente estando em um tratamento medicamentoso com o manejo da sintomatologia. Estudos anteriores, também, destacam que quando os clientes usam mecanismos dissociativos para lidar com sua dor, o procedimento de AT deve ser acompanhado de um suporte emocional sólido (Durosini et al., 2017).

5 CONCLUSÃO

Torna-se importante descrever algumas limitações ao desenvolver a Avaliação Terapêutica em um serviço escola vinculado a uma universidade pública. A primeira limitação diz respeito à escassez de testes psicológicos disponíveis para uso nos estágios. Dessa forma, a escolha dos instrumentos psicológicos torna-se mais limitada. A segunda limitação refere-se ao tempo de duração do estágio que pode dificultar a execução de todas as etapas propostas pelo autor da Avaliação Terapêutica. A terceira limitação foi observada no segundo caso, no qual a cliente não se demonstrava engajada no processo e com manifestação sintomatológica que demandou outro tipo de manejo.

Academicamente, pesquisas sobre Avaliação Terapêutica contribuem para o avanço do conhecimento científico no campo da Psicologia, em que é possível obter uma compreensão mais aprofundada dos fundamentos teóricos, das técnicas de avaliação e da aprimoração dos resultados alcançados. Sua contribuição perpassa, ainda, pela possibilidade de adaptar e aprimorar as práticas existentes às especificidades do contexto brasileiro. Dado que os processos da Avaliação Terapêutica podem sofrer influências de fatores culturais, sociais e econômicos e, por isso, torna-se de suma importância que estudos realizados no Brasil considerem essas particularidades. Assim, a construção de instrumentos e de protocolos seja mais adequada à realidade local, dimensionando sua efetividade e aplicabilidade.

Considerando a dificuldade de acesso da população aos serviços de atendimento psicológico para Avaliação Psicológica nos serviços de saúde pública, este capítulo vem fomentar a necessidade de desenvolver projetos e iniciativas que se concentrem em viabilizar o acesso da comunidade à Avaliação Psicológica e aos serviços de psicodiagnóstico. Dessa forma, os projetos e ações permitirão que as pessoas recebam tratamento e benefícios adequados às suas condições de saúde. Nesse sentido, as práticas de Avaliação Terapêutica nas clínicas e nos serviços escolas de Psicologia surgem como dupla potencial tanto para o crescimento científico da área quanto para o acesso da população à Avaliação Psicológica.

Ademais, possibilitará a oferta de novos recursos aos psicólogos em formação e de carreira com novas possibilidades de intervenção, de acolhimento, de escuta e de diagnóstico. Colaborando, assim, com a política de humanização do Sistema Único de Saúde (SUS), tais como contribuir com uma prática que envolva uma abordagem clínica do adoecimento e do sofrimento, que considere a singularidade do sujeito e a complexidade do processo saúde/doença. Por fim, espera-se que este capítulo traga ampliação do campo do saber psicológico e que possibilite novos fazeres na prática profissional. Assim como possa encorajar novas práticas e, principalmente, a ampliação de pesquisas e de publicações científicas sobre o tema.

REFERÊNCIAS

Aschieri, F., De Saeger, H., & Durosini, I. (2015). Avaliação terapêutica e colaborativa: evidências empíricas. *Pratiques Psychologiques, 21* (4), 307-317. Retirado de: https://publicatt.unicatt.it/handle/10807/166959.

Barbieri, V. (2010). Psicodiagnóstico tradicional e interventivo: confronto de paradigmas?. *Psicologia: Teoria e Pesquisa, 26*, p. 505-513, 2010. Recuperado de: https://www.scielo.br/j/ptp/a/sDh7w4c577LNjJLrTFQXrfc/?lang=pt.

Barbieri, V., Jacquemin, A., & Alves, Z. M. M. B. (2004). *Alcances e limites do Psicodiagnóstico Interventivo no tratamento de crianças anti-sociais.* Paidéia (Ribeirão Preto), 14, 153-167. Retirado de: http://pepsic.bvsalud.org/scielo.php?script=sci_nlinks&ref=4874365&pid=S2236-6407201400010000600006&lng=pt

Gomes, D. C., Costacurta, M. J. & Longhi, V. F. (2022) Avaliação psicológica em crise de saúde mental: prática realizada em um programa de residência. *Cadernos de Ensino e Pesquisa em Saúde, 2* (1), 88-103, 2022. Doi: https://doi.org/10.29327/269776.2.1-7

Durosini, I., Tarocchi, A., & Aschieri, F. (2017). Therapeutic Assessment with a client with persistent complex bereavement disorder: A single-case time-series design. *Clinical Case Studies, 16*(4), 295–312. Doi: https://doi.org/10.1177/1534650117693942

Finn, S. E. (2017). *Pela perspectiva do cliente: Teoria e técnica da Avaliação Terapêutica.* Tradução de Cecília Camargo Bartolotti. São Paulo: Hogrefe.

Giasson, F. D. F., Ribeiro, L. C., & Cardoso, L. M. (2023). O Florir da Violeta: Um Estudo de Caso em Avaliação Terapêutica. *Psicologia: Ciência e Profissão, 43*, e244243.

Ougrin, D., Zundel, T., Kyriakopoulos, M., Banarsee, R., Stahl, D., & Taylor, E. (2012). Adolescentes com automutilação suicida e não suicida: características clínicas e resposta à avaliação terapêutica. *Avaliação Psicológica* , *24* (1), 11. https://psycnet.apa.org/record/2011-18186-001

Page, M. J., McKenzie, J. E., Bossuyt, P. M., Boutron, I., Hoffmann, T. C., Mulrow, C. D., ... & Moher, D. (2023). A declaração PRISMA 2020: diretriz atualizada para relatar revisões sistemáticas. *Revista Panamericana de Salud Pública, 46*, e112.

Poston, JM, & Hanson, WE (2010). Meta-análise da avaliação psicológica como intervenção terapêutica. *Avaliação psicológica, 22* (2), 203. https://psycnet.apa.org/record/2010-10892-001

Scaduto, A. A., Cardoso, L. M., & Heck, V. S. (2019). Modelos interventivo-terapêuticos em avaliação psicológica: estado da arte no Brasil. *Avaliaçao Psicologica: Interamerican Journal of Psychological Assessment, 18*(1), 67-75. Doi: http://dx.doi.org/10.15689/ap.2019.1801.16543.08.

Silva, J. J., Santos, J. C., & Estevam, I. D. (2021a). Avaliação terapêutica: uma nova possibilidade de atuação. *Brazilian Journal of Development, 7*(3), 25249–25255. Doi: https://doi.org/10.34117/bjdv7n3-298

Silva, J. J., Santos, J. C., Souza Barbosa, J. C., & Estevam, I. D. (2021b). Avaliação terapêutica como potencializadora de tratamento: um estudo de caso. *Brazilian Journal of Health Review, 4*(5), 20821-20833.

Villemor-Amaral, A. E. (2016). Perspectivas para a avaliação terapêutica no Brasil. *Avaliação Psicológica, 15*(2), 249-255. Recuperado de: http://pepsic.bvsalud.org/scielo.php?script=sci_arttext&pid=S1677-04712016000200014.

Villemor-Amaral, A. E. D., & Resende, A. C. (2018). Novo modelo de avaliação psicológica no Brasil. *Psicologia: Ciência e Profissão, 38*, 122-132. Doi: https://doi.org/10.1590/1982-3703000208680.

Yehia, G. Y.. (2004). Interlocuções entre o plantão psicológico e o psicodiagnóstico colaborativo. *Estudos De Psicologia* (campinas), 21(1), 65–72. Doi: https://doi.org/10.1590/S0103-166X2004000100006

ESTUDO CIENTÍFICO DO CARGO: CONTRIBUIÇÕES PARA A AVALIAÇÃO PSICOLÓGICA

Cristiane Faiad • UNIVERSIDADE DE BRASÍLIA (UNB)
Lara Letícia Pinto Barbosa • UNIVERSIDADE DE BRASÍLIA (UNB)
Francisco Antônio Coelho Junior • UNIVERSIDADE DE BRASÍLIA (UNB)

1 ESTUDO CIENTÍFICO DO CARGO

1.1 Definição e a relação com a Análise de Cargo

As organizações, por muito tempo, valorizam os recursos materiais, financeiros e tecnológicos. As pessoas eram consideradas estáticas, sem vontade própria, ajustáveis às necessidades da organização. Entretanto, os profissionais, com o tempo, passaram de meros recursos para o capital humano de uma empresa. Certificaram-se da importância que eles possuem, considerando-os como parceiros ativos, como pessoas individualizadas (e o consequente ganho que a empresa tem com essas diferenças) e como o meio de levarem a organização ao sucesso almejado e à sobrevivência no mercado (Felício et al., 2014; Pasban & Nojedeh, 2016).

Dessa forma, o Estudo Científico do Cargo, também denominado Análise Profissiográfica ou Profissiografia, tem sido uma das opções escolhidas pelas organizações nos últimos anos, principalmente quando se trata de um levantamento do perfil desejado para o recrutamento e a seleção de novos profissionais (Faiad et al., 2012). Uma seleção de candidatos que converse com os objetivos organizacionais resulta em economias de futuros gastos, em um aumento da performance profissional, em uma diminuição da rotatividade e do absenteísmo e em menor adoecimento (Abbasi et al., 2020; Esteves et al., 2023; Haider et al., 2015). Portanto, esse é o tema que este capítulo deseja discutir: avançar na compreensão sobre o método empregado no Estudo Científico do Cargo e como ele pode ser norteador do processo de Avaliação Psicológica, em especial, em concursos públicos.

Inicialmente, vale ressaltar a diferença entre Estudo Científico do Cargo (Análise Profissiográfica ou Profissiografia) e Análise de Cargo (ou de Trabalho). A Análise de Cargo possui dois focos possíveis de serem trabalhados: o trabalho (leva em consideração as tarefas e as ações que constituem o cargo) e a pessoa que desempenha o cargo (considera os conhecimentos, as aptidões, as habilidades e outras características do trabalhador) (Faiad et al., 2012). É possível falar, ainda, em um terceiro foco: o contexto, o qual vem ganhando a sua importância para a Análise do Trabalho (Steil & Garcia, 2016).

O Estudo Científico do Cargo, por sua vez, une esses três focos, fazendo uma análise mais detalhada do cargo. Além disso, também faz o levantamento, no mínimo, de uma amostra representativa dos ocupantes desse cargo, o que permite uma maior fidedignidade à análise (Pasquali et al., 2010; Faiad et al., 2012). Além das diferenças supracitadas, Pasquali e Tróccoli (2012) defendem que a Profissiografia analisa os diversos cargos que constituem uma profissão ao contrário da Análise do Cargo que se dedica a apenas um cargo específico.

Para melhor entender o Estudo Científico do Cargo, é preciso compreender um pouco mais sobre o que a Análise do Trabalho fala sobre os seus enfoques (trabalho, pessoa e contexto). Primeiramente, Brannick et al. (2007) fazem uma divisão hierárquica do trabalho, apresentando as unidades que o constituem. Essas unidades estão apresentadas na Figura 1 abaixo, a partir do que é discutido por Spector (2012):

Figura 1 · Esquema das unidades de trabalho

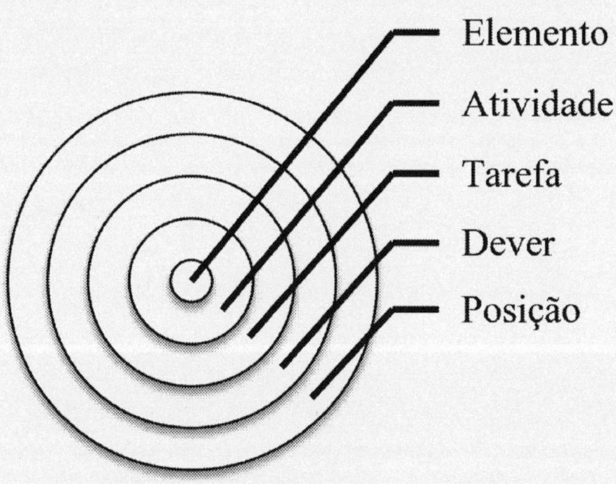

Nota. Fonte: Spector (2012), com adaptações.

Analisando a Figura 1, é possível perceber que a Posição é a parte mais externa do círculo, a qual consiste em um conjunto de deveres que podem ser desempenhados por um único indivíduo. O dever, por sua vez, é o componente principal do trabalho e é executado desempenhando tarefas relacionadas a ele. O conjunto de atividades, consequentemente, compõem as tarefas. Por fim, uma série de elementos (ou ações) constituem uma atividade. Para a melhor compreensão, na Tabela 1, tais conceitos serão aplicados a um exemplo de cargo: Praça do Corpo de Bombeiros.

Tabela 1 · Exemplos de Unidades de Trabalho

Unidades de Trabalho	Exemplo
Posição	Praça do Corpo de Bombeiros
Dever	Combater incêndios
Tarefa	Realizar combate ao incêndio urbano
Atividade	Dirigir-se à casa que está em chamas
Elemento	Acionar a mangueira

No Estudo Científico do Cargo, normalmente analisa-se mais às tarefas - especificando o nível de dificuldade, importância e frequência com que elas ocorrem - e os elementos (ou ações) que as constituem. Portanto, o que é relacionado ao enfoque do trabalho (pertencente à Análise do Trabalho) na Profissiografia dirige-se às tarefas e às suas respectivas ações. A Profissiografia também analisa a missão do cargo em estudo na ideia de que as tarefas indicadas devem refletir o que é real e não o que é ideal no cargo, mostrando sua importância e diferencial para a instituição a que está vinculado.

A Análise do Trabalho também se dedica a analisar o foco na pessoa, descrevendo os seus Conhecimentos, Habilidades, Aptidões e Outras Características Necessárias (CHAOs) para um bom desempenho. Tal processo hoje está vinculado ao mapeamento de competências. Os conhecimentos referem-se ao que o trabalhador necessita saber sobre o seu trabalho, as habilidades estão ligadas ao que ele é capaz de fazer, as aptidões dizem respeito ao seu potencial de desenvolver habilidades, e as outras características abrangem o que não foi abordado ainda e que possui relevância no trabalho (Spector, 2012). Levando em consideração o cargo de Praça do Corpo de Bombeiros é possível pensar nos seguintes CHAOs:

Tabela 2 · Exemplos de CHAOS

CHAOs	Exemplo
Conhecimento	Conhecer legislação vigente do Estado ou Município.
Habilidade	Saber utilizar o material necessário no combate ao fogo.
Aptidão	Ser ágil e traçar estratégias no combate ao fogo.
Outras Características	Ser corajoso.

Ao se tratar de um Estudo Científico do Cargo, o foco encontra-se nos "requisitos necessários" e nos "requisitos restritivos" para um bom desempenho das tarefas do cargo. Estes requisitos referem-se às características de personalidade, às habilidades específicas, à inteligência e ao raciocínio, aos conhecimentos específicos e às características físicas que são necessárias para um bom desempenho do cargo ou que impedem/atrapalham esse desempenho (Pasquali & Tróccoli, 2012).

Por fim, a Análise do Trabalho também se dedica a compreender em que contexto esse trabalho está inserido. Brannick et al. (2007) listam vários fatores que podem ser analisados para obter uma melhor compreensão do cargo que está sendo estudado, como: a filosofia e a estrutura da organização; máquinas, ferramentas, equipamentos, procedimentos de trabalho e *checklists*; ambiente físico e riscos ocupacionais; indicadores de desempenho; entre outros. Tais fatores também são levados em consideração em uma Profissiografia - entretanto com um menor nível de detalhamento - quando são analisados os fatores facilitadores e dificultadores das tarefas. Esses fatores dizem respeito ao que a organização oferece que pode vir a ajudar ou a facilitar o desempenho das tarefas ou mesmo o que falta e o que impede ou dificulta a execução das tarefas.

1.2 Objetivos do Estudo Científico do Cargo

Os objetivos de um Estudo Científico do Cargo assemelham-se aos de uma Análise do Trabalho. A seguir serão listados alguns dos objetivos mais importantes (Brannick et al., 2007; Faiad et al., 2012; Pasquali & Tróccoli, 2012; Spector, 2012):

- Definir e esclarecer as tarefas que o trabalhador deve realizar, levando em consideração não só o que é esperado para ele cumprir, mas também o que realmente acontece, como as tarefas inesperadas e não planejadas;
- Delinear os requisitos necessários para que o trabalhador desempenhe adequadamente o seu cargo;
- Contribuir para o desenvolvimento da carreira, melhor dizendo, delinear os CHAOs esperados para cada nível do plano de carreira, clarificando ao trabalhador o que ele precisa desenvolver para ser promovido;
- Fornecer subsídios para a avaliação de desempenho do trabalhador, determinando os principais fatores a serem avaliados. Além disso, também auxilia a dar um *feedback* aos trabalhadores sobre o seu trabalho desempenhado;
- Fornecer subsídios sobre o que deve ser treinado em um candidato que foi aprovado e que não possui todos os CHAOs necessários;
- Avaliar o trabalho, estabelecendo o valor do emprego, principalmente em termos salariais, o que ajuda a atrair e a reter trabalhadores;
- Fornecer subsídios para a higiene e segurança industrial, ressaltando aspectos de insalubridade e periculosidade que podem ser minimizados;
- Esclarecer as relações de trabalho entre empregados e superiores, consequentemente clarificando o organograma da organização;
- Embasar demissões ou recusas de candidatos por serem incapazes de desempenharem funções necessárias intrínsecas ao seu cargo;
- Fornecer aos candidatos de uma seleção informações do perfil desejado para um desempenho adequado do cargo almejado. Este último objetivo será melhor discutido posteriormente quando for explanado sobre avaliação psicológica em concursos públicos.

1.3 Métodos

Anterior à elucidação dos métodos possíveis a serem empregados em um Estudo Científico do Cargo, é válido compreender que a natureza de uma profissiografia é principalmente participativa e analítica. Participativa, porque as principais informações a serem coletadas advêm dos participantes da análise, desse modo é extremamente importante a colaboração de todos para que possam extrair informações compatíveis à realidade do cargo. Além disso, ela é analítica, porque é realizada em uma série de etapas, as quais exigem cautela e empenho na execução de cada uma. Isso se deve à necessidade final de que todas as etapas tenham sido realizadas de forma adequada para resultar em uma análise fidedigna e que servirá como base para muitas mudanças significativas na organização (Pasquali & Tróccoli, 2012). Dessa forma, é interessante apresentar dois dos métodos mais usuais de se fazer um Estudo Científico do Cargo:

1.3.1 Método DACUM

De acordo com Pasquali e Tróccoli (2012), o método DACUM (*Developing a Curriculum*) é utilizado nas profissiográficas há, aproximadamente, 40 anos. Segundo Norton (1997), o método DACUM baseia-se em três premissas, sendo elas: (1) os trabalhadores de referência que exercem o cargo podem descrever e definir o seu trabalho com mais precisão; (2) ao descrever com precisão as tarefas do cargo, define-se efetivamente o trabalho; (3) para que as tarefas sejam executadas corretamente, necessitam de certos conhecimentos, habilidades, ferramentas e comportamentos adequados dos profissionais. Em suma, essa metodologia consiste em reunir de cinco a doze trabalhadores de referência do cargo e realizar um *brainstorming* de todo o trabalho. Dessa forma, permite desenvolver um organograma, identificar todos os equipamentos e materiais utilizados pelos profissionais do cargo, além de também identificar os deveres (e suas tarefas específicas), os conhecimentos, as habilidades e os atributos necessários para o desempenho do cargo. Ainda segundo Norton (1997), os benefícios do método DACUM resumem-se em ser altamente eficaz, rápido e de baixo custo.

1.3.2 Método Extenso do Estudo Científico do Cargo

Trata-se de um método extenso para se realizar um Estudo Científico do Cargo. Tal método veio, ao longo dos anos, sendo aprimorado por diferentes pesquisadores. Apesar de não serem exatamente os mesmos métodos, eles partem dessa mesma base, podendo ser aplicados em diferentes contextos e formatos. Os dois enfoques são considerados nesse método, tanto o relacionado ao trabalho, quanto o relacionado à pessoa. De acordo com Spector (2012), atualmente, existem inúmeras formas de coletar os dados necessários para a análise. A maneira que esse método utiliza é o grupo focal. Antes de iniciar as etapas sugeridas, a organização indica, em média, sete ocupantes do cargo que o desempenham de forma exemplar para participar da análise.

As etapas sugeridas por esse método estão sintetizadas na Figura 2 e serão descritas a seguir. Entretanto, as etapas não serão abordadas tão detalhadamente, visto que esse não é o propósito deste capítulo. O método aqui descrito trata-se de uma proposta de aplicação de profissiografia desenvolvida pelo Laboratório de Pesquisa em Avaliação e Medidas – LabPAM, ao longo de décadas e com a contribuição de diferentes pesquisadores.

Figura 2 · Passo a passo de um Estudo Científico do Cargo

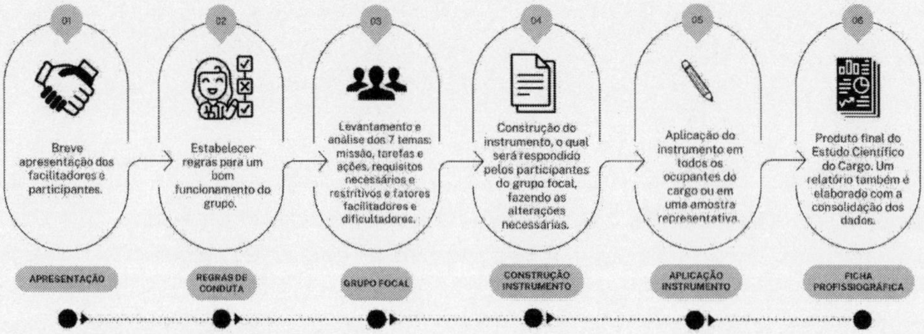

Apresentação

Consiste em uma etapa breve em que os participantes, incluindo o facilitador, apresentam-se. É interessante que os participantes do grupo focal falam brevemente sobre há quanto tempo estão na instituição, em que área atuam e, no caso de instituições de âmbito federal, em que estado (e município) estão lotados.

Regras de conduta

Visando a um bom andamento do grupo, estabelecem inicialmente as regras de conduta a serem seguidas no grupo focal, como: não perder tempo com discussões de detalhes irrelevantes; discutir sempre a ideia proposta e não associar tal ideia a quem sugeriu; incentivar que todos tenham uma participação mais igualitária no grupo, evitando que uns falem demais e outros de menos; sempre anotar todas as ideia propostas; ser objetivo, específico e sucinto; sigilo das informações passadas e das discussões realizadas; entre outras.

Grupo Focal

O facilitador esclarece sobre o processo da análise e, em seguida, inicia-se a identificação e as discussões sobre os temas. Como se trata de um *brainstorming*, primeiramente, escreve-se as opiniões que forem surgindo e, posteriormente, entra-se em um consenso sobre o tema em análise. Os temas discutidos no grupo focal são:

- Missão do cargo: discute-se a percepção dos participantes sobre o que a organização ou a sociedade espera desse cargo. É importante diferenciar a missão da organização e a missão do cargo em si;
- Tarefas do cargo: inicialmente, difere-se o que são tarefas de ações, sendo a primeira algo mais geral, a qual, para ser desempenhada, necessita de uma série de ações. É esperado que sejam elencadas várias tarefas e que a maioria concorde com elas, mas, para sintetizar e ser objetivo, sugere-se que faça uma hierarquização das tarefas mais importantes. Outro aspecto importante é estar atento às tarefas que normalmente também são desempenhadas por outros cargos, o ideal é dar ênfase apenas às que são restritas ao cargo estudado;
- Ações de cada tarefa: elencar as ações ou os comportamentos necessários para o desempenho de cada tarefa citada no tema anterior;
- Requisitos necessários das tarefas: o facilitador, inicialmente, faz uma breve explicação aos participantes sobre o que são os requisitos necessários e solicita uma listagem deles para cada tarefa levantada. Esses requisitos fazem referência a características de personalidade, habilidades específicas, inteligência, conhecimentos específicos e características físicas esperadas para o bom desempenho do ocupante do cargo em questão. É esperado que muitos requisitos sejam citados nesse momento, entretanto é preciso ser realista, pois nenhum profissional é considerado perfeito. Portanto, seleciona-se os mais importantes;
- Requisitos restritivos das tarefas: consiste no levantamento de características individuais que restringem ou impedem a execução das tarefas do cargo;
- Fatores facilitadores das tarefas: identificar os fatores na organização que facilitam, apoiam, incentivam o desempenho das tarefas. Pode ser fatores relacionados ao ambiente, à estrutura, aos relacionamentos, entre outros;
- Fatores dificultadores das tarefas: consiste no extremo oposto do tema anterior. Trata-se dos fatores que atrapalham, dificultam o desempenho das tarefas.

Construção do Instrumento Profissiográfico

Baseando-se nas informações coletadas a partir do grupo focal, constrói-se uma prévia do Instrumento, o qual será respondido pelos participantes do grupo. Nesse momento, serão verificados erros gramaticais, incongruência no conteúdo escrito ou até abertura para novas sugestões adequadas. Esse Instrumento pode ser, em seguida, validado com gestores do cargo analisado. Nesse momento de validação, ressalta-se o cuidado que esses gestores precisam ter na avaliação do conteúdo, levantado, solicitando, portanto, que não sejam feitas mudanças significativas.

Aplicação do Instrumento Profissiográfico

Realiza-se a aplicação do instrumento em todos os ocupantes do cargo ou, pelo menos, em uma amostra significativa dele. Neste Instrumento, solicita-se a avaliação de concordância da missão, dos requisitos restritivos e dos fatores facilitadores e dificultadores. Para as tarefas e ações, os participantes avaliam quanto à importância, frequência e dificuldade. Por fim, no caso dos requisitos necessários, é esperada uma avaliação de importância das características listadas.

Elaboração do Relatório e da Ficha Profissiográfica

Após a aplicação, o facilitador analisa os dados e elabora um relatório com todas as informações obtidas com a análise realizada. É também elaborada uma Ficha Profissiográfica, que consiste em um documento resumido de apresentação dos principais resultados, tornando-se de grande utilidade para os gestores na tomada de decisão em processos seletivos, treinamentos, entre outros contextos.

> **Saiba Mais**
>
> Caso tenha interesse em visualizar um exemplo de Estudo Científico do Cargo realizado em instituições estaduais de segurança pública (Brasil, 2012), acesse o link: https://dspace.mj.gov.br/handle/1/2309.

Informações adicionais

Algumas informações adicionais, a respeito do processo de realização do Estudo Científico do Cargo, precisam ser aqui explanadas. Primeiramente, ressalta-se a importância de uma análise documental antes de iniciar os grupos focais. Isso se deve não só à necessidade de tomar conhecimento da existência de outras profissiográficas ou mapeamento de competências realizados anteriormente na instituição, mas também de buscar informações básicas sobre a organização (ex.: missão institucional, organograma, cargos e suas principais atividades), principalmente nos casos em que o facilitador é externo à instituição.

Além disso, quanto ao processo de realização dos grupos focais, é de suma importância atentar-se a alguns critérios de escolha dos participantes. Esses critérios precisam ser repassados à instituição no momento de seleção desses participantes. Logo, é interessante que esses participantes apresentem o seguinte perfil: sejam de diferentes estados e/ou cidades (dependendo da estrutura da organização); possuem diferentes experiências no cargo e conhecimentos a respeito das atribuições, da história da instituição e das problemáticas enfrentadas; e que sejam referência em suas atividades, não necessariamente os que estão há mais tempo na instituição. É interessante ainda evitar participantes que estejam desempenhando alguma função de gestão, o objetivo é contar com os profissionais "da ponta".

Ainda quanto aos grupos focais, ressalta-se algumas características desejáveis do perfil do facilitador que conduz o grupo. Essa pessoa precisa ser paciente, imparcial nas discussões, estar atenta às ideias sugeridas e, principalmente, ter o cuidado de garantir que todos participem, sem que haja a prevalência de ideias ou de níveis hierárquicos. Ademais, é de suma importância a presença de um auxiliar para fazer as anotações durante o grupo focal, assim o facilitador fica mais à vontade para executar a condução e mais disponível para as discussões.

Por fim, outro ponto relevante faz referência ao cuidado com o sigilo dos participantes do grupo focal e dos exemplos e das situações compartilhados durante o grupo. Isso vale não só para a equipe que está diante da realização do Estudo Científico do Cargo, mas também para os próprios participantes e para a instituição. Tendo em vista que os dados discutidos são sensíveis, em especial quando são abordados os fatores dificultadores da organização, é importante garantir esse sigilo para que os participantes não sofram alguma futura retaliação pelas informações ali compartilhadas.

2 ESTUDO CIENTÍFICO DO CARGO E AVALIAÇÃO PSICOLÓGICA EM CONCURSOS PÚBLICOS

2.1 O que fala a legislação?

A principal legislação referente à Avaliação Psicológica no contexto de Concurso Público diz respeito ao Decreto nº 9.739, de 28 de março de 2019, e à Resolução do Conselho Federal de Psicologia nº 002/2016. Inicialmente, segundo as normas estabelecidas pelo referido decreto, a avaliação psicológica é condicionada à previsão legal específica e à previsão no próprio edital do certame. Além disso, essa avaliação tem como principal objetivo investigar a compatibilidade das características psicológicas dos candidatos com relação às atribuições previstas no cargo pleiteado. Ou seja, a avaliação psicológica em contexto de concurso público não objetiva realizar um psicodiagnóstico (Faiad & Alves, 2018; Faiad et al., 2021), como muitas vezes é apontado por representantes da justiça. Ademais, esses requisitos psicológicos a serem avaliados precisam ser, de acordo com o decreto, estabelecidos anteriormente por meio de um Estudo Científico do Cargo e aferidos com o uso de instrumentos psicológicos considerados capazes de avaliar os requisitos de forma objetiva e padronizada. Por fim, aponta-se ainda a obrigatoriedade de especificar, em edital, os requisitos psicológicos a serem avaliados no certame.

O Conselho Federal de Psicologia (CFP), por sua vez, posiciona-se a respeito dessa temática por meio da Resolução 002/2016. Nessa resolução, assim como no Decreto nº 9.739 de 2019, a avaliação psicológica em concurso público tem como objetivo identificar aspectos psicológicos do(a) candidato(a) que sejam considerados compatíveis com o desempenho das atividades no cargo pleiteado, a partir do que é levantado no Estudo Científico do Cargo. Além disso, da mesma forma que abordado no Decreto, o edital do certame precisa apresentar, de forma objetiva, os construtos/dimensões psicológicas a serem avaliados. Prevê- se ainda que os instrumentos psicológicos a serem utilizados precisam avaliar tais requisitos de forma objetiva e padronizada. Por fim, é estabelecido ainda que a avaliação realizada em um concurso específico não possui validade para ser utilizado para outro cargo ou outro certame.

Ainda sobre a legislação referente à Avaliação Psicológica em Concurso Público, cabe destacar a Resolução CFP nº 006/2019, a qual fornece orientações sobre elaboração de documentos escritos produzidos pela(o) psicóloga(o) no exercício profissional. Essa resolução, em sua versão comentada, afirma que, nos processos de avaliação psicológica compulsória, a(o) psicóloga(o) deverá emitir um atestado psicológico. E, quando solicitado, a(o) profissional pode também emitir um laudo psicológico. Além disso, a resolução deixa claro, na seção de atestado psicológico, que uma das suas finalidades é justificar se o indivíduo está apto ou não para atividades específicas, por exemplo, assumir cargo público ou privado.

2.2 Benefícios do Estudo Científico do Cargo como norteadora da Avaliação Psicológica

A Avaliação Psicológica em Concursos Públicos segue um passo a passo diferente da avaliação realizada em outros contextos. Isso se deve, em especial, ao fato de que seu principal objetivo seja o de identificar se o perfil psicológico do candidato é adequado para o cargo pleiteado (Faiad et al., 2021). Logo, de forma sucinta, essa avaliação pode ser resumida em 14 grandes etapas, conforme definido por Faiad (2004): 1) previsão legal da avaliação e normativas vigentes; 2) definição dos requisitos a serem avaliados, com base no Estudo Científico do Cargo; 3) formação da banca examinadora; 4) elaboração do edital; 5) escolha das técnicas de avaliação; 6) definição dos critérios de recomendação; 7) aplicação coletiva e/ou individual; 8) correção dos instrumentos (de forma manual e/ou computadorizada); 9) compilação dos dados (critério por teste e critério geral); 10) elaboração de laudo (e parecer); 11) resultado provisório; 12) entrevista devolutiva; 13) recurso administrativo; e 14) resultado final.

Conforme é possível observar no passo a passo descrito e na legislação já abordada, os requisitos a serem avaliados precisam ter como embasamento o Estudo Científico do Cargo. É por meio da análise do perfil levantado nesse Estudo que serão identificadas as características necessárias para um bom desempenho do cargo, como: inteligência, funções cognitivas, habilidades específicas e personalidade (Thadeu et al., 2012). Desse modo, os candidatos que mais se aproximarem do perfil desejado, levando em consideração os critérios de avaliação adotados (por teste e geral), serão considerados aptos a desempenharem o cargo.

Dessa forma, considera-se que, ao cumprir com os objetivos da avaliação, a organização se beneficiará de profissionais com melhor desempenho no trabalho, apresentando menos erros no exercício de sua função. Em decorrência disso, poderá haver uma diminuição em gastos com treinamentos e capacitações, além de uma maior produtividade organizacional. Além disso, a organização testemunhará um menor desgaste psicológico por parte dos seus profissionais, tendo em vista que, de forma contrária, nos casos em que profissionais não apresentam um perfil adequado ao cargo, eles se tornam mais propícios a adoecimentos físico e/ou mental na tentativa de se adaptarem às atividades do cargo em questão e ao contexto organizacional (Thadeu & Ferreira, 2013).

3 CONCLUSÃO

O objetivo deste capítulo consistiu em sintetizar os conteúdos disponíveis sobre Estudo Científico do Cargo e Avaliação Psicológica em Concursos Públicos. Inicialmente, buscou diferenciar o Estudo Científico do Cargo da Análise de Cargo (ou do Trabalho), as quais são frequentemente confundidas e consideradas como sinônimas. Posteriormente, foram ressaltados os motivos pelos quais escolhe-se fazer uma profissiografia e ainda como fazê-la. Por último, falou-se sobre a Avaliação Psicológica nos Concursos Públicos, como o Estudo Científico do Cargo pode auxiliar nesse processo e ainda qual a importância desse tipo de avaliação em processos seletivos.

Espera-se que o leitor tenha, a partir desta leitura, acrescentado conhecimentos, esclarecido dúvidas ou ainda se interessado em aprofundar mais sobre a temática, podendo auxiliar na produção de novos conhecimentos na área.

REFERÊNCIAS

Abbasi, S. G., Tahir, M. S., Abbas, M., & Shabbir, M. S. (2020). Examining the relationship between recruitment & selection practices and business growth: An exploratory study. *Journal of Public Affairs, 22*(2), 1-5. https://doi.org/10.1002/pa.2438

Brannick M. T., Levine E. L., & Morgeson F. P. (2007). Introduction. In M. T. Brannick, E. L. Levine, & F. P Morgeson. (Orgs.), *Job and work analysis: Methods, research, and applications in human resource management* (pp. 1-22). Los Angeles, CA: Sage.

Brasil. (2012) Secretaria Nacional de Segurança Pública. *Perfil dos cargos das instituições estaduais de segurança pública: estudo profissiográfico e mapeamento de competências* / Secretaria Nacional de Segurança Pública, [Programa Nacional de Desenvolvimento para as Nações Unidas (PNUD)] – Brasília: Ministério da Justiça, Secretaria Nacional de Segurança Pública.

Brasil. (2019). *Decreto nº 9.739*: Estabelece medidas de eficiência organizacional para o aprimoramento da administração pública federal direta, autárquica e fundacional, estabelece normas sobre concursos públicos e dispõe sobre o Sistema de Organização e Inovação Institucional do Governo Federal - SIORG. Brasília, Distrito Federal.

Conselho Federal de Psicologia. (2016). *Resolução nº 002*. Regulamenta a Avaliação Psicológica em Concurso Público e processos seletivos de natureza pública e privada e revoga a Resolução CFP Nº 001/2002.

Conselho Federal de Psicologia. (2019). *Resolução nº 006*. Orientações sobre elaboração de documentos escritos produzidos pela(o) psicóloga(o) no exercício profissional.

Esteves, G. G. L., Zanini, D. S., Melo, G. V. L. R., Júnior, S. V. P., Oliveira, S. E., Corrêa, F. M., Fonseca, W. R., Nascimento, T. G., Barbosa, L. L. P., Macedo, F. G. L., & Faiad, C. (2023). Uma revisão sobre instrumentos de avaliação do Burnout na Segurança Pública. *Psico-USF, 28*(2), 281-294. https://doi.org/10.1590/1413-82712023280206

Faiad, C. (2004) Avaliação psicológica em concursos públicos. In C. Faiad (Ed.) *Avaliação psicológica em contexto de concursos públicos*. Livro não publicado.

Faiad, C., & Alves, I. C. B. (2018). Contribuições do Satepsi para avaliações psicológicas compulsórias (trânsito, porte de arma e concursos públicos). *Psicologia: Ciência e Profissão, 38*, 50-59. https://doi.org/10.1590/1982-3703000208851

Faiad, C., Coelho Jr., F. A., Caetano, P. F., & Albuquerque, A. S. (2012). Análise profissiográfica e mapeamento de competências nas instituições de segurança pública. *Psicologia: Ciência e Profissão*, 32, 388-403.

Faiad, C., Santos, A. P. D., Lobosque, E. M. G., Sant'Anna Filho, O., Prado, L. V. D., & Coelho Junior, F. A. (2021). Avaliação psicológica em concursos públicos e porte de arma: histórico e desafios. *Psicologia: Ciência e Profissão*, 41. https://doi.org/10.1590/1982-3703003252456

Felício, J. A., Couto, E., & Caiado, J. (2014). Human capital, social capital and organizational performance. Management decision, 52(2), 350-364. https://doi.org/10.1108/MD-04-2013-0260

Haider, M., Rasli, A., Akhtar, C. S., Yusoff, R. B. M., Malik, O. M., Aamir, A., ... & Tariq, F. (2015). The impact of human resource practices on employee retention in the telecom sector. *International Journal of Economics and Financial Issues, 5*(1), 63-69.

Norton, R. E. (1997). Dacum Handbook. *Leadership Training Series*, (67).

Pasban, M., & Nojedeh, S. H. (2016). A Review of the Role of Human Capital in the Organization. *Procedia-social and behavioral sciences, 230*, 249-253. https://doi.org/10.1016/j.sbspro.2016.09.032

Pasquali, L., & Tróccoli, B. T. (Orgs.). (2012). *Profissiografia: Análise de Cargo*. Brasília: LabPAM.

Pasquali, L., Moura, C. F., & Freitas, L. C. O. (2010). Análise profissiográfica. In L. Pasquali (Org.), *Instrumentação psicológica: Fundamentos e práticas* (pp. 441-453). São Paulo, Artmed Editora.

Spector, P. E. (2012) Análise do Trabalho. In: P. E. Spector (Org.), *Psicologia nas Organizações* (pp. 71-107). São Paulo: Saraiva

Steil, A. V., & Garcia, C. E. (2016). Análise do Trabalho em Organizações: definição, usos e métodos de realização. *Psicologia em Estudo*, 473-483.

Thadeu, S. H., & Ferreira, M. C. (2013). A validade da avaliação psicológica em um processo seletivo na área de segurança pública. *Revista Iberoamericana de Diagnóstico y Evaluación-e Avaliação Psicológica, 2*(36).

Thadeu, S. H., Ferreira, M. C., & Faiad, C. (2012). A avaliação psicológica em processos seletivos no contexto da segurança pública. *Avaliação Psicológica, 11*(2).

A AVALIAÇÃO PSICOLÓGICA PARA IMPLANTE COCLEAR: UM RELATO DA ATUAÇÃO DO PSICÓLOGO

Ted Nobre Evangelista · CONSELHO REGIONAL DE PSICOLOGIA (CRP/04)

1 INTRODUÇÃO

A aquisição da linguagem é essencial para o desenvolvimento cognitivo e social dos seres humanos. Esse processo de expressão é complexo e recebe uma grande influência da audição.

Assim, quem apresenta algum nível de perda auditiva pode apresentar alguns atrasos na comunicação e na interação social. Para entendermos esses atrasos, é importante ressaltar que, apesar de a fala ser a forma mais comumente associada à linguagem, ela não é a única, uma vez que podemos dividir a linguagem em dois tipos: a verbal e a não verbal. A primeira é baseada em palavras, sejam elas expressas oralmente e/ou escritas. A segunda engloba expressões gestuais, ou seja, o olhar, a ação facial etc. A audição é o principal recurso para que a criança desenvolva o processo de linguagem verbal.

O acesso aos sons possibilita e facilita a aprendizagem da linguagem oral, por meio da via auditiva, o sujeito poderá aprender os sons percebidos e, consequentemente, adquirir a linguagem oral. Quando o sujeito nasce sem a possibilidade da audição ou perde a audição no decorrer da sua vida, o processo de aquisição e de manutenção da linguagem pode ficar prejudicado.

Dessa forma, quando uma criança apresenta perda auditiva, a aquisição da linguagem oral torna-se mais difícil, isso porque a imitação dos sons não será tão eficiente. Como consequência, além dos atrasos na fala, a forma de expressão oral e escrita também fica comprometida. A perda auditiva é considerada uma deficiência que consiste na perda parcial ou total da capacidade de detectar sons. Isso pode ser causado por má formação, como consequência genética, lesão na orelha ou comprometimento na composição do aparelho auditivo. Nem todas as pessoas que têm deficiência auditiva são consideradas surdas, pois, de alguma forma, mesmo que limitada, às pessoas com deficiência auditiva conseguem captar alguns estímulos do ambiente e interpretá-los como sons.

A deficiência auditiva ocorre quando existe interferência na condução do som para o aparelho auditivo. Já a surdez envolve todo aquele que tem ausência da audição. Segundo Boone & Plante (1996), entre as causas da surdez estão a congênita e a adquirida. A congênita está associada à fase gestacional em que o bebê pode nascer com dificuldade na assimilação dos sons ou surdo. A adquirida a pessoa fica surda depois do nascimento e, dependendo da época da perda, já desenvolveu ou poderá desenvolver a oralidade. Para a perda auditiva adquirida, existem quatro tipos: a condutiva, mista, neurossensorial e central.

Uma surdez condutiva é uma alteração mecânica, isto significa que a transmissão do som está sendo impedida de continuar sua progressão. A surdez condutiva pode ser causada por algum tipo de barreira na entrada do ouvido, por exemplo: excesso de cera, osteoma, exostose, corpo estranho no conduto auditivo externo. Já a Neurossensorial, o som é conduzido corretamente pelo conduto auditivo externo, tímpano e pelos ossículos da audição. O som chega até a cóclea, porém não é processado adequadamente, e o estímulo não chega como deveria ao nervo auditivo. Neste caso, o problema se localiza na cóclea. A surdez mista é a combinação da perda auditiva condutiva com a neurossensorial. Nestes casos, a alteração está presente simultaneamente tanto na orelha externa e/ou média (alteração na condução do som), quanto na orelha interna (alteração neurossensorial). A surdez central é causada por variações na compreensão da informação sonora. Por envolver todo o processamento, interpretação dos sons e a capacidade mental do paciente, esse é o caso mais complexo de perda auditiva, já que pode ser que a causa do problema não esteja propriamente no ouvido ou em uma de suas estruturas (Boone & Plante, 1996).

Este capítulo se interessa pelos surdos candidatos à intervenção cirúrgica para uso de prótese auditiva coclear. Deficientes auditivos com perda severa da audição com o tipo de perda auditiva neurossensorial, que são indicados para cirurgia de implante coclear.

O implante coclear é um dispositivo eletrônico parcialmente implantado que visa proporcionar aos seus usuários sensação auditiva próxima ao fisiológico. Esse recurso está disponível para as duas causas de surdez (congênita e adquirida), mas não para todos os tipos de deficiência auditiva. Porém, antes de prosseguirmos, faz-se necessário abordar as concepções de surdez.

O entendimento sobre o sujeito surdo e suas características apresenta duas concepções. A concepção clínico-terapêutica e a concepção socioantropológica. Segundo a concepção clínico-terapêutica, a surdez é compreendida como deficiência, portanto a redução ou a ausência da audição é algo patológico que pode ser solucionado ou curado. Dessa forma, objetiva-se a comunicação oral por meio da audição proporcionada por dispositivos tecnológicos como próteses auditivas e implantes cocleares (Santana, 2007).

A concepção socioantropológica entende o surdo como diferente e a surdez é admitida como uma condição e não como uma patologia. Para surdez como condição, desenvolveram-se várias formas de comunicação, utilizando gestos e sinais para expressão em sociedade. A Língua Brasileira de Sinais (libras) é uma forma eficiente de atender à necessidade de comunicação e de expressão não oral utilizada pelos surdos que defendem a concepção socioantropológica. A surdez não necessita de cura, mas de aceitação por parte da sociedade majoritária (Sánchez, 1993).

Caminhamos aqui pela linha da concepção clínico-terapêutica, já que entende que a surdez ou ausência da audição pode ser revertida com o uso da tecnologia e do acompanhamento multidisciplinar para iniciar ou restabelecer a comunicação oral como principal meio de expressão na sociedade.

Temos, desse modo, a busca pelo implante coclear como uma forma de atender a esse princípio. O implante coclear tem a função de proporcionar autonomia com a audibilidade dos indivíduos que não se beneficiam com o uso do AASI - Aparelho de Amplificação Sonora Individual, ou seja, sua perda já se classifica como perda severa, não conseguindo mais entender os sons que chegam ao aparelho auditivo, ou que perderam totalmente a audição ou que nasceram sem a audição.

Diferentemente dos sujeitos que usam o AASI, que requer a presença de células ciliadas externas para transmitir os sinais para os nervos auditivos, o implante coclear assume a função dessas células, ativando o nervo auditivo e possibilitando que pessoas surdas ou com perdas auditivas severas possam ouvir. As pessoas que são candidatas ao implante coclear, mesmo tendo algum resto de audição antes do processo cirúrgico, ao se submeter a cirurgia perdem totalmente a audição fisiológica devido ao processo de implantação da prótese interna na coclear. Dessa forma, tornam-se surdas ao término da cirurgia pelos aspectos fisiológicos (Bevilacqua, 1998).

As pessoas que utilizam implante coclear e a linguagem oral para expressão em sociedade são chamadas de surdos oralizados ou surdos usuários da língua portuguesa. Surdos oralizados são surdos congênitos ou adquiridos que utilizam qualquer língua oral para se comunicar, podendo também usar a modalidade orofacial também denominada de leitura labial. No entanto, é preciso destacar que o processo de aquisição da linguagem oral sofre a influência de uma série de fatores, como idade, período de privação auditiva, habilidades linguísticas pré-implante, etiologia da surdez, abordagem terapêutica, época da instalação da surdez, expectativa e motivação dos pais, entre outros (Bento, 2004).

Com o desenvolvimento da medicina moderna e a oferta do implante coclear como forma de audição, cabe destacar que a indicação de um Implante Coclear (IC) tem critérios muito bem definidos: destina-se exclusivamente àquelas pessoas com deficiência auditiva profunda, perda de audição do tipo Neurossensorial e que não obtêm benefícios com o uso do Aparelho de Amplificação Sonora Individual (AASI). Considerando os problemas emocionais relacionados à surdez, à cirurgia e ao IC, a intervenção do psicólogo é fundamental no trabalho com o paciente e com sua família.

Este capítulo é um estudo descritivo das experiências profissionais deste autor e tem por objetivo relatar os conhecimentos técnicos e o papel do psicólogo diante do processo de Avaliação Psicológica Pré-Operatória para Implante

Coclear. De acordo com Triviños (1992), o relato de experiência profissional tem por objetivo aprofundar a descrição de determinada realidade.

Tendo também como objetivo estimular o intercâmbio de conhecimento, colaborar com pesquisas, aproximar profissionais e pessoas ligadas à área, a fim de garantir qualidade de vida para pessoas com Deficiência Auditiva Neurossensorial.

Avaliação Psicológica

A avaliação psicológica desempenha um papel crucial em várias áreas da psicologia, fornecendo informações objetivas e embasadas para compreender, diagnosticar, planejar intervenções, tomar decisões e promover o bem-estar psicológico e emocional das pessoas.

A avaliação psicológica permite uma compreensão mais profunda do funcionamento psicológico, emocional e cognitivo de um indivíduo. Isso ajuda os profissionais a entenderem suas características de personalidade, dificuldades, potencialidades e necessidades.

No campo clínico, a avaliação é crucial para diagnosticar distúrbios mentais e emocionais, assim como planejar intervenções terapêuticas mais eficazes e mais personalizadas. A avaliação psicológica fornece informações objetivas que auxiliam na tomada de decisões importantes em várias áreas, como educação, seleção de pessoal, aconselhamento vocacional e determinação de capacidades legais e cirurgias eletivas.

Em contextos pré-operatórios, a avaliação ajuda a identificar riscos significativos ou condições de potencial impacto psicológico no paciente. Tal compreensão permite desenvolver um plano de intervenção e de acompanhamento individualizado, abordando as necessidades específicas de cada paciente.

Entendendo sua autonomia profissional, a(o) psicóloga(o) deve buscar técnicas e instrumentos adequados, que apontem constructos a serem avaliados, desde que de acordo com a Resolução CFP nº 009/2018 que estabelece diretrizes para a realização de Avaliação Psicológica, além de ter conhecimento sobre as legislações brasileiras específicas a respeito da temática.

2 ASPECTOS TÉCNICOS E DESCRIÇÃO DA ATUAÇÃO DO PSICÓLOGO

Segundo o Código de Ética Profissional do Psicólogo no Brasil, resolução CFP nº 10/2005, a função primordial do psicólogo é contribuir para o bem-estar e a saúde mental das pessoas, promovendo a qualidade de vida, a autodeterminação, a saúde psíquica e o desenvolvimento pleno das pessoas e grupos.

O Código de Ética dos Psicólogos (2005) também enfatiza a importância da atuação baseada em princípios éticos, científicos e técnicos, respeitando os direitos humanos e a dignidade das pessoas. Portanto, a função primordial do psicólogo, de acordo com o Código de Ética, é promover a saúde mental e o bem-estar dos indivíduos, enquanto mantém padrões éticos elevados em sua prática profissional.

Dentro dessa perspectiva, a atuação do psicólogo se dá de forma comprometida com o objetivo de ajudar a identificar fatores emocionais, psicológicos e sociais que podem influenciar na decisão do paciente em se submeter à cirurgia de implante coclear, bem como auxiliar na preparação para o procedimento cirúrgico.

Para isso, considero trabalho do psicólogo:

1) Estudo de caso;
2) Avaliação Psicológica Pré-Operatória para IC;
3) Processo de decisão.

Esses três momentos são permeados pelo contínuo trabalho do profissional psicólogo com os sentimentos do paciente e sua família, com investigação dos fatores emocionais constitucionais e aqueles que estão presentes durante o processo que envolve a cirurgia de implante coclear.

2.1 Estudo de caso

Como primeira etapa, o acolhimento permite conhecer o paciente e o funcionamento do sistema familiar. Os procedimentos diferenciam-se de acordo com a idade do paciente, mas basicamente se utiliza da Entrevista Psicológica como principal instrumento.

No caso de adultos, a ênfase é colocada na vivência do paciente, com o objetivo de conhecer e compreender sua experiência diante da deficiência auditiva, assim como sua capacidade de descrever sua interação com as pessoas, o mundo, seus sentimentos e expectativas.

No caso de crianças, o psicólogo precisa considerar a rede de apoio disponível para o infante. Isso inclui como os pais ou responsáveis atuam para promover sua interação com a sociedade (família, escola etc.), assim como os profissionais que esta tem acesso (fonoaudiólogos, psicólogos e outros). Em alguns casos, faz-se necessário o contato com os profissionais que acompanham a criança com o objetivo de obter mais informações sobre limitações, dificuldades e prejuízos enfrentados no processo de desenvolvimento infantil.

Segundo Cunha (1993), muitos fenômenos podem ser observados por meio das brincadeiras da criança: podem avaliar inteligência, criatividade, espontaneidade, capacidade de expressar sentimentos, habilidades percepto motoras, processos de pensamento, percepção de si mesma e dos outros.

É preciso registrar que podemos utilizar recursos lúdicos, como jogos, brinquedos e desafios, para melhor condução da entrevista, entretanto, devem ser considerados fatores como a idade da criança, o tipo de perda auditiva, dificuldades na comunicação, capacidade de interação, sua relação com a família ou, até mesmo, suas expectativas sobre o implante coclear

Já as entrevistas com os familiares são realizadas para conhecer a dinâmica de relacionamento familiar e as expectativas quanto ao resultado da cirurgia. Considerando que a família é um dos pilares na recuperação do candidato à cirurgia de IC (adulto ou criança), é importante esta seja instruída sobre o pré e pós-cirúrgico, suas etapas e necessidades de cooperação familiar, com o objetivo de não perpetuar fantasias como recuperação imediata e ou total da audição.

Para cumprir com o papel profissional de realizar a Avaliação Psicológica Pré-Operatória para IC é preciso estudo e especialização sobre as especificidades das pessoas com deficiência auditiva, pois tal conhecimento ajuda a escolha das técnicas que serão utilizadas com o objetivo de favorecer a comunicação e incentivar a colaboração do paciente para expressar seus sentimentos, seus anseios e suas expectativas.

2.2 Avaliação Psicológica Pré-Operatória para IC

A avaliação psicológica em geral é um processo sistemático e objetivo que envolve a coleta, a interpretação e a análise de informações sobre o funcionamento psicológico de uma pessoa. É uma atividade exercida competentemente por profissionais de psicologia e inclui entrevistas, observações, testes psicométricos, questionários e outras técnicas para avaliar características como personalidade, inteligência, habilidades, emoções e comportamentos. O objetivo da Avaliação Psicológica no Processo de Implante Coclear é o de analisar o sujeito, considerando os fenômenos biopsicossociais com a finalidade de avaliar se ele possui recursos internos para as consequências de uma cirurgia irreversível. A avaliação psicológica procura identificar em que ponto de sua existência o sujeito se encontra e que significados ele constrói sobre si e no mundo (Augras, 2000).

Considerando a importância da avaliação psicológica e a postura assertiva do psicólogo durante o processo de avaliação, uma atitude receptiva e interessada associada à consciência da necessidade de conhecer a história do paciente, sua experiência com a perda auditiva e ou surdez, suas expectativas e suas motivações quanto ao implante coclear são fatores preponderantes durante a avaliação psicológica.

Algumas técnicas, instrumentos e testes podem ser utilizadas para favorecer a expressão de sentimentos e conhecer o mundo interno do paciente, principalmente quando o advento da linguagem não está disponível. É preciso lembrar também que, dentro do processo de avaliação psicológica, deve-se considerar conhecimento prévio da psicopatologia do paciente, pois isto influenciará na escolha da psicometria adequada à estimativa do nível intelectual e ou cognitivo do sujeito conforme informações obtidas no estudo de caso.

Em alguns casos, faz-se necessário adaptar os testes psicológicos disponíveis no que diz respeito à forma de aplicação, com uso de superfícies especiais para percepção de textura ou de desenhos (no caso de pessoas com deficiência auditiva e também com deficiência visual), à descrição de elementos ou ao detalhamento de instruções de testes e outros, o que influi no tempo de aplicação e na dedicação do profissional psicólogo durante essa etapa.

Os critérios de escolha dos testes psicológicos a serem utilizados levam em consideração a capacidade de interação do candidato à cirurgia de IC com as atividades dos testes, as habilidades de comunicação, outros diagnósticos associados e a capacidade de compreensão de si mesmo.

A partir dessas considerações, a escolha da bateria de testes deve incluir os seguintes construtos:

- Crenças/Valores/Atitudes;
- Inteligência
- Interesses/Motivações/Necessidades/Expectativas
- Personalidade
- Processos Afetivos/Emocionais

A escolha da melhor bateria de testes para uma avaliação psicológica é de extrema importância, pois isso afeta diretamente a qualidade, a confiabilidade e a validade das informações obtidas sobre o sujeito em avaliação. Os testes psicológicos devem ser validados e confiáveis para medir com precisão os construtos citados acima. Certos testes podem envolver informações sensíveis, por isso é crucial escolher os instrumentos psicológicos (testes psicológicos) validados pelo SATEPSI - Sistema de Avaliação de Testes Psicológicos, que respeitem a privacidade do indivíduo e que sejam administrados e interpretados de maneira ética e referenciados pelos manuais no processo de aplicação, correção e correlação. O psicólogo deve estar familiarizado com os testes que está utilizando e ter a formação necessária para administrá-los e interpretá-los corretamente. Lembrando que o profissional de psicologia, tendo como base o Código de Ética Profissional, artigo 1º, em que a orientação é: " b) Assumir responsabilidades profissionais somente por atividades para as quais esteja capacitado pessoal, teórica e tecnicamente"(CFP, 2005).

O psicólogo no seu processo de escolha da bateria não deve minimizar o viés sociocultural do candidato, entretanto, as condições psicológicas envolvidas que favorecem ou não a indicação do paciente ao procedimento cirúrgico devem ser priorizadas dentro de uma análise técnico-científica, identificando se o candidato não apresenta: dificuldades de contextualizar benefícios e riscos, dificuldade de lidar com mudanças, estado emocional debilitado, indicativo de depressão, indicativo de baixa energia vital e/ou distúrbios mentais (de classificação grave - DSM-V). A proposta não é de impedir que o candidato tenha acesso a cirurgia de IC, mas de verificar e constatar que o mesmo tem recursos psicológicos e emocionais suficientes para o enfrentamento da nova realidade pós-operatória, como as etapas de recuperação, ativação do IC e terapias complementares (ex.: fonoterapia), ou seja, recursos emocionais para lidar com uma nova forma de escutar.

2.3 Processo de decisão

Esta fase ocorre em continuidade ao processo de avaliação psicológica, é preciso deliberar sobre realizar ou não a cirurgia de Implante Coclear. Para isso, pode-se realizar 2 encontros, o primeiro, obrigatoriamente, para a entrega do Laudo de Avaliação Psicológica e outro, caso o paciente seja considerado apto, para tomada de decisão.

No primeiro encontro, o profissional deve estar voltado a apresentar e explicar o necessário sobre o resultado do Laudo de Avaliação Psicológica, que no caso de concluir que o sujeito não está apto para o processo de intervenção cirúrgica para Implante Coclear, deve-se acolher o paciente e sua família, explicar a possibilidade de uma nova avaliação psicológica que só deve acontecer após os encaminhamentos resultantes dessa primeira avaliação serem atendidos. Esses encaminhamentos podem ser: o acompanhamento psicológico (psicoterapia individual), participação do paciente e/ou familiares de grupos de apoio a pessoas com deficiência auditiva e/ou acompanhamento para desenvolvimento socioemocional com auxílio de equipe multidisciplinar. No caso de se concluir que o sujeito está apto para o processo de intervenção cirúrgica para Implante Coclear, deve-se introduzir informações sobre o próximo encontro para a tomada de decisão.

O IC é uma alternativa para permitir que uma pessoa deficiente auditiva neurossensorial possa escutar os sons que nos cercam. Muitas vezes, essa mudança de surdo para ouvinte gera conflitos internos, especialmente quando as expectativas são altas e não condizentes com a realidade. No segundo encontro da etapa do processo de decisão, além de considerar os riscos de uma cirurgia, o aspecto visível da unidade externa do IC que acompanhará, a nova forma de escutar e outras interferências que possam surgir, é trabalhado com o candidato e sua família o poder da escolha, pois o que antes era uma possibilidade, agora deve ser tratado como escolha.

Durante a etapa de tomada de decisão, para as crianças, é oferecido um espaço para que possa se familiarizar e dramatizar situações que irá vivenciar no processo cirúrgico, como brinquedos que simulam o corte de cabelo, curativos e as etapas de recuperação. Para a família o acolhimento é fundamental, pois a angustia da possibilidade da vivência hospitalar traz à tona os sentimentos de insegurança, medo e ansiedade.

Para os adultos, questões subjetivas e de limitação diante da sua deficiência auditiva são abordadas como fatores que devem receber nova interpretação após a cirurgia de implante coclear, criando um espaço de reflexão sobre as novas experiências que estão por vir.

Por fim, a intervenção psicológica no processo de decisão se dá de maneira diferente de acordo com a faixa etária do paciente e a necessidade de cada caso. Entretanto, é importante frisar que o psicólogo se torna fundamental para legitimar a escolha do paciente e da sua família diante da possibilidade de escutar.

3 CONSIDERAÇÕES

Pessoas com deficiência podem enfrentar desafios emocionais que afetam sua capacidade de interagir, de produzir e de se relacionar em sociedade. A experiência da surdez para os pacientes e os familiares tem um impacto avassalador, alterando a percepção sobre si, trazendo pensamentos e condições negativas que afetam diretamente a autoestima e processo de socialização.

No caso da surdez adquirida, a pessoa vivencia além da perda, sentimentos negativos e o desamparo, podendo desenvolver quadros de depressão. Como parte do enfrentamento da perda, ela passa por um processo de luto (Kübler-Ross, 1987).

No processo da tomada de decisão de fazer ou não a cirurgia de Implante Coclear está em evidência o desejo de ouvir, mas também a responsabilidade de lidar com a nova realidade. O trabalho psicológico tem por objetivo proporcionar conscientização e compreensão mais profunda das emoções, o que pode levar a uma melhor autogestão entre pensamentos e expectativas, valorizando sua responsabilidade e liberdade na tomada de decisão.

É importante ressaltar que cada sujeito é único e as vantagens psicológicas podem variar. Além disso, o apoio psicológico pré-operatório para o procedimento de implante coclear pode ser benéfico para lidar com ajustes emocionais, expectativas e mudanças no estilo de vida.

4 CONCLUSÃO

Considerando todo contexto apresentado, conclui-se que a atuação do profissional psicólogo no processo de Avaliação Psicológica para a Cirurgia de Implante Coclear torna-se fundamental e imprescindível, pois:

- A atuação do psicólogo junto ao paciente e à sua família é fundamental, pois o ajuda a elaborar suas questões emocionais, compreendendo seu mundo e dando-lhe suporte durante todo o processo pré-operatório;
- A avaliação psicológica ajuda a embasar as decisões de forma ética e construtiva, evitando preconceitos e desinformação;
- Com a melhora e/ou recuperação da audição, as pessoas com deficiência auditiva neurossensorial podem se sentir mais motivadas a explorar novas oportunidades, desenvolver novas habilidades e potencializar sua autoestima.

REFERÊNCIAS

Augras, M. (2000). *O ser da compreensão: fenomenologia da situação de psicodiagnóstico* (9.ed.). Petrópolis: Vozes. 96p.

Bento, R. F. (2004). *Resultados auditivos com o implante coclear multicanal em pacientes submetidos a cirurgia no Hospital das Clínicas da Faculdade de Medicina da Universidade de São Paulo.* Revista Brasileira Otorrinolaringologista.70: 632-7.

Bevilacqua, M. C. (1998). *Implante coclear multicanal: uma alternativa na habilitação de crianças surdas.1998.* 115 f. Tese (Livre Docência no Departamento de Fonoaudiologia) – Faculdade de Odontologia de Bauru, Universidade de São Paulo, Bauru.

Bevilacqua, M. C., Moret, A. L. M., Costa, O. A. (2011). *Conceitualização e indicação do implante coclear.* In: BEVILACQUA, M.C. etal. Tratado de Audiologia. 1. ed. São Paulo: Santos. cap. 25, p. 407–426.

Boone, D. & Plante, E. (1996). *Manual da Fonoaudiologia: comunicação humana e seus distúrbios.* São Paulo: Lovise.

Cunha, J.A. (1993). *Psicodiagnóstico* (4. ed.). Porto Alegre: Artes Médicas. 533p.

Harrison, K.M.P. (1994). *A surdez na família: uma análise de depoimentos de pais e mães.* Dissertação de mestrado em Distúrbios da Comunicação não-publicada, Pontifícia Universidade Católica de São Paulo.

Kübler-Ross, E. (1987). *Sobre a morte e o morrer* (3.ed.). São Paulo: Martins Fontes. 290p.

Martins, M.C.F.N., Borges, A.C.L.C., & Yazigi, L. (1996). *Aconselhamento de pais de crianças deficientes auditivas: aspectos psicológicos. Pró-Fono,* 8 (1), p.19-24.

Resolução Conselho Federal de Psicologia nº 010/2005. *Aprova o Código de Ética Profissional do Psicólogo.* Recuperado de https://site.cfp.org.br/wp-content/uploads/2005/07/resolucao2005_10.pdf.

Resolução Conselho Federal de Psicologia nº 009/2018. *Estabelece diretrizes para a realização de Avaliação Psicológica no exercício profissional da psicóloga e do psicólogo, regulamenta o Sistema de Avaliação de Testes Psicológicos – SATEPSI e revoga as Resoluções nº 002/2003, nº 006/2004 e nº 005/2012 e Notas Técnicas nº 001/2017 e 002/2017.* Recuperado de https://site.cfp.org.br/wp-content/uploads/2005/07/resolucao2005_10.pdfhttps://satepsi.cfp.org.br/legislacao.cfm#:~:text=Resolu%C3%A7%C3%A3o%20CFP%20n%C2%BA%20009%2F2018,%2F2017%20e%20002%2F2017.

Santana, A. P. (2007). *Surdez e Linguagem.* São Paulo. Summus, cap. 4, p.146-196.

Sánchez, C. (1993). *Educação Especial: vida para surdos!* Revista Nova Escola. Ano VIII. Número 69. SP. Fundação Victor Civita. Setembro, p. 32-36.

Trinca, A.M. (2003). *Intervenção terapêutica breve e pré-cirúrgica infantil: o procedimento de desenhos-estórias como instrumento de intervenção terapêutica.* São Paulo: Vetor.

Triviños, A. N. S. (1992). *Introdução à Pesquisa em Ciências Sociais: a pesquisa qualitativa em educação.* São Paulo: Editora Atlas. Recuperado de https://site.cfp.org.br/wp-content/uploads/2012/07/codigo-de-etica-psicologia.pdf.

A MEDIDA DA PERSONALIDADE EM POPULAÇÃO DE BAIXA ESCOLARIDADE: UMA ANÁLISE CRÍTICA

Wladimir Rodrigues · CENTRO UNIVERSITÁRIO DO PLANALTO CENTRAL (UNICEPAC)

Cristiane Faiad · UNIVERSIDADE DE BRASÍLIA (UNB)

1 INTRODUÇÃO

A avaliação da personalidade desempenha um importante papel social. Características da personalidade podem ser boas preditoras de desempenho no trabalho (Sonnentag et al., 2008), desempenho acadêmico (Sorić et al., 2017), impulsividade (Mao et al., 2018; Sindermann et al., 2020), depressão (Caprara et al., 2004; Mao et al., 2018), identificar se o indivíduo é ou não um bom pagador (Klinger, 2013) e, até mesmo, sobre os impactos da pandemia de Covid-19 sobre a saúde mental (Hampshire et al., 2021). A possibilidade de pesquisas sobre a personalidade e suas relações com outras variáveis foi ampliada a partir do modelo dos Cinco Grandes Fatores (Raad & Schouwenburg,1996). Instrumentos baseados nesse modelo comumente são inventários e escalas compostos por itens verbais.

Todavia, como proceder quando o respondente não consegue ler ou não tem plena compreensão do que está lendo? Instrumentos de autorrelato comumente são inventários de um conjunto de afirmações escritas. A aplicação de um instrumento com essas características em um indivíduo não alfabetizado ou que não compreenda bem o que está lendo pode representar um problema, uma vez que suas respostas podem não ser as que ele daria, caso compreendesse o que lhe fora proposto. Este é um dos motivos pelos quais Pasquali (2017), ao tratar sobre a construção de itens para um instrumento, afirma que a dificuldade na compreensão dos itens não deve ser um fator complicador na resposta dos indivíduos

Segundo dados do Instituto Brasileiro de Geografia Estatística (IBGE, 2019), analfabetos representam pelo menos 6,6% da população, ou seja, 11 milhões de brasileiros. O Instituto Nacional de Alfabetismo Funcional (INAF) indica que 29% da população, mesmo sendo alfabetizada e escolarizada, pode ser considerada analfabeta funcional, indivíduos escolarizados que apresentam dificuldade de fazer uso do texto escrito em diferentes situações comunicativas (Winck, 2019). Considerando isso, é razoável inferir que quase um terço da população pode não ser atendida por medidas de personalidade que demandem leitura e compreensão do texto lido. Esse é o caso dos instrumentos de personalidade, baseados no modelo dos Cinco Grandes Fatores, disponíveis para avaliação da personalidade no Brasil, atualmente. É com o olhar nesse grupo de indivíduos que o presente capítulo se constitui.

2 O MODELO DOS CINCO GRANDES FATORES

A constatação de que o modelo dos Cinco Grandes Fatores é hoje o mais pesquisado em relação à personalidade se apoia no fato de que estudos realizados em diferentes países (Aluja Fabregat et al., 2022; Gonçalves et al., 2022; Khwaja et al. 2019; Nunes & Hutz, 2007; Schmitt et al., 2007) apontam um conjunto de evidências muito favoráveis ao modelo proposto por Costa e McCrae (2008). Tais estudos dão fundamentação suficientemente robusta para identificar o modelo como uma proposta eficiente para avaliação da personalidade em diferentes países com estruturas culturais diversas e diferentes línguas; em países do Ocidente e mesmo em países do Oriente, como na China (Mustafa et al., 2022; Zhang et al., 2019; Zhang et al., 2022).

O modelo proposto por Costa e McCrae (2008) é composto por cinco fatores: ***Neuroticismo*** - Fator da personalidade que trata da instabilidade emocional, bem como do controle de impulsos. Indica tendência geral para experimentar afetos negativos (medo, tristeza, vergonha, culpa, raiva etc.). ***Extroversão*** - Que trata da sociabilidade, da assertividade e da busca de estimulação; pessoas com alto escore nesse fator tendem a ser mais alegres e bem-dispostas. ***Abertura a novas experiências*** - Que permite observar questões ligadas à imaginação ativa, à sensibilidade estética, à atenção aos próprios sentimentos, à preferência pela variedade, à curiosidade intelectual e à independência de julgamento. Correlaciona-se com aspectos da inteligência, como o pensamento divergente, que contribui para a criatividade. ***Amabilidade*** – Que reúne traços ligados à predisposição em sensibilizar-se pelos outros e colocar-se no lugar de outrem.

Conscienciosidade - Fator da personalidade que trata do controle de impulsos, do planejamento, da organização e da condução de tarefas.

No Brasil, apesar de apresentar variações, os fatores ficaram conhecidos por nomenclaturas semelhantes às utilizadas pelos autores norte-americanos (Graziano & Tobin, 2009; Hutz et al., 2010; Nunes & Hutz, 2002; Passos & Laros, 2014). Nota-se que a nomenclatura utilizada pelos autores brasileiros não denota diferenças conceituais em relação às estruturas de instrumento originalmente construídas na língua inglesa. A definição constitutiva respeita questões que são sensíveis aos aspectos linguísticos de cada país.

O reconhecimento do modelo dos Cinco Grandes Fatores como sendo a estrutura que melhor explora o construto personalidade veio crescendo ao longo dos anos. Essa crescente se deu a partir da realização de pesquisas que apontavam a sua eficácia para aferir traços de personalidade e para explicar o comportamento humano em diferentes países e culturas. Acrescente- se ainda que, apesar das variações estruturais de diferentes países e culturas, era possível observar esse modelo como adequado para tratar sobre traços de personalidade (Chan et al., 2012; Gurven et al., 2013; Novikova & Vorobyeva, 2019; Oliver et al., 2022; Rolland, 2002; Salgado & Moscoso, 2022).

As evidências parecem indicar que o modelo consegue contemplar muito da diversidade humana. Isso, apesar de muitas dessemelhanças, quando consideramos que, em diferentes países, podemos encontrar desigualdades na história, na cultura, na economia, nas ideologias e em todas as outras formas de expressão cultural e comportamental. Apesar da complexidade que se apresenta diante de variáveis tão distintas, experimentações científicas, em mais de 50 países e seis continentes, apontaram que o modelo permite explicar as similaridades e as diferenças nos traços de personalidade dos indivíduos (Bouchard & Loehlin, 2001; McCrae & Costa, 1997; Mõttus et al., 2019; Weinschenk et al., 2022; Wiggins & Trapnell, 1997; Yamagata et al., 2006)

3 UM MODELO TEÓRICO DE PERSONALIDADE REPLICÁVEL EM DIFERENTES PAÍSES E CULTURAS?

Poder replicar o modelo teórico proposto por Costa e McCrae (2008) proporcionou possibilidades de pesquisas que outros modelos teóricos sobre personalidade não permitiram. O fato do Modelo dos Cinco Grandes Fatores ser possivelmente replicável a todos inspirou diferentes tipos de pesquisa. Pode-se observar, entre outras, pesquisas utilizando estruturas *etic* e *emic*. Esses conceitos têm sido convocados quando tocamos em questões transculturais, conceitos estes mais comumente utilizados pela área da antropologia, dos quais a psicologia tem se apropriado cada vez mais (DiFonzo & Hall, 2022; Galperin et al., 2022; Gardiner et al., 2020).

Essas duas formas de interpretar outras culturas correspondem à visão interna do grupo em estudo e à visão externa do pesquisador. *Etic* é o ponto de vista do pesquisador; é a descrição de fatos observáveis por qualquer observador que não esteja interessado em descobrir o significado que as pessoas em estudo atribuem a esses fatos. Criando significados ou esquemas formais nas mentes dos atores que não dependem de seus sentidos ou intenções (Harris, 2001). Aqui, parece que a perspectiva *etic* analisa apenas a observação do comportamento observável, sem considerar as intenções que o embasam. No entanto, quando nos aproximamos de uma nova cultura - para descobrir os tesouros que ela guarda consigo -, é aconselhável conhecer e atingir um ponto de vista mais amplo. *Emic*, por sua vez, é a visão dos nativos de uma determinada cultura. Assim, por exemplo, uma descrição *emic* de um determinado costume dos habitantes de um lugar seria baseada em como os membros daquela sociedade explicam o significado e as razões daquele costume (Harris, 2001; Moriizumi, 2022). Aqui pode-se dizer de uma intenção do pesquisador de além de descrever um comportamento diretamente observável, também se empenhar em conhecer os motivadores desse comportamento.

A explicação *emic* requer um olhar do pesquisador que conheça e considere o ponto de vista, os conceitos e as definições que efetivamente representam a forma como um nativo daquela cultura observa um fenômeno. Uma perspectiva *emic* ajuda a entender a cultura e a linguagem como um todo ordenado e a entender os atores em suas vidas cotidianas. Os estudos conduzidos sob uma perspectiva *emic* levam em consideração as intenções, as motivações, os objetivos e as atitudes, os pensamentos e os sentimentos que são dados aos eventos, especialmente aqueles que estão sendo estudados a partir da cultura que os caracteriza. O que é dito a partir de uma perspectiva *emic* ou *etic* pode captar razões ou explicações complementares para as particularidades de um determinado comportamento, o que sem dúvida pode enriquecer nossa compreensão (Harris, 2001; Moriizumi, 2022).

Em relação às pesquisas que envolvem o Modelo Teórico de Personalidade do *Big Five*, é possível ver diferenças em estudos *etic* e *emic* quando se observa, em especial, o olhar dos pesquisadores ao fazerem uso de construções regionais e observá-las especificamente sob o ponto de vista de enquadre ao modelo. Pesquisas *etic* consideram, em primeiro lugar, a estrutura inicialmente proposta e trabalham com o "encaixe" das estruturas lexicais ao que previamente foi construído pelos autores do modelo Pentafatorial.

O modelo de pesquisa *etic* traz o ponto de vista dos pesquisadores enquanto parte de seu aporte cultural, teórico e linguístico e, a partir disso, conduz um olhar sobre um fenômeno sem necessariamente considerar se esse fenômeno se dá em contexto cultural compartilhado originalmente por esses pesquisadores. Em uma pesquisa *emic*, por outro lado, busca-se compreender um fenômeno a partir do olhar que referencia os membros da cultura que dá o cenário de onde esse fenômeno está sendo observado (Rosa & Orey, 2013).

Já que o Modelo dos Cinco Grandes Fatores pode ser replicado quase que em todo o mundo, teoricamente fala-se sobre um modelo que vem sendo pesquisado sob diferentes perspectivas metodológicas, incluindo olhares *etic* e *emic* entre tais perspectivas. Ao mesmo tempo em que a estrutura com cinco fatores pôde ser observada como a mais parcimoniosa, estatisticamente e potencialmente conciliatória entre diferentes abordagens teóricas da personalidade, pesquisas mostraram que essa estrutura pode não se manter em todos os grupos de uma sociedade. Pode-se dizer que a tentativa de provar a universalidade do modelo talvez não se sustente ante um olhar mais apurado que leve em consideração individualidades, características gerais da população de um país e que integre contextos específicos deste.

Tentativas de pesquisa com esse olhar mais específico sobre estratos da população de países em que teoricamente o Modelo Pentafatorial é replicável abrem espaços para questionamentos sobre a manutenção de uma estrutura assim composta. Na Itália, por exemplo, estudos, usando inventários traduzidos e adaptados, identificaram o fator neuroticismo (Caprara et al., 1993; Perugini & Leone, 1996). Entretanto, estudos *emic*, ou seja, que consideraram o olhar sobre aspectos específicos daquela cultura, não encontraram esse mesmo fator (Caprara & Perugini, 1994; Di Blas & Forzi, 1998). A não apresentação de uma estrutura com exatamente cinco fatores pode ser explicada, por exemplo, pela escolaridade dos indivíduos testados como pensado por Laajaj et al., (2019). Entretanto, não é possível desconsiderar que outros aspectos presentes nas diferentes culturas e em populações mais específicas delas sejam também motivadores das diferenças nas estruturas fatoriais.

Estudos como o citado acima apresentaram a pesquisadores um indicativo de que as abordagens lexicais, mesmo o Modelo dos Cinco Grandes Fatores, podem apresentar sensíveis diferenças em estudos *emic*. Baseado em extensa pesquisa lexical, o modelo afirma que todas as diferenças individuais importantes são codificadas na linguagem, como termos ou palavras descritivas da personalidade. Além disso, outros estudos com perfil *emic*, utilizando instrumentos baseados no Modelo dos Cinco Grandes Fatores, apresentaram, com alguma frequência, uma estrutura fatorial com mais de cinco fatores (Almagor et al., 1995; Benet-Martínez & Waller, 1997). Em todos os países, os estudos *etic* encontraram bom ajuste dos dados coletados ao Modelo dos Cinco Grandes Fatores (McCrae, 2001; Schmitt et al., 2007). O questionamento é se tais ajustes se sustentam sob o olhar de uma pesquisa com perspectiva *emic* e que leve em consideração nichos populacionais nos quais o modelo não fora testado anteriormente.

Assim, o objetivo do presente capítulo tem como foco discutir, a partir de publicações referentes aos cinco grandes fatores de personalidade, relacionando-os com aspectos sociodemográficos, mais especificamente com as variáveis escolaridade e competência em leitura de textos, o quanto essas variáveis têm potencial para afetar a estrutura desse modelo de personalidade?

4 ASPECTOS SOCIAIS E SUA INFLUÊNCIA SOBRE O MODELO DOS CINCO GRANDES FATORES - QUEM ESTAMOS ESTUDANDO ?

As evidências de que o modelo apresenta melhores ajustes em pesquisas *etic* e que apresenta sensíveis variações quando observado a partir de pesquisas *emic*, bem como a relação feita com questões ligadas ao léxico incentivaram pesquisadores a investigar mais a fundo as características gerais das amostras que vinham compondo os estudos em diferentes países (Gurven et al., 2013). Pesquisas mostraram que boa parte das amostras vêm sendo composta por um estrato específico das diferentes populações - estrato este que pode ser identificado como *WEIRD* (*Western, Educated, Industrialized, Rich and Democratic*). Esse acrônimo é citado, entre outros, por Henrich et al. (2010). Segundo estes autores, costumeiramente, cientistas comportamentais publicam afirmações sobre psicologia e comportamento nas principais revistas do mundo com base em amostras extraídas exclusivamente com essas características. São ocidentais, formalmente educados, industrializados, ricos em relação à maioria da população da qual participam e são partícipes de um país democrático (*WEIRD*). Ao agir assim, pesquisadores acabam por assumir que as diferenças humanas são tão pequenas que uma amostra com tais características é suficientemente representativa da "humanidade". O estudo desenvolvido por Henrich et al. (2010), no entanto, indica que o grupo *WEIRD* é o menos representativo das sociedades, o que deveria impedir generalizações de um estudo. Os autores Muthukrishna e Henrich (2019) endossam esse pensamento, considerando ainda que esta é uma das grandes fragilidades nas pesquisas em psicologia (Muthukrishna & Henrich, 2019; Proulx & Morey, 2021).

Pesquisas desenvolvidas sem considerar os efeitos da utilização de amostra WEIRD podem ter um calcanhar de Aquiles em suas conclusões. Em suas considerações sobre as amostras que compõem estudos da psicologia, Henrich et al. (2010) questionam, de forma contundente, achados de pesquisa que são amparados em amostras que, apesar de estarem geograficamente dispostas em lugares diferentes, demonstram baixa variabilidade quando observados aspectos culturais, linguísticos e comportamentais. Observa-se uma parcela da população mais frequentemente composta por estudantes urbanos, com maior poder aquisitivo e, consequentemente, mais acesso à cultura, o que os faz compartilhar de um conjunto relativamente comum de informações sobre o mundo ocidental e questões de hábitos, costumes, gostos e linguagem (Muthukrishna et al., 2020).

Essas conclusões trazem à tona a questão de que talvez a covariância dos traços observada nos estudos sobre o Modelo dos Cinco Grandes Fatores seja relativa. Pode indicar que há sim uma boa replicabilidade dessa estrutura, mas para um grupo específico com características semelhantes mesmo que em diferentes países. Pessoas que mesmo falando uma língua materna diferente, morando em países diferentes, ainda são, cada um em seu lugar, uma amostra representativa de apenas um estrato social e não de uma sociedade de pessoas em todas as suas camadas (sociais, econômicas, culturais e educacionais) (Church, 2016; Henrich et al, 2010; Vitriol et al. 2019).

Em sua pesquisa, Muthukrishna et al. (2020) apresenta uma ferramenta e um método para aferir a distância psicológica e cultural entre sociedades. Os pesquisadores alertam para o fato de que há um viés nas amostras de diversas pesquisas psicológicas. Falando em um mundo globalizado e como se dá a organização político-cultural de nossa sociedade, eles chegam a afirmar que, se a psicologia fosse dominada por chineses ao invés de norte-americanos, veríamos um conjunto de evidências sobre os fenômenos psicológicos, incluindo personalidade, diferente do que temos hoje.

Há algumas possíveis explicações para essa composição de amostras, por exemplo, o fato de poder contar com amostras de conveniência; também é comum que se faça uso de inventários como NEO-PI. O NEO-PI - instrumento desenvolvido por Costa e McCrae, que é composto por muitas sentenças verbais; o que implica necessariamente leitura e compreensão dos itens. Mesmo o impacto econômico envolvido em pesquisas pode ajudar a explicar a utilização de amostras que apresentam tantas semelhanças. Independentemente de quais sejam os motivos, é necessário que se atente para o que as evidências empíricas vêm apontando; é importante que se considere, ainda, as reais características de uma amostra e o que efetivamente elas representam (Simons et al., 2017).

Como A Escolaridade Pode Influenciar O Modelo dos Cinco Grandes Fatores

Os pesquisadores Laajaj et al. (2019) destacam que os estudos que embasam a replicabilidade do Modelo dos Cinco Grandes Fatores concentraram-se principalmente em populações com alto nível de escolaridade (geralmente estudantes universitários), sendo grande parte desses estudos realizada em países mais ricos. Por outro lado, pesquisas administradas oralmente em populações rurais, com baixos níveis de educação na Bolívia, Colômbia e Quênia, por exemplo, apresentam resultados que não encontram apoio robusto para o Modelo dos Cinco Grandes Fatores (Gurven et al., 2013; Laajaj & Macours, 2017). A questão que se apresenta levanta a questão: O Modelo dos Cinco Grandes Fatores de Personalidade é o que também melhor explica a personalidade de indivíduos com menos escolaridade, que não morem em grandes centros urbanos e componham camadas sociais mais pobres (*NO WEIRD*)?

Não são muitos os estudos realizados com amostras menos escolarizadas, mas os que aparecem na literatura apontam dificuldade em encontrar um ajuste adequado do Modelo de Cinco Fatores (Rossier et al., 2013). Pesquisadores que se dispuseram a pesquisar o modelo em amostras que não fossem compostas por estudantes universitários não encontraram a mesma estrutura fatorial com bom ajuste do modelo (Körner et al., 2002; Lang et al., 2001; Mõttus at al., 2007). Esses estudos mostram, a partir de análises fatoriais exploratórias e confirmatórias e de comparações entre grupos, que a qualidade das evidências psicométricas dos questionários, em geral, diminui com níveis mais baixos de inteligência e menor escolaridade. Os estudos indicam que pessoas com baixa escolaridade têm menor clareza sobre como se auto conceituam, vocabulários menores e menos habilidades de compreensão verbal (Lang et al., 2001; Mõttus at al., 2007). Isso pode torná-las relativamente incapazes quando se trata de responder aos itens de um questionário; portanto, deixa mais espaço para a influência de vieses de resposta sistemática.

Sob outro aspecto, a universalidade do modelo e sua complexidade são discutidas por Smaldino et al. (2019), que argumentam que, por serem os traços de personalidade emaranhados com suas categorias linguísticas, a descrição da personalidade não é feita de apenas um agrupamento de características comportamentais.

Também precisam participar dessa equação os diferentes nichos que compõem cada cultura, porque é neles que é possível encontrar conjuntos de palavras descritoras de características que não constam necessariamente na língua formal.

O que as publicações levantadas aqui apresentam é que a replicabilidade do Modelo dos Cinco Grandes Fatores de Personalidade pode ser questionável, a depender de contextos culturais, sociais e políticos quando se avalia uma amostra *NO WEIRD*, a despeito da defesa sobre a universalidade do modelo. A escolaridade é apontada nas pesquisas, até então referenciadas, como uma das variáveis que pode fazer o modelo tomar nova estrutura fatorial. Isso pode se dar pelo fato de que indivíduos com menor escolaridade tenham um repertório vocabular menor ou simplesmente diferente para descrever características humanas (Smaldino et al., 2019).

A variável escolaridade pode trazer consigo também outro viés, a aquiescência. Ela é reconhecidamente um fenômeno encontrado entre indivíduos com menos educação formal (Rammstedt & Farmer, 2013) e, ao mesmo tempo, tem sido amplamente reconhecida como uma fonte de vieses que podem alterar substancialmente as correlações entre os itens dentro de escalas. A aquiescência é um tipo específico de conjunto de respostas. É a tendência de responder a descrições de atributos de personalidade conceitualmente distintos com concordância ou discordância apenas. O indivíduo não faz uso de uma possível gradação dada pela escala e termina por concentrar suas respostas em um dos dois extremos. Apesar das estratégias psicométricas ora existentes para o tratamento desse viés (Primi et al., 2019), podemos nos perguntar até que ponto a natureza do item se faz compreensível o suficiente para que um indivíduo possa se posicionar? Não seria interessante um olhar não apenas psicométrico, mas também qualitativo desde o momento da criação do item, para que essa fonte de possível viés fosse contornada?

Para a avaliação da personalidade, o estilo de resposta aquiescente pode representar um grande desafio, alterando a covariação de itens, independente de qual seja o conteúdo desses. Isso pode implicar em resultados não confiáveis quando se observa a consistência interna do conjunto de itens (McCrae et al., 2001; Soto et al., 2008). Questões como essas também podem ajudar a explicar por que estudos sobre o Modelo dos Cinco Grandes Fatores acabam por se concentrar em uma população mais escolarizada, uma vez que essa variável seria teoricamente driblada.

O estudo conduzido por Rammstedt e Farmer (2013) utilizou como medida de personalidade o *Big Five Inventory* (BFI), composto por 44 itens e uma escala de resposta de concordância que variava entre 1 e 5. Os resultados indicaram que, em amostras com menor escolaridade, mesmo com ajustes feitos nas análises psicométricas, o viés da aquiescência tem um forte potencial de criar dificuldades na avaliação da consistência de cinco fatores.

A distorção na correlação entre itens de personalidade provocada pela aquiescência já é apontada desde 1971 (Bentler et al., 1971). A relação entre a aquiescência e a escolaridade participa do conjunto de prováveis explicações que aponta para a questão da não utilização de amostras menos escolarizadas quando se pretende atestar a replicabilidade do Modelo dos Cinco Grandes Fatores, uma vez que há um obstáculo claramente inserido que inviabilizaria o encontro do modelo esperado (Danner et al., 2015; McCrae, 2001).

Se levada em consideração a realidade de países onde os níveis de escolaridade são representativamente baixos, pode-se pensar que o Modelo com Cinco Grandes Fatores não consiga ser observado no universo dessa população. Tentando driblar, entre outras questões, a questão da leitura e de sua compreensão, pesquisadores do Departamento de Psicologia da University of Western Ontario construíram um instrumento, baseado no Modelo dos Cinco Grandes Fatores, que ao invés de itens apresentados a partir de sentenças por escrito (verbais), utilizaram imagens de um indivíduo se comportando de diferentes formas. Era solicitado ao respondente, que dissesse sobre a possibilidade de comportar-se daquela forma. Chamaram o instrumento de *Five Factor Nonverbal Personality Questionnaire* (FF-NPQ) (Paunonen et al., 2004).

O FF-NPQ é composto por 60 itens que tratam das cinco dimensões de personalidade propostas pelo Modelo *Big Five* (McCrae & John,1992). Nas pesquisas de evidências de validade, em seu país de origem, a escala demonstrou um índice de consistência interna satisfatória, chegando a 0,82; sendo que a validade convergente observada entre ela e o NEO- FFI encontrou resultados consideravelmente bons (Paunonen et al., 2004; Hong & Paunonen, 2008). Observe-se que, embora a justificativa dada pelos autores para a construção de um instrumento não verbal fosse a possibilidade de utilização em amostras com menor escolaridade, com crianças e com estrangeiros não falantes da língua local, na referida pesquisa, não houve participação de população com baixa escolaridade.

Entre os estudos realizados pelo Laboratório de Pesquisa em Avaliação e Medida- LabPAM, o FFN-PQ foi adaptado por Fonseca (2018), que aplicou o referido instrumento em uma amostra de 467 indivíduos. Nesse estudo, os dados mostraram uma estrutura fatorial divergente da esperada na aplicação do NEO-FFI-R, instrumento verbal de medida convergente. Outra medida proposta por Silva (2013) se propôs a avaliar especificamente a amostra de baixa escolaridade de vigilantes que, para o exercício profissional, necessitam passar por processo de avaliação psicológica. As autoras encontraram estrutura fatorial diferente nos resultados de instrumentos verbais aplicados a essa população em amostra que contava, majoritariamente, com indivíduos com escolaridade equivalente ao ensino fundamental.

Apesar de a escolaridade aparecer como um importante viés para se observar o Modelo dos Cinco Grandes Fatores de personalidade, não há um número substancial de pesquisas especificamente sobre como as competências advindas da escolaridade podem influenciar a interação entre indivíduo e instrumento de medida. Em busca realizada em outubro de 2022, utilizando o *software Harzing's*

Publish or Perish, versão 7.21, nas bases PubMED, PsycINFO, Google Acadêmico; e, utilizando os descritores "*big five poor levels of education*", "*five factor model poor levels of education*", "*FFM poor levels of education, scholarity and personality*", "*personality and scholarity*", "*personality and schooling*", não foram encontrados resultados que tratassem do tema específico de observação da influência do nível escolaridade ou mesmo letramento nas respostas emitidas por indivíduos que respondem a instrumentos de medida da personalidade na modalidade verbal. Considere-se que os referidos estudos no Brasil ainda não estão publicados.

5 CONCLUSÃO

A relação entre a personalidade e a sua medida em amostras de baixa escolaridade é uma questão não respondida pela literatura no que se refere ao Modelo dos Cinco Grandes Fatores. Entre os possíveis questionamentos, não se sabe até que ponto esse modelo é replicável em populações com baixa escolaridade e dificuldade de leitura e de compreensão. Afinal, quando se testa um estrato específico da população de um país e encontra-se nele um resultado pode-se tomar esse resultado como válido para toda a população do referido país? O Modelo dos Cinco Grandes Fatores continua sendo o mais pesquisado em pesquisas no mundo e tem méritos para isso. O questionamento aqui levantado trata da necessidade de estudos que compreendam amostras mais significativas de estratos da população que são considerados *NO WEIRD*, que são parcela significativa do conjunto de uma população e que não deveriam ser excluídas de análises sobre a aplicabilidade de modelos ou ainda de instrumentos de medida da personalidade.

Desconsiderar tais estratos acaba por negligenciar variáveis que têm potencial para enriquecer as discussões e as pesquisas no campo da avaliação da personalidade.

REFERÊNCIAS

Almagor, M., Tellegen, A., & Waller, N. G. (1995). The Big Seven model: A cross-cultural replication and further exploration of the basic dimensions of natural language trait descriptors. *Journal of personality and social psychology, 69*(2), 300.

Aluja Fabregat, A., García, L. F., Rossier, J., Ostendorf, F., Glicksohn, J., Oumar, B., & Hansenne, M. (2022). Dark Triad Traits, Social Position, and Personality: A Cross- Cultural Study. *Journal of Cross-Cultural Psychology, 2022, vol. 53, núm. 3-4, p. 380-402.*

Benet-Martínez, V., & Waller, N. G. (1997). Further evidence for the cross-culturalgenerality of the Big Seven factor model: Indigenous and imported Spanish personality constructs. *Journal of Personality, 65*(3), 567-598.

Bentler, P. M., Jackson, D. N., & Messick, S. (1971). Identification of content and style: a two-dimensional interpretation of acquiescence. *Psychological Bulletin, 76*(3), 186.

Bouchard, T. J., & Loehlin, J. C. (2001). Genes, evolution, and personality. *Behavior genetics, 31*(3), 243-273.

Caprara, G. V., & Perugini, M. (1994). Personality described by adjectives: The generalizability of the Big Five to the Italian lexical context. *European Journal of Personality, 8*(5), 357-369.

Caprara, G. V., Barbaranelli, C., Borgogni, L., & Perugini, M. (1993). The "Big Five Questionnaire": A new questionnaire to assess the five factor model. *Personality and individual Differences, 15*(3), 281-288.

Chan, W., McCrae, R. R., De Fruyt, F., Jussim, L., Löckenhoff, C. E., De Bolle, M., ... & Terracciano, A. (2012). Stereotypes of age differences in personality traits: Universal and accurate?. *Journal of personality and social psychology, 103*(6), 1050.

Church, A. T. (2016). Personality traits across cultures. Current Opinion in Psychology, *8*, 22-30.

Costa Jr, P. T., & McCrae, R. R. (2008). *The Revised Neo Personality Inventory (neo- pi-r).* Sage Publications, Inc.

Danner, D., Aichholzer, J., & Rammstedt, B. (2015). Acquiescence in personality questionnaires: Relevance, domain specificity, and stability. *Journal of Research in Personality, 57*, 119-130.

Di Blas, L., & Forzi, M. (1998). An alternative taxonomic study of personality-descriptive adjectives in the Italian language. *European Journal of Personality, 12*(2), 75- 101.

DiFonzo, N., & Hall, M. (2022). Introduction to the Special Issue: An Apologetic for Emic Research in Psychology. *Journal of Psychology & Christianity, 41*(1).

Fonseca, W. R. D. (2018). Adaptação e evidências de validade do nonverbal personality questionnaire.

Galperin, B. L., Punnett, B. J., Ford, D., & Lituchy, T. R. (2022). An emic-etic-emic research cycle for understanding context in under-researched countries. *International Journal of Cross Cultural Management, 22*(1), 7-35.

Gardiner, G., Lee, D., Baranski, E., Funder, D., & International Situations Project. (2020). Happiness around the world: A combined etic-emic approach across 63 countries. *PLoS One*, 15(12), e0242718.

Gonçalves, F., de Lima Ribeiro, A., Freiman, B. P., & da Silva Santos, C. (2022). Neuroticismo e conscienciosidade como preditores de resultados positivos após cirurgia bariátrica: uma revisão sistemática. *Conjecturas, 22*(13), 905-915.

Graziano, W. G., & Tobin, R. M. (2019). Theoretical conceptualizations of agreeableness and antagonism. In J. D. Miller & D. R. Lynam, *The handbook of antagonism: Conceptualizations, assessment, consequences, and treatment of the low end of agreeableness* (pp. 127–139). Elsevier Academic Press.

Gurven, M., Von Rueden, C., Massenkoff, M., Kaplan, H., & Lero Vie, M. (2013). How universal is the Big Five? Testing the five-factor model of personality variation among forager–farmers in the Bolivian Amazon. *Journal of personality and social psychology, 104*(2), 354.

Gurven, M., Von Rueden, C., Massenkoff, M., Kaplan, H., & Lero Vie, M. (2013). How universal is the Big Five? Testing the five-factor model of personality variation among forager–farmers in the Bolivian Amazon. *Journal of personality and social psychology, 104*(2), 354.

Gurven, M., Von Rueden, C., Massenkoff, M., Kaplan, H., & Lero Vie, M. (2013). How universal is the Big Five? Testing the five-factor model of personality variation among forager–farmers in the Bolivian Amazon. *Journal of personality and social psychology, 104*(2), 354.

Hampshire, A., Hellyer, P. J., Soreq, E., Mehta, M. A., Ioannidis, K., Trender, W., & Chamberlain, S. R. (2021). Associations between dimensions of behaviour, personality traits, and mental-health during the COVID-19 pandemic in the United Kingdom. *Nature communications*, 12(1), 4111.

Harris, M. (2001). *The rise of anthropological theory: A history of theories of culture*. AltaMira Press.

Henrich, J., Heine, S. J., & Norenzayan, A. (2010). Most people are not WEIRD. *Nature, 466*(7302), 29-29.

Henrich, J., Heine, S. J., & Norenzayan, A. (2010). The weirdest people in the world?. *Behavioral and brain sciences, 33*(2-3), 61-83.

Hong, R. Y., & Paunonen, S. V. (2008). The nonverbal personality questionnaire and the Five Factor Nonverbal Personality Questionnaire. *Handbook of personality theory and testing. Personality measurement and assessment, 2.*

Khwaja, M., Vaid, S. S., Zannone, S., Harari, G. M., Faisal, A. A., & Matic, A. (2019). Modeling personality vs. modeling personalidad: In-the-wild mobile data analysis in five countries suggests cultural impact on personality models. *Proceedings of the ACM on Interactive, Mobile, Wearable and Ubiquitous Technologies, 3*(3), 1-24.

Klinger, B., Khwaja, A. I., & Del Carpio, C. (2013). Enterprising psychometrics and poverty reduction (Vol. 860). New York, NY: Springer.

Körner, A., Geyer, M., & Brähler, E. (2002). Das neo-fünf-faktoren inventar. *Diagnostica, 48*(1), 19-27.

Laajaj, R., & Macours, K. (2021). Measuring skills in developing countries. *Journal of Human resources*, 56(4), 1254-1295.

Laajaj, R., Macours, K., Pinzon Hernandez, D. A., Arias, O., Gosling, S. D., Potter, J., & Vakis, R. (2019). Challenges to capture the big five personality traits in non-WEIRD populations. *Science advances, 5*(7), eaaw5226.

Lang, F. R., Lüdtke, O., & Asendorpf, J. B. (2001). Testgüte und psychometrische Äquivalenz der deutschen Version des Big Five Inventory (BFI) bei jungen, mittelalten und alten Erwachsenen. *Diagnostica, 47*(3), 111-121.

Mao, T., Pan, W., Zhu, Y., Yang, J., Dong, Q., & Zhou, G. (2018). Self-control mediates the relationship between personality trait and impulsivity. Personality and Individual Differences, 129, 70-75.

McCrae, R. R. (2001). Trait psychology and culture: Exploring intercultural comparisons. *Journal of personality, 69*(6), 819-846.

McCrae, R. R., & Costa Jr, P. T. (1997). Personality trait structure as a human universal. *American psychologist, 52*(5), 509.

McRae, R. R., Jang, K. L., Livesley, W. J., Riemann, R., & Angleitner, A. (2001). Sources of structure: Genetic, environmental, and artifactual influences on the covariation of personality traits. *Journal of personality, 69*(4), 511-535.

Moriizumi, S. (2022). Can Global Citizens Contribute to Japan's Local Society? Impacts of Global Citizenship on Intergroup Ideologies and Civic Engagement. In: Katzarska-Miller, I., Reysen, S. (eds). *Globalized Identities* (pp. 245-271). Palgrave Macmillan, Cham.

Moscoso, S., & Salgado, J. F. (2022). Cross-cultural evidence of the relationship between subjective well-being and job performance: A meta-analysis. *Revista de Psicología del Trabajo y de las Organizaciones, 38*(1), 27-42.

Mottus, R., Allik, J., & Pullmann, H. (2007). Does personality vary across ability levels? A study using self and other ratings. *Journal of Research in Personality, 41*(1), 155-170.

Mõttus, R., Sinick, J., Terracciano, A., Hřebíčková, M., Kandler, C., Ando, J., ... & Jang, K. L. (2019). Personality characteristics below facets: A replication and meta- analysis of cross-rater agreement, rank-order stability, heritability, and utility of personality nuances. *Journal of personality and social psychology, 117*(4), e35.

Mustafa, S., Qiao, Y., Yan, X., Anwar, A., Hao, T., & Rana, S. (2022). Digital students' satisfaction with and intention to use online teaching modes, role of big five personality traits. *Frontiers in psychology, 13.*

Muthukrishna, M., Bell, A. V., Henrich, J., Curtin, C. M., Gedranovich, A., McInerney, J., & Thue, B. (2020). Beyond Western, Educated, Industrial, Rich, and Democratic (WEIRD) psychology: Measuring and mapping scales of cultural and psychological distance. *Psychological science, 31*(6), 678-701.

Muthukrishna, M., & Henrich, J. (2019). A problem in theory. *Nature Human Behaviour, 3*(3), 221-229.

Novikova, I. A., & Vorobyeva, A. A. (2019). The Five-factor model: Contemporary personality theory. *Cross-Cultural Psychology: Contemporary Themes and Perspectives*, 685-706.

Nunes, C. H. S. D. S., & Hutz, C. S. (2007). Construção e validação da escala fatorial de socialização no modelo dos cinco grandes fatores de personalidade. *Psicologia: Reflexão e Crítica, 20*, 20-25.

Nunes, C. H. S. S., & Hutz, C. S. (2002). O modelo dos cinco grandes fatores de personalidade. *Temas de avaliação psicológica. Campinas: IBAP.*

Nunes, C. H. S. S., Hutz, C. S., & Nunes, M. F. O. (2010). Bateria Fatorial de Personalidade (BFP): manual técnico. *São Paulo: Casa do Psicólogo*, 126.

Pasquali, L. (2017). *Psicometria: teoria dos testes na psicologia e na educação.* Editora Vozes Limitada.

Oliver, A., Schneider, B. H., Galiana, L., Puricelli, D. A., Schwendemann, M., & Tomás, J. M. (2022). Entrepreneurship attitudes and the Big Five: A cross-cultural comparison between Spain and the United States. *Anales de Psicología/Annals of Psychology, 38*(1), 119-127.

Passos, M. F., & Laros, J. A. (2014). O modelo dos cinco fatores de personalidade: Revisão de literatura. *Peritia, 21*, 13-21.

Paunonen, S. V., Jackson, D. N., & Ashton, M. C. (2004). *NPQ Manual: Nonverbal Personality Questionnaire (NPQ) and Five-Factor Nonverbal Personality Questionnaire (FF-NPQ).* Sigma Assessment Systems.

Perugini, M., & Leone, L. (1996). Construction and validation of a short adjectives checklist to measure BIg five (SACBIF). *European Journal of Psychological Assessment, 12*(1), 33.

Primi, R., Santos, D., De Fruyt, F., & John, O. P. (2019). Comparison of classical and modern methods for measuring and correcting for acquiescence. *British Journal of Mathematical and Statistical Psychology, 72*(3), 447-465.

Proulx, T., & Morey, R. D. (2021). Beyond statistical ritual: Theory in psychological science. *Perspectives on Psychological Science, 16*(4), 671-681.

Raad, B. D., & Schouwenburg, H. C. (1996). Personality in learning and education: a review. *European Journal of Personality, 10* (5), 303-336.

Rammstedt, B., & Farmer, R. F. (2013). The impact of acquiescence on the evaluation of personality structure. *Psychological assessment, 25*(4), 1137.

Rolland, J. P. (2002). The cross-cultural generalizability of the Five-Factor model of personality.

Rosa, M., & Orey, D. (2013, September 1). As abordagens êmica, ética e dialética na pesquisa em etnomodelagem. Cibem.org. http://funes.uniandes.edu.co/19763/

Rossier, J., Ouedraogo, A., Dahourou, D., Verardi, S., & Meyer de Stadelhofen, F. (2013). Personality and personality disorders in urban and rural Africa: results from a field trial in Burkina Faso. *Frontiers in psychology, 4*, 79.

Schmitt, D. P., Allik, J., McCrae, R. R., & Benet-Martínez, V. (2007). The geographic distribution of Big Five personality traits: Patterns and profiles of human self- description across 56 nations. *Journal of cross-cultural psychology, 38*(2), 173-212.

Schmitt, D. P., Allik, J., McCrae, R. R., & Benet-Martínez, V. (2007). The geographic distribution of Big Five personality traits: Patterns and profiles of human self- description across 56 nations. *Journal of cross-cultural psychology, 38*(2), 173- 212.

Silva, F. G. (2013). Construção de uma escala verbal e não verbal de uma escala de conscienciosidade para o contexto da segurança privada. *Dissertação de mestrado.* Universidade Salgado de Oliveira. Rio de Janeiro.

Simons, D. J., Shoda, Y., & Lindsay, D. S. (2017). Constraints on generality (COG): A proposed addition to all empirical papers. *Perspectives on Psychological Science, 12*(6), 1123-1128.

Smaldino, P. E., Lukaszewski, A., von Rueden, C., & Gurven, M. (2019). Niche diversity can explain cross-cultural differences in personality structure. *Nature Human Behaviour, 3*(12), 1276-1283.

Sonnentag, S., Volmer, J., & Spychala, A. (2008). Job performance. The Sage handbook of organizational behavior, 1, 427-447.

Sorić, I., Penezić, Z., & Burić, I. (2017). The Big Five personality traits, goal orientations, and academic achievement. Learning and Individual Differences, 54, 126-134.

Soto, C. J., John, O. P., Gosling, S. D., & Potter, J. (2008). The developmental psychometrics of big five self-reports: acquiescence, factor structure, coherence, and differentiation from ages 10 to 20. *Journal of personality and social psychology, 94*(4), 718.

Vitriol, J. A., Larsen, E. G., & Ludeke, S. G. (2019). The generalizability of personality effects in politics. *European Journal of Personality, 33*(6), 631-641.

Weinschenk, A., Rasmussen, S. H. R., Christensen, K., Dawes, C., & Klemmensen, R. (2022). The five factor model of personality and heritability: Evidence from Denmark. *Personality and Individual Differences*, *192*, 111605.

Winck, F. (2019). Analfabetismo funcional entre vestibulandos dos cursos de graduação em letras, história e jornalismo. *Dissertação de Mestrado*. Universidade de Santa Cruz do Sul.

Wiggins, J. S., & Trapnell, P. D. (1997). Personality structure: The return of the Big Five. In *Handbook of personality psychology* (pp. 737-765). Academic Press.

Yamagata, S., Suzuki, A., Ando, J., Ono, Y., Kijima, N., Yoshimura, K., ... & Jang, K. L. (2006). Is the genetic structure of human personality universal? A cross-cultural twin study from North America, Europe, and Asia. *Journal of personality and social psychology*, *90*(6), 987.

Zhang, B., Li, Y. M., Li, J., Luo, J., Ye, Y., Yin, L., ... & John, O. P. (2022). The big five inventory–2 in China: A comprehensive psychometric evaluation in four diverse samples. *Assessment*, *29*(6), 1262-1284.

Zhang, X., Wang, M. C., He, L., Jie, L., & Deng, J. (2019). The development and psychometric evaluation of the Chinese Big Five Personality Inventory-15. *PloS one*, *14*(8), e0221621.

CIRURGIA BARIÁTRICA: OLHARES E PERSPECTIVAS NA AVALIAÇÃO PSICOLÓGICA

Elza Maria G. Lobosque · CONSELHO REGIONAL DE PSICOLOGIA (CRP/04)

Délcio Fernando Guimarães Pereira · CONSELHO REGIONAL DE PSICOLOGIA (CRP/04)

1 INTRODUÇÃO

O sonho do "corpinho de Miss" é cultuado desde a infância nos lares brasileiros e no mundo todo. Dia após dia, a indústria da moda impõe medidas, tamanhos, formatos e estilos a serem seguidos, principalmente para o corpo feminino. Porém, essa é uma realidade distante do Brasil.

Segundo os dados da Vigitel 2021, realizada pelo Ministério da Saúde, mais da metade dos brasileiros estava com sobrepeso naquele ano. A taxa, 57,25%, manteve-se parecida com a do ano anterior, mas apresentou um crescimento de quase 2% desde o início da pandemia. Em dados gerais, o índice de obesidade no Brasil chegou aos 22,35%, um aumento de 0,8% em relação ao ano anterior, tendo como principais afetadas as mulheres entre 35 e 44 anos.

Importante ressaltar que a insatisfação corporal tem acometido tanto meninas quanto meninos em idades cada vez mais jovens. Esse ponto reforça as preocupações com o peso e com o formato do corpo, o modo pelo qual essa insatisfação é percebida para cada sexo é particular, assim como as diferentes estratégias de mudança corporal adotadas pelos indivíduos em busca de um corpo ideal, perfeito e que atenda a ideia de corpo ideal.

Historicamente, para o sexo feminino, houve uma mudança do corpo considerado atrativo: passou-se das formas arredondadas da pré-história para uma silhueta mais magra nos dias atuais.Com essa forte tendência cultural em considerar a magreza como padrão de corpo ideal e devido à dificuldade de se encaixar nesse modelo, as jovens tendem a avaliar negativamente o seu próprio corpo, podendo levar a questões psicológicas, como baixa autoestima, que podem refletir em questões mais sérias psicologicamente. Assim, as meninas insatisfeitas com o corpo, frequentemente, adotam estratégias de mudança corporal direcionadas à perda de peso, tais como: prática exacerbada de exercícios físicos, dietas restritivas, bem como uso de diuréticos, laxantes e excessos tanto no corpo quanto na subjetividade.

O corpo masculino considerado belo também sofreu modificações ao longo dos anos, tornando-se mais musculoso. Hoje a ênfase é de um corpo estruturado por ombros largos, afinado na cintura, com músculos abdominais bem definidos. Muitos estudos revelam que a insatisfação corporal dos meninos pode estar relacionada tanto ao desejo de serem mais magros quanto ao de serem mais musculosos e fortes. Dessa forma, a utilização de esteróides anabólicos, suplementos alimentares e a prática de atividades físicas estão entre as estratégias mais adotadas pelos meninos insatisfeitos na tentativa de alcançar esse padrão corporal.

A insatisfação corporal em ambos os sexos pode ser influenciada por diversos fatores, dentre eles, o Índice de Massa Corporal (IMC), a cultura, a idade, o próprio sexo, os comentários e os comportamentos de familiares e de amigos, bem como as mensagens midiáticas sobre o corpo belo. Pressionados por esses fatores de influência, os adolescentes engajam em estratégias de modificação do corpo, muitas vezes prejudiciais à saúde, como é o caso do uso de esteroides, da prática excessiva de exercícios e do desenvolvimento de transtornos alimentares.

A imagem corporal é definida como um constructo multidimensional que afeta as percepções, os pensamentos e os sentimentos de um indivíduo a respeito de seu próprio corpo, sendo um fator que pode prejudicar sua saúde social, profissional, emocional e psicológica, aumentando, por exemplo, o risco de desenvolver distúrbios alimentares, ansiedade, depressão crônica e suicídio, pontos de muita atenção para os profissionais de psicologia.

Os motivos estão, principalmente, na qualidade da alimentação. Entretanto, números à parte, a busca pelo emagrecimento pode levar a vários caminhos, desde os exercícios físicos, passando por dietas mirabolantes e chegando até aos procedimentos cirúrgicos.

Para alcançar essa tão aguardada cirurgia, faz-se necessário que o candidato se submeta a um processo avaliativo. Nessa avaliação, diferentes aspectos da vida do paciente são avaliados pelos psicólogos. Objetivando levantar as aptidões dos candidatos à cirurgia bariátrica, fatores psicossociais são verificados, por exemplo: compreensão do paciente quanto à operação, as mudanças de estilo de vida que se farão necessária; expectativas quanto aos resultados finais; habilidade de adesão às recomendações pré e pós-operatórias; mudanças nos hábitos alimentares, entre outros.

Porém, nem todos os candidatos são considerados psicologicamente aptos, e alguns impedimentos para essa operação podem ocorrer, inviabilizando a realização da cirurgia. Dentre os principais agravantes para a não realização do procedimento cirúrgico, podemos citar o uso/abuso/dependência de substâncias, transtornos alimentares, transtornos psicóticos, depressão e suicídio.

Para a efetivação de uma avaliação psicológica, objetivando essa cirurgia, o psicólogo deve estar preparado para investigar aspectos emocionais, psiquiátricos e cognitivos, os quais influenciam no resultado final. Dessa forma, a entrevista clínica e a testagem psicológica aparecem como recursos para a obtenção de informações sobre o funcionamento psicológico do paciente. A entrevista psicológica apresenta caráter único à avaliação psicológica pré-cirúrgica, diferenciando-a assim das avaliações psicológicas tradicionais

Outros critérios também são necessários quanto à observação durante a entrevista, podendo ser citado: o comportamento do paciente psicossocial, estresse, sintomas psiquiátricos, conhecimento do processo cirúrgico, comportamento alimentar e motivos e expectativas quanto à operação são aspectos.

2 DESENVOLVIMENTO

Muitas são as questões e as dúvidas sobre essa prática junto à categoria tanto pela sociedade quanto pela própria categoria, nesse cenário, a Comissão de Orientação em Avaliação Psicológica.

Dentro da gestão da XVII Plenária do Conselho Regional de Minas Gerais (CRP/04), por meio da Comissão de Orientação em Avaliação Psicológica, foi realizada a pesquisa que foi pensada e elaborada pelo Grupo de Trabalho de Cirurgia Bariátrica pertencente a essa comissão, vinculado ao CRP/04.

A coleta de dados foi realizada via formulário do *Google* e encaminhado por *e-mail* às psicólogas cadastradas no CRP/04, foi, ainda, realizada divulgação em redes sociais com o intuito de tornar pública a pesquisa.

Ressalta-se que a pesquisa foi aprovada pelo Comitê Editorial do CRP/04 e que seguiu todos os critérios éticos de pesquisa com seres humanos, conforme Resolução CNS nº 466/2012 e Resolução CNS nº 510/2018 do Conselho Nacional de Saúde (CNS). Dessa forma, todas as participantes da pesquisa preencheram o Termo de Consentimento Livre e Informado (TCLI).

O relatório de análise dos dados foi elaborado pelo Núcleo de Estudos em Avaliação Psicológica e Saúde (NEAPS) da Universidade do Estado de Minas Gerais (UEMG), liderado pela professora Dra. Michelle Morelo Pereira, com o objetivo de analisar os dados do levantamento realizado pela Comissão de Avaliação Psicológica, do CRP/04, no que tange ao tema Avaliação Bariátrica.

Como resultados, verificou-se inicialmente que houve 340 respostas totais ao formulário. Dessas respostas, quatro não exerciam atividades em Minas Gerais ou não eram psicólogas e 191 nunca atuaram ou estavam atuando com a prática da Avaliação Bariátrica. Dessa forma, considerou-se, para essa análise estatística, apenas a resposta de 141 psicólogas atuantes com Avaliação Psicológica para Cirurgia Bariátrica de diferentes municípios do estado de Minas Gerais, sendo 31,1% (n = 43) atuantes em Belo Horizonte e as (os) demais em diferentes municípios do estado de Minas Gerais (Tabela 1). Destaca-se que uma profissional assinalou que trabalha em três cidades.

Tabela 1 • Municípios

Município	N	% do Total	Município	N	% do Total
Água Boa	1	0,7%	Lavras	1	0,7%
Alfenas	2	1,4%	Limeira do oeste	1	0,7%
Alto Rio Doce	1	0,7%	Luz	1	0,7%
Arceburgo	1	0,7%	Madre de Deus de Minas	1	0,7%
Barbacena	1	0,7%	Matozinhos	1	0,7%
Belo Horizonte	44	30,8%	Mesquita	1	0,7%
Berilo	1	0,7%	Monte Carmelo	1	0,7%
Betim	3	2,1%	Montes Claros	3	2,1%
Bicas	1	0,7%	Nacional	1	0,7%
Boa Esperança	1	0,7%	Nepomuceno	1	0,7%
Campo Belo	1	0,7%	Nova Lima	1	0,7%
Campos Gerais	1	0,7%	Oliveira	1	0,7%
Cataguases	1	0,7%	Ouro Preto	1	0,7%
Confins	1	0,7%	Paracatu	1	0,7%
Congonhas	1	0,7%	Paraopeba	1	0,7%
Conselheiro Lafaiete	2	1,4%	Passos	1	0,7%
Contagem	5	3,5%	Patos de Minas	2	1,4%
Contagem, Betim e Esmeralda	1	0,7%	Piumhi	1	0,7%
Crucilândia	1	0,7%	Pompéu	2	1,4%
Diamantina	1	0,7%	Rio Manso	1	0,7%
Divinópolis	2	1,4%	Rio Pomba	1	0,7%
Engenheiro Navarro	1	0,7%	Santa Luzia	1	0,7%
Frutal	1	0,7%	São Gotardo	1	0,7%
Governador Valadares	2	1,4%	São João del Rei	1	0,7%
Ibiá	1	0,7%	Sete Lagoas	1	0,7%
Ibirité	2	1,4%	Taparuba	1	0,7%
Inhapim	1	0,7%	Teófilo Otoni	2	1,4%
Ipatinga	1	0,7%	Uberaba	3	2,1%
Itaúna	1	0,7%	Uberlândia	8	5,6%
Jaboticatubas	1	0,7%	Várzea da Palma	1	0,7%
Juiz de Fora	8	5,6%	Viçosa	4	2,80%
Lagoa Dourada	1	0,7%			

Com relação ao tempo de formada(o), 2,8% apresentam menos de um ano de formada(o). Além disso, 112 (77,3%) psicólogas possuem mais de 10 anos de graduação.

No que tange ao nível de escolaridade, das pessoas que responderam ao levantamento, 111 (78,7%) possuem algum tipo de especialização, 20 (14,2%) responderam que possuem mestrado e apenas 3 (15%) possuem doutorado. Dentre as áreas de formação, destaca-se o Mestrado em Educação (n= 5, 25%) e as áreas dos títulos dos doutores são: Educação, Avaliação Psicológica e Linguística.

As psicólogas que responderam ao levantamento e atuam em Avaliação Psicológica para Cirurgia Bariátrica possuem tempo de experiência diversa, ou seja, 40 pessoas (28,4%) possuem até um ano de experiência na área, enquanto 32 pessoas (22,7%) possuem mais de 6 anos de prática com Avaliação Psicológica para a Cirurgia Bariátrica.

Quando questionadas (os) sobre onde atuam com a Avaliação Psicológica para Cirurgia Bariátrica, as respostas convergiram majoritariamente para a atuação em consultório particular, realizando atividade liberal e individual (n = 71, 50,4%), e 21 pessoas (14,9%) em clínica multiprofissional de saúde particular. Todavia, 17 psicólogas (12,1%) responderam que realizam a Avaliação Psicológica para a Cirurgia Bariátrica apenas vinculadas à Unidade de Saúde da Rede Pública. Destaca-se, ainda, que 4,3 % (n = 6) preencheram que atuam com Avaliação Psicológica para Cirurgia Bariátrica somente em outros campos de trabalho, sendo eles: Ambulatório de Cirurgia Bariátrica de Hospital Filantrópico/SUS, Centro de Psicologia Aplicada, Clínica Social, Hospitais e *on-line* (N = 2). Em complemento, 71,6% (n = 101) das psicólogas atendem pacientes/clientes oriundos de planos/convênios de saúde; 14,9% (n = 21) atendem pacientes/clientes oriundos da rede particular; 13,5% (n = 19) atendem pacientes/clientes oriundos da rede pública (SUS).

O levantamento buscou ainda identificar quais as técnicas utilizadas pelas psicólogas durante a Avaliação Psicológica para a Cirurgia Bariátrica. De acordo com as respostas obtidas, observa-se que há profissionais utilizando-se de diferentes recursos (atendimento aos familiares, atendimento em situação de crise, elaboração de relatório técnico, discussão de casos com outros profissionais, psicoterapia), sendo que, em sua totalidade, elas realizam atendimentos individuais. Ressalta-se que apenas 6,3% (n = 9) responderam fazer uso de algum tipo de teste psicológico e/ou de escalas em seu processo de avaliação psicológica. Em contraposição à questão anterior, quando questionadas(os) diretamente sobre o uso de testes psicológicos na Avaliação Psicológica para Cirurgia Bariátrica, as respostas indicaram que 54,6% (n = 77) utilizam testes no processo de Avaliação Psicológica para a Cirurgia Bariátrica.

No que diz respeito ao uso de protocolos para orientar a Avaliação Psicológica para Cirurgia Bariátrica, 50,4% (n = 71) responderam que fazem uso de protocolos. Outrossim, 73% (n = 103) fazem uso de alguma teoria para orientar a Avaliação Psicológica para a Cirurgia Bariátrica.

Quando questionadas (os) sobre a média de sessões realizadas para a conclusão do processo de Avaliação Psicológica para a Cirurgia Bariátrica, destaca-se, em média, 4 a 6 sessões (n = 53, 37,6%) para finalização do processo e/ou acima de 10 sessões (n = 43, 30,5%). Há, ainda, 2,8% (n = 4) que realizam apenas 1 sessão para o processo de Avaliação Psicológica para Submissão de Candidatas (os) à Cirurgia Bariátrica.

Ademais, foi questionado sobre outras práticas para além da Avaliação Psicológica para a Cirurgia Bariátrica. As respostas evidenciaram que 14,2% (n = 20) não realizaram nenhum procedimento adicional, apenas a avaliação psicológica. Todavia, a maioria dos profissionais mencionou que realizam outras atividades, tais como acompanhamento individual pré e pós-cirúrgico, coordenação de reuniões e de dinâmicas de grupo. Alguns participantes do levantamento marcaram que não realizam nenhum procedimento adicional, porém, marcaram adicionalmente que realizam atendimento individual pré e pós-cirúrgico, em um indicativo provável que esses profissionais compreendam essas etapas como incluídas na avaliação psicológica.

Além da avaliação psicológica para emissão do parecer favorável, às psicólogas realizam ainda, segundo o questionário, acompanhamento durante o período de hospitalização para a realização da cirurgia, entrevista de investigação histórico-familiar, exame de avaliação pré-operatório, produção de conteúdo em mídias sociais, grupos temáticos, projeto em parceria com o profissional médico que irá realizar a cirurgia como forma de melhor entendimento do processo pré e pós-cirúrgico, com atendimento psicológico individual e grupal, reunião com a Rede de Apoio Familiar, Reunião com equipe multiprofissional (no caso quando paciente internado), supervisão de outras psicólogas e oferta de cursos e de palestras.

Outra questão abordada no levantamento diz respeito a se o profissional de Psicologia trabalha com uma equipe multiprofissional. As respostas indicaram que 26,2% (n = 37) fazem parte de uma equipe multidisciplinar, 27% (n = 38) atendem sozinhas (os) e 46,8% (n = 66) não fazem parte de uma equipe multidisciplinar, mas buscam interlocução com outras(os) profissionais. Das que interagem e/ou trabalham com outras(os) profissionais, destaca-se que 40,5% (15) atuam com médicas(os), enfermeiras(os) e nutricionistas. Foram citados, ainda, outras profissões, por exemplo, educadores físicos, fonoaudiólogas(os), assistentes sociais e fisioterapeutas.

Por fim, o último item trata-se das capacitações realizadas pelas psicólogas para trabalhar com o processo de Avaliação Psicológica para Cirurgia Bariátrica. As respostas correspondem a uma grande amplitude de múltiplas capacitações. Ressalta-se que 13,5% (n = 19) informaram que possuem apenas o conhecimento adquirido na graduação sobre avaliação psicológica. Outrossim, os cursos livres sobre avaliação psicológica e técnicas e os eventos científicos (seminários, congressos) que abordam a temática da avaliação psicológica, são apontados como principais fontes de formação das psicólogas que responderam ao levantamento. Além dos itens inseridos como opção, as respostas sugeriram, ainda, outras fontes de capacitação, como leitura de livros e de artigos científicos, experiência profissional e supervisão clínica.

Os resultados possibilitam a compreensão da atuação prática da psicóloga na Avaliação Psicológica para a Cirurgia Bariátrica no estado de Minas Gerais. Observa-se que as psicólogas participantes da pesquisa possuem, em sua maioria, longa experiência profissional, com cursos específicos na área e atuam em equipes multiprofissionais ou em interlocução com elas. Além disso, aplicam técnicas necessárias para o processo de Avaliação Psicológica para a Cirurgia Bariátrica.

Destaca-se, porém, alguns pontos de atenção sobre o uso ou não dos testes psicológicos como etapa da Avaliação Psicológica para Cirurgia Bariátrica, sendo esse um campo potencial de intervenções e de discussões. Além disso, poucos profissionais apresentam especialização em avaliação psicológica, sendo esse um ponto que pode ser mais bem desenvolvido em ações da Comissão de Avaliação Psicológica com o objetivo de orientar esse público. Seria interessante, ainda, que o CRP/04 possa desenvolver orientações e aproximações para com as profissionais sobre as boas práticas na Avaliação Psicológica para a Cirurgia Bariátrica.

Dentro das possibilidades de melhor prática profissional e segurança da sociedade atendida, podemos pensar em uma nota técnica e em uma resolução que contemple a realidade dessa avaliação de caráter compulsório, abrangendo uma boa parte da prática profissional das psicólogas, que por ausência de referência técnica, como apontado é evidenciado acima, não conseguem trazer minimamente a segurança para realizar esse atendimento junto aos pacientes.

Dentro dessa possibilidade de se produzir referências para esse campo de atuação, alguns pontos necessitam de um maior trabalho e de uma maior elaboração, tais como: Acompanhamento durante o período de hospitalização para a realização da cirurgia; Entrevista de investigação sobre o histórico familiar; Exame e acompanhamento pré e pós-operatório; Bateria mínima de instrumentos para esse contexto; Projeto em parceria com o profissional médico que irá realizar a cirurgia como forma de melhor entendimento do processo pré e pós-cirúrgico, com atendimento psicológico individual e grupal, reunião com a Rede de Apoio Familiar; Reunião com equipe multiprofissional

(no caso quando paciente internado), supervisão de outras psicólogas e oferta de cursos e de palestras. Diferenciação entre testagem psicológica e avaliação psicológica; Valorização da Resolução 06/2019 e entendimento da guarda e do registro documental de todo processo realizado; Entrega ao candidato do atestado psicológico dentro do contexto, bem como a devolutiva deste; Produção de conteúdo em mídias sociais e grupos temáticos.

3 CONCLUSÃO

Podemos evidenciar o avanço considerável no número de operações bariátricas realizadas pelo sistema público de saúde entre 2008 e 2018, sendo esse um ponto de atenção importante.

Há, contudo, necessidade de aumento na oferta desse serviço e de treinamento especializado, bem como correção na distribuição dos procedimentos no território nacional para que se atinja integralidade entre seus usuários.

Em relação às quatro principais técnicas bariátricas e as suas respectivas frequências, observou-se predomínio do *by-pass* gástrico nos anos avaliados, sendo ele responsável por 94,9% dos procedimentos, enquanto as outras técnicas foram realizadas com menores frequências: gastrectomia vertical (2,4%), gastroplastia vertical com banda (1,9%) e duodenal *switch* (0,6%). Em relação à representação gráfica do aumento das operações no período avaliado ano a ano, houve melhora no número de procedimentos bariátricos realizados no país na década 2008-2018. Entretanto, há necessidade de incremento significativo no treinamento de cirurgiões e no número de operações bariátricas nos próximos anos. Por fim, é necessária uma política que permita melhor distribuição da oferta desses procedimentos nas regiões brasileiras.

Outra reflexão importante diz respeito ao acompanhamento psicológico posterior à cirurgia, observando se tem relação direta com o "reganho" de peso, como na fala do Participante 4, relatando que o médico explica o fato de ganhar novamente peso por não ter "tratado a cabeça" antes da cirurgia.

Entre os fatores que podem ter influenciado na concepção de sucesso ou insucesso do tratamento, um fator já citado, é denominado de "lua-de-mel", ocorre nos primeiros meses de cirurgia, quando os pacientes perdem muito peso em pouco tempo. Observamos, então, que os pacientes submetidos à cirurgia há menos tempo veem somente os benefícios, citando apenas efeitos positivos, o que faz com que eles se mostrem mais motivados à adesão ao tratamento.

É preciso que se tome muito cuidado com a ilusão que alguns pacientes têm de que a cirurgia bariátrica pode resolver todos os seus problemas, inclusive, aqueles alheios à cirurgia e à obesidade. Alguns deles acabam achando que, após a cirurgia, problemas emocionais, sociais e profissionais, entre outros, vão se resolver por terem se libertado da obesidade, o que acaba levando a uma possível frustração diante de desejos não conquistados pela cirurgia e pela perda de peso.

Verificamos que, após a cirurgia bariátrica, os pacientes constantemente voltam a seus médicos para fazer exames diversos para acompanhar os efeitos físicos. No entanto, os efeitos psicológicos, que são tão importantes para o sucesso do tratamento e para a manutenção do peso do paciente, são deixados de lado. Ressaltamos, assim, a importância de acompanhar os efeitos psicológicos, que muitas vezes são pouco monitorados.

REFERÊNCIAS

Appolinario, J. C., & Claudino, A. M. (2009). Transtornos alimentares. *Rev. Bras. Psiquiatr.*, São Paulo. Recuperado em: 02 out. 2009: http://www.scielo.br/scielo.php?script=sci_arttext&pid=S151644462000000600008&lng=en&nrm=iso.

Assumpção, Jr., F. (2004). A questão da beleza ao longo do tempo. In:Busse, S. de R. (org.) *Anorexia, bulimia e obesidade*. Barueri, SP: Manole, p. 1- 12.

Ballone, G. J. (2007). *Transtornos Alimentares*. Recuperado em: PsiqWeb: <http://www. psiqweb.med.br/.

Bardin, L. (1979). *Análise de conteúdo* (L. A. Reto & A. Pinheiro, Trad.). São Paulo: Edições 70, Livraria Martins Fontes (Obra original publicada em 1977).

Batistelli, C. (2018). *Número de cirurgias bariátricas no Brasil aumenta 46,7%*. [Acessado em 13 de março de 2019]. Disponível: https://www.sbcbm.org.br/numero-de-cirurgias--bariatricas-no- brasil-aumenta-467.

Busse, S. R., & Silva, B. L. (2004). Transtornos alimentares. In: BUSSE, S. R (Org.). *Anorexia, bulimia e obesidade*. Barueri: Manole, Cap. 3, pp. 31-99.

Castilho, I., & Maciel, V. (2018). *Com obesidade em alta, pesquisa mostra brasileiros iniciando vida mais saudável*. [Acessado em 13 de março de 2019]. Disponível em: http:// portalms.saude.gov.br/ notícias/agencia-saude/43604-apesar-de-obesidade-em-alta-pesquisa-mostra-brasileiros-mais-saudaveis

Cade, N. V., Borloti, E., Perin, A. R. V. e R., Silveira K. A., Ferraz, L., & Bergamim, M. P. (2009). Efeitos de um treinamento em autocontrole aplicado em obesos. [Versão eletrônica], *Cogitare Enferm*, 2009 Jan/Mar; 14(1):65-72

Cordás, T. A., Lopes, A. P. F., & Segal A. (2004). *Transtorno alimentar e cirurgia bariátrica: Relato de caso*. Arq. Bras Endocrinol Metab, 48(4).

Dâmaso, A., & Siegfried, A. (2003). *Obesidade*. Rio de Janeiro: Médica e Científica: Guanabara Koogan.

Conselho Federal de Medicina. *CFM detalha lista de comorbidades que podem levar a indicação da cirurgia bariátrica*. [Acessado em 11 de março de 2019]. Disponível em https:// portal.cfm.org.br/index. php?option=com_content&view=article&id=25939.

Conselho Federal de Medicina. *CFM divulga critérios exigidos para a realização de cirurgia metabólica no País*. [Acessado em 11 de março de 2019] disponível em https://portal.cfm. org.br/index. php?option=com_content&view=article&id=27326:2017-12-07-18-00-22&-catid=3.

Monteiro, C. (1998). Epidemiologia da obesidade. In: A. Halpern, A.F. Godoy Matos, H.L. Suplicy, M.C. Mancini, & M.T. Zanella. *Obesidade*, São Paulo: Lemos Editorial; p. 15-31.

Segal, A., & Fandiño J. (2002). Indicações e Contraindicações para realização das Operações Bariátricas. *Rev Bras Psiq*;24 (Supl III):68-72.

Garrido Junior, A.B. (1998). Situações especiais: tratamento da obesidade mórbida. Em: Halpern A, Godoy Matos AF, Suplicy HL, Mancini MC, Zanella MT. Obesidade, São Paulo: lemos Editorial; p.331-341.

REALIDADE E POSSIBILIDADES DA AVALIAÇÃO PSICOLÓGICA COM MOTORISTAS IDOSOS

Lúcia Helena Rocha Oliveira • FACULDADES PROMOVE; CENTRO UNIVERSITÁRIO DE SETE LAGOAS (UNIFEMM)

1 INTRODUÇÃO

Motoristas mais velhos constituem o segmento de crescimento mais rápido da população de condutores (Brandelero, 2019; Henderson et al., 2015; Mognon e Brandelero, 2019; Wood *et al*., 2008). Infelizmente, isso pode vir a constituir um risco para a segurança nas estradas, uma vez que eles apresentam altas taxas de acidentes, particularmente motoristas com 65 anos ou mais de idade (Henderson et al., 2015; Staplin et al.,2014; Wood et al., 2008).

Dirigir é uma tarefa complexa que demanda diversas habilidades e domínios, exigindo conhecimento e respeito às regras e às leis de circulação, bem como capacidade de condução. Entretanto, a condução também sofre o efeito de doenças, de medicamentos específicos e do comprometimento cognitivo, frequentes em motoristas (Hoggarth et a.l, 2011).

Vivemos em uma sociedade na qual a mobilidade, por meio de veículos automotores, significa, na maioria das vezes, a possibilidade de ter acesso a bens, e direitos e a serviços, favorecendo participação e interação social e profissional e o pleno exercício da cidadania. Adicionalmente, a direção de veículos automotores pode facilitar a execução das atividades cotidianas, na medida em que diminui o esforço e o tempo despendido, tendo grande potencial para melhorar a saúde e a qualidade de vida dos indivíduos (Cruz, 2020).

Nas cidades contemporâneas, os idosos dependem cada vez mais de automóveis para sua mobilidade, e o ato de dirigir é importante para manter a independência e a autonomia do idosos. Por conseguinte, a interrupção da direção está relacionada à maior incidência do isolamento, da depressão e do comprometimento funcional em idosos (Cruz, 2020; Bowers et al., 2013; Hoggarth et al., 2011; Mognon e Brandelero, 2019).

Assim sendo, é importante garantir que o maior número possível de idosos continue dirigindo pelo maior tempo possível, como maneira de preservar a autonomia, a independência e a qualidade de vida da população idosa. Em contrapartida, faz-se necessário garantir que aqueles idosos que não estejam aptos a dirigir com segurança sejam identificados para que possam ser realizadas intervenções para o possível retorno à condução segura ou para uma aposentadoria da direção, sem maiores perdas na mobilidade e no pleno exercício da cidadania (Cruz, 2020; Mognon e Brandelero, 2019; Wood et al., 2008).

Conforme apontado pelo *Royal College of Psychiatrists* (2019), a habilidade de dirigir dos idosos pode ser afetada pela presença de um declínio cognitivo, uma vez que compromete habilidades e processos cognitivos associados à direção, tais como as funções executivas, as habilidades visuoespaciais e visuoperceptuais, a atenção e a concentração, o tempo de reação e a memória.

- As funções executivas integram diversas habilidades associadas à direção, tais como: a tomada de decisões – capacidade de tomar medidas adequadas para evitar acidentes; a capacidade de planejamento – o planejamento de rotas, antecipação e reação a cenários futuros de estradas, como um carro estacionado, indicando para sair, e o sequenciamento das tarefas necessárias para iniciar, controlar e parar o carro; e a flexibilidade cognitiva – resposta a mudanças inesperadas na rota, fechamentos de estradas, alterações e desvios de faixa (Cosenza & Guerra, 2009; Fuentes et al., 2014; Lent, 2000; Royal College of Psychiatrists, 2019).
- As habilidades visuoespaciais e visuoperceptuais são importantes para a percepção e o reconhecimento de outros usuários da estrada, para o julgamento de velocidade e distância, para a percepção e o reconhecimento de sinais de trânsito, marcações na pista e sinais de trânsito, bem como para a manutenção de uma posição segura e consistente (Royal College of Psychiatrists, 2019).
- A atenção e concentração são responsáveis pela manutenção da atenção na via e nos outros usuários da estrada, pela manutenção da velocidade apropriada e pela divisão da atenção para responder a múltiplos perigos e situações (Royal College of Psychiatrists, 2019).
- O tempo de reação é importante para que o motorista antecipe e reaja de forma rápida e consistente aos diversos estímulos, tais como os sinais de trânsito e as ações de outros usuários (Royal College of Psychiatrists, 2019).
- A memória é fundamental para o planejamento e a recordação de rotas e para o reconhecimento e a interpretação dos sinais e das leis de trânsito (Royal College of Psychiatrists, 2019).

É possível que o declínio de diferentes funções sensoriais e motoras e a diminuição de certas habilidades cognitivas possam estar relacionadas ao aumento de acidentes entre idosos (Bowers et al., 2013; Mognon e Brandelero, 2019). Adicionalmente, a baixa consciência de suas limitações pode levar à não adoção de medidas compensatórias, contribuindo ainda mais para o aumento do risco de acidentes em idosos com algum comprometimento cognitivo (Mognon e Brandelero, 2019).

No entanto, é preciso levar em consideração que o declínio cognitivo associado ao envelhecimento não significa, necessariamente, que todos os motoristas idosos terão sua capacidade de conduzir veículos prejudicada. Como é sabido, idosos robustos, ou seja, que apresentam um envelhecimento saudável, não possuem um comprometimento funcional e, consequentemente, não apresentam um maior risco de envolvimento em acidentes. Assim sendo, não há como estabelecer uma idade fixa para a cessação do ato de dirigir. (Moraes, e Moraes, 2016; Moraes et al., 2017; Wood et al., 2008)

Uma abordagem de avaliação multidimensional do idoso, englobando aspectos da saúde global do condutor, a habilidade cognitiva, os traços de personalidade, a funcionalidade global e os fatores contextuais da vida do condutor poderiam ser uma estratégia eficiente para diferenciar entre motoristas aptos ou não para dirigir com segurança (Cruz et al., 2020; Moraes e Moraes, 2016; Moraes et al., 2017; Wood et al., 2008).

A realização de uma avaliação psicológica ampla pode ser uma importante ferramenta para identificar possíveis comprometimentos cognitivos em idosos que possam vir a interferir na sua habilidade de conduzir um veículo, assegurando a direção veicular segura e por maior tempo possível nessa população (Mognon e Bradelero, 2019).

Segundo o Conselho Federal de Psicologia, a avaliação psicológica é uma atividade privativa do psicólogo, tendo como objetivo prover informações para uma tomada de decisão. Portanto, torna-se necessário um processo estruturado de investigação, que requer um planejamento prévio e cuidadoso, envolvendo a escolha de procedimentos adequados (CFP, 2012; 2022a).

Antes de iniciar a avaliação psicológica deve ser feito um delineamento do plano de avaliação, uma vez que muitos testes psicológicos são desenvolvidos apenas para adultos e pessoas com alta escolaridade. Assim, deve-se levar em consideração a escolaridade e a idade dos idosos para a escolha de testes psicológicos adequados ao público-alvo.

Deve-se também estar atento ao nível de compreensão verbal, a capacidade de percepção visual e auditiva, além da capacidade de comunicação, uma vez que os idosos apresentam uma maior probabilidade de possuir comorbidades. Consequentemente, esses prejuízos podem levar a uma incapacidade comunicativa, impossibilitando a utilização de algumas técnicas e instrumentos (Moraes et al., 2017; Moraes, E., & Moraes, F., 2016; Hutz et al., 2016; Cunha, 2009).

A coleta de informação deve ser realizada por meio de entrevistas, de testes psicológicos e de observação do comportamento (fontes fundamentais de informação), tendo especial cautela para a escolha de instrumentos psicológicos reconhecidos cientificamente e aprovados para o uso da população idosa. Entretanto, muitas vezes, pode ser útil o uso de fontes complementares, como exames/relatórios médicos e técnicas não psicológicas respaldadas cientificamente (fontes complementares de informação) para auxiliar na avaliação psicológica de idoso.

Os idosos possuem uma maior probabilidade de multimorbidades, e a utilização de procedimentos e de recursos auxiliares pode ser importante para uma avaliação psicológica mais ampla e para um melhor entendimento do fenômeno psicológico.

A integração dos dados obtidos durante a coleta de informação e a interpretação dos resultados devem ser realizadas levando-se em consideração aspectos do ciclo de vida, da saúde, do contexto sociofamiliar e da funcionalidade global do idoso. De fato, certas características são típicas do processo de envelhecimento e não refletem, necessariamente, prejuízos ou incapacidades.

A entrevista devolutiva é a conclusão da avaliação psicológica e pode ser utilizada como um momento para a psicoeducação, proporcionando ao idoso maior compreensão de suas potencialidades e de suas limitações, fornecendo recursos para a utilização de mecanismos compensatórios e promovendo a saúde do idoso.

Nessa perspectiva, o presente capítulo tem como objetivo abordar as etapas da Avaliação Psicológica no Trânsito – coleta de informações, integração e interpretação de resultados e entrevista devolutiva - ressaltando algumas particularidades da Avaliação Psicológica de Motoristas Idosos.

2 ENTREVISTA PSICOLÓGICA

A entrevista é parte essencial da avaliação psicológica, pois, por meio dela, o psicológico é capaz de averiguar aspectos associados à conduta, a comportamentos, a conceitos, a valores e a opiniões, bem como levantar dados contextuais, o histórico de vida e indicativos de saúde-doenças. Os dados levantados durante a entrevista psicológica devem ser associados aos outros indicadores provenientes das diversas fontes e técnicas psicológicas. Dessa forma, o motorista idoso pode ser avaliado de maneira individualizada e contextualizada, considerando seus determinantes biopsicossociais (Cruz et al.; 2020; Lins & Borsa, 2020).

O estado de saúde global do motorista pode ter influência direta na segurança veicular. Alguns fatores de saúde específicos estão associados ao aumento do risco na direção em idosos, sendo importante sua investigação durante a Entrevista Psicológica. No caso de motoristas idosos, deve-se atentar a alguns fatores associados ao maior risco na direção, tais como: a presença de doenças cardíacas e cerebrovasculares; transtorno psiquiátricos e neurodegenerativos, como a depressão, a esquizofrenia e as demências; e o uso de medicamentos como hipnóticos, benzodiazepínicos, anti-inflamatórios, angiotensinas, lítio, haloperidol, antidepressivos e anticoagulantes (Cruz et al. 2020; Hoggarth et al., 2011; Moraes et al., 2017; Moraes e Moraes, 2016).

Rizzo (2011) reitera que alguns distúrbios médicos podem prejudicar o desempenho, aumentando o risco de acidentes com veículos. Todavia, o diagnóstico médico e a idade isoladamente são geralmente critérios insuficientes para determinar a aptidão para dirigir. Para melhor previsão da aptidão do motorista, deve ser realizada uma avaliação integral, baseada na avaliação funcional de vários domínios (cognitivos, motores, perceptivos e psiquiátricos), o que reforça a necessidade da realização de uma Entrevista Psicológica individualizada e de qualidade.

Em relação aos domínios cognitivos, devem ser investigadas as preocupações, por parte do motorista ou dos seus familiares, a respeito do seu comportamento como motorista, das suas condições médicas e do seu *status* cognitivo. Perguntas que abordam lapsos de julgamento, queixas de memória e problemas com atividades diárias ou ainda reclamações de familiares podem ajudar na identificação de possíveis comprometimentos cognitivos. (Moraes et al., 2017; Moraes e Moraes, 2016; O'Connor et al., 2010).

A entrevista psicológica também ajuda a compreender a perspectiva do idoso em relação a um dado comportamento e a identificar motivações, crenças e representações, que podem interferir diretamente no seu modo de dirigir, contribuindo para uma análise mais complexa e mais dinâmica do funcionamento mental do idoso (Baptista e Villemor-Amaral, 2019; Hutz et al., 2016).

Por fim, a investigação do histórico como motorista é uma ferramenta útil para identificar valores e crenças sobre a direção, adequação às normas sociais e percepção e avaliação de riscos. No caso de motoristas idosos, ela ainda pode ser utilizada para rastrear um possível declínio cognitivo, pois motoristas em estágios iniciais de demência podem apresentar multas por distração, envolvimento em pequenos acidentes e erros de julgamento, como entrar na contramão ou não respeitar a preferência (Cruz et al., 2020; Royal College of Psychiatrists, 2019).

3 INSTRUMENTOS PSICOLÓGICOS

Motoristas que apresentam declínio cognitivo podem não estar tão cientes de seus déficits reais, o que pode levá-los a subestimar seus comprometimentos e, consequentemente, não adotar estratégias e medidas compensatórias. Motoristas com demência de Alzheimer, por exemplo, continuam a dirigir por pelo menos dois anos após o início dos sintomas, apesar de terem duas vezes mais risco para acidentes de trânsito (Ingley et al.,2009).

Apesar de não haver diferenças significativas no risco de envolvimento em acidente em pessoas saudáveis e aquelas nos estágios iniciais de demência ou comprometimento cognitivo leve (Ingley et al.,2009), a identificação de transtornos cognitivos é importante para o tratamento precoce e maior acompanhamento desses motoristas, monitorando com maior frequência as funções cognitivas e, consequentemente, a sua habilidade de dirigir.

Uma vez que a deterioração cognitiva e, consequentemente, a habilidade de dirigir variam por indivíduo, a utilização de medidas de funções cognitivas poderia identificar motoristas em risco à direção. No entanto, a previsibilidade de testes de rastreio cognitivo, como o Mini-mental e o Minicog é baixa, devido ao baixo comprometimento cognitivo nos estados iniciais de demência, o que reforça a necessidade de aplicação de testes psicológicos, dada sua maior especificidade e sensibilidade em relação aos testes de rastreio e, consequentemente, apresentar uma maior validade da aptidão prática para dirigir, entre portadores de um Transtorno Neurocognitivo (Fuermaier et al., 2017).

Na avaliação psicológica do motorista, o psicólogo deve realizar, no mínimo, uma bateria composta por: testes de atenção (concentrada, dividida e alternada), teste de memória visual, teste de inteligência e teste de personalidade. O uso e a escolha dos testes são prerrogativas do profissional que está realizando a avaliação, e a bateria de testes pode e deve ser modificada e estendida quando algum aspecto da avaliação ainda não estiver claro ou caso o psicólogo sinta necessidade de aprofundar algum tópico (Conselho Federal de Psicologia [CFP], 2019; CFP, 2022b; Cruz et al., 2020).

No que tange aos motoristas idosos, deve-se avaliar com maior cuidado características associadas a um aumento do risco de envolvimento em acidentes, bem como sinais de um possível declínio cognitivo e demência, tais como: diminuição da atenção visual; aumento da velocidade de processamento; prejuízo das funções executivas; diminuição de flexibilidade; prejuízo da memória de curto prazo; e o aumento de erros durante os testes de atenção (Brower at al., 2013; Henderson et al., 2015; Hoggarth et al, 2011; Royal College of Psychiatrists, 2019; Staplin et al. 201).

A escolha dos testes deve ser realizada com cautela durante a avaliação de motoristas idosos. Muitos testes psicológicos foram desenvolvidos para a população adulta e carecem de estudos de validação e normatização para a população mais velha, sendo contraindicado para esse público. O psicólogo deve atentar-se à escolha e à aplicação somente dos testes psicológicos com tabelas e estudos normativos compatíveis para a faixa etária e escolaridade do motorista idoso. Quando não for possível a aplicação de testes por esse motivo, sugere-se que o candidato seja avaliado por meio de outras fontes de informação, como a entrevista psicológica e a observação do comportamento, sendo considerado, nesses casos, a funcionalidade global do examinando (CFP, 2019; CFP, 2022b).

4 OBSERVAÇÃO DO COMPORTAMENTO

A observação do comportamento é uma fonte primária na coleta de informações que nos permite analisar tanto aspectos cognitivos, quanto manifestações de características da personalidade, favorecendo a integração dos dados obtidos na entrevista psicológica e na avaliação psicológica. Ademais, ela favorece a compreensão do comportamento do examinando e influencia seus processos de resposta, ajudando a identificar se a testagem produziu resultados válidos e compatíveis com o desempenho do idoso (Baptista e Villemor-Amaral., 2019; Cunha, 2009).

Uma observação sistematizada do comportamento pode ser realizada por meio do Exame do Estado Mental (EEM), no qual vários aspectos do funcionamento são analisados, tais como a atenção, a sensopercepção, a memória, a orientação, a consciência, o pensamento, a linguagem, a inteligência, a afetividade e a conduta (Hutz et al., 2020; Cunha, 2009). Na avaliação de motoristas idosos, a aplicação do EEM pode ser um recurso extra para avaliar o desempenho cognitivo, corroborando ou não possíveis prejuízos no desempenho cognitivo dos idosos.

Devemos levar em consideração que existem poucos instrumentos validados para avaliação cognitiva de idosos, principalmente para idosos velhos (acima de 90 anos de idade). Nesse contexto, a ausência de testes psicológicos compatíveis para avaliação de determinadas caraterísticas - e para a identificação de possíveis declínios cognitivos - pode ser contornada por meio do uso do EEM associado à avaliação da funcionalidade global dos idosos e integração com os dados da entrevista (CRP, 2018; 2019).

Outras técnicas sistematizadas de observação do comportamento referendadas na literatura científica podem ser utilizadas para enriquecer a Avaliação Psicológica dos Idosos. Por exemplo, o Teste de Velocidade de Marcha possui uma alta correlação com o declínio cognitivo em idosos, sendo que a lentificação da marcha em idosos está diretamente associada à reprovação em testes práticos de direção e ao aumento de risco de envolvimento em acidentes (Binotto et al., 2021; Classen et al., 2013; Grande et al., 2019; Lenardt et al., 2015).

5 INTERPRETAÇÃO DOS RESULTADOS

Durante o processo de avaliação psicológica, o profissional deve atentar-se para a integração dos dados quantitativos e qualitativos, bem como para a análise das demais fontes de informação no processo da avaliação psicológica (CFP, 2022b). As observações e as interpretações do psicólogo, associadas ao raciocínio clínico, são sempre soberanas e contribuem para uma melhor compreensão do caso (Oliveira, & Silva, 2019).

No que tange ao resultado da avaliação psicológica, deve ser observado se o examinando possui as condições psicológicas favoráveis à condução, levando-se em consideração os processos psíquicos estabelecidos pela legislação vigente - Resolução Contran 927/2022 e Resolução CRP 01/2019 - conforme proposto por Cruz (2020):

> O grau de inaptidão será declarado quando houver evidências de condições psicológicas deficitárias, restritivas ou impeditivas à condução de veículos automotores. No caso da inaptidão, além dos critérios psicométricos e clínicos, é preciso considerar, sempre que possível, o grupo de risco ou o perfil de morbidez ou de mortalidade ao qual pertence o condutor, a fim de identificar um possível nexo epidemiológico. (Cruz, 2020, p. 293)

É importante estar atento às tabelas normativas dos testes, bem como às amostras normativas dos estudos de padronização, uma vez que as normas são relativas ao grupo de referência estudado e podem ser modificadas ao decorrer do tempo e sofrer a influência dos costumes e a devolução da cultura (CFP, 2019; Cruz, 2020).

Além de ser observada a amostra normativa, o profissional também deve estar atento à classificação e à interpretação dos resultados, devendo, sempre que possível, priorizar os critérios estabelecidos pelos manuais. (CFP, 2019). Ou seja, a interpretação dos escores deve seguir as classificações propostas pelos autores, quando disponível nos manuais.

Vale ressaltar que as classificações médio-inferior, médio e médio-superior estão dentro do intervalo médio, ou seja, dentro da chamada "normalidade estatística". Assim sendo, os motoristas idosos que apresentam esse desempenho podem ser considerados aptos, pois possuem suas habilidades cognitivas preservadas, não apresentando maior risco à direção (Bertola, 2019; Hegenberg, 1998; Lins & Borsa, 2017).

Vale ressaltar que os idosos apresentam um menor desempenho nos testes cognitivos se comparados com adultos do mesmo nível socioeducacional. Tal redução no desempenho é típica do processo de envelhecimento normal e não indica, necessariamente, prejuízo à habilidade avaliada. Por esse motivo, é muito importante que os psicólogos estejam sempre atentos às normas estatísticas dos testes psicológicos, utilizando testes com estudos para a faixa etária do condutor e comparando seu desempenho sempre com as tabelas normativas para a idade e escolaridade.

Quando os critérios de classificação não forem estabelecidos pelos manuais, sugere-se considerar os resultados superiores ao primeiro desvio padrão (1DP) como classificação "média" – ou seja, quando o candidato apresentar um desempenho acima do percentil 15 (Pc15) ou o escore Z acima de -1 (Z -1). Isso favorece uma maior sensibilidade dos instrumentos na detecção das habilidades essenciais para condução (Bertola, 2019; Hegenberg, 1998; Lins & Borsa, 2017).

Escores abaixo de -2 desvios padrões (-2DP) ou do percentil 1 (Pc1) apresentam grande especificidade e precisão na identificação de traços psicopatológicos prejudiciais à segurança do trânsito. Ou seja, indivíduos com tais resultados devem ser considerados inaptos pois, provavelmente, apresentam um prejuízo cognitivo considerável, e a maioria deles pode já estar em um estágio demencial pouco responsivo a intervenções. (Bertola, 2019; American Psychiatric Association, 2023; Hegenberg, 1998; Lins & Borsa, 2017).

Resultados de desempenhos entre -2 e -1 desvios ($-2DP < x < -1DP$) ou percentis entre 1 e 15 ($Pc1 < x < Pc15$) podem indicar um prejuízo cognitivo e, provavelmente, estão associados a um Transtorno Neurocognitivo Leve, também chamado de Comprometimento Cognitivo Leve (American Psychiatric Association, 2023; Anderson, 2019; Smid et al, 2022).

Indivíduos com Transtorno Cognitivo Leve apresentam prejuízo cognitivo em uma ou duas funções cognitivas, todavia sem declínio funcional, ou seja, sem prejuízo da autonomia e da independência, conseguindo realizar todas as atividades de vida diárias sem comprometimento, incluindo a direção. No entanto, é possível que essas tarefas sejam percebidas como mais difíceis e requerem maior esforço, tempo e utilização de estratégias compensatórias. (American Psychiatric Association, 2023; Anderson, 2019; Moraes et al., 2017; Smid et al, 2022).

Outro fator a ser considerado na Avaliação Psicológica de Condutores Idosos com Transtorno Neurocognitivo Leve é a possível evolução para demência. O Transtorno Neurocognitivo Leve representa um estágio transicional entre o envelhecimento saudável e a demência, e seus portadores possuem um risco anual de 10% a 20% de progressão para demência. Nesse sentido, é importante que condutores idosos com suspeita de Transtorno Neurocognitivo Leve sejam reavaliados periodicamente, com objetivo de realizar um melhor monitoramento de suas funções cognitivas. (American Psychiatric Association, 2023; Anderson, 2019; Ingley et al., 2009; Moraes et al., 2017; Smid et al, 2022).

Adicionalmente, deve-se tomar um cuidado adicional na Avaliação de Idosos com Sinais Depressivos, uma vez que não só o Transtorno Depressivo Maior cursa com declínio cognitivo, com disfunção executiva e com déficit atencional, mas também um quadro depressivo pode ser a primeira manifestação de quadro inicial de demência (Smid et al, 2022). A depressão é um fator de risco para demência (Smid et al, 2022) e a sugestão de tratamento torna-se uma boa estratégia para prevenção da demência e, consequentemente, redução de riscos de acidentes. O monitoramento periódico dos motoristas idosos com sintomas depressivos por meio da avaliação psicológica pode ser importante para avaliar a preservação ou não de suas funções cognitivas, garantindo maior segurança na direção veicular, bem como para o incentivar a adesão ao tratamento.

Finalmente, é importante enfatizar que nenhum teste isolado é suficiente para determinar quem deve dirigir e quem não deve (Rizzo ,2011) e que a avaliação do condutor idoso deve sempre ser realizada de maneira multidimensional, levando-se em consideração não só o desempenho dos testes, mas também aspectos epidemiológicos, o estado de saúde atual, a funcionalidade e os aspectos contextuais (Cruz et al., 2020; Moraes, E., & Moraes, F., 2016; Moraes et al., 2017).

6 ENTREVISTA DEVOLUTIVA

A entrevista devolutiva é a última etapa da psicológica e consiste no fechamento da avaliação. Nesse momento, ocorre a comunicação verbal sobre os procedimentos e os resultados são apresentados ao condutor. Ela deve ser realizada de forma individualizada, e os resultados da avaliação psicológica devem ser expostos de forma clara e acessível. Sugere-se que sejam apresentados primeiramente os resultados positivos, as funções preservadas e as menos comprometidas e, posteriormente, as funções comprometidas, os demais resultados e, se pertinente, sejam feitos orientações, recomendações e encaminhamentos (Lins, 2017).

Motoristas idosos que possuem maior consciência de suas limitações e comportam-se de maneira preventiva tendem a ter um menor envolvimento em acidentes (Classen et al., 2013; Fuermaier et al., 2017; Mognon e Brandelero, 2019). A entrevista devolutiva poderia ter um efeito positivo na segurança do trânsito, pois pode auxiliar os motoristas idosos a terem maior consciência dos seus prejuízos, além de fornecer explicações sobre limitações e comprometimentos associados ao envelhecimento e auxiliar no uso de estratégias e de mecanismos compensatórios. Uma maior segurança no trânsito poderia ser alcançada se fossem integrados à avaliação psicológica os programas educativos, visando ao aumento da conscientização, à melhora do monitoramento da autorregulação e à modulação do comportamento (Mognon e Brandelero, 2019).

A diferença entre o desempenho de homens e de mulheres idosas na direção pode ser um caso elucidativo da importância do uso de mecanismos compensatórios na direção. Mulheres idosas apresentam 22% menos chance de falhar em um teste prático de direção, em comparação com homens mais velhos, apesar de não terem sido encontradas diferenças entre sexos no número específico ou total de erros de direção. Essa diferença de desempenho entre os gêneros provavelmente está associada ao fato de as mulheres mais velhas terem mais comportamentos de prevenção em comparação com os homens mais velhos, sugerindo que a utilização de estratégias compensatórias e o uso de técnicas de psicoeducação podem ter um resultado positivo na prevenção de acidentes na população idosa (Classen et al.,2013).

7 CONCLUSÃO

Dirigir é uma atividade complexa que requer múltiplas competências e habilidades. O envelhecimento pode trazer prejuízo a algumas habilidades importantes para a direção, o que poderia elevar o risco de acidentes em motoristas idosos (Mognon e Brandelero, 2019). Entretanto, o processo de envelhecimento não é homogêneo e varia bastante de pessoa para pessoa, não havendo como estabelecer uma idade fixa para a cessação do ato de dirigir, fazendo-se necessário o estabelecimento de critérios para identificar os motoristas idosos que estariam aptos ou não da dirigir com segurança.

As habilidades cognitivas parecem ter um papel importante na predição da segurança veicular, tendo sido encontradas correlações positivas entre o envolvimento em acidentes ou quase acidentes e o comprometimento de diferentes funções cognitivas, tais como: cognição (Brower et al., 2013; Classen et al., 201; Fuermaier et al., 2017); percepção de movimentos (Henderson et al., 2015); velocidade de processamento (Brower et al., 2013); tempo de reação (Fuermaier et al., 2017); atenção (Brower et al., 2013; Classen et al., 2013; Ingley et al., 2009; Johnson e Wilkinson, 2010; O'Connor et al.,2010); controle inibitório (Staplin et al., 2014), flexibilidade cognitiva (Staplin et al, 2014); e nomeação (Ingley et al., 2008).

A realização de uma avaliação multidimensional no idoso durante a perícia psicológica é de extrema importância para a identificação de possíveis prejuízos à habilidade de conduzir um veículo automotor, garantindo, assim, que motoristas mais velhos possam dirigir com segurança o maior tempo possível.

A psicoeducação deve ser parte integrante do processo da avaliação psicológica, uma vez que muitos motoristas não estão cientes de seus déficits reais e, por isso, não fazem uso de estratégias e de mecanismos compensatórios que poderiam vir a reduzir seu envolvimento em acidentes. Além disso, a psicoeducação pode ajudar na implementação de hábitos de vida mais saudáveis, contribuindo para o bem-estar e a saúde global do idoso (Wright et al, 2018).

A Avaliação Psicológica de Motoristas Idosos é importante na verificação das habilidades de condução de veículos e para identificação de possíveis prejuízos cognitivos. Ela pode ser também uma oportunidade para orientação dos motoristas desses possíveis prejuízos, visando ao aumento da conscientização, à melhora do monitoramento da autorregulação e à modulação do comportamento. Assim sendo, a avaliação psicológica pode contribuir para o aumento da segurança na direção, favorecendo uma maior mobilidade, independência e bem-estar para as pessoas mais velhas.

REFERÊNCIAS

American Psychiatric Association (2023). *Manual diagnóstico e estatístico de transtornos mentais: DSM-5-TR.* 5. ed., rev. Porto Alegre: Artmed.

Anderson, N. (2019). State of the science on mild cognitive impairment (MCI). CNS *Spectrums,* 24(1), 78-87. doi:10.1017/S109285291800134

Baptista, M. N., & de Villemor-Amaral, A. E. (2019). *Compêndio de avaliação psicológica.* Editora Vozes.

Binotto, M. A., Lenardt, M. H., Carneiro, N. H. K., Cechinel, C., Lourenço, T. M., Bento, P. C. B., & Rodríguez-Martínez, M. D. C. (2021). Associação entre cognição, velocidade da marcha e habilitação veicular em idosos. *Acta Paulista de Enfermagem*, 34.

Bertola, L.(2019). *Psicometria e estatística aplicadas à neuropsicologia clínica.* São Paulo: Pearson Clinical

Bowers, A. R., Anastasio, R. J., Sheldon, S. S., O'Connor, M. G., Hollis, A. M., Howe, P. D., e Horowitz, T. S. (2013). Can we improve clinical prediction of at-risk older drivers? *Accident Analysis e Prevention*, *59*, 537-547.

Classen, S., Wang, Y., Crizzle, A. M., Winter, S. M., e Lanford, D. N. (2013). Gender differences among older drivers in a comprehensive driving evaluation. *Accident Analysis e Prevention*, *61*, 146-152.

Conselho Nacional de Trânsito (2022). *Resolução nº 927 DE 28/03/2022.* Dispõe sobre o exame de aptidão física e mental, a avaliação psicológica e o credenciamento das entidades públicas e privadas de que tratam o art. 147, I e §§ 1º a 4º e o art. 148 do Código de Trânsito

Conselho Nacional de Trânsito (2012). *Resolução nº 425 DE 27/11/2012.* Dispõe sobre o exame de aptidão física e mental, a avaliação psicológica e o credenciamento das entidades públicas e privadas de que tratam o art. 147, I e §§ 1º a 4º e o art. 148 do Código de Trânsito.

Conselho Federal de Psicologia (2019). *Resolução nº 4, de 11 de fevereiro 2019.* Institui as regras para a elaboração de documentos escritos produzidos pela(o) psicóloga(o) no exercício profissional, e revoga a Resolução CFP nº 7/2003 e Resolução CFP nº 15/1996.

Conselho Federal de Psicologia (2022a). *Cartilha de Avaliação Psicológica.* 4ª. Edição.

Conselho Federal de Psicologia (2022b). *Resolução nº 9, de 15 de dezembro de 2022.* Estabelece diretrizes para a realização de Avaliação Psicológica no exercício profissional da psicóloga e do psicólogo, regulamenta o Sistema de Avaliação de Testes Psicológicos - SATEPSI e revoga a Resolução CFP nº 09/2018.

Cosenza, R., e Guerra, L. (2009). *Neurociência e educação.* Artmed Editora.

Cunha, J. A. (2009). *Psicodiagnóstico-v.* Artmed Editora.

Cruz, R. M., de Wit, P. A. J. M., & de Souza, C. Z. (2020). *Manual de psicologia do trânsito.* Vetor Editora.

Fuermaier, A. B., Piersma, D., de Waard, D., Davidse, R. J., de Groot, J., Doumen, M. J., ... e Vermeeren, A. (2017). Assessing fitness to drive—a validation study on patients with mild cognitive impairment. *Traffic injury prevention, 18*(2), 145-149.

Fuentes, D., Malloy-Diniz, L. F., de Camargo, C. H. P., e Cosenza, R. M. (2014). *Neuropsicologia-: Teoria e Prática.* Artmed Editora.

Grande, G., Triolo, F., Nuara, A., Welmer, A. K., Fratiglioni, L., & Vetrano, D. L. (2019). Measuring gait speed to better identify prodromal dementia. *Experimental gerontology,* 124, 110625.

Hegenberg, L. (1998). *Doença: um estudo filosófico.* Editora Fiocruz.

Ingley, S., Chinnaswamy, S., Devakumar, M., Bell, D., e Tranter, R. (2009). A community-based survey of cognitive functioning, highway-code performance and traffic accidents in a cohort of older drivers. *International Journal of Geriatric Psychiatry: A journal of the psychiatry of late life and allied sciences, 24*(3), 247-253.

Johnson, C. A., e Wilkinson, M. E. (2010). *Vision and driving: The United* States. *Journal of Neuro-Ophthalmology, 30*(2), 170-176.

Henderson, S., Woods-Fry, H., Collin, C. A., Gagnon, S., Voloaca, M., Grant, J., ... e Allen, W. (2015). A brief peripheral motion contrast threshold test predicts older drivers' hazardous behaviors in simulated driving. *Accident Analysis e Prevention, 78,* 1-7.

Hoggarth, P., Innes, C., Dalrymple-Alford, J., Croucher, M., Severinsen, J., Gray, J., ... e Jones, R. (2011). Assessment of older drivers in New Zealand: The current system, research and recommendations. *Australasian journal on ageing, 30*(3), 148-155.

Hutz, C. S., Bandeira, D. R., Trentini, C. M., & Krug, J. S. (2016). Psicodiagnóstico: Avaliação Psicológica. Artmed Editora.

Lent, Roberto. *Neurociência da mente e do comportamento.* Grupo Gen-Guanabara Koogan, 2000.

Lenardt, M. H., Sousa, J. A. V. D., Grden, C. R. B., Betiolli, S. E., Carneiro, N. H. K., & Ribeiro, D. K. D. M. N. (2015). Velocidade da marcha e escore cognitivo em idosos usuários da atenção primária. *Revista Brasileira de Enfermagem*, 68, 1163-1168.

Lent, R. (2000). *Neurociência da mente e do comportamento.* Grupo Gen-Guanabara Koogan.

Lins, M. R. C., & Borsa, J. C. (2017). *Avaliação psicológica: aspectos teóricos e práticos.* Editora Vozes Limitada.

Moraes, E. N. D., & Moraes, F. L. (2016). *Avaliação multidimensional do idoso.*

Moraes, E. N.., Moraes, F. L., & Bicalho, M. A. C. (2017). *Avaliação Multidimensional do Idoso.* Teixeira AL, Diniz BS, Malloy-Diniz LF, organizadores. *Psicogeriatria na prática clínica.* São Paulo: Pearson, 67-88.

Mognon, J. F.; Brandelero, V. (2019). Associação entre função executiva em idosos e direção veicular: estudo de revisão. In: Juliana de Barros Guimarães; Patrícia Sandri; Ricardo Irajá Hegele. (Org.). *Transitando pela Psicologia do Trânsito no Brasil: ontem, hoje e amanhã.*

O'Connor, M. G., Kapust, L. R., Lin, B., Hollis, A. M., e Jones, R. N. (2010). The 4Cs (crash history, family concerns, clinical condition, and cognitive functions): A screening tool for the evaluation of the at-risk driver. *Journal of the American Geriatrics Society, 58*(6), 1104-1108.

Oliveira S. E. S. & Silva, A. A. (2019) Integração de resultados qualitativos e quantitativos. *In:* Baptista, M. N., & de Villemor-Amaral, A. E. (2019). *Compêndio de avaliação psicológica.* Editora Vozes.

Rizzo, M. (2011). Impaired driving from medical conditions: a 70-year-old man trying to decide if he should continue driving. *Jama, 305*(10), 1018-1026.

Royal College of Psychiatrists (2019). *Driving with dementia or mild cognitive impairment: consensus guidelines for clinicians.* https://www.bgs.org.uk/sites/default/files/content/ resources/files/2019-0111/Driving%20with%20dementia%20or%20MCI%20%20 Consensus%20guidelines %20for%20clinicians%2011.1.19.pdf.

Smid, J., Studart-Neto, A., César-Freitas, K. G., Dourado, M. C. N., Kochhann, R., Barbosa, B. J. A. P., Schilling, L. P., Balthazar, M. L. F., Frota, N. A. F., Souza, L. C. de ., Caramelli, P., Bertolucci, P. H. F., Chaves, M. L. F., Brucki, S. M. D., Nitrini, R., Resende, E. de P. F., & Vale, F. A. C.. (2022). Declínio cognitivo subjetivo, comprometimento cognitivo leve e demência - diagnóstico sindrômico: recomendações do Departamento Científico de Neurologia Cognitiva e do Envelhecimento da Academia Brasileira de Neurologia. *Dementia & Neuropsychologia, 16*(3), 1–24. https://doi.org/10.1590/1980-5764-DN-2022-S101PT

Staplin, L., Gish, K. W., e Sifrit, K. J. (2014). Using cognitive status to predict crash risk: Blazing new trails?. *Journal of safety research, 48*, 19-25.

Wood, J. M., Anstey, K. J., Kerr, G. K., Lacherez, P. F., e Lord, S. (2008). A multidomain approach for predicting older driver safety under in-traffic road conditions. *Journal of the American Geriatrics Society, 56*(6), 986-993.

Wright, J. H., Brown, G. K., Thase, M. E., & Basco, M. R. (2018). *Aprendendo a Terapia Cognitivo-Comportamental-: Um Guia Ilustrado.* Artmed Editora.

AVALIAÇÃO PSICOLÓGICA E DIREITOS HUMANOS: DESAFIOS E POSSIBILIDADES

Ivani Teixeira Mendes · CENTRO DE ESTUDOS AVANÇADOS E TREINAMENTO/TRÂNSITO (CEAT)

Alexandre Lima · CENTRO DE ESTUDOS AVANÇADOS E TREINAMENTO/TRÂNSITO (CEAT)

Heidegger cita que a cientificidade em psicologia é derivada do modelo médico de ciência, apoiado em uma visão naturalista do homem. A partir de parâmetros análogos aos processos e ao ferramental que movia as máquinas a vapor, a teoria freudiana descreveu a relação entre forças e mecanismos estabelecidos como estruturas do modelo inconsciente. (Heidegger, 2017).

Há de se ponderar que o estatuto de ciência das práticas em psicologia não pode se opor ao respeito e ao cuidado que precisam nortear suas atividades, inclusive, nos contextos de avaliação psicológica, em que a identificação de características humanas específicas não refuta o mais amplo acolhimento dos avaliados.

Os processos de avaliação psicológica integram o rol das muitas atividades que compõem o trabalho em psicologia.

Trata-se de uma iniciativa de elevada sensibilidade à avaliação psicológica. Durante décadas, muitos profissionais entenderam que essa atividade se limitava ao uso de testes como a grande viga mestra dos processos de intervenção psicológica. A psicologia é muito mais do que uma área de conhecimento assentada em ferramentas de recorte de comportamentos esquadrinhados por estatísticas e em operações matemáticas.

Como uma profissão inserida no âmbito da saúde e do cuidado, em contextos tanto individuais quanto coletivos, cumpre a psicólogas e a psicólogos o exercício profissional ético e cientificamente assentado, aspectos que preconizam uma visão historicamente crítica, afinada aos contextos de atuação e à população assistida.

A avaliação psicológica é um processo dialógico e relacional, construído entre o psicólogo e seu cliente (Ancona-Lopez, 1998, pp. 28-29), lançando mão de diferentes possibilidades que incluem desde as observações técnicas, as entrevistas especialmente delineadas, as dinâmicas de grupo e os instrumentos de testagem psicológica.

Para se fazer psicologia, é necessário o encontro de dois humanos, um que traz sua demanda e o outro que acolhe a partir do que está demandado. Todas as técnicas e os recursos devem se somar a esse encontro, não o determinar.

Trata-se de um princípio basilar, porém, muitas vezes, precarizado à guisa de certa precipitação no desenvolvimento das atividades e do tom de celeridade que acaba permeando diferentes campos da acelerada vida cosmopolita.

A Declaração Universal dos Direitos Humanos (DUDH) é um documento que define os direitos fundamentais do ser humano. Foi aprovada pela Assembleia Geral da Organização das Nações Unidas em 10 de dezembro de 1948 como uma resposta aos horrores da Segunda Guerra Mundial. A declaração é composta por um preâmbulo e 30 artigos que abordam temas como a dignidade, a liberdade, a igualdade, a educação, a saúde, a justiça e a paz. Ela é considerada o ideal comum a ser atingido por todos os povos e nações[1]. O artigo 19 afirma que todo ser humano tem direito à liberdade de opinião e de expressão, sem interferência ou censura. Esse direito inclui o de procurar, receber e difundir informações e ideias por qualquer meio e independentemente de fronteiras. Esse artigo é considerado um dos pilares da democracia, pois garante a pluralidade de vozes e a participação cidadã na vida pública. Além disso, ele é essencial para a realização de outros direitos humanos, como o direito à educação, à cultura, à ciência e à justiça. Há, portanto, a necessidade de enfrentamento às possíveis restrições ao acesso à informação a quem dela é de direito.

No Brasil a legislação prevê que o direito à informação pública é um direito fundamental que visa garantir a transparência e o controle social da administração pública. Ele está previsto na Constituição Federal de 1988, no artigo 5º, inciso XXXIII, que diz que "todos têm direito a receber dos órgãos públicos informações de seu interesse particular, ou de interesse coletivo ou geral, que serão prestadas no prazo da lei, sob pena de responsabilidade, ressalvadas aquelas cujo sigilo seja imprescindível à segurança da sociedade e do Estado[2]."

Esse direito também está regulamentado pela Lei nº 12.527/2011, conhecida como Lei de Acesso à Informação (LAI), que estabelece os procedimentos e as condições para que qualquer pessoa possa solicitar e receber informações públicas, sem necessidade de justificar o pedido. A LAI também determina que os órgãos públicos devem divulgar informações de interesse público de forma proativa, por meio de portais na internet ou outros meios de comunicação.

Na área da psicologia, podemos lembrar que o direito à informação na avaliação psicológica é um princípio ético que garante que as pessoas avaliadas tenham acesso às informações sobre os objetivos, métodos, resultados e implicações da avaliação. Esse direito está previsto no Código de Ética Profissional do Psicólogo[3], que estabelece as normas de conduta dos psicólogos no exercício de sua profissão.

---

1 ONU, 1948.

2 BRASIL, 1991.

3 https://site.cfp.org.br/wp-content/uploads/2012/07/codigo-de-etica-psicologia.pdf

Segundo o Código de Ética, em relação ao direito à informação as psicólogas e os psicólogos devem: informar, a quem de direito, os resultados da avaliação, sendo responsáveis pela guarda do material técnico, assegurando o caráter confidencial das informações (Art. 9º, alínea f); fornecer informações concernentes ao trabalho a ser realizado e ao objetivo profissional (Art. 9º, alínea g); respeitar o sigilo profissional para proteger, por meio da confidencialidade, a intimidade das pessoas, dos grupos ou das organizações (Art. 9º, alínea j) e informar, a quem de direito, os limites de sigilo, bem como os decorrentes riscos e implicações decorrentes da quebra desse sigilo (Art. 9º, alínea k).

Um dos exemplos complexos que necessitam de reflexões aprofundadas são as avaliações psicológicas realizadas em concursos públicos, já que o acesso às informações depende de alguns fatores, como a previsão no edital e a autorização judicial.

No site Politize![4], é possível encontrar uma breve descrição sobre o desenvolvimento dos direitos humanos no Brasil. Segundo informações no site, historicamente, o direito humano no Brasil pode ser dividido em cinco fases: a primeira fase corresponde ao período colonial (1500-1822), em que os direitos humanos eram praticamente inexistentes, pois havia a exploração dos indígenas e dos africanos escravizados pelos colonizadores portugueses. A segunda fase abrange o período imperial (1822-1889), em que os direitos humanos começaram a ser reconhecidos, com a independência do Brasil, a promulgação da primeira Constituição em 1824 e a abolição da escravidão em 1888.A terceira fase engloba o período republicano (1889-1964), em que os direitos humanos foram ampliados, com a Proclamação da República, a instituição do voto universal e secreto em 1932 e a criação da Consolidação das Leis do Trabalho (CLT) em 1943. A quarta fase compreende o período da ditadura militar (1964-1985), em que os direitos humanos foram violados, com o golpe de Estado, a censura, a tortura, o desaparecimento e o assassinato de opositores políticos. A quinta fase abarca o período da redemocratização (1985-atualidade), em que os direitos humanos foram restabelecidos com o fim do regime militar, a promulgação da Constituição de 1988, conhecida como Constituição Cidadã, a adesão aos tratados internacionais sobre direitos humanos e a criação de políticas públicas para promover e proteger esses direitos.

A Constituição de 1988 é a atual lei máxima do Brasil, que define os direitos e os deveres dos cidadãos e das instituições. Ela foi elaborada por uma Assembléia Nacional Constituinte, eleita democraticamente em 1986, após o fim da ditadura militar. Ela é chamada de Constituição Cidadã, pois ampliou os direitos sociais, individuais e coletivos, como a saúde, a educação, a previdência, a liberdade de expressão, a igualdade racial e de gênero, o direito à greve, entre outros. Ela também estabeleceu o Estado Democrático de Direito, com a separação dos poderes

[4] https://www.politize.com.br

Executivo, Legislativo e Judiciário, e o sistema de freios e contrapesos. Trata-se de um marco na garantia do direito de acesso à informação pública no Brasil, pois previu esse direito como um dos princípios fundamentais da cidadania. Assim, a constituição visa garantir que qualquer pessoa possa solicitar e receber informações dos órgãos públicos, sem necessidade de justificar o motivo e ainda promover a transparência e o controle social da gestão pública.

Em psicologia podemos dizer que o acesso à informação na avaliação psicológica é um tema que envolve questões éticas, técnicas e legais. Segundo o Conselho Federal de Psicologia, o usuário do serviço de psicologia tem direito de conhecer o próprio prontuário, porém é recomendável que ele converse com o profissional sobre o seu caso, pois os relatórios podem conter termos e particularidades que podem gerar confusão ou mal-entendido. Além disso, o psicólogo deve respeitar as especificidades e adequação dos métodos e instrumentos utilizados na avaliação psicológica.

A ética é um princípio fundamental para a prática da avaliação psicológica, que é um processo técnico e científico de coleta e interpretação de dados sobre os fenômenos psicológicos. A avaliação psicológica envolve o uso de métodos, de técnicas e de instrumentos, como testes, entrevistas, observações, entre outros[5].

O psicólogo que realiza a avaliação psicológica deve seguir as normas e as diretrizes do Conselho Federal de Psicologia (CFP), que regulamentam a profissão e garantem a qualidade e a responsabilidade dos serviços prestados à sociedade. O CFP publica periodicamente a Cartilha de Avaliação Psicológica, que orienta os profissionais sobre os aspectos éticos, teóricos e metodológicos da avaliação psicológica. Ela aborda temas como: o conceito e os objetivos da avaliação psicológica; os princípios éticos e técnicos que devem nortear a prática profissional; os instrumentos e as técnicas de avaliação psicológica; os procedimentos de aplicação, correção, interpretação e devolução dos resultados; a elaboração de documentos escritos, como laudos, pareceres e relatórios; as áreas de atuação e as demandas específicas da avaliação psicológica, como saúde, educação, trabalho, trânsito, esporte, forense, entre outras.

A cartilha também apresenta as normas e as resoluções do CFP, que regulamentam a avaliação psicológica, como o Código de Ética Profissional do Psicólogo, a Resolução CFP nº 002/2003, que institui o Manual de Elaboração de Documentos Escritos produzidos pelo psicólogo, a Resolução CFP nº 009/2018, que regulamenta a realização de Avaliação Psicológica no exercício profissional da psicóloga e do psicólogo e estabelece diretrizes para o registro documental decorrente da Avaliação Psicológica, entre outras[6].

5 SANTANA, 2022.

6 CFP, Cartilha Avaliação Psicológica, 2022a.

Os princípios éticos que orientam a avaliação psicológica são aqueles que norteiam a atividade profissional da psicóloga e do psicólogo, conforme estabelecido pelo Código de Ética Profissional do Psicólogo. Alguns desses princípios são: respeitar a integridade e os direitos humanos, adequação do instrumento ao contexto da aplicação, dar informações prévias aos participantes a respeito dos objetivos, dos procedimentos, dos benefícios, dos riscos e dos limites da avaliação e ainda dar uma devolutiva para o sujeito de maneira clara e objetiva, com respeito ao direito de acesso à informação. O profissional deve atuar com responsabilidade social, com objetivo de contribuir, na medida do possível, para a promoção da cidadania. Esses são alguns dos princípios éticos que devem orientar a avaliação psicológica.

Em resumo, a avaliação psicológica deverá respeitar à dignidade, à liberdade e à autonomia das pessoas avaliadas; manter o sigilo das informações obtidas. Deverá ser realizada por psicólogas/os com competência técnica e científica e com a utilização de instrumentos válidos e fidedignos. Deve-se transmitir, ***com transparência e objetividade, os resultados e combater possíveis*** discriminações por motivos de raça, gênero, orientação sexual, religião, classe social ou qualquer outra forma de preconceito[7].

A ética na avaliação psicológica é um tema que exige constante reflexão e atualização, pois envolve questões sociais, culturais e políticas que podem afetar o exercício profissional do psicólogo. A avaliação psicológica tem um impacto significativo na vida das pessoas avaliadas, podendo influenciar suas decisões, oportunidades e direitos. Por isso, o psicólogo deve estar atento às demandas da sociedade e aos valores éticos que orientam sua prática.

Alguns dos dilemas éticos que podem surgir na avaliação psicológica são: como garantir o respeito à diversidade e à singularidade das pessoas avaliadas, evitando preconceitos, estereótipos e discriminações? Como lidar com situações de conflito de interesses, pressões institucionais ou demandas judiciais que possam comprometer a autonomia e a independência do psicólogo avaliador? Como assegurar a qualidade técnica e científica dos instrumentos e métodos de avaliação psicológica, bem como sua atualização e aperfeiçoamento contínuos? Como utilizar adequadamente as novas tecnologias e os recursos virtuais na avaliação psicológica, respeitando os princípios éticos e legais da profissão? Como contribuir para o desenvolvimento humano e social das pessoas avaliadas, evitando que a avaliação psicológica seja utilizada como instrumento de controle e exclusão?[8]

Há de se levar em consideração o respeito à diversidade e a singularidade humana. As diferenças de poder expressas muitas vezes pelas desigualdades econômicas e a recusa em reconhecer as diversas identidades não deixam dúvidas sobre a violência

---

7 Hutz, 2002.

8 Muniz, 2018.

traduzida pelo fenômeno da não existência. A diversidade se refere às vivências de diferentes realidades que estão presentes nas subjetividades e nas relações humanas.

A avaliação psicológica deve levar em consideração as diferenças culturais, sociais, políticas e pessoais que influenciam o comportamento e o desenvolvimento humano e que, de alguma forma, recusam-se a aceitar uma lógica igualitária normativa como a naturalização de padrões, puramente quantitativos, de normalidade.

As identidades são construídas e transformadas na sociedade por meio de mudanças históricas, sociais e culturais que afetam as formas de identificação dos indivíduos e dos grupos.

Na avaliação psicológica, torna-se indispensável conhecer os princípios éticos e os direitos humanos que orientam a prática profissional, buscar uma formação contínua e crítica sobre as teorias, os métodos e os instrumentos de avaliação psicológica, reconhecer as limitações e as possibilidades da avaliação psicológica em diferentes contextos e demandas, estabelecer uma relação de confiança, respeito e colaboração com o avaliado, considerando suas expectativas, necessidades e interesses, utilizar instrumentos de avaliação psicológica adequados à população-alvo, validados cientificamente e atualizados, interpretar os resultados da avaliação psicológica de forma integrada, contextualizada e individualizada e comunicar os resultados da avaliação psicológica de forma clara, objetiva e sigilosa, resguardando a autonomia e a dignidade do avaliado.

A psicologia deve reconhecer e valorizar a diversidade humana como uma fonte de riqueza e de aprendizagem, mas também como um desafio para a promoção da saúde, da educação, dos direitos humanos e da justiça social. A adoção de uma postura crítica e reflexiva sobre as suas próprias concepções, teorias e práticas e reconhecimento de limites nas avaliações contribuem com as possibilidades de transformação social.

O estabelecimento de um diálogo interdisciplinar e intercultural com outras áreas do conhecimento e com outros saberes populares amplia a compreensão sobre a diversidade humana.

Podemos tomar o contexto do trabalho e das expressões de gênero. Os estereótipos de gênero, por exemplo, caracterizam-se por crenças que definem homens e mulheres (Natividade et al., 2014; Santos & Cerqueira-Santos, 2022). O contágio dos processos de avaliação na seleção profissional por esses estereótipos mitiga as premissas de análise universal e igualitária das pessoas, empobrecendo a atividade avaliadora e perpetuando tanto discriminação quanto quadros de exclusão social e de limitação de oportunidades.

A autonomia e a independência de psicólogos avaliadores constituem matrizes indispensáveis para uma avaliação psicológica de qualidade. Muitas instituições exercem pressão sobre os profissionais que atuam em perícia psicológica, à guisa de preservar modelos institucionais e políticos, sem a necessária coerência com o rigor ético e científico do trabalho psicológico ou mesmo contrariando os direitos fundamentais e a dignidade humana dos avaliados.

A qualificação técnica de psicólogas e de psicólogos engajados na avaliação psicológica é aspecto fundamental, que envolve o necessário compromisso profissional de permanente atualização e de busca de aperfeiçoamento. A sociedade da informação, há muito, mostra quão dinâmico é o processo de renovação de conhecimento. Os conceitos científicos se aprimoram à medida que podem sofrer o escrutínio de novas teorias e se submeter a análises críticas, como a falseabilidade (Popper, 1934). Do contrário, a psicologia e suas áreas de atuação estariam fadadas aos dogmas, perdendo seu viés científico e seu estatuto de verdade. A atualização profissional é o que viabiliza a preservação do rigor científico na psicologia.

A relação entre as psicólogas e os psicólogos avaliadores e as pessoas avaliadas não precisa se restringir a uma sucinta resposta de aptidão ou inaptidão. Um candidato não aprovado em um processo seletivo, ainda assim, é merecedor de respeito e de cuidado, de modo que seus pontos fortes possam ser apontados, o que pode ser feito em uma devolutiva humanizada e capaz de lhe abrir perspectivas para seu aprimoramento.

O conflito de interesses não pode interferir na autonomia do psicólogo avaliador. Em uma situação em que uma das partes envolvidas em um processo de avaliação têm interesses ou conhecimentos próprios que podem influenciar ou comprometer a imparcialidade e a qualidade da avaliação está caracterizada uma situação de conflito de interesses. O psicólogo avaliador deve evitar tal situação e preservar a sua autonomia profissional, seguindo os princípios éticos e técnicos da psicologia.

Segundo o Conselho Federal de Psicologia (CFP) Resolução Nº 10, de 06 de junho de 2019[9], o conflito de interesse é uma situação em que o psicólogo ou a psicóloga tem interesses pessoais, profissionais ou financeiros que podem interferir na sua atuação ética e competente. O CFP estabelece normas e procedimentos para prevenir, identificar e resolver os conflitos de interesse que possam ocorrer na prática profissional da psicologia, especialmente nas áreas de avaliação psicológica, especialização e pesquisa. Na área da avaliação, existem alguns exemplos de conflito de interesse. segundo o CFP, são: participar de comissões ou grupos de trabalho que avaliam testes psicológicos nos quais tenha interesse direto ou indireto; solicitar ou receber benefícios financeiros ou materiais de editoras ou autores de testes psicológicos; emitir pareceres ou laudos sobre testes psicológicos nos quais tenha participado da elaboração ou validação.

O CFP recomenda que os psicólogos e as psicólogas declarem os seus conflitos de interesse, quando existirem, abstenham-se de participar de decisões ou de atividades que possam gerar conflito e busquem orientação do CFP ou dos Conselhos Regionais de Psicologia quando necessário.

---

9 CFP, 2019.

Como em qualquer outra situação na avaliação psicológica compulsória, por exemplo, o psicólogo deve respeitar os direitos humanos, a dignidade e a liberdade das pessoas avaliadas, bem como considerar as condições sociais e históricas do contexto no qual a avaliação está inserida.

A pressão institucional pode ser exemplificada em casos em que um psicólogo é contratado por uma organização ou empresa para avaliar os funcionários. O psicólogo pode sofrer uma pressão para fornecer resultados para a empresa.

Isso pode criar um conflito de interesse e ferir a imparcialidade e os princípios éticos, que devem colocar os interesses dos indivíduos avaliados acima dos interesses da organização. No entanto, a pressão institucional pode tornar difícil para o psicólogo manter essa imparcialidade, criando um conflito entre suas responsabilidades profissionais e as demandas da empresa.

A avaliação psicológica compulsória é aquela que é realizada por exigência legal ou normativa, sem o consentimento livre e esclarecido do avaliado. Alguns exemplos são as avaliações para porte de arma, habilitação de motorista, ingresso em carreiras públicas, entre outras.

O conflito de interesse na avaliação psicológica compulsória pode ocorrer quando o psicólogo ou a psicóloga tem algum interesse pessoal, profissional ou financeiro que possa influenciar o seu julgamento ou comprometer a sua imparcialidade e independência.

O CFP orienta que as psicólogas e os psicólogos realizam avaliações psicológicas compulsórias devem seguir os princípios éticos e técnicos da profissão, respeitar os direitos e deveres do avaliado, declarar os seus conflitos de interesse quando existirem e buscar orientação do CFP ou dos Conselhos Regionais de Psicologia quando necessário.

O SATEPSI é o Sistema de Avaliação de Testes Psicológicos, criado pelo Conselho Federal de Psicologia (CFP), em 2003. Ele tem como objetivo avaliar a qualidade técnico-científica dos instrumentos psicológicos usados pelos profissionais da psicologia e divulgar informações sobre eles para a comunidade e para os psicólogos. Verifica se os instrumentos psicológicos atendem aos requisitos técnicos exigidos pela profissão, como validade, confiabilidade, precisão, normatização e padronização e também verifica se os instrumentos respeitam os princípios éticos e os direitos humanos das pessoas avaliadas.

O SATEPSI disponibiliza uma lista dos testes psicológicos favoráveis, que são aqueles que os psicólogos podem utilizar no exercício profissional, e uma lista dos testes psicológicos desfavoráveis, que são aqueles que os psicólogos não podem utilizar. Além disso, o SATEPSI informa quais são os instrumentos não privativos do psicólogo, que podem ser usados por outros profissionais, e quais são os testes psicológicos não avaliados pelo Conselho Federal de Psicologia.

O Sistema contribui para garantir os direitos dos sujeitos ao avaliar a qualidade técnico-científica dos instrumentos psicológicos, assegurando que eles sejam confiáveis, precisos e adequados aos contextos e às finalidades da avaliação psicológica. Além disso, o SATEPSI verifica se os instrumentos respeitam os princípios éticos e os direitos humanos dos sujeitos avaliados, evitando o uso de instrumentos que possam causar danos, preconceitos ou discriminações. Divulga informações sobre os instrumentos psicológicos para a comunidade e para os psicólogos, possibilitando que os sujeitos avaliados tenham acesso aos dados e aos resultados da avaliação psicológica de forma transparente e compreensível, protegendo o avaliado.

O compromisso social e o desenvolvimento de testes psicológicos estão relacionados à responsabilidade ética, técnica e científica dos psicólogos que produzem, validam, traduzem, normatizam, comercializam e aplicam os instrumentos psicológicos, visando garantir a qualidade e a adequação dos testes às finalidades e aos contextos da avaliação psicológica. Há implicações em reconhecer o papel social da psicologia e dos testes psicológicos na promoção da saúde, da educação, da justiça e dos direitos humanos, bem como na prevenção e no enfrentamento de situações de violência, de discriminação, de exclusão e de opressão.

O desenvolvimento de testes psicológicos envolve o uso de métodos científicos rigorosos para construir, adaptar ou revisar os instrumentos, verificando sua validade, confiabilidade, precisão e fidedignidade, bem como sua pertinência cultural, ética e social para os grupos e as situações a que se destinam.

Para tanto, há de se considerar que o desenvolvimento de testes psicológicos requer uma formação continuada e crítica dos psicólogos que atuam na área da avaliação psicológica, bem como uma atualização constante sobre os avanços teóricos, metodológicos e normativos da profissão.

Importante considerar que a maioria dos testes psicológicos utilizados nas avaliações, principalmente nas compulsórias, utiliza da psicometria na sua construção e aplicação. Como um recurso científico, a psicometria trata da mensuração de características e processos psicológicos, como personalidade, inteligência, atitudes, emoções etc. Ela utiliza métodos estatísticos e matemáticos para verificar a validade, a confiabilidade, a precisão e a fidedignidade dos instrumentos psicológicos, como testes, escalas, questionários, inventários etc.

Existem dois lados da aplicação da psicometria em relação ao perigo da exclusão social, se por um lado, a psicometria pode contribuir para a inclusão social ao oferecer instrumentos que possam identificar as necessidades, os potenciais e os direitos dos sujeitos avaliados, bem como orientar intervenções e políticas públicas que promovam o desenvolvimento humano e social, por outro lado, ela pode reforçar a exclusão social ao utilizar instrumentos que possam rotular, estigmatizar ou discriminar os sujeitos avaliados, bem como legitimar práticas e ideologias que reproduzam o *status quo* e as desvantagens sociais.

Por isso, a aplicação da psicometria e o perigo da exclusão social exigem uma reflexão crítica e ética dos psicólogos que atuam na área da avaliação psicológica, bem como uma atualização constante sobre os avanços teóricos, metodológicos e normativos da profissão.

A ética profissional e o aprimoramento contínuo do psicólogo na avaliação psicológica são temas que influenciam na qualidade e na responsabilidade do trabalho psicológico. A avaliação psicológica é uma prática exclusiva das/os psicólogas/os e envolve o uso de métodos e de técnicas científicas para compreender aspectos da personalidade, das habilidades, das potencialidades e das dificuldades das pessoas e são múltiplas suas finalidades e contextos.

O aprimoramento contínuo da/o psicóloga/o na avaliação psicológica é o processo de atualização e de qualificação permanente dos conhecimentos e das habilidades necessárias para realizar uma avaliação psicológica adequada e eficiente. Um processo que envolve a busca por formação acadêmica, cursos de especialização, participação em eventos científicos, leitura de artigos e livros, supervisão profissional, entre outras atividades. Trata-se de um dever ético e uma exigência social. O Código de Ética Profissional afirma que a/o psicóloga/o deve atuar com responsabilidade, por meio do contínuo aprimoramento profissional, contribuindo para o desenvolvimento da Psicologia como campo científico de conhecimento e de prática. Além disso, o Código de Ética também determina que o profissional deve assumir responsabilidades por atividades para as quais esteja capacitado pessoal, teórica e tecnicamente.

Um bom exemplo de complexidade e necessidade de aprimoramento profissional, assim como de ampliação de conhecimento para áreas que fazem interface com a psicologia é a Avaliação Psicológica em Concursos Públicos e a Avaliação Psicossocial na Área Laboral.

Todas as atividades de avaliação psicológica preconizam que as psicólogas e os psicólogos estejam em dia com sua inscrição profissional, possuindo preparo técnico, conhecimento da área de avaliação psicológica, da psicometria, pautando suas decisões na ética e nos Direitos Humanos (CFP, 2022a).

Dados do Painel de Estatística de Pessoal (PEP) do Ministério da Economia indicam redução de 12% na ocupação de cargos públicos federais em 2023 se comparado a 2017, o que indica uma defasagem de mais de 74 mil postos de trabalho não preenchidos. A questão ganha vulto quando pensamos nas estruturas técnicas e administrativas em nível nacional e em todas as esferas de governo, tanto federal, quanto estadual e municipal. Importa considerar que, para suprir esses postos de trabalho, é necessária a realização de processos seletivos e concursos públicos.

No âmbito da Avaliação Psicológica voltados a Concursos Públicos, partimos da premissa de que cada cargo possui um perfil adequado, cientificamente delineado, conhecido como perfil profissiográfico ou profissiografia (CFP, 2022a).

O perfil profissiográfico reúne características indispensáveis para o exercício de uma atividade profissional, descrevendo qualidades técnicas, competências, conhecimentos e habilidades que precisam ser dominadas na atuação em um cargo (MTP, 2022). Dentro das características, além de aspectos de formação acadêmica e especialização profissional, há condições especiais, como exposição a fatores de risco físico, químico e biológico, e aspectos psicológicos que precisam ser mensurados conforme as atribuições profissionais do cargo, tais como nível de concentração exigido, maturidade, boa comunicação, proatividade, liderança, capacidade de trabalho em equipe, resiliência etc.

Cumpre às psicólogas e aos psicólogos que atuam nesse contexto conhecer Resoluções envolvidas nessa prática, bem como documentos da área jurídica ou institucional, como Decretos, Instruções Normativas, Boletins Internos, entre outros documentos formais que orientam a avaliação, bem como princípios do Direito (CFP, 2022a), assim como conhecimentos na área do exercício profissional que os avaliados irão assumir.

No âmbito de toda atividade de avaliação, deve ser planejado o processo quanto aos profissionais que aplicarão os instrumentos, habilitados e devidamente treinados, sendo importante a participação de psicólogas e psicólogos desde a elaboração do edital do concurso, nas etapas de avaliação, inclusive, na emissão de resultados provisórios e na devolutiva (CFP, 2022a).

A banca examinadora, é necessário lembrar, tem papel após a divulgação dos resultados, recebendo e analisando os recursos e devendo providenciar a devida guarda do material utilizado, conforme as orientações do CFP (CFP, 2022a).

Na Avaliação Psicossocial Laboral, existe a demanda empresarial para que a/o psicóloga/o faça avaliação psicológica com exigências específicas da atuação em determinada atividade de trabalho que envolve riscos e vulnerabilidades.

Em um contexto clínico, no qual uma boa parte dos profissionais se formam, há o estabelecimento de um vínculo diferente da Avaliação Compulsória Psicossocial Laboral.

Assim, esse profissional necessita de uma formação que o ampare diante dos inúmeros desafios dessa prática. Mesmo, nesse "lugar", a/o psicóloga/o atua como um profissional da saúde, porém de uma forma diferente, já que o usuário do serviço se vê obrigado a se submeter a um processo que o poderá reprovar.

Diante das dificuldades impostas por essa peculiaridade, muitos profissionais recorrem ao uso abusivo de testes e procuram manter uma distância do usuário. Novos desafios exigem novas formar de atuar. Trata-se de um contexto de segurança e de prevenção da saúde do trabalhador.

Nesse contexto, as empresas empregadoras necessitam de avaliações rápidas, técnicas e eficientes. Assim, a demanda exige cada vez mais uma avaliação com resultados que atinjam os objetivos propostos sem prejuízo de uma prática ética e científica.

Trata-se de um procedimento que visa analisar as condições psicológicas, sociais e ocupacionais dos trabalhadores, em relação às atividades, ao ambiente e à gestão do trabalho. A avaliação psicossocial pode ser realizada em diferentes contextos, como na prevenção de acidentes, na promoção da saúde, na seleção de pessoal, na reabilitação profissional, entre outros.

Uma das principais normas do CFP sobre a avaliação psicossocial é a Resolução CFP 02/2022, que foi publicada em janeiro de 2022[10]. Essa resolução estabelece os critérios e os procedimentos para a realização da Avaliação Psicossocial no Trabalho, em atendimento às normas regulamentadoras emitidas pela Secretaria de Trabalho do Ministério da Economia ou órgão correlato.

Segundo essa resolução, o processo deve considerar três aspectos: as características pessoais, psicológicas, ocupacionais e sociais do trabalhador; as características da atividade de trabalho, as do ambiente de trabalho e as das condições necessárias à sua realização, inclusive, para atividades remotas, que devem ter como referência os documentos nacionais e internacionais que dispõem sobre funcionalidade e doenças; as características da gestão do trabalho e dos controles preventivos em saúde e segurança do trabalhador.

A resolução também define os princípios éticos que devem orientar o psicólogo na avaliação psicossocial, como o respeito à dignidade humana, à autonomia, à diversidade, à confidencialidade, à informação e à participação dos trabalhadores. Além disso, a resolução determina as responsabilidades técnicas do psicólogo na avaliação psicossocial, como a escolha dos métodos e das técnicas adequados, a elaboração dos documentos escritos decorrentes da avaliação, a comunicação dos resultados aos interessados e a guarda do material técnico.

A avaliação, tanto no contexto de concursos quanto na área psicossocial laboral, evidencia os atuais desafios para uma prática profissional que exige formação e atualização constante para além da formação ampliada para áreas que fazem interface com a psicologia.

Embora não seja nova, a onda da inteligência artificial reverbera nos mais amplos espaços contemporâneos, fenômeno que nos pede atenção. Como recentemente afirmou Nicolelis (2020), a "inteligência artificial" (IA) não é nem inteligência, nem artificial. Chama-se inteligência o processo cognitivo biológico. Ao observar as atuais soluções de IA, percebemos uma corrida entre gigantes do setor de informática para oferecer as mais impactantes soluções de manipulação de textos e de bancos de dados, propagandeadas à exaustão, ainda que a maior parte das pessoas não se beneficie dela ou a compreenda minimamente. A busca por IA se assemelha muito ao sonho de construção do motor contínuo, máquina capaz de trabalhar sem a intervenção humana, apenas oferecendo sua força em benefício de seus usuários. Ora, os recursos de IA são alimentados por seres humanos, uma vez que a máquina sozinha nada cria. De mesmo modo, o que se esperaria de uma solução dessa magnitude seria uma autonomia do computador diante do homem, justificando seu viés de "artificial", outro engodo, tendo em vista que tudo o que

[10] Resolução CFP 02/2022 regulamenta avaliação psicossocial no trabalho. https://site.cfp.org.br/resolucao-cfp-02-2022-regulamenta-avaliacao-psicossocial-no-trabalho/.

a IA oferece é construído por exércitos de programadores e operadores de dados humanos, programando, alimentando bases de dados e garantindo a atividade de computadores e programas. Essa explicação se faz necessária, porque a psicologia não estará refratária a mais essa onda, nem mesmo suas atividades mais específicas, como os processos de avaliação psicológica.

A psicologia parte da premissa do cuidado, em âmbito relacional, na relação dialógica de um ser que acolhe outro (Buber, 2014; Bicalho, 2013). Como não se pode dizer que o computador pode "acolher", menos ainda se considera uma "relação" entre o humano e a máquina, impossibilitando assim que chips e os programas sejam aptos a oferecer o calor do acolhimento, a interação por meio do olhar, a mediação da palavra e da corporeidade que competem à mortal humanidade de que partilhamos. Pensar em IA realizando processos de avaliação psicológica é tão disruptivo quanto imaginar uma migração em massa da população terrena para colonizar outros planetas a pretexto de que não soubemos preservar nosso ecossistema.

O acolhimento do psicólogo é uma prática que visa estabelecer uma relação de confiança, de escuta e de cuidado com o usuário, em diferentes contextos. O acolhimento envolve aspectos éticos, técnicos e políticos da atuação do psicólogo, bem como a valorização da singularidade e da autonomia do usuário. Trata-se de uma ação humana, na qual a intermediação digital, por meio do uso de plataformas ou de dispositivos digitais, pode facilitar ou viabilizar a comunicação entre o psicólogo e o usuário, seja por meio de áudio, de vídeo, de texto ou de outros recursos.

Pode ser uma alternativa para oferecer serviços psicológicos em situações de distanciamento social, como na pandemia de Covid-19, ou para ampliar o acesso à saúde mental para pessoas que enfrentam dificuldades de locomoção, de tempo ou de recursos financeiros. Trata-se de um recurso que envolve diversos fatores, como a demanda do usuário, o tipo de serviço oferecido, a qualidade da conexão e dos dispositivos utilizados, a segurança e o sigilo das informações, a formação e a experiência do psicólogo, entre outros[11].

A avaliação psicológica, por meio digital, é uma atividade regulamentada pelo Conselho Federal de Psicologia (CFP) desde 2018, por meio da Resolução CFP nº 11/2018. Essa resolução permite que os psicólogos ofereçam serviços psicológicos de diferentes tipos por meio das tecnologias de informação e de comunicação, desde que guardem coerência e fundamentação na ciência, na legislação e nos parâmetros éticos da profissão.

No entanto, há algumas orientações específicas sobre o uso de testes psicológicos por meio digital, que foram publicadas pelo CFP em 2020, por meio da Nota Orientativa nº 7/2019/GTEC/CG. Essa nota trata sobre a utilização de testes psicológicos em serviços realizados por meio de tecnologias de informação e de

---

[11] Vasques, 2023.

comunicação, bem como sobre os critérios para a escolha dos testes adequados para cada situação.

Para consultar a lista de testes psicológicos favoráveis para uso por meio digital, o profissional deverá acessar a página do Sistema de Avaliação de Testes Psicológicos (SATEPSI) no site do CFP.

Além de todos os cuidados inerentes à avaliação psicológica, especificamente por meio digital, é fundamental ainda considerar: garantir a confidencialidade, a privacidade e a segurança das informações coletadas, armazenadas e transmitidas, utilizando plataformas e dispositivos adequados e confiáveis, considerar as condições técnicas, ambientais e emocionais do usuário, bem como as possíveis interferências ou dificuldades que possam comprometer a qualidade ou a validade dos resultados da avaliação psicológica por meio digital, verificar a adequação, a atualização e a normatização dos instrumentos e dos procedimentos utilizados na avaliação psicológica por meio digital, bem como sua compatibilidade com as características e as demandas do usuário; não substituir o psicólogo pelo computador, mas sim utilizar as tecnologias como ferramentas auxiliares na condução da avaliação psicológica por meio digital; arquivar o material da avaliação psicológica por meio digital de forma confidencial por, no mínimo, cinco anos.

A avaliação psicológica pode contribuir para o desenvolvimento humano ao oferecer informações relevantes sobre as potencialidades, as dificuldades, as necessidades e os interesses de uma pessoa, em diferentes fases da vida. Por exemplo, a avaliação psicológica pode auxiliar na identificação de problemas de aprendizagem na infância, na orientação vocacional na adolescência, na seleção profissional na idade adulta ou na prevenção de declínios cognitivos na terceira idade.

A psicologia, enquanto ciência e profissão, tem como um de seus objetivos principais a compreensão de aspectos éticos e técnicos para subsidiar o desenvolvimento humano e utilizar para tanto recurso de avaliação psicológica afinada com os direitos humanos, com o fortalecimento científico e profissional da própria Psicologia, assim como de seu compromisso com a sociedade.

A avaliação psicológica enfrentou e ainda enfrenta desafios e críticas ao longo de sua história. Como processo, a avaliação psicológica não se resume à aplicação de testes, mas envolve toda análise de contexto, de variáveis sociais e econômicas que podem interferir de modo a produzir resultados diferentes dos esperados pelos padrões psicométricos.

A entrevista e a observação permitem ao profissional conhecer aspectos relevantes individuais do avaliado assim como contribuir para uma compreensão mais ampliada pela integração dos dados levantados por diferentes instrumentos.

A falta de qualidade dos instrumentos que utilizam da psicometria, especialmente quando se trata de testes psicológicos, que muitas vezes são apenas traduções de testes construídos em outros países e não apresentavam evidências de validade para a população brasileira, comprometia os resultados e levava a interpretações distorcidas da realidade.

O uso inadequado de procedimentos a determinados contextos perverte a lógica de contribuição para o desenvolvimento humano e pode transformar a avaliação em uma contribuição para exclusão social.

A diversidade brasileira necessita de uma constante adequação dos instrumentos de avaliação à realidade socioeconômica das diferentes regiões.

Assim, temos que considerar que, da mesma forma que a avaliação psicológica pode ter um papel importante na promoção dos direitos humanos e na prevenção da exclusão social, pode ser, também, uma fonte de discriminação, estigma e violação dos direitos dos indivíduos, dependendo de como é realizada e utilizada.

Para enfrentar tal dilema, é necessário que o profissional considere sempre o contexto social, histórico e cultural do sujeito avaliado para nortear na escolha dos instrumentos, na interpretação dos resultados e na elaboração do laudo ou do parecer. A qualidade psicométrica dos instrumentos utilizados, que devem ter evidências de validade e de confiabilidade para a população-alvo, evitando generalizações e rotulações indevidas. Os objetivos da avaliação devem ser muitos claros e priorizar a transparência do processo para o avaliado. O profissional deverá zelar pelo uso das informações obtidas no processo de avaliação para que não sejam utilizadas de forma distorcida, favorecendo mecanismos de controle, de exclusão ou de opressão.

Esses são alguns dos dilemas éticos que podem surgir na avaliação psicológica. Para enfrentá-los, é necessário que o psicólogo avaliador tenha uma formação sólida, uma postura crítica e reflexiva e um compromisso com os valores éticos da profissão[12].

Defender e respeitar os Direitos Humanos faz parte não apenas dos sistemas legais da segunda metade do Século XX, mas também das premissas de interação social e do tratamento entre as pessoas de diferentes povos, raízes étnicas e culturais. Os termos da declaração de direitos se apresentam nos discursos de líderes e de atores políticos, nas leis e no protocolo de reconhecimento das relações sociais e entre as nações. Esse ponto implica também na necessária sensibilidade cultural que deve preconizar os processos de avaliação psicológica, de forma que se preservem, nos processos de avaliação, o caráter equitativo entre as diferentes origens culturais dos avaliandos.

Quesito que nos pede ponderações e especial atenção se considerarmos as crises humanitárias que têm assolado populações, levando-as a compulsórias migrações para preservar-se de guerras, de genocídios e de cataclismas climáticos. A psicologia tem que se apresentar nesse âmbito, acolhendo essa população

[12] Muniz, 2018.

vitimizada e aprimorando suas práticas de avaliação, tendo em vista que os povos que migraram buscam, além da preservação ante conflitos em sua terra natal, inserção na pátria de destino e igualmente a construção de nova vida com acesso ao sistema de educação, saúde, trabalho e exercício de direitos. Os pilares dos instrumentos psicológicos, como a manutenção dos elementos psicométricos, devem preservar a qualidade dos instrumentos, sua validade e sua confiabilidade diante dessa variação populacional, muitas vezes em ondas de migração tão exacerbadas quanto súbitas. Importa ponderar também a necessidade de os psicólogos buscarem atualização, inclusive, quanto ao idioma das populações migrantes, considerando que nem sempre quem foge do país em que nasceu domina línguas como o inglês, nem mesmo encontrar, na terra de destino, profissionais de saúde habilitados a dialogar em seu idioma natal.

O trabalho de psicólogas e de psicólogos é diversificado, contemplando demandas pessoais, coletivas ou institucionais da população. A avaliação psicológica é atividade de cunho dialógico-relacional, inserida na gama de atividades que podem ser desenvolvidas neste trabalho.

A psicologia é uma ciência assentada no cuidado, na ética e na preservação dos direitos humanos em suas mais amplas vertentes, seja de escopo individual, coletivo ou difuso.

A defesa dos direitos humanos permeia a ordem constitucional brasileira, suas leis ordinárias e o exercício da cidadania, sendo de relevância substancial ao estatuto ético para exercício da psicologia. A imparcialidade e a transparência são características que devem revestir os diferentes campos de atuação, fustigando-se qualquer ação tendenciosa ou conflito de interesses por parte de psicólogas e de psicólogos.

O Conselho Federal de Psicologia, por meio do SATEPSI, orienta e garante o caráter científico, a consistência e a qualidade técnica e científica dos testes psicológicos.

As premissas da ética, do respeito à diversidade cultural, social, política e pessoal devem integrar a relação de confiança, de acolhimento e de valorização do potencial humano que se estabelece entre psicólogas e psicólogos e os avaliandos. Há que se estabelecer uma interação em que a compreensão da diversidade supere as limitações dos estereótipos.

Os contextos em que a avaliação psicológica pode contribuir com as necessidades da sociedade são amplos e complexos, abrangendo diferentes setores contemporâneos, desde as intervenções diagnósticas até contextos educacionais e profissionais, como processos de seleção e de concursos públicos.

Muitas são as demandas em que cabe uma compreensão humana apoiada em métodos e procedimentos capazes de avaliar traços de comportamento, de personalidade e de condições de aptidão com vistas às diferentes demandas individuais e coletivas.

O que psicólogas e psicólogos devem buscar é não apenas um olhar assentado em testes com reconhecida validade e fidedignidade, mas também efetuar iniciativas de intervenção e avaliação em que os conhecimentos teóricos e práticos estejam conciliados com o olhar interdisciplinar, afeto aos diferentes contextos do desenvolvimento humano (Silva et al., 2019; Yates et al., 2019).

Conta muito a capacidade de psicólogas e de psicólogos transporem o apelo da demanda e a limitação a fatores psicométricos, buscando conhecer a trajetória de vida da pessoa em avaliação, seu desenvolvimento, seu contexto social, bem como suas diferentes características, como qualidades e potencialidades, ou seja, estar consciente de que o tecnicismo exagerado e rígido não tem espaço dentro do humanismo e tampouco naquilo que é considerado científico e ético em psicologia enquanto ciência e profissão

Por melhores que venham a ser as tecnologias e os recursos disponíveis para os profissionais da avaliação psicológica, não se poderá jamais prescindir do trabalho criterioso e ético, pautado em processos científicos e humanizados, em que as facilidades tecnológicas venham apenas para se somar ao trabalho profissional criterioso, voltado ao cuidado, ao respeito e à dignidade humana.

Apesar de todas as recomendações e de cuidados, é preciso considerar que as raízes escravocratas e de opressão fazem parte da história da construção do país. Existem armadilhas que convidam os profissionais a fazerem parte de práticas abusivas, muitas delas pela assimetria de poder, que estão presentes em diferentes contextos da avaliação psicológica.

Esse é um tema delicado, que envolve questões éticas, políticas, sociais e culturais. A Psicologia, como ciência e profissão, tem o desafio de atuar de forma crítica e comprometida com os direitos humanos e a transformação social, sem se submeter a interesses ou a demandas que possam violar esses princípios.

Algumas das armadilhas podem ameaçar a autonomia e a responsabilidade dos profissionais de psicologia.

A naturalização ou a patologização de fenômenos sociais, como o racismo, o machismo, a homofobia, a violência, a pobreza, entre outros, que desconsidera as causas históricas e estruturais desses problemas e culpabiliza as vítimas ou os grupos minoritários.

Legitimação de discursos e de práticas que reforçam as desigualdades, as discriminações, as opressões e as violações de direitos humanos, como o uso de testes psicológicos para fins de exclusão social, a imposição de normas ou valores morais, a colaboração com sistemas de controle ou repressão social, entre outros.

Alienação ou a adaptação às condições de trabalho precárias, insalubres e desumanas, que afetam a saúde física e mental dos profissionais de psicologia e comprometem a qualidade dos serviços prestados à população.

Despolitização ou neutralidade diante dos conflitos e das demandas sociais, que impede uma análise crítica da realidade e uma atuação transformadora dos profissionais de psicologia em favor da justiça social e da democracia.

Para evitar essas armadilhas, os profissionais de psicologia devem estar atentos às normas éticas que regulamentam sua atuação, aos princípios norteadores da Psicologia como ciência e profissão, aos conhecimentos produzidos pela Psicologia Social Crítica e pela Psicologia Política, aos movimentos sociais que lutam pelos direitos humanos e pela emancipação dos grupos oprimidos, entre outros recursos que possam contribuir para uma prática psicológica consciente, crítica e comprometida.

REFERÊNCIAS

Ancona-Lopez, M. (Org.) (1998). *Psicodiagnóstico: processo de intervenção*. São Paulo: Cortez, 2ª ed.

Bicalho, P. P. G. (2013). Direitos humanos e avaliação psicológica: Pela abertura das caixas pretas que nos constituem. In: Conselho Federal de Psicologia - CFP (Org.), *Relatório do ano temático da avaliação psicológica 2011/2012* (pp. 30-36). Brasília, DF: Conselho Federal de Psicologia.

Brasil. (1988). Legislação Federal. *Constituição da República Federativa do Brasil.*

Brasil. (1991). Legislação Federal. *Lei nº 8.159, de 8 de janeiro de 1991.* Disponível em <https://www2.camara.leg.br/legin/fed/lei/1991/lei-8159-8-janeiro-1991-322180-normaatualizada-pl.pdf>. acessos em 1 ago. 2023.

Buber, M. (2014). *Do diálogo e do dialógico.* São Paulo: Perspectiva.

Conselho Federal De Psicologia (CFP) (2005). *Resolução CFP nº 10/2005.* Brasília: CFP.

Conselho Federal De Psicologia (CFP) (2019). *Resolução CFP nº 10/2019.* Brasília: CFP.

Conselho Federal De Psicologia (CFP) (2022). *Resolução CFP nº 02/2022.* Brasília: CFP.

Conselho Federal De Psicologia (CFP) (2022a). *Cartilha avaliação psicológica.* Brasília: CFP, 3ª ed.. Disponível em <https://site.cfp.org.br/publicacao/cartilha-avaliacao-psicologica-2022/>.

Conselho Federal De Psicologia (CFP) (2022b). *Resolução CFP nº 31/2022.* Brasília: CFP.

Ministério Do Trabalho E Previdência (MTP). (2022). *Instrução Normativa PRES/INSS nº 133, de 26 de maio de 2022.*

Muniz, M. (2018). Ética na Avaliação Psicológica: Velhas Questões, Novas Reflexões.

Psicol. cienc. prof. 38 (spe), Oct-Nov. Disponível em < https://doi.org/10.1590/1982-3703000209682> acessos em 1 ago. 2023.

Nicolelis, M. (2020). *O verdadeiro criador de tudo: como o cérebro humano esculpiu o universo como nós o conhecemos.* São Paulo: Planeta.

Heidegger, M. (2017). *Seminários de Zollikon.* São Paulo: Escuta, 3ª ed. *rev.*

Hutz, C. (2002). Responsabilidade Ética, Social e Política da Avaliação Psicológica. *Aval. psicol.* v.1 n.2 Porto Alegre nov. Disponível em <http://pepsic.bvsalud.org/scielo.php?script=sci_arttext&pid=S1677-04712002000200001&lng=pt&nrm=iso>. acessos em 1 ago. 2023.

Organização Das Nações Unidas (ONU) (1948). *Declaração Universal dos Direitos Humanos*, Paris'. Disponível em: <https://www.unicef.org/brazil/declaracao-universal-dos-direitos-humanos>. Acesso em: 1 ago. 2023.

Politize! Instituto de Educação Política. (2023). *O que são Direitos Humanos?* Disponível em <http://www.politize.com.br>.

Popper, K. (1934). *A Lógica da Pesquisa Científica.*

Santana, Adriana Cerqueira; Silva, Brenda Gabriela Marinho da; Silva, Carine Alves da; Santana, Mônica da Silva; Souza, Elisângela Aparecida de. (2022). A importância da ética na avaliação psicológica do processo da promoção de qualidade de vida do indivíduo no âmbito laboral. Salvador: Faculdade Cairu. *Revista de Iniciação Científica*, nº 7, v. VII. Mar.

Santos, E. K. S.; & Cerqueira-Santos, E. (2022). A influência dos estereótipos de gênero no julgamento de profissões. *Rev. bras. orientac. prof*, Campinas, v. 23, n. 1, p. 65-77, jun. 2022. Disponível em <http://pepsic.bvsalud.org/scielo.php?script=sci_arttext&pid=S1679-33902022000100007&lng=pt&nrm=iso>. Acesso em 2 ago. 2023

Vasques, J. P. D. (2023) Os afetos on-line: uma análise de plataformas digitais na busca por psicoterapia no Brasil. *Humanidades & Tecnologia (FINOM).* v. 39, n. 1. ISSN 1809-1628 e-ISSN 2675-5416. Disponível em <http://revistas.icesp.br/index.php/FINOM_Humanidade_Tecnologia/article/view/3691>. acesso em 1 ago. 2023.

Yates, D. B., Silva, M. A. da, & e Bandeira, D. R. (Orgs.) (2019). *Avaliação psicológica e desenvolvimento humano: casos clínicos.* São Paulo: Hogrefe,. http://dx.doi.org/10.26707/1984-7270/2022v23n206

A AVALIAÇÃO PSICOLÓGICA COMO DIFERENCIAL NOS PROCESSOS ORGANIZACIONAIS

Elza Maria G. Lobosque · CONSELHO REGIONAL DE PSICOLOGIA (CRP/04)

Maíra Amaral de Andrade · CONSELHO REGIONAL DE PSICOLOGIA (CRP/05)

Desde o final do século XIX, o uso dos testes psicológicos é utilizado em diferentes contextos. Até hoje, o uso dos testes psicológicos tem sido alvo de críticas acerca da real necessidade desses instrumentos nos processos e se eles, de fato, apresentam resultados positivos quando aplicados, principalmente, nos processos de seleção de pessoal.

Durante as grandes guerras mundiais, primeira e segunda, a avaliação psicológica, especialmente a utilização de testes psicológicos, propagou-se efetivamente, tendo em vista que tal atividade foi o primeiro método de trabalho do "psicólogo industrial". A Psicologia Organizacional e do Trabalho, desde então, tem dedicado-se a estudar eventos comportamentais, ambientais e organizacionais por meio de técnicas e de instrumentos para entender os fenômenos relacionados ao trabalho.

Os testes psicológicos derivam de origens bem distintas. Porém, as primeiras ideias que relacionam "psicologia e trabalho" tem origem a partir dos estudos dos discípulos de Wundt. Cruz et al 2002; Lins 2017, descrevem que Wundt influenciou efetivamente seus alunos a dedicarem-se ao estudo dos problemas humanos no trabalho, dentre eles, destacam-se Muensterberg, Cattell, Galton, Binet e Stern. Já o Laboratório para a Psicologia Industrial foi impulsionado por Hugo Muensterberg a partir da criação dos fundamentos básicos da Psicotécnica, principal método de trabalho da Psicologia Industrial. Galton buscava desenvolver uma interpretação pessoal da teoria de Darwin. Sua competência com matemática levou-o a usar a estatística e os "testes mentais" para dar credibilidade a seus argumentos, fundamentando-os com gráficos e tabelas. Embora seus testes não funcionassem, foi a partir dele que toda a questão dos testes de inteligência ficou intrinsecamente associada à genética, à eugenia e à controvérsia *nature-nurture* (hereditariedade X ambiente) – oposição de termos cunhada por ele. Mais ainda, dá início à crença de que a inteligência, de fato, pode ser medida – motivo pelo qual é considerado o "pai da psicometria". Já Binet estava interessado na psicologia individual e na compreensão do funcionamento da mente e, com isso, cria um instrumento para o diagnóstico de crianças que precisam de atenção no Sistema Educacional para apreciar seu "nível mental". O termo *nível* adotado por Binet foi justamente para indicar a possibilidade de mudança e de flutuação, mas o psicólogo alemão William Stern cria a fórmula para o cálculo do Quociente de Inteligência, substituindo o conceito de *nível mental* pelo de *idade mental*, que dá margem à concepção de algo fixo e imutável. Equivocadamente, Binet passa a ser identificado por muitos – até mesmo, estudiosos do campo – como o "criador do QI".

Faz-se necessário destacar que, o estudo das diferenças individuais foi uma grande influência no desenvolvimento da área de seleção de pessoas, justificando que "não é possível submeter seres humanos diferentes a sistemas de trabalho idênticos, ou seja, deveriam-se selecionar as oportunidades de acordo com as aptidões individuais" .

Ainda no início do século XX, na área das organizações, as visões analíticas, empiricistas e mecanicistas de Taylor foram intensificadas pelo fordismo, tendo as organizações como sendo sistemas fechados com tarefas segmentadas, uniformizadas e ao máximo otimizadas, com apresentação de planejamento e controles rígidos. Dessa forma, sendo necessário ter trabalhadores "cientificamente" selecionados e treinados para conseguirem alcançar suas potencialidades máximas.

Na década de 1940, os testes de personalidade e os de inteligência são usados rotineiramente em várias empresas e instituições nos Estados Unidos. Durante a Segunda Guerra Mundial, são adotados para identificar "personalidades submissas" e "indivíduos potencialmente problemáticos" para o exército. Na década de 1950, são adotados nas empresas para avaliar funcionários de diferentes áreas e níveis.

A forte influência americana fez com que o uso dos testes psicológicos começasse a ser usado no Brasil. Entretanto, é pela via da educação que os testes psicológicos entram em nosso país, pelas mãos de José Joaquim de Campos da Costa de Medeiros e Albuquerque. Os testes psicológicos são vistos como o passaporte para dar *status* de ciência à incipiente Psicologia do país. Usados na educação, seriam instrumentos poderosos para a tão almejada modernização do país e, como tais, passam a ser adotados também por profissionais das mais diversas áreas.

O termo Avaliação Psicológica foi utilizado pela primeira vez nos Estados Unidos em 1948, com a publicação da Oficina de Serviços Estratégicos do Exército. Tanto a história da avaliação psicológica, quanto a história dos testes psicológicos se confundem, dando a entender que as duas coisas tivessem a mesma finalidade (Avoglia, 2012). No Brasil, a história da avaliação se confunde com a história da psicologia, dando a entender que a trajetória de ambas são a mesma, uma vez que a avaliação psicológica se constitui como uma das primeiras práticas do Psicólogo - Antes mesmo da regulamentação da Psicologia no ano de 1962, já havia profissionais realizando o processo de avaliação psicológica. Além disso, verifica-se que, desde o início do século XX, já havia laboratórios que produziam pesquisas na área de testes (Hutz, 2015).

No Brasil, a Avaliação Psicológica foi sendo inserida nos contextos clínico, esporte, forense, hospitalar, da orientação profissional e do psicodiagnóstico. Com o passar dos anos, a avaliação psicológica está presente nos mais diversos campos, desde clínicos até laborais.

Foi a partir das décadas de 80 e 90 que novas formas de entendimento da área de Recursos Humanos surgiram, com uma atuação apoiada da Psicologia em todos os níveis da organização, com uma visão pluralista e multidisciplinar. Entre os teóricos da Avaliação Psicológica existe grande concordância de que há eficácia no uso dos testes psicológicos na área organizacional, assim como em qualquer outro campo, porém, essa utilização deve ser de forma contextualizada dos instrumentos. Dessa forma, sendo necessária uma análise minuciosa da tarefa, das responsabilidades, das condições de trabalho, das relações sociais e da cultura organizacional, além de grande domínio do psicólogo com a variedade de testes existentes na área.

Embora clínicos e terapeutas criticassem os instrumentos psicológicos com frequência, segundo alguns, por seu simplismo teórico e pela redução da personalidade a não mais que alguns traços, por exemplo, esses testes continuaram a ser amplamente usados – como o são até hoje. Ao produzir os inventários de personalidade, os psicólogos expandiram e reformularam alguns dos conceitos centrais da sua própria disciplina, remodelaram sua própria organização política e puderam ir muito além dos limites de suas atividades acadêmicas e de seus laboratórios. Desse ponto de vista, os testes psicológicos desempenham várias funções importantes para o estabelecimento e a promoção do conhecimento psicológico e para a consolidação da identidade profissional dos psicólogos – identidade que se disseminará pelo mundo como potência no contexto global.

Um número grande de queixas e de processos judiciais fez com que o Conselho Federal de Psicologia, em uma atitude jamais vista em qualquer outro país, outorgasse o direito de "arbitrar" quanto ao que os Psicólogos podem ou não podem usar, assumindo, assim, a função de instância máxima de determinação do que é verdade científica e do que não é. Apesar das fracas evidências da lógica subjacente às medidas quantitativas de aspectos psicológicos, o exame psicológico, agora rebatizado no Brasil como "avaliação psicológica" (uma tradução direta de *psychological assessment)*, e os instrumentos do campo passaram a depender da aprovação por parte de um órgão regulamentador da prática profissional que, na resolução 02/2003, define o que um "teste" deve apresentar para ser considerado "científico" e, portanto, autorizado para comercialização e para uso. Dessa forma, foi publicado pelo Conselho Federal de Psicologia o site do Sistema de Avaliação de Testes Psicológicos - SATEPSI - em 24 de março de 2003 "com o objetivo de avaliar a qualidade técnico-científica de instrumentos psicológicos para uso profissional, a partir da verificação objetiva de um conjunto de requisitos técnicos e divulgar informações sobre os testes psicológicos à comunidade e às (aos) psicólogas (os)" (SATEPSI, 2003).

Em 15 de dezembro de 2022, foi publicada a Resolução 031/2022, a mais recente atualização, em que "estabelece diretrizes para a realização de Avaliação Psicológica no exercício profissional do psicólogo e regulamenta o Sistema de Avaliação de Testes Psicológicos - SATEPSI, bem como estabelece quais requisitos mínimos os instrumentos devem apresentar para serem reconhecidos como testes psicológicos" (Resolução 031/2022).

Mas o que seria avaliação psicológica? Sob a clássica definição, é um processo de coleta de dados, cuja realização inclui métodos e técnicas de investigação, dentre eles, os testes psicológicos. Sua definição atualizada publicada na Resolução 0031/2022 em sua § 1º: A Avaliação Psicológica é um processo estruturado de investigação de fenômenos psicológicos, composto de métodos, técnicas e instrumentos, com o objetivo de prover informações à tomada de decisão, no âmbito individual, grupal ou institucional, com base em demandas, condições e finalidades específicas.

Para Anastasi e Urbina (2000) "um teste psicológico é essencialmente uma medida objetiva e padronizada de uma amostra de comportamento". Os testes psicológicos são ferramentas. Para colhermos os benefícios que os testes podem oferecer, precisamos ter em mente este fato essencial. Qualquer ferramenta pode ser um instrumento para o bem ou para o mal, dependendo de como é utilizada. Já na Resolução 031/2022 no Art. 7º:

> Os testes psicológicos têm como objetivos identificar, descrever, qualificar e mensurar características psicológicas, por meio de procedimentos sistemáticos de observação e descrição do comportamento humano, nas suas diversas formas de expressão, acordados pela comunidade científica.

Nenhuma área da Psicologia passou por transformações tão profundas, durante o último século, como a que se dedica ao setor de recursos humanos. A Psicologia entrou nas empresas pela porta da seleção e da avaliação de pessoal. O desenvolvimento de quaisquer atividades dentro ou fora das organizações depende – e muito – das condições das empresas e, principalmente, do profissional que as realiza. O mercado, extremamente competitivo, exige cada vez mais competência técnica e interpessoal, de modo que tanto as condições pessoais (crenças, valores, postura, capacidade para colocar ideias) quanto às técnicas (formação acadêmica, cursos de especialização, domínio de tecnologias) auxiliarão a determinar o espaço de trabalho do profissional e a credibilidade de suas propostas.

Os psicólogos têm percebido que os testes psicológicos têm um papel importante no processo de seleção, à medida que os aspectos atualmente mais valorizados quebram paradigmas que sustentavam o processo seletivo ao longo de toda a história da humanidade, cujas características pessoais tornaram-se mais importantes do que sua folha corrida de realizações. Houve uma época em que o currículo a ser apresentado em uma entrevista de seleção profissional era uma das principais preocupações do candidato. Hoje, esse material é apenas utilizado como roteiro para que o entrevistador explique as questões que lhe interessam e que se relacionam com as características exigidas. O que o mercado está buscando é o profissional que desenvolva uma inesgotável capacidade de adaptação a toda gama de situações que possa vivenciar, que consiga enxergar no novo a sua motivação para vencer, que veja obstáculos como desafios a serem transpostos, e não como empecilhos à sua trajetória. Atualmente, é necessário fazer uma correlação entre os dados apresentados no currículo com a comunicação verbal e não verbal do entrevistado. Dessa forma, não é apenas a entrevista que conta para o preenchimento de uma vaga: as dinâmicas de grupo, os testes psicológicos, entre outros são instrumentos importantes para procurar um índice de acertos na contratação do candidato em relação às expectativas e às necessidades do contratante.

Quanto aos testes psicológicos, é necessário atualizá-los, além disso os profissionais devem ficar atentos às qualidades psicométricas dos instrumentos utilizados, sobretudo no que se refere à validade preditiva. Podemos observar, em alguns casos, que a prática psicológica na seleção profissional está comprometida devido ao mau uso dos instrumentos de avaliação. O que pode vir a colocar em risco a qualidade de um processo seletivo é a falta de conhecimento técnico do selecionador no uso da técnica, e não a técnica em si. É necessário admitir que há variáveis próprias do sujeito que podem facilitar ou dificultar sua atuação no trabalho, de forma que se busca em uma seleção não apenas a superqualificação ou máxima experiência, mas a maior compatibilidade possível entre as características do sujeito e as exigências do cargo que pretende ocupar.

Tendo em vista os benefícios do uso de avaliações psicológicas nos processos de seleção, o presente trabalho teve como objetivo identificar os instrumentos mais eficientes em cada nível de ocupação na seleção profissional.

Segundo o censo de 2022, edição de pesquisa nacional de psicólogos brasileiros realizada pelo Conselho Federal de Psicologia, identificou-se que o campo de atuação da Psicologia Organizacional e do Trabalho é ocupado por aproximadamente 2,9% dos participantes. Dentre as atividades desta área, destacam-se: seleção de pessoal, avaliação / atenção / atendimento / intervenção psicossocial, recrutamento de pessoas, atividades de gestão / gerência de unidades / órgãos / setores / equipes, além de gestão de pessoas. Já a área de Avaliação Psicológica detém 9,4% dos participantes.

A Avaliação Psicológica no Contexto Organizacional é vista como um recurso de análise que auxilia os profissionais na tomada de decisão, especialmente no momento da escolha de um profissional para determinada função/atividade.

A realização da avaliação psicológica como uma das etapas do processo seletivo surge como uma forma de verificar características individuais de cada candidato, aumentando a possibilidade de contratar o candidato mais adequado para determinado cargo. A avaliação psicológica possibilita, ao profissional da psicologia, examinar como as pessoas se distinguem entre si, além de se mostrar também como um instrumento muito útil para presumir antecipadamente as características particulares de cada pessoa, que contribuirão para a formulação de hipóteses a respeito dessas características. Ou seja, por meio desse procedimento, o psicólogo poderá também prever possíveis comportamentos e criar estratégias para poder intervir de forma eficaz no desenvolvimento de determinadas competências, tomando como base o que foi apontado no processo seletivo (Legori & Baseggio, 2011).

Geralmente, a avaliação consiste em coletar dados por meio de testes sistemáticos, de entrevistas e de observação, facilitando, assim, a obtenção de dados que podem ser interpretados como forma de alcançar uma descrição aproximada de determinado processo psicológico.

Considerando de modo específico o contexto organizacional, frequentemente, são utilizados testes que avaliam processos cognitivos, como atenção (atenção concentrada, alternada, dividida), memória, inteligência não verbal, habilidades sociais. Esses são fenômenos psicológicos que são geralmente quantificados por meio de testes psicométricos que se utilizam de escores para fazer uma medição de determinado aspecto psicológico; além desses tipos de testes que podem fazer medição, existem também os testes projetivos, que se destinam a descrever características da personalidade do sujeito avaliado, que geralmente são utilizados para a avaliação dos traços de personalidade dos sujeitos (Thadeu et al., 2012).

O Conselho Federal de Psicologia (CFP) trata sobre as várias possibilidades de atuação do profissional de psicologia dentro do contexto organizacional, sendo algumas delas: a assistência na criação de projetos e as avaliações do trabalho para indicar comportamentos adequados, fazendo, assim, com que os funcionários possam exercer com desempenho seus cargos e suas funções. Além de o psicólogo poder contribuir em ações administrativas, como desligamento de funcionários e preparação de aposentadoria, em que o psicólogo pode elaborar projetos para que o funcionário não fique parado nessa nova etapa da vida (Santos & Caldeira, 2014).

O campo de atuação desse profissional cresceu muito, possibilitando, aos Psicólogos Organizacionais e do Trabalho, o envolvimento em práticas de saúde mental no trabalho, desenvolvendo planos de desenvolvimento pessoal e formação, envolvendo-se em questões de ordem laboral e movimentando maneiras de inserir pessoas com necessidades especiais em lugares adequados de trabalho (Cyrne, 2012). Complementando com as palavras de Pinheiro et al. (2012, p. 125):

> [...] há uma gama de atividades, que podem receber a contribuição do psicólogo, tais como Recrutamento e Seleção de Pessoal, Aplicação de Testes Psicológicos, Treinamento e Desenvolvimento, Avaliação de Desempenho/ Potencial/ Performance, Coaching, Atendimento aos colaboradores, Diagnóstico Organizacional, Programas de Qualidade, Análise de cargos e salários, Entrevista de Desligamento, Pesquisa de Clima, Programa de Qualidade de Vida no Trabalho (QVT), Trabalhos de saúde mental do trabalhador, Prevenção em acidentes de trabalho, entre outros.

Além de todas essas atividades que o Psicólogo Organizacional e do Trabalho pode realizar, o trabalho do psicólogo juntamente a outros profissionais é necessário, pois, só assim, o profissional pode conhecer como operam as estratégias de uma empresa, entender o sistema de gestão que faz parte da função dos administradores, compreender a função dos outros profissionais do Recursos Humanos (RH), para, assim, alcançar um resultado mais eficaz (Santos & Caldeira, 2014).

Seguindo essa lógica, cabe aos profissionais de psicologia a missão de entender as organizações, bem como a responsabilidade de pensar em uma melhor maneira de trabalhar com elas. Entender as organizações se refere à capacidade de inteirar-se dos valores que fazem parte da cultura da organização, sendo que essa cultura é que orienta e estabelece os movimentos de mudanças e de resistência (Cyrne, 2012).

Como os Psicólogos Organizacionais estruturam a avaliação psicológica, em se tratando das etapas de processos seletivos, Dalbosco e Consul (2011) afirmam que a maioria das contratações passa, em média, por cinco etapas: a primeira diz respeito ao recrutamento, que é o meio pelo qual a empresa apresenta a vaga disponível, divulgando o perfil do candidato esperado para o preenchimento da vaga; a segunda etapa diz respeito à análise dos currículos, que serve para selecionar aqueles candidatos que estão com maior proximidade do perfil desejado para a vaga.

Ainda segundo os mesmos autores, a terceira etapa é a entrevista, podendo ser individual e/ou coletiva, essa etapa tem por objetivo buscar informações que não são possíveis de obter apenas analisando o currículo; a quarta etapa diz respeito à avaliação psicológica, que tem por finalidade avaliar aspectos da personalidade do candidato, além de avaliar também processos cognitivos como atenção, raciocínio lógico, memória, habilidades sociais, entre outros fatores, que podem ser essenciais para a contratação ou não; e a última etapa, na qual se realiza a contratação do candidato que demonstra possuir o perfil mais adequado para o preenchimento da vaga disponível.

Vale ressaltar que existe a possibilidade de se realizar outras etapas, além das citadas pelos autores, como a realização de prova teórica e de exame prático.

Segundo Dalbosco e Consul (2011), a avaliação psicológica tem sido conceituada por ser uma das principais e mais confiáveis ferramentas do processo de seleção de pessoas dentro das organizações, com o apoio da aplicação de testes que avaliam desde personalidade, rapidez, atenção, desempenho, entre outros elementos. As mesmas autoras ainda comentam que, na atualidade, a avaliação é uma tarefa desempenhada apenas por psicólogos, o que acrescenta uma maior segurança às empresas que possuem um setor de Recursos Humanos, pois se atribui como uma peça importante na contratação ou não da pessoa que se candidata a uma vaga. Sendo assim, por meio da avaliação psicológica, a empresa é capaz de selecionar melhor os candidatos que mais se adequam ao perfil para a vaga disponível (Dalbosco & Consul, 2011).

De acordo com a Resolução do Conselho Federal de Psicologia (CFP) 002/2016 – o qual regulamenta a Avaliação Psicológica em Concursos Públicos e Processos Seletivos no que diz respeito aos seguintes itens:

A avaliação psicológica para fins de seleção de candidatos (as) é um processo sistemático, de levantamento e de síntese de informações, com base em procedimentos científicos que permitem identificar aspectos psicológicos do (a) candidato (a) compatíveis com o desempenho das atividades e profissiografia do cargo (Art. 1º).

Utilizar métodos e técnicas psicológicas reconhecidas pela comunidade científica (Art. 1°§1º). Resultado – análise conjunta [de todas as técnicas] de forma dinâmica com a profissiografia do cargo (Art. 2, II) (Resolução CFP 002/2016).

Sendo assim, a Avaliação Psicológica é um processo sistemático que exige algumas etapas para levantamento de informações, sendo importantes para identificar aspectos psicológicos e cognitivos por meio de procedimentos reconhecidos cientificamente. Portanto, um Psicólogo Organizacional e do Trabalho se faz uma presença essencial para uma boa seleção de candidatos para uma empresa, já que, por meio da avaliação psicológica, é possível treinar melhor os candidatos a uma vaga de emprego.

Muito importante neste momento distinguir que Avaliação Psicológica se define como um processo e Testes Psicológicos como ferramentas/ instrumentos. Nesse sentido a importância do que aponta nosso Código de Ética que o profissional de psicologia deve seguir:

> ... Art. 1º – São deveres fundamentais dos psicólogos:
> b) Assumir responsabilidades profissionais somente por atividades para as quais esteja capacitado pessoal, teórica e tecnicamente;"

Segundo Machado (2007) "testes e avaliações não são sinônimos. Os testes são uma das ferramentas usadas no processo de avaliação. Avaliar é muito mais do que aplicar testes. Avaliar é um processo dinâmico". Levando em consideração essa informação, é possível inferir que, no processo de avaliação, tem diversas ferramentas que são utilizadas, sendo os testes apenas outros meios pelo qual se podem obter mais informações sobre o avaliando.

Primi (2010) traz que a avaliação psicológica deve ser, em primeiro lugar, diferenciada dos instrumentos de avaliação. A avaliação psicológica é uma atividade mais complexa, além de se constituir uma busca metódica de conhecimento em relação ao funcionamento psicológico das pessoas, favorecendo a forma mais adequada de realizar ações e tomadas de decisões futuras. Os instrumentos de avaliação são procedimentos rigorosos para a coleta de informações, sendo eles úteis e confiáveis, para que possam servir de suporte ao processo mais complexo da avaliação psicológica.

Souza (2017) considera a Avaliação Psicológica uma das disciplinas mais importantes na formação em Psicologia, já que, ao longo do processo de formação do profissional psicólogo, este deve adquirir competências que o habilite para a atuação nessa área, tendo em vista que quanto melhor for a qualificação profissional, maior será as chances de fazer bom uso dos instrumentos psicológicos e da avaliação como um todo.

Hutz (2015) traz que a avaliação psicológica é formada por um tripé, sendo eles: os testes psicológicos, as entrevistas e as observações. O teste é o instrumento psicológico mais típico, porém, não é o único. Essa ferramenta se trata de uma situação estimuladora padronizada em que uma pessoa é submetida a responder. Os escores obtidos por meio dos testes refletem a posição do indivíduo em relação a uma ou a mais características psicológicas (Erthal,1987). Os testes normalmente se dividem em psicométricos e projetivos. Os psicométricos são totalmente padronizados em suas tarefas e na interpretação, ou seja, qualquer examinador competente chegaria aos mesmos resultados. Já os testes projetivos são compostos por tarefas não estruturadas, de modo que a interpretação dos resultados acaba dependendo, em parte, do examinador (Pasquali, 2001).

Sobre testes de personalidade, Baylão e Rocha (2014) comentam que:

Os testes de personalidade servem para analisar os diversos traços de personalidade, sejam aqueles determinados pelo caráter (traços adquiridos ou fenotípicos) como pelo temperamento (traços inatos ou genotípicos). Um traço de personalidade é uma característica marcante da pessoa e que é capaz de distingui-la das demais. Os testes de personalidade são genéricos quando revelam traços gerais de personalidade em uma síntese global e recebem o nome de psicodiagnósticos. Os testes de personalidade são chamados específicos quando pesquisam determinados traços ou aspectos da personalidade, como equilíbrio emocional, tolerância a frustrações, interesses, motivação etc. Tanto a aplicação como a interpretação dos testes de personalidade exigem necessariamente a participação de um psicólogo.

Ou seja, os testes de personalidade têm como foco avaliar descrições de personalidade, isto é, características que são únicas da pessoa e que a diferenciam das demais. E que para aplicar e interpretar os resultados é necessário a presença de um psicólogo.

Além disso, Baylão e Rocha (2014) defendem que cada etapa da seleção representa um momento de decisão, que visa aumentar o conhecimento da organização sobre as habilidades, as motivações e as habilidades do candidato, aumentando, assim, as informações para uma seleção final decisiva. Consequentemente, todas as metodologias utilizadas para a seleção possuem validade e são adequadas desde que utilizadas por profissionais competentes.

Sobre a testagem psicológica, Cohen et al. (2014) a descrevem como um processo que tem por objetivo fazer a medição de variáveis relacionadas à psicologia, por meio de instrumentos ou de procedimentos elaborados para obter uma amostra do comportamento. Seguindo com os mesmos autores, o termo teste psicológico refere-se a um dispositivo ou a um procedimento que visa medir variáveis relacionadas à psicologia, por exemplo, a personalidade, a inteligência, a aptidão, interesses, as atitudes, os valores etc.

Dessa forma, é possível pensar sobre a importância da Avaliação Psicológica no Contexto Organizacional, que se mostra como uma ferramenta importante e que permite avaliar características importantes do candidato para se trabalhar em processos seletivos. Com o passar dos anos, a utilização da Avaliação Psicológica no Contexto Organizacional veio crescendo, tanto que cada vez mais os psicólogos têm utilizado a avaliação psicológica como uma das fases do processo seletivo, garantindo, assim, uma maior obtenção de informações sobre o candidato avaliado, e, devido a esse crescimento, está havendo também um aumento do número de testes produzidos no Brasil, o que reforça a ideia de que os testes psicológicos também estão em crescimento no país. Na era informatizada, instrumentos de aplicação e correção informatizados estão sendo validados pelo SATEPSI e disponibilizados para as práticas profissionais dentro desse contexto.

Cabe ressaltar que o Conselho Federal de Psicologia (CFP) tem demonstrado interesse em fornecer subsídios para os psicólogos na utilização e no proceder da avaliação psicológica e dos testes psicológicos, assim como é visto com a recente publicação de resoluções e cartilhas, citando exemplos como a Cartilha sobre Avaliação Psicológica de 2013; a resolução 09/2018, que regulamenta a avaliação psicológica; e a resolução 06/2019, que institui regras para elaboração de documentos escritos por psicólogos. Além de lives e vários materiais de conscientização de boas práticas.

Desde 2003, com a fundação do SATEPSI, tem se mostrado um importante sistema que realiza a avaliação e a certificação de testes psicológicos utilizados na avaliação psicológica, garantindo, assim, a qualidade e confiabilidade dos testes psicológicos produzidos no Brasil, além de facilitar o trabalho do Psicólogo Organizacional e do psicólogo em outros contextos, que facilmente pode acessar a plataforma do SATEPSI por meio do site http://satepsi.cfp.org.br/ e saber quais os testes favoráveis para a avaliação, quais os autores do teste, o ano de construção do teste e qual a validade do teste.

Outro ponto de melhoria em relação a Avaliação Psicológica no Contexto Organizacional é a questão de que ainda não temos testes psicológicos voltados unicamente a esse contexto, diferente do que acontece com a Avaliação Psicológica no Contexto do Trânsito, que já possui baterias de testes publicadas, exclusivamente, para o uso na perícia psicológica no contexto do trânsito. Sendo assim, a sugestão que fica é a de que os psicólogos pesquisadores interessados na área organizacional voltem ainda mais a sua atenção a esse contexto, produzindo estudos que futuramente possam servir de base teórica para possíveis testes psicológicos voltados, exclusivamente, à área organizacional.

REFERÊNCIAS

Anastasi, A.; & Urbina, S. (2000). *Testagem Psicológica*, Porto Alegre: Artmed.

Avoglia, H. R. C. (2012). O sentido da avaliação psicológica no contexto e para o contexto: uma questão de direito. *Psicólogo inFormação*, v. 16, n. 16, p. 179-190. Disponível em:. Acesso em: 01 set. 2023.

Baylão, A. L.S.; & Rocha, A. P. S. (2014). *A importância do processo de recrutamento e seleção de pessoal na organização empresarial.*

Conselho Federal De Psicologia (CFP) 2000. *Resolução CFP N.º 002/2016.*

Cohen, R. J.; Swerdlik, M. E.; & Sturman, E. D. (2014). *Testagem e Avaliação Psicológica-: Introdução a Testes e Medidas.* AMGH Editora.

Cyrne, D. A. C. (2014). *As práticas do psicólogo na área organizacional e do trabalho no município de Lajeado.* 2014. Trabalho de Conclusão de Curso. Disponível em: Acesso em: 20 ago. 2023.

Dalbosco, S. N. P.; & Consul, J. da S. (2011). A importância da avaliação psicológica nas organizações. *Revista de Psicologia da IMED*, v. 3, n. 2, p. 554-558. Disponível em:. Acesso em:20 ago. 2023.

Erthal, T. C. (1987). *Manual de psicometria.* Zahar.

Hutz, C. S.; Bandeira, D. R.; & Trentini, C. M. (Orgs.) (2015). *Psicometria.* Porto Alegre: Artmed.

Legori, A. S.; & Baseggio, D. B. (2011). Importância da avaliação psicológica no processo de seleção de pessoas em escola de educação infantil. *Jornada de Pesquisa em Psicologia.* Disponível em: Acesso em: 01 set. 2023.

Lins, M. R. C.; & Borsa, J. C. (org.) (2017). *Avaliação psicológica:* aspectos teóricos e práticos. (Cap.2, pp. 25-35). Petropolis: Vozes.

Lins, M. R. C.; & Borsa, J. C. (org.) (2017). *Avaliação psicológica:* aspectos teóricos e práticos. (Cap.24, pp. 371-373). Petropolis: Vozes.

Machado, A. P. (2007). *Manual de Avaliação Psicológica.* Curitiba: UNIFICADO.

Pasquali, L. (2001). Testes psicológicos: conceitos, histórias, tipos e usos. In: L. Pasquali (Org.), *Técnicas de exame psicológico - TEP - fundamentos das técnicas psicológicas* (Vol.1, pp.13-56). São Paulo: Casa do Psicólogo.

Primi, R. (2010). Avaliação psicológica no Brasil: fundamentos, situação atual e direções para o futuro. *Psicologia: Teoria e Pesquisa*, v. 26, n. 25ANOS, p. 25-36. Disponível em:. Acesso em: 15 ago. 2023.

Pinheiro, L. R. S.; Mario, C.; & Giacomini, M. (2012). A atuação do psicólogo organizacional e do trabalho no norte do rio grande do sul. *Perspectiva, Erechim.* v.36, n.136, p.123-132, dezembro. Disponível em:. Acesso em: 15 ago. 2023.

Santos, F. C. O.; & Caldeira, P. (2016). *A psicologia organizacional e do trabalho na contemporaneidade: as novas atuações do psicólogo organizacional.* 2016. Disponível em: . Acesso em: 20 ago. 2023.

Souza, A. A.S. (2017). A formação do psicólogo para a prática da avaliação psicológica. ISSN 2179-5568 – *Revista Especialize On-line IPOG* - Goiânia - Ano 8, Edição nº 14 Vol. 01 dezembro.Disponível em: . Acesso em: 26 ago. 2023.

Silva, M.C.V.M. (2011). *História dos testes psicológicos*, São Paulo: Vetor.

Thadeu, S. H.; Ferreira, M. C.; & Faiad, C. (2012). A avaliação psicológica em processos seletivos no contexto da segurança pública. Avaliação Psicológica, v. 11, n. 2, p. 229-238. Disponível em: . Acesso em: 27 ago. 2023.

TRAÇOS DE PERSONALIDADE COMO PREDITOR DE BONS RESULTADOS NO PÓS-CIRÚRGICO

Fernanda Gonçalves da Silva · FACULDADE FOCUS
Beatriz Pinto Freiman · UNIVERSIDADE ESTÁCIO DE SÁ (UNESA)
Camila da Silva Santos · UNIVERSIDADE ESTÁCIO DE SÁ (UNESA)

1 INTRODUÇÃO

Diante do contexto de tratamento em saúde que avalia a condição do indivíduo em sua totalidade e abrange, assim, diversas áreas do conhecimento, percebe-se que avaliar os fatores psicológicos é imprescindível para que programas de tratamento que visam a mudanças de estilo de vida sejam eficazes. Entre esses fatores, o que mais se destaca nas pesquisas é a personalidade. Segundo Sekula et. al. (2019), alguns tipos de personalidade possuem potencial em serem preditores no desenvolvimento de doenças, pois algumas características específicas podem gerar dificuldade na adaptação a técnicas, bem como dificuldade no gerenciamento de emoções negativas.

Perder peso está diretamente relacionado a mudanças de comportamento, a hábitos alimentares, a atividades físicas, à capacidade de desenvolver estratégias e a mudanças no estilo de vida (Bordignon,et. al. 2017). A eficácia do pós-cirúrgico da bariátrica depende do envolvimento do paciente, sendo isso parte essencial para o sucesso do procedimento. Considerando esse ponto, algumas pesquisas são realizadas, almejando avaliar a relação entre os traços de personalidade e o envolvimento do paciente no tratamento da obesidade.

Avaliar a personalidade em conjunto com aspectos cognitivos, afetivos e comportamentais do paciente pode ser um bom ponto de partida dos tratamentos para obesidade, pois, dessa forma, torna-se possível descrever e antecipar o comportamento do paciente a fim de criar estratégias que visam a bons resultados no pós-cirúrgico da bariátrica (Kucharska et al., 2018).

2 MODELOS DOS CINCO GRANDES FATORES DE PERSONALIDADE

Dentre os modelos que descrevem a construção dos traços de personalidade, a Teoria do Traço, em específico, o Modelo de Cinco Fatores, ou *Big*

Five, desenvolvido por Costa & McCrae, é um dos mais utilizados atualmente nas pesquisas (Bordignon et.al, 2017; Kucharska et al., 2018). Segundo Otatti (2012), a Teoria dos Cinco Fatores é o modelo mais utilizado para avaliar a personalidade, pois se mostra mais adequado aos diversos contextos culturais.

Muitos instrumentos são baseados na Teoria do *Big Five*, entre eles, o Inventário de Personalidade, denominado NEO-PI-R. Desenvolvido pelos pesquisadores norte-americanos Paul Costa e Robert McCrae a partir de 1970, é um instrumento de avaliação da personalidade com objetivo de identificar as diferenças individuais na personalidade. Em 1985, ocorre a sua primeira publicação, sendo revisado algumas vezes e publicado novamente em 1991, nos Estados Unidos. A versão brasileira do instrumento teve sua publicação, em 2007, pela pesquisadora Carmen E. Flores-Mendoza (Otatti, 2012).

O Inventário de Personalidade NEO-FFI consiste em uma versão reduzida do NEO-PI-R, desenvolvido por Costa e McCrae, e demonstra relevância nos estudos recentes encontrados, sendo o mais utilizado. O NEO-FFI é composto por 60 questões afirmativas, nas quais a pessoa responde uma escala de 5 níveis que se inicia em "concordo totalmente" e finaliza em "discordo totalmente". Deve-se escolher a opção que mais se identifica, fornecendo uma breve e compreensiva mensuração dos 5 domínios da personalidade estipulados pela Teoria *Big Five*. Em alguns estudos, observa-se a aplicação do inventário juntamente a um questionário formulado pelos autores, objetivando a coleta de dados demográficos e informações pessoais (Kucharska et al., 2018; Sekula et. al., 2019).

A Teoria dos Cinco Grandes Fatores aponta para a existência de cinco traços de personalidade universais que podem ser previstos a depender da situação, são eles: **1) Neuroticismo**: caracterizado por uma maior ansiedade, impulsividade, vulnerabilidade, raiva e hostilidade, levando as pessoas em situações de estresse a ter comportamentos disfuncionais, como comer em excesso e descontinuar atividades físicas (Gerlach et al., 2014). **2) Extroversão**: pessoas com alta e baixa extroversão foram caracterizadas como ativas, enérgicas e entusiasmadas versus ser quieta e reservada (Sutin, et al., 2016). O baixo nível em extroversão pode aumentar o risco para vício em comida (Brunault et al., 2018); **3) Abertura à experiência:** pessoas com alta pontuação em abertura à experiência podem ser caracterizadas como criativas, curiosas e imaginativas. Já os indivíduos com baixa pontuação se revelam como conservadores. (Sirpa et al., 2018); **4) Amabilidade:** indivíduos com alta pontuação em amabilidade são considerados gratos, simpáticos e altruístas. No caso de baixa pontuação, são reconhecidos como hostis e egocêntricos (Sirpa et al., 2018). Esse traço está associado, de forma negativa, ao risco de se tornar obeso. (Bagnjuk et al., 2019); **5) Conscienciosidade:** indivíduos com esse alto fator agem de forma organizada, planejada, eficaz, confiável e deliberada. A pessoa consegue ter mais controle e, assim, restringir seu comportamento alimentar (Gerlach et al., 2014).

As pesquisas têm mostrado uma correlação positiva entre os traços e o comportamento alimentar. Por um lado, a conscienciosidade como fator de proteção e, por outro, o neuroticismo como um fator de risco (Gerlach et al., 2014; Sutin & Terraciano, 2016).

3 DEPENDÊNCIA ALIMENTAR E TRAÇOS E PERSONALIDADE

Com objetivo de investigar a relação de vício em comida com traços de personalidade que estão associados à dependência de substâncias, realizou-se um estudo transversal com candidatos à cirurgia bariátrica. Os dados demográficos e o Índice de Massa Corporal (IMC) foram registrados, e os pesquisadores avaliam a dependência alimentar dos candidatos e seus traços de personalidade, utilizando instrumentos específicos, sendo eles a Escala de Dependência Alimentar de Yale e o Inventário dos Cinco Fatores, respectivamente.

Os resultados apontam que pacientes com dependência alimentar registram maior neuroticismo, além de baixa conscienciosidade e extroversão. Assim dizendo, os pacientes possuem uma tendência a responder a emoções negativas com um comportamento disfuncional de se alimentar em excesso, não conseguindo controlar seus impulsos nem se organizar em relação à alimentação, optando por recompensas em curto prazo, sendo essas fontes de alívio para o que estão sentindo no momento. O estudo relata que as mulheres têm uma maior predisposição à dependência alimentar por terem pontuações mais altas em neuroticismo comparado com os homens (Brunault et.al, 2018).

4 OBESIDADE X TRAÇOS DE PERSONALIDADE

Muitos países realizam estudos longitudinais para acompanhar e avaliar a população em determinado aspecto, sendo comuns estudos voltados à alimentação e à saúde. Uma parte da população é acompanhada durante um longo período, podendo durar anos, e seus resultados são generalizados. Esses estudos permitem avaliar as mudanças de comportamento dos participantes ao longo do tempo, possibilitando traçar estratégias para melhorar a qualidade de vida.

Nos Estados Unidos, o *National Longitudinal Study of Adolescent Health* (Estudo Longitudinal Nacional de Saúde do Adolescente) é um estudo longitudinal de ondas múltiplas de adolescentes e sua primeira onda ocorreu em 1994-1995. A sua quarta onda inclui a medida de traços de personalidade. Utilizando os dados desse estudo longitudinal, pesquisadores buscaram associar personalidade e adiposidade em adultos jovens, analisar se o sexo, a raça e a etnia participam dessas associações e avaliar se a personalidade se associa à experiência subjetiva de peso e às diferenças entre peso real e peso percebido.

Os participantes compõem uma amostra durante o período de 1994-1995. A amostra original foi acompanhada três vezes, com a quarta onda de coleta de dados em 2008-2009. Um total de 15.669 participantes tinham informações disponíveis sobre personalidade e seu peso corporal real e o seu peso percebido. Por falta de dados, houve uma variação da amostra entre 15.160 e 15.669 participantes. Os resultados foram iguais quando se restringiu a apenas participantes que tinham dados completos sobre todas as variáveis do estudo. Em média, a amostra tinha 29 anos, com participantes em uma faixa etária de 25 a 34 anos.

Avaliou-se a mensuração dos traços de personalidade por meio do instrumento *Mini Pool* de itens de personalidade internacional, desenvolvido para estudos de grande escala e que possuem o tempo limitado. O instrumento se baseia na Teoria *Big Five* e contém 20 itens, nos quais cada domínio é medido com quatro itens. Na entrevista realizada em casa, os participantes foram solicitados a relatar sua altura e peso, a fim de analisar o peso percebido. Após isso, as medições de altura e peso foram registradas por profissional treinado. Os resultados mostraram que neuroticismo entre mulheres e extroversão entre homens estavam associados à maior adiposidade. No que tange ao peso percebido, neuroticismo se relaciona com peso mais pesado percebido incorretamente, enquanto extroversão é associada com peso mais alto e mais magro percebido erroneamente (Sutin & Terraciano, 2016).

Bagnjuk et al. (2019) realizaram um estudo baseado em dados do *German Socio-Economic Panel* (GSOEP) nas ondas de 2005 a 2013. Utilizou-se a estratégia transversal e longitudinal a fim de fornecer maior consistência nas informações sobre os efeitos dos traços de personalidade na obesidade: o modelo transversal para analisar os traços de personalidade e as suas associações com a obesidade no ano de 2005, seguido por ajustes para potenciais fatores de confusão; e modelo longitudinal para analisar associação entre fatores de personalidade e obesidade entre 2005 e 2009, seguido por ajustes para potenciais fatores de confusão e estratificado para diferenças de gênero.

As respostas apresentaram dados sobre a personalidade, que foram medidos por meio do questionário BFI-S; dados para índice de massa corporal autoavaliado, visando determinar o nível de obesidade; além de informações para possíveis fatores de confusão (idade, desemprego, estado civil, existência de deficiência grave, autoavaliação da saúde).

Os resultados do estudo apontaram para a existência de associação da obesidade a quatro traços de personalidade no estudo transversal; no entanto, não foi observado esse efeito quando os mesmos dados foram utilizados na configuração longitudinal. Sendo assim, o único traço encontrado associado, de forma negativa, ao risco de se tornar obeso foi a amabilidade.

5 TRAÇOS DE PERSONALIDADE E OS BONS RESULTADOS NO PÓS-CIRURGIA BARIÁTRICA

A pesquisa realizada por Kucharska et al. (2018) objetiva avaliar a relação entre a intensidade dos traços de personalidade e a eficácia da perda de peso com a dieta DASH e a terapia nutricional. Utiliza, como amostra, 84 participantes com hipertensão, sobrepeso ou obesos que tiveram seu IMC calculado, a personalidade avaliada pelo teste NEO-FFI e depois foram submetidos a tratamento por 3 meses. Os resultados indicam que os participantes tinham alta pontuação em extroversão, conscienciosidade e abertura à experiência e baixa pontuação em neuroticismo e amabilidade.

Devido a esses fatores presentes na personalidade dos candidatos, foi possível realizar uma intervenção adequada, pois eles possuem alto comprometimento e organização para continuar seguindo as recomendações do tratamento além de conseguirem controlar seus impulsos e emoções com relação à comida. No entanto, demonstram alta competitividade e hostilidade entre eles para alcançar esse resultado. O estudo mostra também que mulheres têm maior escore de neuroticismo, assim como apontado em outras pesquisas (Brunault et.al, 2018; Soini et al., 2018).

Bordignon et al. (2017) encontram 13 estudos focados na avaliação da personalidade para prever os resultados no pós-cirúrgico. Entre esses estudos, os que acompanharam os pacientes que foram submetidos à cirurgia bariátrica teve como resultado a redução do neuroticismo, podendo ser associado às alterações metabólicas e ao acompanhamento que é realizado após a cirurgia.

A revisão sistemática, conduzida por Generali e Panfilis (2018), consiste em avaliar as influências da personalidade na perda de peso pós-operatória em indivíduos submetidos a procedimentos cirúrgicos para perda de peso. Constata-se que o sucesso da cirurgia bariátrica é afetado pela capacidade dos pacientes de realizar mudanças permanentes no estilo de vida. Ter um alto escore de conscienciosidade e baixo neuroticismo é imprescindível para que isso ocorra de modo eficaz.

No entanto, observou-se uma inconsistência entre os estudos que tinham como objetivo a relação entre os transtornos da personalidade e o pós-cirúrgico. Alguns apresentaram que distúrbios de personalidade são preditores de baixo sucesso da cirurgia bariátrica e outros não apresentaram essa associação. Ainda assim, estudos que analisaram os traços de personalidade apontaram que existe uma influência na perda de peso.

Soini et al. (2018) avaliam os traços de personalidade com relação a fatores motivacionais, hábitos alimentares, frequência de auto ponderação, necessidade de suporte e dificuldades encontradas durante a perda de peso e sua posterior manutenção. Os resultados desse estudo apontam que os traços de personalidade neuroticismo, amabilidade e conscienciosidade estão associados a todos os quesitos citados acima. Conclui-se ainda que os traços de personalidade podem ser importantes para o sucesso a longo prazo, como a manutenção do peso. Entretanto, o estudo atenta que essas conclusões não podem ser generalizadas, pois apenas caucasianos participaram da pesquisa e a amostra foi considerada pequena.

6 CONCLUSÃO

A obesidade precisa ser um tema recorrente, visto que tem afetado muitas pessoas. O excesso de peso não está restrito à idade, ao sexo ou à hereditariedade e deve ser uma preocupação considerando os prejuízos causados à saúde dos indivíduos. Notou-se que a obesidade precisa ser também um tema abordado pela Psicologia, com intuito de que haja promoção de saúde.

A pesquisa realizada por Kim (2016) aponta que, até mesmo, os gastos com médicos são mais altos em pacientes com obesidade mórbida. Uma pesquisa realizada por Sutin e Terraciano (2018) evidenciou que indivíduos com menor índice de massa corporal teriam pontuações associadas à conscienciosidade, à amabilidade e à abertura. Traços de personalidade têm sido associados, de forma consistente, a experiências objetivas e subjetivas de peso corporal (Sutin & Terraciano, 2018).

Com relação à personalidade ser predição para os efeitos dos tratamentos, tem-se evidências que apontam para a conscienciosidade como um fator positivo para a perda de peso, enquanto que o neuroticismo pode ter influência negativa, ainda mais se falando de alimentação emocional (Gerlach et al., 2014; Sutin & Terraciano, 2016), pois estão mais propensos a desenvolver excesso de peso, levando em consideração a ausência de autodisciplina, do comportamento planejado e do gerenciamento de experiências negativas em conjunto com o comportamento de comer em excesso (Soini et. al. 2018).

Verifica-se que fazer uma avaliação acerca da personalidade do paciente pode ser um bom ponto de partida dos tratamentos para obesidade. Sekula et. al. (2019) evidencia o fato de que aproximadamente 20% dos pacientes não obtiveram sucesso terapêutico no pós-operatório devido a questões psicológicas. No entanto, avaliar somente esse ponto não garante a eficácia do tratamento, pois existem outros aspectos que podem interferir nos resultados do pós-cirúrgico.

REFERÊNCIAS

Bagnjuk, J.; König, H.-H.; & Hajek, A. (2019). Personality traits and obesity. *Int J Environ Res Public Health*, v. 16, n. 15, p. 2675.

Bordignon, S.; Aparício, M. J. G.; Bertoletti, J.; Trentini, C. M. (2017). Características de personalidade e resultados da cirurgia bariátrica: uma revisão sistemática. *Trends in Psychiatry and Psychotherapy*, v. 39, n. 2, p. 124-134.

Brunault, P.; Ducluzeau, P. H.; Courtois, R.; Bourbao-Tournois, C.; Delbachian, I.; Réveillère, C.; & Ballon, N. (2018). Food addiction is associated with higher neuroticism, lower conscientiousness, higher impulsivity, but lower extraversion in obese patient candidates for bariatric surgery. *Substance Use & Misuse*, v. 53, p. 1-5.

Gerlach, G.; Herpertz, S.; & Loeber, S. (2015). Personality traits and obesity: a systematic review. *Obes Rev*, v. 16, n. 1, p. 32-63, jan.

Generali, I.; & Panfilis, C. De.(2018). Personality traits and weight loss surgery outcome. *Current Obesity Reports*, v. 7, p. 227-234.

Kim, J. Personality traits and body weight: Evidence using sibling comparisons. *Soc Sci Med*, v. 163, p. 54-62, ago. 2016.

Kucharska, A.; Jaworski, M.; Panczyk, M.; Pilska, M.; Gajewska, D.; & Niegowska, J. (2018). The effectiveness of dietary approaches to stop hypertension diet intervention in persons with arterial hypertension and obesity: a key role of the patients' personality profile. *Ann Nutr Metab*, v. 72, n. 2, p. 104-111.

Otatti, F. (2012). *Inventário de Personalidade NEO-PI-R. IBAP.* Disponível em: <ibapnet.org.br/?cd=55>. Acesso em: 17 jan. 2021.

Sekula, M.; Jarczewska-Gerc, E.; Boniecka, I.; Jędrzejewski, E.; & Paśnik, K. (2019). XXL--Type Personality. Personality traits promoting excess body weight. *Pol Przegl Chir*, v. 91, n. 5, p. 1-4, 2019.

Soini, S.; Mustajoki, P.; Eriksson, J. G.; Lahti, J. (2018). Personality traits associated with weight maintenance among successful weight losers. *American Journal of Health Behavior*, v. 42, n. 6, p. 78-84, nov.

Sutin, A. R.; & Terraciano, A. (2016). Five-Factor Model Personality Traits and the Objective and Subjective Experience of Body Weight. *Journal of Personality*, v. 84, n. 1.

Sutin, A. R.; & Terraciano, A. (2019). Personality and the Social Experience of Body Weight. *Pers Individ Dif*, v. 137, p. 76-79, 15 jan.

WELLNESS E SAÚDE MENTAL NO TRABALHO

Isabella Pippa Ferreira Freitas · CONSELHO REGIONAL DE PSICOLOGIA (CRP/04)

Juliana Maria da Silva Magalhães · LABORATÓRIO DE NEUROPSICOFISIOLOGIA, UNIVERSIDADE DO MINHO

1 INTRODUÇÃO

A saúde mental no trabalho e o bem-estar do trabalhador têm se tornado questões cada vez mais relevantes no Brasil, refletindo uma tendência global. As organizações estão reconhecendo a importância de criar ambientes de trabalho saudáveis, que promovam a saúde mental e o equilíbrio entre vida pessoal e profissional. Recentemente, o cenário da pandemia de Covid-19 contribuiu para intensificar a importância da conscientização para a saúde mental no trabalho, uma vez que muitos colaboradores enfrentam desafios como isolamento social, incertezas e aumento do estresse. As empresas se viram em um cenário sem precedentes, em que foi imperativo repensar todo o formato tradicional do trabalho, começando a adotar uma maior flexibilização dos horários de trabalho, o trabalho remoto e as licenças para cuidar da saúde mental como forma de atender às necessidades individuais do trabalhador. Concomitantemente, o governo e as entidades regulatórias estão voltando mais o olhar para a saúde mental no trabalho, levando a possíveis regulamentações para garantir um ambiente saudável e seguro para os trabalhadores. Algumas organizações passaram a oferecer apoio psicológico a seus colaboradores, como sessões de aconselhamento, *coaching* e grupos de apoio para lidar com estresse, ansiedade e outras questões de saúde mental.

Empresas e líderes estão se tornando mais conscientes dos impactos da saúde mental no desempenho do trabalhador e na produtividade geral da organização. Isso tem levado a uma maior atenção para a promoção da saúde mental no ambiente de trabalho. Assim, as organizações estão capacitando seus líderes para reconhecerem os sinais de problemas de saúde mental entre seus colaboradores e lidarem com essas questões de forma sensível e eficaz. Muitas empresas têm implementado programas de bem-estar que incluem atividades físicas, incentivos para adoção de hábitos saudáveis e promoção de um estilo de vida equilibrado. Além disso, realizam campanhas de conscientização sobre saúde mental, oferecendo palestras, *workshops* e materiais educativos para dez estigmatizar a narrativa sobre o tema.

A avaliação psicológica nesse momento vem com o papel importante de avaliar a saúde mental do trabalhador além do seu desempenho no contexto do trabalho, podendo ter o uso de instrumentos avaliativos, entre eles: inventários, testes psicológicos para levantamento de clima e desenvolvimento dos colaboradores, trazendo os pontos para serem trabalhados por meio de treinamento e desenvolvimento, visando às carreiras às quais estão inseridos. Visando ao desenvolvimento dos profissionais dentre as suas capacidades e qualidades. Mostrando aos profissionais que a empresa se importa, trazendo às equipes a importância de serem pertencentes, por meio da valorização dos profissionais, e, com isso, tendo um aumento considerável na produtividade, diminuindo o *turn over.*

Avaliação Psicológica para *Wellness* e Saúde Mental no Trabalho

O Conceito *Wellness* está em pauta desde a década de 20 e pode ser visto como práticas de hábitos saudáveis da vida diária com foco em aumentar o bem-estar do corpo e da mente (Insuder, 2021).

A palavra *wellness* tem o significado de: bem-estar, quando traduzido do inglês, é um termo derivado do adjetivo "well", que significa "bem". O termo bem-estar está relacionado a diversas áreas, sendo elas: física, emocional, financeira e profissional. Para compreender o que está envolvido no Conceito de *Wellness*, é preciso compreender que o ser humano é a soma de vários fatores que precisam estar em equilíbrio, sendo os principais:

1. Bem-estar físico: no aspecto físico, está englobado a alimentação saudável, a qualidade do sono e a rotina de exercícios físicos.
2. Bem-estar emocional: possuir ambientes de trabalho menos tóxicos e com baixa influência de estresse, aumentando, assim, a cultivação de um ambiente mais humano.
3. Bem-estar financeiro: salários compatíveis, benefícios e o desenvolvimento de consciência financeira (Pontotel, 2023).

A avaliação psicológica é entendida como um método sistemático com o foco de obter informações relacionadas aos comportamentos de pessoas, as quais serão usadas para inferir as suas características psicológicas. Ela ocorre em contextos delimitados com propósitos específicos, tais como: descrever as características das pessoas, predizer comportamentos futuros, fazer classificação diagnóstica e planejamento de intervenções e monitorar variáveis psicológicas (Primi, 2018).

Promover a avaliação psicológica junto ao processo de *Wellness* na saúde mental do trabalhador traz um grande avanço nas características emocionais e produtivas, fornecendo um autoconhecimento, sensação de pertencimento e importância, que mudam a visão e os valores do trabalhador referente ao olhar humanizado e profundo da empresa sobre o aproveitamento e as características de seus colaboradores, sabendo seus pontos fortes e fracos para desenvolvimento e locação nos lugares ideais, trazendo um melhor aproveitamento da estrutura psicológica e dos talentos de cada um. Como nós explica a Cartilha de Avaliação Psicológica (CFP, 2022), o que é a avaliação psicológica:

> A avaliação psicológica é um processo técnico e científico realizado com pessoas ou grupos de pessoas que, de acordo com cada área do conhecimento e com as demandas exigidas, requer metodologia específicas. A Resolução CFP Nº31/2022, em vigência define a avaliação psicológica como um processo estruturado de investigação de fenômenos psicológicos, composto de métodos, técnicas e instrumentos, com o objetivo de prover a tomada de decisão, no âmbito individual, grupal ou institucional com base nas demandas, condições e finalidade específicas. (p.9).

Conduzir uma avaliação psicológica para *wellness* e saúde mental no trabalho envolve a aplicação de diversos métodos e instrumentos para avaliar o bem-estar emocional, mental e psicossocial dos colaboradores. A abordagem pode variar dependendo das necessidades da organização e dos indivíduos. Antes de conduzir uma avaliação, é importante identificar o propósito e as metas da avaliação, isso pode envolver a definição, se a avaliação é voltada ao diagnóstico de problemas de saúde mental específicos, à promoção do bem-estar geral, à identificação de riscos psicossociais no ambiente de trabalho ou ao desenvolvimento e a treinamentos focados na gestão de carreiras. Com base na necessidade identificada, selecione os instrumentos mais apropriados. Alguns exemplos incluem:

1. Instrumentos que avaliam o nível de satisfação com a vida, o equilíbrio entre trabalho e vida pessoal e a felicidade geral. Um exemplo de questionário de bem-estar que avalia o nível de satisfação com a vida, o equilíbrio entre trabalho e vida pessoal e a felicidade geral é o "Índice de Felicidade no Trabalho" (IFT). O IFT é uma ferramenta que visa medir o bem-estar no trabalho por meio da avaliação de diversos aspectos relacionados à satisfação, ao engajamento e à qualidade de vida dos colaboradores.
2. Inventários de sintomas: ferramentas que medem sintomas de ansiedade, de depressão e de estresse, como o Inventário de Depressão de Beck (BDI) (Beck, 1961), o Inventário de Ansiedade de Beck (BAI) (Beck, 1988) e o Questionário de Saúde do Paciente (PHQ-9) (Kroenke, 2001).
3. Avaliação de estresse: testes que avaliam a percepção de estresse no trabalho e os fatores relacionados ao estresse, como o Questionário de Avaliação de Risco Psicossocial (QRPS).
4. Avaliação de resiliência: instrumentos que medem a capacidade de lidar com adversidades e com situações de estresse, como a Escala de Resiliência de Connor-Davidson (CD-RISC) (Connor, 2003).

5. O ISSL-R: é um instrumento de avaliação psicológica e pode ser utilizado nos diversos contextos nos quais há necessidade de avaliação do estresse.
6. COLEÇÃO CLIMOR: avalia a comunicação, a integração e a satisfação; desenvolvimento profissional e benefícios; ergonomia; condições de trabalho e processo decisório e, também, avalia o clima organizacional, definido como um conjunto de características estáveis resultantes da interação entre o colaborador (percepção individual), seus colegas (microambiente) e a organização (macroambiente).
7. ESCALA QVT: avalia quatro fatores de influência na QVT, que se referem à promoção do respeito pelas diferenças individuais e pela autonomia por meio de normas e de regras claras; à satisfação com as políticas salariais da instituição; ao incentivo e ao suporte para a realização de treinamentos e de cursos de aperfeiçoamento e à jornada de trabalho; e à possibilidade de lazer e de convívio social, com base na jornada de trabalho, carga horária e o volume de atividades. Trazendo como objetivo avaliar a qualidade de vida no trabalho relacionada à necessidade de humanizar o ambiente laboral, levando em consideração fatores pessoais associados aos processos produtivos para proporcionar um ambiente laboral saudável, que possibilite ao trabalhador condições de desenvolver suas atividades com satisfação e bem-estar.
8. EALA – ESCALA DE AVALIAÇÃO DO LÍDER AUTÊNTICO: avalia como o comportamento de um líder se aproxima do que é ser um líder autêntico, que é alguém que toma por base e promove capacidades psicológicas positivas e um clima positivo de ética. Que se ocupa com o seu autodesenvolvimento positivo, ao mesmo tempo estimulando o desenvolvimento de seus seguidores. A escala EALA avalia o nível de Liderança Autêntica por meio de quatro fatores: Autoconsciência, Processamento Balanceado, Perspectiva Moral Internalizada e Transparência de Relacionamento. São apresentadas situações possíveis de ocorrer no dia a dia organizacional, para as quais o líder deve tomar decisões sobre como agir. O respondente deve avaliar como agiria se estivesse no lugar do líder, considerando apenas o conjunto das soluções apresentadas.
9. DTO II - DIAGNÓSTICO TIPOLÓGICO ORGANIZACIONAL: usa técnica de diagnóstico que permite definir os estilos cognitivos e comportamentais, requeridos para o desempenho das diversas funções relativas a cada um dos setores de uma organização.
10. HTM- TESTE DE HABILIDADE PARA O TRABALHO MENTAL: o teste é composto por 48 questões, divididas em 3 partes iguais. A primeira parte é de Raciocínio Lógico-Verbal e investiga a habilidade para entender os conceitos expressos em palavras; a segunda parte é de Raciocínio Lógico-Numérico e investiga a facilidade para trabalhar com conceitos,

relações e operações; a terceira parte é a de Raciocínio Lógico-Abstrato e investiga a capacidade de perceber detalhes, semelhanças e diferenças.

11. HUMANGUIDE: o HumanGuide® tem por objetivo avaliar o perfil motivacional do indivíduo no contexto organizacional e identificar, por meio de seus resultados, fatores que motivam o profissional e seus predomínios de comportamento.
12. PALOGRÁFICO: trata-se de um teste que avalia a personalidade por meio do comportamento expressivo. Extremamente importante para ser aplicado associado à bateria para os tipos de intervenção relacionados aos aspectos organizacionais e clínicos. Mede desde a produtividade até aspectos patológicos.

Os instrumentos selecionados são aplicados aos colaboradores de forma individual ou em grupo, dependendo do método escolhido. Para além dos testes psicológicos, a coleta de dados também pode ser realizada por meio de outros instrumentos, como questionários autoaplicáveis ou entrevistas. Após a coleta de dados, os resultados dos instrumentos são analisados para identificar padrões, tendências e áreas de preocupação. Essa análise pode indicar possíveis áreas de risco, necessidades de intervenção ou oportunidades de melhoria. Os resultados da avaliação devem ser sempre compartilhados de maneira confidencial com os colaboradores, permitindo a oportunidade de discussão e, se necessário, encaminhamento para intervenções apropriadas.

Exemplos de intervenção podem incluir aconselhamento, treinamento em habilidades de enfrentamento, *workshops* de gerenciamento de estresse, entre outros. É importante lembrar que a avaliação psicológica para *wellness* e saúde mental no trabalho deve ser conduzida por psicólogos qualificados e seguir as diretrizes éticas e de privacidade. Além disso, a escolha dos instrumentos deve ser feita com base em considerações científicas e clínicas adequadas.

2 DESAFIOS PARA AVALIAÇÃO PSICOLÓGICA E PARA IMPLANTAR PRÁTICAS DE *WELLNESS* E SAÚDE MENTAL NAS ORGANIZAÇÕES.

A Avaliação Psicológica de *Wellness* e Saúde Mental no Ambiente de Trabalho é uma ferramenta vital para identificar, intervir e promover um local de trabalho saudável. Contudo, esse processo apresenta vários desafios.

Em muitas empresas, a saúde mental ainda não é reconhecida como um componente crucial para o sucesso organizacional. Pode haver uma falta de compreensão sobre o impacto direto que o bem-estar do trabalhador tem na produtividade, engajamento e retenção. Não se pode descartar a possibilidade de encontrar resistência à mudança ou à introdução de novas iniciativas se estas não estiverem alinhadas com a cultura e os valores existentes da empresa. A saúde mental, infelizmente, ainda é cercada por certos estigmas que podem, inclusive, tornar os colaboradores relutantes em buscar ajuda ou participar de iniciativas relacionadas, por receios com relação à confidencialidade e por medo de serem expostos, estigmatizados e haver repercussões negativas na sua relação com a empresa e carreira como um todo. Preocupações com a confidencialidade podem levar os colaboradores a não serem completamente honestos em suas respostas, comprometendo, assim, a fidedignidade dos resultados da avaliação psicológica. Também, é relevante pensar que nem todas as organizações têm os recursos necessários para implementar programas abrangentes de *wellness* e saúde mental no trabalho. Isso inclui tanto recursos financeiros quanto humanos.

É importante se considerar a diversidade cultural dos colaboradores. Culturas diferentes têm diferentes entendimentos e manifestações de questões de saúde mental, e essas nuances podem se tornar um desafio para fazer avaliação psicológica padronizada. A cultura organizacional também permeia toda uma maneira de se entender e abordar as questões de bem-estar e saúde mental. Portanto, ferramentas demasiadamente genéricas podem não capturar nuances específicas relacionadas ao ambiente de trabalho ou à natureza do trabalho. Aqui, o papel do psicólogo é fundamental para fazer uma análise profunda com pensamento crítico e contemplar os fatores pertinentes ao contexto da organização e das pessoas para interpretar os resultados da avaliação psicológica com um bom enquadramento e desenhar um plano de intervenção adequado.

Para além disso, é fundamental avaliar se os líderes e gerentes estão capacitados para reconhecer e lidar com questões de saúde mental entre seus subordinados e se estão abertos para um trabalho conjunto com o psicólogo organizacional. Os colaboradores têm diferentes necessidades e preferências. O que funciona para um pode não funcionar para outro, tornando necessário um esforço para personalizar abordagens de intervenção e ajustes na própria gestão dos subordinados. Os gestores são também responsáveis por monitorar resultados de seus departamentos e medir o Retorno sobre Investimento (ROI) de programas de bem-estar e de saúde mental pode ser desafiador, embora os benefícios sejam tangíveis, muitas vezes são indiretos e podem levar tempo para se manifestar.

Apesar do trabalho remoto e da flexibilização de horários terem sido praticados mais intensamente nos últimos anos como uma estratégia para promover um melhor bem-estar no trabalho, essas ações podem ser desafiadoras para se manter programas consistentes e podem gerar uma maior complexidade de se pensar em intervenções em grupo. Em organizações maiores, a avaliação individual de cada colaborador pode ser um desafio logístico.

Algumas empresas podem esperar resultados rápidos e significativos sem compreender que o bem-estar e a saúde mental são objetivos de longo prazo, que exigem investimento contínuo, não apenas porque os resultados mais significativos são observados a longo prazo, mas também porque o estado de saúde mental e bem-estar de uma pessoa pode variar ao longo do tempo, o que torna os resultados da avaliação o retrato de um momento, fazendo-se necessárias reavaliações. Portanto, alinhar expectativas realísticas sobre os resultados das intervenções com as métricas dos gestores pode ser uma estratégia eficaz.

Para superar esses desafios, é essencial que as organizações reconheçam a importância do *wellness* e da saúde mental, invistam em treinamento e recursos e estejam dispostas a adaptar-se conforme as necessidades dos trabalhadores e as mudanças nas condições de trabalho. O reconhecimento da importância do *wellness* e saúde mental no trabalho é imprescindível para promoção e a conscientização e educação de todos os *stakeholders*, trabalhando, assim, para diminuir o estigma em torno da saúde mental por meio de campanhas de conscientização e de educação no local de trabalho.

Sempre que possível, utilizar instrumentos na avaliação psicológica adaptados culturalmente ou modificar ferramentas existentes para refletir as nuances culturais da força de trabalho permitirá um retrato mais realístico da situação dos trabalhadores. Da mesma forma, é estratégico adaptar ou desenvolver ferramentas que se alinham mais diretamente com as experiências e desafios específicos do ambiente de trabalho. Para otimizar esse processo, é interessante adotar uma abordagem multifacetada, empregando uma combinação de questionários, entrevistas individuais e grupos focais para obter uma imagem completa do bem-estar dos colaboradores.

A confidencialidade é um fator crítico de sucesso da avaliação psicológica. O psicólogo tem o papel de garantir uma clara comunicação aos colaboradores de que suas respostas são sempre confidenciais e que não haverá retaliação ou consequências negativas por participar da avaliação. Deve-se realizar reavaliações em intervalos regulares para mapear mudanças ao longo do tempo e responder de forma proativa. Investir na capacitação de líderes e de gestores para que estejam aptos a reconhecer os sinais de problemas de saúde mental e para abordar tais questões de maneira sensível e produtiva é também outro fator crítico de sucesso. Além disso, é importante alocar os recursos adequados, de forma a serem suficientes para realizar avaliações abrangentes, seja em termos de tempo, pessoal ou ferramentas.

2.1 O Papel do Psicólogo no Âmbito de *Wellness* e Saúde Mental no Trabalho

O psicólogo desempenha um papel crucial nas organizações quando se trata de *wellness* e saúde mental no trabalho. Sua atuação visa promover um ambiente de trabalho saudável, apoiar os colaboradores em relação ao bem-estar emocional e psicossocial, prevenir problemas de saúde mental e fornecer intervenções quando necessário. Ele colabora na criação de estratégias e de programas que promovam a saúde mental e o bem-estar dos colaboradores. Isso pode envolver a realização de palestras, *workshops* e campanhas de conscientização sobre saúde mental, estresse e maneiras de lidar com desafios.

O psicólogo trabalha para identificar fatores de risco psicossociais no ambiente de trabalho que possam afetar negativamente a saúde mental dos colaboradores, desenvolvendo medidas preventivas para mitigar o estresse, o esgotamento profissional e outros problemas relacionados. Nesse cenário, trabalha em conjunto com líderes e gestores, capacitando-os a reconhecerem os sinais de problemas de saúde mental em suas equipes, lidar com situações delicadas e promover um ambiente de trabalho que valorize a saúde mental.

O psicólogo pode desenvolver programas de treinamento e *workshops* sobre habilidades de resiliência, gerenciamento de estresse, inteligência emocional e outras competências socioemocionais que contribuem para o bem-estar dos colaboradores. Além disso, oferece orientação individual para colaboradores que buscam desenvolvimento de carreira, mudanças de função ou enfrentam desafios pessoais que afetam o trabalho – fatores que impactam a saúde mental no trabalho.

O psicólogo conduz avaliações psicológicas para identificar problemas de saúde mental entre os colaboradores. Com base nos resultados, pode fornecer intervenções individualizadas ou em grupo, como aconselhamento, terapia breve, treinamento em habilidades de enfrentamento e técnicas de relaxamento. Realiza monitoramento contínuo das ações implementadas, avalia sua eficácia e ajusta estratégias conforme necessário para garantir a promoção contínua da saúde mental no ambiente de trabalho.

3 CASO DE SUCESSO: JOHNSON & JOHNSON

A Johnson & Johnson, uma das maiores empresas de cuidados de saúde do mundo, reconheceu a importância do bem-estar e da saúde de seus colaboradores para a produtividade e para o sucesso geral da empresa. Ela acumulou um longo histórico de promoção de programas de bem-estar do trabalhador e tem colhido benefícios tangíveis dessas iniciativas.

Em 1979, a empresa lançou o *"Live for Life"*, um dos primeiros programas corporativos de promoção à saúde. Os colaboradores têm acesso a exames de saúde regulares e são incentivados a monitorar e melhorar sua saúde. A empresa oferece instalações de *fitness* e programas de exercícios para seus funcionários. Johnson & Johnson frequentemente conduz desafios de saúde, incentivando os colaboradores a adotarem hábitos saudáveis e a monitorarem seus progressos. A empresa oferece programas para ajudar os colaboradores a lidarem com o estresse, a ansiedade e outras questões de saúde mental.

Johnson & Johnson relatou economias significativas em custos de saúde e ROI positivo para seus programas de *wellness* e saúde mental. Estudos mostraram que a empresa economizou uma média de US$8,6 milhões anualmente durante a década de 1990 devido a seus programas de gestão da saúde. Além dos benefícios financeiros, a empresa também viu melhorias na saúde, na satisfação e na produtividade de seus trabalhadores.

Os fatores que se mostraram decisivos para o sucesso da iniciativa *"Live for Life"* englobam:

1. Visão estratégica de longo prazo, com investimentos consistentes em programas ao longo dos anos.
2. A empresa priorizou intervenções holísticas, ou seja, não se limitou a uma única área de bem-estar, mas abordou questões físicas, mentais e emocionais.
3. A cultura corporativa da Johnson & Johnson se sensibilizou para a importância da saúde e do bem-estar no ambiente de trabalho, tornando mais fácil para os colaboradores adotarem e manterem hábitos saudáveis.
4. A Johnson & Johnson desenvolveu uma estratégia de mensuração dos resultados de seus programas e ajusta os programas conforme necessário.

A abordagem holística e de longo prazo da Johnson & Johnson para o bem-estar dos colaboradores tem sido um modelo para muitas outras empresas ao redor do mundo. Ao investir no bem-estar de seus funcionários, a empresa demonstrou que é possível alcançar benefícios tanto em termos de saúde quanto financeiros.

4 CASO DE SUCESSO: GOOGLE

A gigante da tecnologia Google (agora parte da *holding Alphabet, Inc.)* é conhecida por criar ambientes de trabalho inovadores e por suas iniciativas voltadas ao bem-estar e à saúde mental de seus colaboradores. Com uma força de trabalho composta majoritariamente por jovens profissionais, muitos dos quais frequentemente enfrentam pressões intensas e jornadas de trabalho extensas, a Google reconheceu a importância de apoiar a saúde mental e o bem-estar geral de seus colaboradores.

Como resposta a essa demanda, foi criado o programa *"gPause"*, em que se introduziu práticas de atenção plena *("mindfulness")* e meditação em seus escritórios em todo o mundo. As salas de *"gPause"* são espaços tranquilos nos quais os colaboradores podem fazer pausas curtas para meditação ou para relaxamento. Uma outra abordagem na estratégia de intervenção foi a criação de programas de aprendizado e desenvolvimento, como o *"Search Inside Yourself"*, que disponibiliza cursos que focam em habilidades de atenção plena, inteligência emocional e desenvolvimento de liderança. A intervenção também contemplou aos colaboradores o acesso a terapias e a cursos para ajudar a lidar com o estresse, a ansiedade e outras questões de saúde mental. Para além disso, a Google investiu em espaços de trabalho inovadores, cujas instalações são projetadas para promover a colaboração e proporcionar espaços para relaxamento e recuperação. Isso inclui áreas de descanso, jardins, e, até mesmo, espaços para sonecas.

A abordagem da Google para o bem-estar no local de trabalho não apenas ajudou na retenção de talentos, mas também foi um fator decisivo para ser frequentemente classificado como um dos melhores lugares para se trabalhar. Os resultados das avaliações contínuas apontam que os colaboradores percebem níveis mais altos de satisfação no trabalho e bem-estar geral. Nesse cenário, a empresa também constatou que equipes mais felizes são mais produtivas e criativas.

Os fatores que se mostraram decisivos para o sucesso das iniciativas da Google englobam:

1. Uma liderança comprometida com os programas de intervenção, em especial a nível da alta administração, que priorizou o bem-estar dos colaboradores e forneceu os recursos necessários para os programas e as instalações.
2. As práticas de bem-estar adotadas não foram apenas as comumente estabelecidas, mas também incluiu abordagens inovadoras e personalizadas para se adequar à sua cultura.
3. A empresa realiza regularmente pesquisas internas (como a *Googlegeist*) para obter *feedback* dos funcionários, adaptando suas estratégias de bem-estar com base nos resultados.
4. A integração do programa no dia a dia da empresa foi um elemento de vital importância. Em vez de tratar os programas de *wellness* e de saúde mental no trabalho como iniciativas isoladas, a Google os integrou diretamente em sua cultura e em seu ambiente de trabalho cotidiano.

A Google é um exemplo de empresa que reconhece a importância do *wellness* e da saúde mental no local de trabalho e tomou medidas proativas para apoiar seus trabalhadores. Suas iniciativas são frequentemente citadas em estudos de caso e artigos como padrões-ouro na indústria.

5 CONCLUSÃO

No ambiente organizacional, os psicólogos assumem uma responsabilidade vital, principalmente no diagnóstico, na prevenção e na intervenção de questões de saúde mental. Seu papel vai além de simplesmente identificar problemas; eles são a espinha dorsal na criação de ambientes de trabalho saudáveis. Isso envolve a identificação de fatores de risco psicossociais, desenvolvimento de estratégias de intervenção e, acima de tudo, capacitação de líderes e de gestores para serem partes ativas nessa jornada.

A avaliação psicológica torna-se uma ferramenta poderosa nesse contexto. Ao avaliar a saúde mental e o bem-estar dos colaboradores, não estamos apenas reagindo a problemas já identificados, mas agindo proativamente para identificar desafios em potencial antes que se agravem. Instrumentos validados, como o BDI, BAI, PHQ-9 e CD-RISC, são cruciais para entender a situação mental e emocional dos colaboradores, o que, por sua vez, abre caminho para intervenções mais direcionadas e efetivas.

A promoção do bem-estar no local de trabalho não é um luxo, mas uma necessidade para as organizações modernas. Aquelas que investem ativamente no bem-estar não só mostram cuidado com seus colaboradores, mas também colhem benefícios tangíveis como aumento de produtividade, redução do absenteísmo e, o mais importante, colaboradores mais satisfeitos e engajados. Essa ênfase no bem-estar pode ser traduzida em um retorno sobre o investimento significativo, refletindo em desempenho aprimorado e em retenção de talentos.

No entanto, a jornada para a implementação eficaz de práticas de bem-estar não é isenta de desafios. As organizações podem se deparar com obstáculos, desde resistência cultural até limitações de recursos. Aqui, novamente, os psicólogos se destacam, desempenhando um papel consultivo, guiando as organizações por meio desses desafios e assegurando a implementação de programas de bem-estar que realmente fazem a diferença.

Além disso, os psicólogos estão na linha de frente da promoção da conscientização. Eles têm a tarefa de educar e sensibilizar todos, desde líderes a novos colaboradores, sobre a importância da saúde mental, ao mesmo tempo em que dez estigmatizam questões associadas e promovem um ambiente de trabalho mais inclusivo e acolhedor.

A necessidade de tal papel tornou-se ainda mais evidente com desafios contemporâneos, como a pandemia de Covid-19, que colocou uma lente de aumento na importância do bem-estar e da saúde mental no ambiente de trabalho. Os psicólogos tornaram-se os guias confiáveis, ajudando as organizações a navegarem por esses tempos turbulentos.

Por último, vale ressaltar que a atuação do psicólogo não é uma ilha. Há uma colaboração multidisciplinar em jogo. Médicos, gestores de RH, *coachs* e especialistas em treinamento frequentemente se unem aos psicólogos para criar uma atmosfera de trabalho verdadeiramente holística e saudável.

Concluindo, a importância dos psicólogos nas organizações é inegável e multifacetada. Eles não apenas apoiam o bem-estar e a saúde mental dos colaboradores, mas são também um componente fundamental para garantir o sucesso sustentado de uma organização.

REFERÊNCIAS

Beck, A. T.; Ward, C. H.; Mendelson, M.; Mock, J.; & Erbaugh, J. (1961). An inventory for measuring depression. *Archives of General Psychiatry*, v. 4, p. 561-571.

Beck, A. T.; Epstein, N.; Brown, G.; & Steer, R. A. (1988). An inventory for measuring clinical anxiety: Psychometric properties. *Journal of Consulting and Clinical Psychology*, v. 56, n. 6, p. 893-897.

Carter, A.; M. T. Mortlock, J. & Spiegelhalter, K. (2016). *Mindfulness in Organisations.* Case Studies of Organisational Practice.

Cartwright S., Cooper C.L. (Eds.) (2009). *The Oxford Handbook of Organizational Well Being.* Oxford, Oxford University Press.

Connor, K. M.; & Davidson, J. R. T. (2003). Development of a new resilience scale: The Connor-Davidson Resilience Scale (CD-RISC). *Depression and Anxiety*, v. 18, n. 2, p. 76-82.

Cox, T. & Griffiths, A. (2005) The nature and measurement of work-related stress: theory and Practice. In: J.R. Wilson & N. Corlett (Eds.), *Evaluation of Human Work* (3rd ed.), CRS Press, London.

Edwards, J. R. & Greenwood, P., Johnson & Johnson: The Live for Life Program (a). Darden Case No. UVA-OB-0412, Disponível em SSRN: https://ssrn.com/abstract=1421087 or http://dx.doi.org/10.2139/ssrn.1421087 Acesso em: 27/08/2023

Isaac, F. & Flynn, P. (2001). Johnson & Johnson Live for Life® program: Now and then. *American journal of health promotion*: AJHP. 15. 365-7.

Goh, J., Pfeffer, J., Zenios, S. A. "Workplace stressors & health outcomes: Health policy for the workplace," *Behavioral Science and Policy Association*, February 15, 2017, https://behavioralpolicy.org/articles/workplace-stressors-health-outcomes-health-policy-for-the-workplace/

Porter,J., "How Google And Others Help Employees Burn Off Stress In Unique Ways," *Fast Company*, November 16, 2015, https://www.fastcompany.com/3053048/how-google-and-other-companies-help-employees-burn-off-stress-in-unique-ways

Kroenke, K.; Spitzer, R. L.; Williams, J. B. (2001). The PHQ-9: validity of a brief depression severity measure. *Journal of General Internal Medicine*, v. 16, n. 9, p. 606-613.

Levi, L. (1992). Psychosocial, occupational, environmental, and health concepts: Research results and applications. In: *Work and Well-Being: An Agenda for the 1990s*, edited by GP Keita and SL Sauter. Washington, DC: APA.

Primi, R. (2018). *Avaliação Psicológica no Século XXI: de Onde Viemos e para Onde Vamos.* Universidade São Francisco, SP, Brasil.

Sites para consulta

https://site.cfp.org.br/wp-content/uploads/2022/08/cartilha_avaliacao_psicologica1.pdf.

https://www.jnj.com/innovation/how-johnson-johnson-is-improving-workplace-wellness-for-healthiest-employees/ Acesso em: 27/08/2023

https://www.wallstreetmojo.com/employee-wellness-program/ Acesso em: 27/08/2023

https://blog.insiderstore.com.br/wellness-conceito-promove-bem-estar-e-preza-por-uma-vida-equilibrada/ Acesso em: 27/08/2023

https://www.pontotel.com.br/wellness-corporativo/#1/ Acesso em: 27/08/2023

CASO PRÁTICO: O MODELO DO CENTRO DE PSICOLOGIA APLICADA DO EXÉRCITO PORTUGUÊS (CPAE)[1]

Ricardo Jorge Cardoso Martins da Assunção · CPAE

André Filipe Capinha Maio · CPAE

1 INTRODUÇÃO

A importância da Psicologia Militar emergiu durante a primeira Grande Guerra Mundial (1914 – 1918), face ao complexo problema do recrutamento do Exército dos E.U.A. Deste modo, em 1917, Robert Yerkes desenvolve os Testes Army Alpha e Beta usados para testar e avaliar os recrutas norte-americanos, criando os primeiros testes coletivos de inteligência contribuindo de forma pioneira, para a avaliação e integração do emprego dos militares em funções compatíveis com as suas características psicológicas.

Em Portugal, a Psicologia começou a desenvolver-se entre a 1ª e a 2ª Guerra Mundial, com uma forte preponderância no Exército. Contudo, apenas em 1960, com o advento da Guerra nas antigas Províncias Ultramarinas e a necessidade de efetuar grandes seleções para o esforço militar, esta importância viria a ser oficialmente reconhecida através da criação do Centro de Estudos Psicotécnicos do Exército – CEPE. Nesta época, para além da ênfase na psicotecnia, fundamentalmente para a seleção de condutores, foram desenvolvidas novas técnicas de seleção, através da implementação de provas de "dinâmicas de grupo", com o objetivo de avaliar a interação observável entre os indivíduos e destacar as suas relações psicossociais no seio de um grupo, bem como avaliar as características imprescindíveis para a função militar.

Em 1993, fruto da restruturação no Sistema de Forças Nacionais, o CEPE passa a designar-se como Centro de Psicologia Aplicada do Exército – CPAE, com a missão de estudar, aplicar e supervisionar as atividades do Exército nas áreas da

[1] Coligido pelo TCor de Artilharia Ricardo Assunção e Major de Cavalaria André Maio, Psicólogos Militares no Centro de Psicologia Aplicada do Exército Português. O presente capítulo é resultado da compilação e adaptação de trabalhos desenvolvidos neste Centro no âmbito da Avaliação Psicológica em contexto de seleção.

Psicologia e Sociologia e, também, aprontar o Módulo de Operações Psicológicas. Atualmente o CPAE está sob a dependência direta do Exmo Tenente General Comandante do Pessoal, contando no seu Quadro Orgânico com 27 colaboradores organizados entre a Direção, um Gabinete de Apoio e quatro Gabinetes Técnicos:

GAp	Gabinete de Apoio desenvolve toda a atividade administrativa inerente ao funcionamento do CPAE e dá apoio aos gabinetes técnicos.
GS	O Gabinete de Seleção cumpre as missões inerentes ao estudo na melhoria das técnicas de Avaliação Psicológica de Seleção para os cargos e funções no Exército e implementação das mesmas.
NAIP	O Núcleo de Apoio e Intervenção Psicológica presta apoio psicológico às Forças Nacionais Destacadas e faz Intervenção Psicológica em Incidentes Críticos, apoiando os militares e suas famílias.
GEF	O Gabinete de Estudos e Formação realiza investigação científica, nas áreas da Psicologia e Sociologia, tendo por objetivo apoiar o Exército em áreas centrais (e.g., recrutamento e retenção).
GOEAP	O Gabinete de Orientação Escolar e Apoio Psicopedagógico auxilia os Estabelecimentos de Ensino Militar nos processos de admissão, assim como efetua a orientação vocacional aos filhos de militares e a entidades externas.

A completar seis décadas de existência de Psicologia aplicada em contexto militar, o CPAE é um dos fiéis depositários de toda a experiência e conhecimento acumulado, o que torna este Centro uma das instituições mais antigas e de referência da Psicologia em Portugal. Resultado deste percurso de erudição adquirida, o CPAE é possuidor de um património singular na área da Psicometria, exposto nas suas instalações.

Figura 1 · Brasão de Armas do CPAE

Desse material constam Testes de Papel e Lápis e Aparelhos de Laboratório destinados às Provas Sensoriais e Psicomotoras, desenvolvidos na década de 60 pelo Exmo General Ernesto Almeida Freire, pioneiro da Psicologia no Exército e o primeiro Diretor do Centro de Estudos Psicotécnicos do Exército Português.

Como reconhecimento do trabalho desenvolvido para o Exército, em 2015 o CPAE foi condecorado com a Medalha de Serviços Distintos do Exército Português – Grau Ouro. Também como forma de reconhecer a importância do seu legado para a Psicologia, em 2016 o CPAE recebeu o Prémio Nacional de Psicologia atribuído pela Ordem dos Psicólogos Portugueses (OPP).

Figura 2 · Espólio Museológico

Figura 3 · Prémio Nacional da OPP 2016

2 O MODELO DE SELEÇÃO

A realidade militar é caracterizada por missões de alto risco, devido às suas exigências não convencionais, sendo os militares expostos a grandes diferenças culturais e a contextos hostis e potencialmente perigosos. Neste sentido torna-se essencial a avaliação e seleção desses militares, tendo em vista o seu potencial de adaptação ao contexto militar e sucesso da missão (Picano, Williams & Rolante, 2006). A seleção de um militar para uma determinada função permite à instituição otimizar o rendimento do mesmo e a sua satisfação laboral, assim como prevenir a ocorrência de comportamentos desajustados (Garrido, 2012).

Assente nestas premissas, o CPAE segue um Modelo de Avaliação e Seleção Multidimensional, através de uma avaliação ao nível personalítico e sintomatologia clínica, assim como, das aptidões e competências profissionais e motivacionais. O presente paradigma assenta sobre orientações similares a modelos adotados por Exércitos de outros países para o mesmo nível de exigência (NATO, 2012). A literatura diz-nos também que existe vantagem em privilegiar múltiplas fontes, tais como a consulta prévia da informação sobre o candidato, a aplicação de testes psicológicos e a realização de entrevista (Picano et al., 2006). O uso de métodos de avaliação estandardizados como testes, escalas, auto-registos e observação (Buela-Casal & Sierra, 1997, cit in Garrido, 2012), garantem o rigor da informação obtida, e a combinação de diferentes métodos de avaliação constitui-se como um melhor preditor do desempenho dos militares (Ivey, Girard, Scholtz & Beezemer, 2012).

Assim, a aplicação de diferentes métodos visa a avaliação das aptidões e competências, previamente definidas, que se assume contribuirem de forma positiva para o desempenho do militar, tal como frisado por Kilcullen, Mael, Goodwin e Zazanis (1999, cit in Picano et al., 2006), num estudo em que identificou múltiplas aptidões consideradas fundamentais para aqueles que atuam em contextos operacionais de alto risco, tais como resiliência ao stresse, capacidade de adaptação, relacionamento interpessoal, capacidade física e psicomotora.

Ribeiro (2000) menciona que a aptidão psicomotora é um dos métodos mais usado num processo de seleção. A importância desta dimensão da Avaliação Psicológica é bem visível na elevada representação que ela assume nos perfis de funções do Exército Português e que foi desde o início da Psicologia aplicada ao contexto militar uma constante preocupação, visível nos estudos, construção e adaptação de instrumentos.

Fruto do avanço tecnológico e da necessidade de economizar recursos humanos, optou-se ao nível psicomotor por uma solução informatizada, estando atualmente a utilizar, para este tipo de avaliação, o *VienaTestSistem (VTS)*. Este, engloba uma bateria de testes de performances psicomotoras, normalizada e validada para a população portuguesa, das quais realçamos as seguintes competências transversais nos perfis de funções do Exército Português: 1) Motricidade fina, descrita como a capacidade de efetuar um movimento dentro de um pequeno

Figura 4 · Instrumento de Destreza Manual

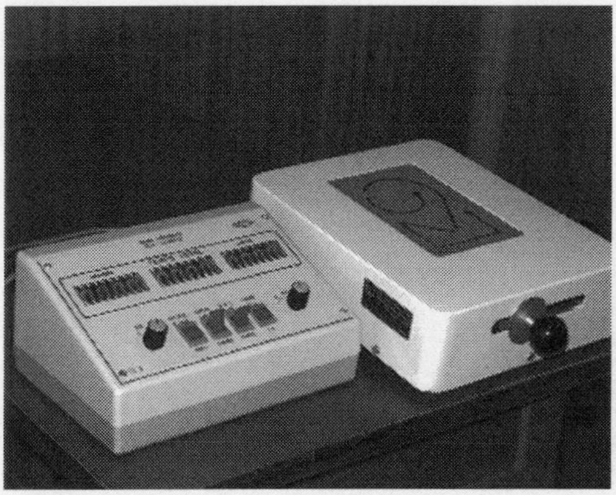

Figura 5 · VTS

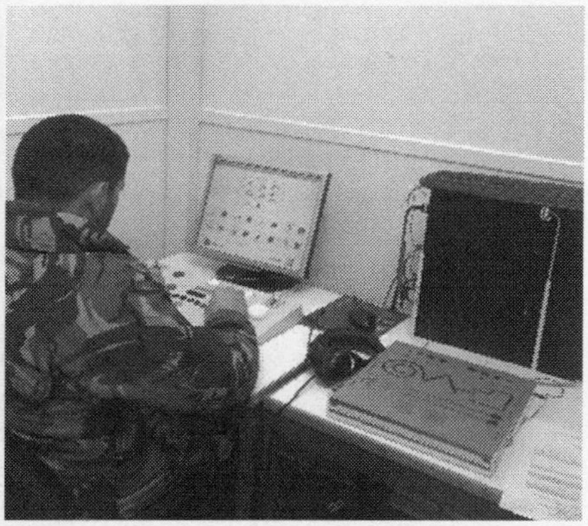

espaço (Teipel, 1988), identificada por Fleishman (1972) em onze fatores: Velocidade pulso-dedos; Destreza digital; Velocidade do movimento do braço; Precisão; Segurança de braços e mãos; Tempo de reação; Coordenação de extremidades; Destreza manual; Velocidade psicomotora; Orientação do movimento e Precisão do controlo dos movimentos; e 2) Destreza Manual, que se entende como o tempo que decorre entre um sinal e o início de uma resposta motora, em que o examinado é instruído no sentido de reagir o mais rápido possível (Teipel, 1988).

À semelhança de outras forças militares, tais como os U.S. Navy Seals, U.S. Army Special Forces, é, também, essencial avaliar os candidatos ao nível da Estabilidade Emocional (EE), assegurando que os mesmos não apresentam indícios de psicopatologia, nem indicadores de que a poderão vir a desenvolver (Picano et al., 2006).

Schattenberg, Soest, Krueckele Ungerer (2012) salientam a importância de avaliar a EE, assim como, a capacidade de adaptação e atuação em ambientes de elevado stresse. De acordo com Serrano (2012), importa avaliar o candidato ao nível da EE, abertura à experiência e responsabilidade. Hogan e Lesser (1996, cit in Picano et al., 2006) afirmam que dimensões como a EE, conscienciosidade e abertura à experiência são importantes preditores de sucesso em profissões de risco. Outras competências, tais como o sentido moral, capacidade de análise e decisão, bem como a motivação para a função, revelam-se também como importantes preditores de sucesso.

Assim, embora a EE seja analisada ao longo de praticamente todo o processo de seleção, um método mais específico utilizado no processo de seleção em contexto militar é a técnica de simulação de um exercício grupal, semelhante ao dia-dia de uma organização.

Com base no reconhecimento da relevância deste tipo de dinâmicas, o CPAE desenvolveu um conjunto de provas de grupo que permitem analisar os candidatos a um cargo ou função do Exército Português, estes tiveram o seu início na década de 60 através de relações de cooperação com países como a Inglaterra, Bélgica,

Figura 6 · Prova Projeto e Planeamento

Figura 7 · Prova Dinâmica de Grupo

França e Espanha, tendo vindo a ter adaptações consistentes com a evolução da própria sociedade.

Os primeiros registos da aplicação deste tipo de provas de grupo no Exército Português, remontam a 1963, com o emprego de três tipos dinâmicas que se descrevem[2]:

Mesa Redonda
• Esta prova pode enquadrar-se num tipo de exercícios que Plumbley (1995, p. 152) designa de "grupos sem chefe". • A prova é realizada numa sala com os candidatos sentados em torno de uma mesa redonda. O "júri", composto por três avaliadores, observa e regista comportamentos, utilizando um sistema centrado no tipo e qualidade da contribuição de cada candidato e na reação dos restantes. No fim da discussão, os candidatos saem da sala e os avaliadores ponderam e comparam as suas avaliações, afim de chegar a um consenso acerca de cada um dos candidatos, no que diz respeito às seguintes dimensões observadas: Conhecimentos sobre o tema discutido (cultura geral); - Espírito crítico, ou seja, a capacidade de emitir opiniões pessoais que revelem uma reflexão crítica sobre o tema discutido; - Fluência verbal, ou seja, a facilidade de expressão oral; - Sociabilidade, isto é, a capacidade ouvir e intervir, tendo em conta as opiniões dos outros; - À-vontade, isto é, a desenvoltura ou descontração revelada que não seja excessiva; - Ascendência, isto é, capacidade para se fazer ouvir e para fazer com que o grupo aceite as suas opiniões sobre o tema.
Prova de Projeto e Planeamento
• Esta prova pode enquadrar-se num tipo de exercícios que Plumbley (1995, p. 152) designa de "resolução de problema em grupo" e deriva das provas de planeamento tático utilizadas pelos estabelecimentos militares ingleses para Seleção dos seus graduados, a partir dos anos 40 do século passado (Chandessais, 1959, citado por Caeiro, 1977).

[2] Adaptado de Cunha, 2008.

- A prova é realizada numa sala com os candidatos sentados e é constituída por três partes. Na primeira parte, é apresentada por escrito uma situação problemática aos candidatos, recebendo cada um deles a descrição e o croki da situação. O problema é elaborado de forma a criar tensão para que seja resolvido dentro do tempo atribuído e está sempre relacionado com situações de acidentes pessoais em que é preciso atuar rapidamente. Os candidatos devem individualmente, no período de trinta minutos disponibilizado, analisar a situação e apresentar a sua solução por escrito. A segunda parte da prova consiste nas exposições individuais das várias soluções encontradas. Cada candidato tem de fazer a sua apresentação oral de pé, dispondo de cinco minutos para a mesma. A terceira parte da prova consiste numa discussão em grupo com o objectivo de chegar a uma solução consensual para o problema apresentado. No final da prova, o "júri" pondera, compara e atribui avaliações a cada um dos candidatos no que diz respeito às seguintes dimensões observadas (envolve a parte escrita e a discussão em grupo): - Capacidade de expressão escrita; - Raciocínio e Resolução de Problemas; - Auto-Controlo; - Persuasão e Negociação; - Comunicação Oral e Trabalho de Equipa.

Prova de Obstáculos

- Esta prova, do mesmo tipo da anterior, deriva das provas de obstáculos utilizadas na Seleção de graduados para o Exército Inglês (Chandessais, 1959, cit. por Caeiro, 1977).
- A prova é realizada no exterior, num local preparado com os materiais necessários para a execução da mesma. O objectivo e as instruções da prova são difundidos antes do início da mesma. Na prova, os candidatos (cinco a sete) têm como tarefa de grupo, a transposição de um determinado obstáculo no terreno que simula uma situação real, por exemplo, um campo minado. A tarefa não apresenta excessiva dificuldade do ponto de vista do desembaraço físico (capacidades físicas como a força física, entre outras), mas o tempo para a realizar é diminuto, de modo a criar tensão e privilegiar a rapidez de atuação, característica das operações militares. Durante a prova, os três avaliadores que compõem o "júri" observam e registam comportamentos dos candidatos no que diz respeito às seguintes dimensões observadas: - Persuasão/Negociação; - Trabalho de Equipa; - Comunicação Oral; - Auto Controlo e Raciocínio/Resolução de Problemas.

Decorrente da aplicação mencionada e por se considerar que eram fundamentais para a avaliação da capacidade de comando ao nível técnico ou tático (Rocha, 1963, cit in Cunha, 2008) a tipologia de provas supracitadas passou a ser aplicada, a partir de 1972, na seleção dos candidatos à Academia Militar e, nos anos 80, aos candidatos à Escola de Sargentos do Exército. Desde 1972, até ao presente, estes tipos de provas têm sido aplicadas neste processo de seleção.

De forma a complementar e validar a informação recolhida nos vários métodos supramencionados, é realizada uma entrevista psicológica de seleção tal como recomendado por Ivey et al. (2012), onde são explorados os dados sociodemográficos do candidato, sendo o principal foco a exploração do perfil obtido, procurando detetar traços depressivos, ansiosos, entre outros (Garrido, 2012).

Os resultados finais são atribuídos aos candidatos sob forma de parecer, de entre cinco possíveis, o qual resulta da conjugação e ponderação do resultado observado em todas as fases do processo de Avaliação Psicológica de Seleção, e os quais são seguidamente descritos e parametrizados: a) Preferencialmente Favorável (o candidato que na avaliação cognitiva, psicossocial, na sua história biográfica, pelas capacidades pessoais escrutinadas na entrevista psicológica, conjugado com os seus índices de motivação, apresenta um perfil de aptidões nos domínios avaliados, significativamente superior à média); b) Bastante Favorável (o candidato que naqueles mesmos domínios revelou um perfil superior à média); c) Favorável (o candidato que apresenta um perfil de aptidões médio, e em nenhum dos domínios em observação, inclusive na área psicopatológica, foi detetada qualquer reserva. Em termos de prognóstico, considera-se que o candidato possui as competências pessoais para ter sucesso quer na fase de instrução, quer no exercício da função militar); d) Favorável com reservas (o candidato que, num ou em vários domínios em análise, apresenta *handicap's* em grau ligeiro ou moderado que, embora não constituindo uma contraindicação fundamental, revelam um desempenho e/ou um perfil de aptidões potencialmente mais pobre, abaixo da média, não permitindo fazer, no contexto da seleção, um prognóstico de insucesso, mas também não de sucesso certo); e) Não favorável (o candidato que, num ou em vários domínios, apresenta grave contraindicação colocada ao nível da personalidade (instabilidade emocional, psicoticismo, ideação suicida, ansiedade generalizada, baixo autocontrolo, impulsividade e irritabilidade explosiva) ou comportamental (comportamentos de risco/disruptivos, consumos aditivos ou comportamento antissocial manifesto) para o acesso à vida militar).

Desta forma o modelo da Avaliação Psicológica em Contexto de Seleção vigente no CPAE operacionaliza-se nas seguintes fases:

1ª Fase
Aplicação Informática da Bateria de Provas de Avaliação Psicológica
Avaliação das Aptidões Cognitivas e de Personalidade

↓

2ª Fase
Provas de Avaliação Sensorial e Psicomotora
Utilização do sistema *Viena Test Sistem (VTS)*

↓

3ª Fase
Provas de Dinâmica de Grupo
Provas de Projeto e Planeamento (PPP) e Provas de Obstáculos (PO)

↓

4ª Fase
Entrevista Psicológica de Seleção
Com base nos resultados das provas realizadas anteriormente
(p.e. de Personalidade)

2.1. Investigações e desafios futuros

A investigação é escassa em dados que validem o processo de seleção exposto, tanto mais tratando-se de uma seleção inicial orientada para uma vida profissional em que naturalmente irá existir uma multiplicidade de variáveis a afetar o ciclo de vida profissional dos militares, contudo, Cunha (2008), refere num estudo, que o modelo psicológico de seleção do CPAE, usado no ingresso na Academia Militar (AM), evidencia possibilidades preditivas satisfatórias no que respeita ao desempenho dos cadetes durante o curso, quer para o Exército, quer para a Guarda Nacional Republicana (GNR). Não obstante, as variáveis com contribuição significativa para o desempenho são diferentes nos dois Ramos. No Exército evidenciam-se o raciocínio e resolução de problemas (em contexto prático), a compreensão verbal e a não evidência de sintomas de obsessão-compulsão. Na GNR evidenciam-se a nota de ingresso na AM e a condição profissional (ser militar).

Estes dados levaram a um "olhar crítico" sobre a forma como se pode melhorar a operacionalização deste modelo, procurando sempre respeitar o conhecimento acumulado ao longo das últimas décadas, mas com uma perfectiva atenta nas investigações da ciência psicológica.

Um outro desafio tem sido procurar novas alternativas. Na última década surge na literatura o método de minientrevistas múltiplas (MEM), desenvolvido na escola canadiana de MCMaster referenciado por Eva et al. (2004), onde consta que as MEM poderão substituir as entrevistas de seleção "tradicionais". Estas, consistem numa sequência de pequenas observações dos candidatos, divididas por áreas a ser avaliadas, organizadas num normalmente em "estações" num circuito cronometrado (em regra de 5 a 10 minutos). Em cada estação está sempre o mesmo avaliador que, munido de um guião semi-estruturado, avalia um candidato numa competência especifica, a fim de o classificar numa escala de 0-10 valores.

Existem poucos estudos sobre a validade deste método, no entanto parece consensual nas várias aplicações que este método garante uma maior objetividade no processo de seleção, tal como constatado num estudo realizado no Canadá, em que a variabilidade de classificações entre estações do mesmo candidato é maior do que a variação dos diferentes candidatos na mesma estação tal como também frisado por (Sebok et al., 2013; cit por Bessa, 2013).

Assim, como desafio futuro, há que procurar sempre novas formas de "fazer seleção", de modo a que seja mais justa, adaptada ao objetivo e validada à população e cultura em causa. Num futuro próximo, verificar-se-á se o método referido anteriormente terá resultados mais positivos no modelo de seleção, para isso, será delineado um teste piloto numa futura seleção de recrutamento especial, onde os candidatos serão sujeitos a um circuito dividido em 3 estações, onde cada candidato é avaliado, sempre pelo mesmo psicólogo, que realizará uma mini-entrevista focada na avaliação nas dimensões: Conhecimento e Experiência; Motivação e Estabilidade Emocional.

Como "o caminho se faz caminhando", vamos passo a passo trilhando o nosso caminho, que queremos que tenha os mais altos padrões ao nível ético, de justiça e que promova a confiança de todos e que acima de tudo faça justiça ao lema do Gabinete de Seleção do CPAE "Pela competência e excelência na função".

REFERÊNCIAS

Bessa, J.; Cerqueira, J.; Costa, M.; & Pêgo, J. (2013). Uma metodologia de minientrevistas de acordo com competências não cognitivas. *Atas do XII Congresso Internacional Galego-Português de Psicopedagogia*. Braga: Universidade do Minho, 2013.

Cunha, Amilcar (2008). *As provas de Grupo no processo de seleção para a Academia Militar.* Tese de Mestrado em Psicologia. Faculdade de Psicologia e Ciências da Educação da Universidade de Lisboa.

Eva, K.; Reiter, H.; Rosenfeld, J.; & Norman, G. (2004). The ability of the multiple mini-interview to predict preclerkship performance in medical school. Acad Med, 79(10 Suppl), S40-2.

Fleishman, E.A. (1972). Structur and measurement of psychomotor abilities. In R.N. Singer (Hrsg.), *The psychomotor domain* (S. 78-196). Philadelphia: Lea & Febiger.

Garrido, J. M (2012). Evaluación y diagnóstico en psicologia clínica. Experiências en las Fuerzas Armadas. Rodríguez, D.D. *Psicologia en las fuerzas armadas* (pp.109-140). ImprentaMinisterio de Defensa.

Guilford, J.P. (1958). A system of psychomotor abilities. *American Journal of Psychology,* 71, S. 164-174.

Ivey, G.; Girard, M.; Scholtz, D.; & Beezemer, E. (2012). *Special Operations Forces Selection: Job analysis and multi-form assessmen*t.

Kennedy, C.H.; & Zilmer, E. A. (2022). Military Psychology: Clinical and Operational Applications (pp. 353-370). New York: The Guilford Press.

North Atlantic Treaty Organization (2012). *Conclusions and Recommendations.*

Picano, J.J.; Williams, T.J.; & Roland, R.R. (2006). *Assessment and Selection of High-Risk Operational Personnel.*

Psychological and Physiological Selection of Military Special Operations Forces Personnel. (2012). North Atlantic Treaty Organization.

Schattenberg, A.; Soest, M.; Krueckel, O.; &Ungerer, J. (2012). *Future Selection*. Psychological and Physiological Selection of Military Special Operations Forces Personnel. North Atlantic Treaty Organization.

Serrano, D. P. (2012). Proceso de seleccion de agentes operativos en el Ejército de Tierra. Rodrígues, D.D. *Psicologia en las fuerzas armadas* (pp. 611 – 641). Imprenta Ministerio de Defensa.

Teipel, D. (1988). *Diagnostik koordinativer Fähigkeiten. München: Profil.*

INSTRUMENTOS NEUROPSICOLÓGICOS UTILIZADOS NO CONTEXTO DA COVID-19

Kelly Cristina Atalaia da Silva · UNIVERSIDADE FEDERAL DO RECÔNCAVO DA BAHIA (UFRB)
Anderson Ferreira Machado Souza · UNIVERSIDADE FEDERAL DO RECÔNCAVO DA BAHIA (UFRB)
Maria Clara Ferreira Gomes · UNIVERSIDADE FEDERAL DO RECÔNCAVO DA BAHIA (UFRB)

INTRODUÇÃO

O SARS-CoV-2, mais conhecido como o novo coronavírus, é o agente etiológico da COVID-19. Foi detectado pela primeira vez em 31 de dezembro de 2019 na cidade de Wuhan, província de Hubei, na China. Desde então, outras localidades registraram novos casos da doença, a qual rapidamente se propagou a nível global, devido à sua alta taxa de transmissibilidade (Ministério da Saúde, 2021). Esse cenário fez com que as autoridades sanitárias e políticas desenvolvessem estratégias para conter a transmissão do coronavírus, bem como estimulassem a produção científica acerca da temática com o intuito de compreender possíveis impactos no organismo, sua forma de contágio, características, tratamento, além de fatores de risco associados.

Segundo o Ministério da Saúde (2021), o SARS-CoV-2 faz parte do gênero *betacoronavírus*, do subgênero *Sarbecovírus* da família *Coronaviridae*, os quais foram descobertos por meio de amostras do lavado broncoalveolar, extraídos de pacientes que apresentavam pneumonia com causa aparentemente desconhecida em Wuhan. A maioria compõe uma família de vírus comuns entre várias espécies de animais, em que esses vírus raramente conseguem ser transmitidos para humanos. Entretanto, como foi visto, o SARS-CoV-2 e o MERS-Cov têm grande potencial de infecção para nós humanos. Esse é o sétimo coronavírus conhecido capaz de provocar uma infecção humana.

Quando o ser humano é infectado, pode-se apresentar desde casos assintomáticos, até manifestações leves, moderadas, graves e críticas. Na apresentação clínica crítica, o indivíduo geralmente se encontra em situações que necessitam de maior atenção por parte de uma equipe médica, podendo ser crucial para alguns pacientes a hospitalização e a intubação. Os sintomas variam de acordo com a gravidade da infecção, sendo os mais comuns febre, tosse e fadiga. Em casos críticos, os pacientes podem desenvolver pneumonia, síndrome do desconforto respiratório agudo, problemas cardíacos agudos e falência de múltiplos órgãos (Rothan & Byrareddy, 2020). Alguns estudos também evidenciaram a capacidade neuroinvasiva do novo coronavírus, que pode se espalhar do trato respiratório para o sistema nervoso central (Asadi-Pooya & Simani, 2020).

De acordo com Bohmwald et al. (2018), ao entrar no sistema nervoso central, por meio do bulbo olfatório, causando inflamação e desmielinização, o coronavírus pode atingir todo o cérebro e o Líquido Cefalorraquidiano (LCR) em menos de 7 dias. No que se refere ao novo coronavírus, complicações no sistema nervoso também são observadas, e a afecção direta do Sistema Nervoso Central (SNC) e do Sistema Nervoso Periférico (SNP) pelo SARS-CoV-2 acarreta uma grande preocupação por parte dos profissionais de saúde com patologias, lesões e sequelas neurológicas que podem acometer pacientes com COVID-19.

É comum, em infecções mais graves, a complicação neurológica e neuropsicológica, que afeta principalmente pacientes que fazem parte do grupo de risco. Segundo o Ministério da Saúde (2023), esse grupo compreende os idosos, os obesos, os tabagistas, as gestantes, os cardiopatas, os hipertensos, os pneumopatas, os imunossuprimidos e os imunodeprimidos, pessoas com doenças cerebrovasculares, doenças renais crônicas, doenças cromossômicas, neoplasias malignas, cirrose hepática, algumas doenças hematológicas e pessoas com diabetes mellitus.

O que intriga boa parte dos pesquisadores são os efeitos da COVID longa ou síndrome pós-COVID, na qual aparecem sintomas múltiplos de forma prolongada, que prejudicam as atividades comuns dos pacientes. Um estudo recente no Brasil, com uma amostra de 646 pacientes, mostrou que 324 deles sofreram com a presença de alguma sintomatologia da síndrome pós-COVID. Essas sequelas da doença foram presentes em pacientes assintomáticos que apresentaram até formas mais leves, bem como ocorreu em pacientes que correspondem aos casos moderados e graves (Dominguez, 2022).

Além disso, após o período de infecção, muitos pacientes relatam déficits relacionados à memória, à atenção, à linguagem e a funções executivas, o que revela a capacidade do novo coronavírus de gerar impactos nos mais variados domínios cognitivos. O estudo dessas sequelas cognitivas pós-COVID, da associação entre cognição e SARS-CoV-2, bem como da sua neurobiologia, é indispensável para que seja possível o desenvolvimento de estratégias de intervenções que objetivem trazer uma melhor qualidade de vida para esses indivíduos. É preciso que os sobreviventes da COVID-19 possam se restabelecer em todas as suas funcionalidades e potencialidades. Dessa forma, os profissionais de saúde terão uma demanda que exigirá habilidades e um bom treinamento, além de investimentos nas tecnologias leves e pesadas em saúde (Franco, 2022).

2 OBJETIVO

A partir do exposto sobre os possíveis efeitos do novo coronavírus, principalmente no que se refere às implicações neurocognitivas, torna-se indispensável a avaliação neuropsicológica para investigar quais funções cognitivas estão afetadas. Nesse sentido, este capítulo busca ampliar a compreensão sobre os instrumentos neuropsicológicos utilizados para o rastreio de declínios nas funções cognitivas ocasionados pela COVID-19, possibilitando a criação de um arcabouço teórico que auxilie no diagnóstico e prognóstico, a fim de desenvolver intervenções e propostas de reabilitação mais adequadas para pacientes acometidos pela doença.

3 MÉTODO

O procedimento metodológico adotado para o estudo foi a revisão sistemática realizada em 2022/2023, a partir do delineamento Cochrane e parâmetros PRISMA. Para os fins da revisão de literatura, sendo essa a primeira fase do estudo, a seleção e extração, foram utilizadas três bases de dados, a PsycInfo, Pubmed e Web of Science, em que foram identificados, por meio de dois avaliadores independentes, 659 artigos (PsycInfo n=80; Pubmed n=167; Web of Science n=412) a partir dos descritores: "sars cov 2 and cognition"; e "covid 19 and cognition". Foram encontrados 17 artigos com os descritores "Sars Cov 2 and cognition" e 40 artigos com os descritores "Covid 19 and cognition". Os critérios de inclusão utilizados na revisão foram: o artigo estar disponível integralmente e o idioma ser português, inglês ou espanhol. Já os critérios de exclusão foram duplicação de artigo nas bases de dados e estudos com desenho de revisão sistemática.

Ao final da primeira avaliação, 24 artigos foram incluídos, mas, posteriormente, percebeu-se cinco artigos de revisão, um artigo que não estava disponível integralmente para leitura e um artigo repetido nas plataformas de busca, além de um artigo ter sido excluído por estar no idioma russo, culminando para que 17 artigos pudessem ser incluídos na amostra final do estudo.

4. RESULTADOS E DISCUSSÕES

4.1. Avaliação neuropsicológica

Segundo o Conselho Federal de Psicologia (2022), a Avaliação Neurológica (ANP) se caracteriza como "Desenvolvimento e aplicação de procedimentos diagnósticos para identificar o perfil neuropsicológico". A ANP utiliza, além da observação, entrevistas e instrumentos na sua aplicação, a fim de identificar o funcionamento cognitivo, sua integridade, bem como possíveis comprometimentos de determinada função cognitiva. Por meio da ANP, é possível identificar e descrever alterações que exames de neuroimagem não venham a detectar, avaliando principalmente questões relacionadas ao neurodesenvolvimento, a condições neurodegenerativas e a déficits cognitivos (Ramos & Hamdan, 2016).

A ANP é um processo complexo, amplo e com embasamento teórico-científico, sendo muito mais que mera aplicação de instrumentos. Esses instrumentos neuropsicológicos ultrapassam os aspectos psicométricos, necessitando de uma interpretação por meio de modelos neurocognitivos. A interpretação dos instrumentos, juntamente a entrevistas e a observações, irá subsidiar ao neuropsicólogo a ANP, passando a compreender o perfil cognitivo do sujeito. Por conseguinte, a ANP vai subsidiar a reabilitação neuropsicológica, bem como um melhor prognóstico para o paciente (Haase et al., 2012).

No que se refere à COVID-19, diversos instrumentos de avaliação foram aplicados em estudos recentes (Alemanno et al., 2021; Graham et al., 2021; Groiss et al., 2020; Ortellia et al., 2021; Raman et al., 2021), a exemplo do *Montreal Cognitive Assessment* (MoCA), *Mini-Mental State Examination* (MEEM), *Trail Making Test* (TMT), *Symbol Digit Modalities Test* (SDMT), *Hopkins Verbal Learning Test* (HVLT), entre outros. Serão explicitados brevemente neste capítulo alguns dos principais instrumentos de avaliação cognitiva aplicados em pacientes infectados pelo novo coronavírus.

4.2. Montreal Cognitive Assessment (MoCA)

O *Montreal Cognitive Assessment* (MoCA) é um instrumento de triagem (Garcia-Grimshaw et al., 2022), que, em virtude de seu uso não ser exclusivo para psicólogos e neuropsicólogos, é um dos principais instrumentos utilizados nas pesquisas científicas que investigam os prejuízos neurocognitivos da COVID-19, por exemplo, em Aiello et al. (2022), Blazhenets et al. (2021), Devita et al. (2021) e Patel et al. (2021).

Alguns autores afirmam que o MoCA se constitui como um teste psicométrico para triagem cognitiva, não podendo ser considerado como um instrumento para o diagnóstico (Dawes et al., 2022). Ele consiste em avaliar as habilidades cognitivas globais por meio de uma lista de 30 itens, avaliando "oito domínios cognitivos; visuoespacial/executivo, nomeação, memória, atenção, linguagem, abstração, evocação tardia e orientação" (Dawes et al., 2022).

O MoCA foi desenvolvido em 2005 e vem se tornando cada vez mais presente em diversos estudos. Autores como Amatneeks e Hamdan (2019) sustentam que o seu uso se relaciona com o crescente número de estudos, demonstrando superioridade desse instrumento em relação ao *Mini-Mental State Examination* (MEEM) para identificar comprometimento cognitivo. Além disso, conta com a tradução e a disponibilidade em mais de 100 idiomas de forma gratuita, com boa sensibilidade e especificidade quando comparado a outros testes de rastreio para comprometimento cognitivo (Dawes et al., 2022).

Nota-se que esse instrumento é uma ferramenta importante para triagem dos declínios cognitivos, podendo ainda ser utilizado para pensar estratégias de intervenção e de exposição a pacientes com alterações cognitivas, além disso, observa-se que o MoCA possui uma alta utilização em pesquisas por possuir uma boa aplicabilidade e produzir bons níveis de sensibilidade e especificidade relacionados às funções cognitivas, bem como o alcance dos principais domínios cognitivos (Amatneeks & Hamdan, 2019).

4.3. Mini-Mental State Examination (MEEM)

O *Mini-Mental State Examination* é outro instrumento que pode ser utilizado na avaliação neuropsicológica da COVID-19. Autores como Aiello et al. (2022) e Alemanno et al. (2021) aplicaram o MEEM para avaliar o estado cognitivo global dos pacientes infectados pelo novo coronavírus e detectar possíveis alterações cognitivas.

O MEEM foi elaborado por Folstein (1975) para ser um instrumento de rastreio, inicialmente desenvolvido para avaliar sintomas demenciais de idosos dos Estados Unidos, tendo por características uma aplicação rápida e simplificada para o seu contexto, bastante utilizado na área clínica (Melo & Barbosa, 2015). O MEEM tem por objetivo avaliar áreas das funções cognitivas como orientação temporal e espacial, atenção, evocação, linguagem, retenção e memória visuoespacial, por meio de itens agrupados com valor de 1 ponto para cada resposta correta, sendo o seu escore total de 30 pontos. Em relação à pontuação, o instrumento sofre influências culturais e de níveis de escolarização, sendo essa última sem um consenso sobre os pontos de corte (Melo & Barbosa, 2015).

Atualmente, ele ainda é um dos testes de rastreio cognitivo mais utilizados em todo o mundo, sendo utilizado por psicólogos, psiquiatras, neurologistas e outros profissionais. Esse teste tem autorização para ser utilizado em mais de 35 países, sendo aplicado em pessoas adultas ou idosas, além de ser bastante empregado em áreas de pesquisas (Bastos, 2023). No Brasil, Melo e Barbosa (2015) encontraram 11 testes aplicados ao contexto brasileiro, passando a receber críticas, pois o mesmo instrumento passa a sofrer variações, substituindo itens ou suprimindo, fazendo com que não haja conformidade com a sua padronização.

Segundo o Ministério da Saúde (2006), o MEEM pode avaliar as funções executivas em torno de 10 minutos, não requerendo nenhum material específico. Vale destacar que o Ministério da Saúde recomenda a aplicação de outros instrumentos junto ao MEEM, entendendo que este avalia de maneira superficial, não servindo para diagnósticos, apenas para indicação de prováveis suspeitas a serem investigadas.

4.4. Trail Making Test (TMT)

O TMT é utilizado para avaliar a atenção sustentada e alternada, sendo composto por partes A e B, as quais abrangem o rastreio visual complexo, a destreza motora e os processos executivos, respectivamente. Além disso, entre os processos executivos, a capacidade inibitória e a alternância cognitiva parecem ser aquelas mais exigidas na execução da tarefa (Valentin *et al.*, 2015, p. 22).

Bungenberg et al. (2022) compararam auto relatos de pacientes - hospitalizados e não hospitalizados - com sintomas persistentes após infecção por coronavírus. Eles realizaram um conjunto de testes neuropsicológicos, entre os quais o TMT foi aplicado para avaliar especialmente a flexibilidade cognitiva dos pacientes.

É importante ressaltar que o resultado do TMT sofre interferências a depender do nível de escolaridade e da faixa etária. De acordo com Tombaugh (2004), o desempenho no TMT diminui com o aumento da idade e com níveis mais baixos de escolaridade. Entretanto, esse teste possui uma melhor aplicabilidade no contexto brasileiro em comparação a outros que utilizam normas estrangeiras como referências diagnósticas. Isso ocorre devido à menor interferência de fatores sociodemográficos e psicolinguísticos, visto que contam com estímulos predominantemente não verbais (Fonseca et al., 2007, p. 405).

4.5. Symbol Digit Modalities Test (SDMT)

Conforme exposto por Valentin et al. (2015, p. 22), o SDMT consiste em uma tarefa de reprodução de símbolos em menor tempo e com maior quantidade de símbolos feitos em 180 segundos, avaliando desde memória de curto prazo, habilidade visuoespacial e atenção, como também a organização, o planejamento e a busca de estratégias para a realização da tarefa.

4.6. Teste de Aprendizagem Verbal de Hopkins - Revisado (HVLT-R)

O HVLT-R é um teste neuropsicológico capaz de avaliar os componentes de aprendizagem verbal e visuoespacial da memória episódica (Miotto et al., 2012, p. 964). Ele é composto por uma lista de 12 nomes que estão agrupados em categorias semânticas, contendo três listas de evocação imediata, uma lista de evocação tardia e uma lista de reconhecimento com 24 palavras, sendo 12 palavras-chave e 12 distratores (Vale et al., 2008, p. 79).

5 CONCLUSÃO

Diante da análise dos principais instrumentos utilizados na Avaliação dos Déficits Cognitivos da COVID-19, observa-se a escassez de instrumentos neuropsicológicos específicos durante a avaliação dos pacientes infectados. Dessa forma, apesar dos resultados encontrados elucidarem os impactos neurocognitivos do novo coronavírus (Graham et al., 2021; Groiss et al., 2020; Ortellia et al., 2021; Raman et al., 2021), esses não foram avaliados de maneira detalhada, o que impossibilita conhecer o nível de comprometimento cognitivo e as suas características.

Nesse sentido, a utilização dos instrumentos de Avaliação Neuropsicológica (AN) são essenciais nos casos de COVID-19, visto que têm como objetivo investigar domínios cognitivos e comportamentais de forma aprofundada (Melo & Borges, 2019). De modo geral, a Avaliação Neuropsicológica é fundamental para pacientes com comprometimentos cognitivos com afetação neurológica, auxiliando desde seu diagnóstico, até as intervenções e a reabilitação do paciente (Costa et al., 2004). Sendo assim, torna-se necessário o aprimoramento de estudos que tenham como objetivo a utilização de instrumentos neuropsicológicos que objetivem identificar os prejuízos cognitivos decorrentes da COVID-19, fato esse que possibilitará um acompanhamento de desempenho pré e pós-intervenção neuropsicológica em pacientes com sequelas neurocognitivas ocasionadas pelo novo coronavírus.

REFERÊNCIAS

Aiello, E. N.; Fiabane, E.; Manera, M. R.; Radici, A.; Grossi, F.; Ottonello, M.; Vassallo, C.; Pain, D.; Pistarini, C. (2022). Episodic long-term memory in *post*-infectious SARS-CoV-2 patients. *Neurological Sciences*, v. 43, n. 2, p. 785-788.

Alemanno, F.; Houdayer, E.; Parma, A.; Spina, A.; Forno, A. D.; Scatolini, A.; Angelone, S.; Brugliera, L; Tettamanti, A.; Beretta, L.; Iannaccone, S. (2021). COVID-19 cognitive deficits after respiratory assistance in the subacute phase: A COVID-rehabilitation unit experience. *PLoS One*, v. 16, n. 2, p. 1-12.

Amatneeks, T. M.; & Hamdan, A. C. (2019). Montreal Cognitive Assessment for cognitive assessment in chronic kidney disease: a systematic review. *Jornal Brasileiro de Nefrologia*,v. 41, n. 1, p.112-123.

Asadi-Pooya, A. A.; & Simani, L. (2020). Central nervous system manifestations of COVID-19: a systematic review. *Journal Of The Neurological Sciences*, v. 413, p. 1-4, jun.

Bastos, N. V.; Soares, L. V. R.; Cunha, A. A. C. D.; Mendes, Jiulliano C. L.; Oliveira, L. M. (2023). A relevância da aplicação do Mini Exame do Estado Mental (MEEM) em idosos do Brasil: uma revisão integrativa. *Revista Eletrônica Acervo Saúde*, v. 23, n. 1, p. 01-11.

Blazhenets, G.; Schröter, N.; Bormann, T.; Thurow, J.; Wagner, D.; Frings, L.; Weiller, C.; Meyer, P. T.; Dressing, A.; A Hosp, J. (2021). Slow but evident recovery from reocortical dysfunction and cognitive impairment in a series of chronic COVID-19 patients. *The Journal of Nuclear Medicine*, v. 62, n. 7, p. 910-915.

Bohmwald, K.; Gálvez, N. M. S.; Ríos, M.; & Kalergis, A. M. (2018). Neurologic Alterations Due to Respiratory Virus Infections. *Frontiers In Cellular Neuroscience*, v. 12, p. 1-15, 26 out.

Brasil (2006). Ministério da Saúde. Secretaria de Atenção à Saúde. Departamento de Atenção Básica. *Envelhecimento e saúde da pessoa idosa*. Brasília: Ministério da Saúde. 192 p.

Bungenberg, J.; Humkamp, K.; Hohenfeld, C.; Rust, M. I.; Ermis, U.; Dreher, M.; Hartmann, N.U. K.; Marx, G.; Binkofski, F.; Finke, C.; Schulz, J. B.; Costa, A. S.; Reetz K. (2022). Long COVID-19: objectifying most self-reported neurological symptoms. *Annals of Clinical and Translational Neurology*, v. 9, n. 2, p. 141-154.

Conselho Federal de Psicologia (2022). *Neuropsicologia: Ciência e Profissão*. 1. Ed. Brasília: CFP. 36 p.

Costa, D. I.; Azambuja, L. S.; Portuguez, M. W.; Costa, J. C. (2004). Avaliação neuropsicológica da criança. *Jornal de Pediatria*, v. 80, n. 2, p. 111-116.

Dawes, P.; Reeves, D.; Yeung, W. K.; Holland, F.; Charalambous, A. P.; Côté, M.; David, R.; Helmer, C.; Laforce, R.; Martins, R. N.; Politis, A.; Pye, A.; Russell, G.; Sheikh, S.; Sirois, M. J.; Sohrabi, H. R.; Thodi, C.; Gallantl K.; Nasreddine, Z.; Leroi, I. (2023). Development and validation of the Montreal cognitive assessment for people with hearing impairment (MoCA-H). *Journal of the American Geriatrics Society*, v. 71, n. 5, p. 1485- 1494.

Devita, M.; Rosa, E. D.; Iannizzi, P.; Bianconi, S.; Contin, S. A.; Tiriolo, S.; Bernardinello, N.; Cocconcelli, E.; Balestro, E.; Cattelan, A.; Leoni, D.; Mapelli, D.; Volpe, B. (2021). Cognitive and psychological sequelae of COVID-19: age diferences in facing the Pandemic. *Frontiers in Psychiatry*, v. 12, p. 1-7.

Dominguez, B. (2022). O que vem depois: respostas e lacunas sobre a Covid longa, que afeta até 20% dos que foram infectados pelo coronavírus. *Radis*, 01 Ago.

Folstein, M. F.; Folstein, S. E.; & Mchugh, P. R. (1975). "Mini-mental state": a practical method for grading the cognitive state of patients for the clinician. *Journal of psychiatric research*, v. 12, n. 3, p. 189-198.

Fonseca, R. P., Salles, J. F.; Parente, M. A. M. P. (2007). Ferramenta útil na pesquisa e clínica de neuropsicologia: Um Compêndio de Testes Neuropsicológicos. *Interamerican Journal of Psychology*,v. *41*, p. 403-406.

Franco, J. H. (2022). Covid, não acaba quando termina. *Radis*, Rio de Janeiro, 01 Ago. Disponível em: https://radis.ensp.fiocruz.br/opiniao/editorial/covid-nao-acaba-quando-termina/. Acesso em: 24 Abr. 2023.

García-Grimshaw, M.; Chirino-Pérez, A.; Flores-Silva, F. D.; Valdés-Ferrer, S. I.; Vargas-Martínez, M. D. L. A.; Jiménez-Ávila, A. I.; Chávez-Martínez, O. A.; Ramos-Galicia, E. M.; Marché-Fernández, O. A.; Ramírez-Carrillo, M. F.; Grajeta-González, S. L.; Ramírez-Jiménez; Chávez-Manzanera, E. A.; Tusié-Luna, M. T.; Ochoa-Guzmán, A.; Cantú-Brito, C.; Fernandez-Ruiz, J.; Chiquete, E. (2022). Critical role of acute hypoxemia on the cognitive impairment after severe COVID-19 pneumonia: a multivariate causality model analysis. *Neurological Sciences*, v. 43, n. 4, p. 2217-2229.

Graham, E. L.; Clark, J. R.; Orban, Z. S.; Lim, P. H.; Szymanski, A. L.; Taylor, C.; Dibiase, R. M.; Jia, D. T.; Balabanov, R.; Ho, S. U.; Batra, A.; Liotta, E. M.; Koralnik, I. J. (2021). Persistent neurologic symptoms and cognitive dysfunction in non-hospitalized Covid-19 "long haulers". *Annals of Clinical and Translational Neurology*, v. 8, n. 5, p. 1073-1085.

Groiss, S. J.; Balloff, C.; Elben, S.; Brandenburger, T.; Müttel, T.; Kindgen-Milles, D.; Vollmer, C.; Feldt, T.; Kunstein, A.; Jensen, B. E. O.; Hartung, H. P.; Schnitzler, A.; Albrecht, P. (2020). Prolonged neuropsychological deficits, central nervous system involvement, and brain stem affection after COVID-19 – A case series. *Frontiers in Neurology*, v. 11, p. 1-8.

Haase, V. G.; Salles, J. F. D.; Miranda, M. C.; Malloy-Diniz, L.; Abreu, N.; Argollo, N.; Mansur, L. L.; Parente, M. A. D. M. P; Fonseca, R. P.; Mattos, P.; Landeira-Fernandez, J.; Caixeta, L. F.; Nitrini, R.; Paulo, B.; Filho, H. C. D. S.; Silva, A. G. D.; Bueno, O. F. A. (2012). Neuropsicologia como ciência interdisciplinar: consenso da comunidade brasileira de pesquisadores/clínicos em Neuropsicologia. *Neuropsicologia Latinoamericana*, v. 4, n. 4, p. 1-8.

Melo, D. M. de; & Barbosa, A. J. G. (2015). O uso do Mini-Exame do Estado Mental em pesquisas com idosos no Brasil: uma revisão sistemática. *Ciência & saúde coletiva*, v. 20, n. 12, p. 3865-3876.

Ministério Da Saúde (2021). *Atendimento e fatores de risco*. Gov. br, 08 Abr. Disponível em: https://www.gov.br/saude/pt-br/coronavirus/atendimento-tratamento-e-fatores-de-risco. Acesso em: 10 Abr. 2023.

Ministério Da Saúde (2021). *Como é transmitido?. Gov.br*, 08 Abr. Disponível em: https://www.gov.br/saude/pt-br/coronavirus/como-e-transmitido. Acesso em: 10 Abr. 2023.

Ministério Da Saúde (2021). *O que é a covid?*. Gov.br, 08 Abr. Disponível em: https://www.gov.br/saude/pt-br/coronavirus/o-que-e-o-coronavirus. Acesso em: 10 Abr. 2023.

Ministério Da Saúde (2021). *Sintomas*. Gov.br, 08 Abr. Disponível em: https://www.gov.br/saude/pt-br/coronavirus/sintomas. Acesso em: 10 Abr. 2023.

Ortelli, P.; Ferrazzoli, D.; Sebastianelli, L.; Engl, M.; Romanello, R.; Nardone, R.; Bonini, I.; Koch, G.; Saltuari, L.; Quartarone, A.; Oliviero, A.; Kofler, M.; Versace, V. (2021). Neuropsychological and neurophysiological correlates of fatigue in post-acute patients with neurological manifestations of COVID-19: Insights into a challenging symptom. *Journal of the Neurological Sciences*, v. 15, n. 420, p. 1-9.

Patel, R.; Savrides, I.; Cahalan, C.; Doulatani, G.; O'dell, M. W.; Toglia, J.; Jaywant, A. (2021). Cognitive impairment and functional change in COVID-19 patients undergoing inpatient rehabilitation. *International Journal of Rehabilitation Research*, v. 44, n. 3, p. 285-288.

Raman, B.; Cassar, M. P.; Tunnicliffe, E. M.; Filippini, N.; Griffanti, L.; Alfaro-Almagro, F.; Okell, T.; Sheerin, F.; Xie, C.; Mahmod, M.; Mózes, F. E.; Lewandowski, A. J.; Ohuma, E. O.; Holdsworth, D.; Lamlum, H.; Woodman, M. J.; Krasopoulos, C.; Mills, R.; Mcconnell, F. A. K.; Wang, C.; Arthofer, C.; Lange, F. J.; Andersson, J.; Jenkinson, M.; Antoniades, C.; Channon, K. M.; Shanmuganathan, M.; Ferreira, V. M.; Piechnik, S. K.; Klenerman, P.; Brightling, C.; Talbot, N. P.; Petousi, N.; Rahman, N. B.; Ho, L. P.; Saunders, K.; Geddes, J. R.; Harrison, P. J.; Pattinson, K.; Rowland, M. J.; Angus, B. J.; Gleeson, F.; Pavlides, M.; Koychev, I.; Miller, K. L.; Mackay, C.; Jezzard, P.; Smith, S. M.; Neubauer, S. (2021). Medium-term effects of SARS-CoV-2 infection on multiple vital organs, exercise capacity, cognition, quality of life and mental health, post-hospital discharge. *EClinicalMedicine*, v. 31, p. 1-13.

Ramos, A. A.; & Hamdan, A. C. (2016). O crescimento da avaliação neuropsicológica no Brasil: uma revisão sistemática. *Psicologia: Ciência e Profissão*, v. 36, n. 2, p. 471-485.

Rothan, H. A.; & Byrareddy, S. N. (2020). The epidemiology and pathogenesis of coronavirus disease (COVID-19) outbreak. *Journal Of Autoimmunity*, v. 109, p. 1-4, maio.

Tombaugh, T. (2004). Trail Making Test A and B: normative data stratified by age and education. *Archives Of Clinical Neuropsychology*, v. 19, n. 2, p. 203-214, mar.

Vale, T. L. F. D.; Serrao, V. T.; Machado, M. D. A. R.; Jungerman, F. S.; Lúcia, M. C. S. D.; Scaff, M.; Miotto, E. C. (2008). Envelhecimento e memória episódica: desempenho de 15 idosos no BVMT-R e HVLT-R. *Psicol. hosp.* v. 6, n. 2, p. 74-87.

Valentin, L. S. S.; Pietrobon, R.; Aguiar Junior, W. D.; Rios, R. P. C.; Stahlberg, M. G.; Menezes, I. V. G. D.; Osternack-Pinto, K.; Carmona, M. J. C. (2015). *Definition and application of neuropsychological test battery to evaluate postoperative cognitive dysfunction.* Einstein (São Paulo), v. 13, n. 1, p. 20-26, mar.

SOBRE OS ORGANIZADORES

Akauito Elcino Moreira Teixeira

Graduado em Psicologia pela Pontifícia Universidade Católica de Minas Gerais (2015), Pós-graduado em Avaliação e Diagnóstico Psicológico (2020) e Mestre em Ensino pela Pontifícia Universidade Católica de Minas Gerais (2021). Tem experiência na área de Ensino e Psicologia com ênfase em Psicologia clínica, Neuropsicologia, Avaliação Psicológica e Neuropsicológica, supervisão profissional e ensino de Psicologia. Atualmente é coordenador da Comissão de Orientação em Neuropsicologia do CRP/04 e membro da Comissão de Avaliação Psicológica do CRP/04. Membro da Associação Brasileira de Rorschach e Métodos Projetivos (ASBRo).

Délcio Fernando Guimarães Pereira

Mestre em Psicologia Clínica, Pós-graduado em Docência do Ensino Superior, Pós-graduado em Psicologia Clínica e Saúde Mental. Professor e coordenador em cursos de Psicologia. Conselheiro do XVII Plenário do CRP/04. Conselheiro do XIV e XV Plenário do CRP/04. Conselheiro Secretário, Presidente da Comissão de Orientação e Fiscalização - COF, Presidente da Comissão de Orientação e Ética - COE XV Plenário CRP/04. Foi Presidente da Associação Brasileira de Ensino de Psicologia - ABEP/MG. Membro das Comissões de Orientação e Formação Profissional, Comissão de Orientação e Avaliação Psicológica. Presidente da Comissão de Mediação e Meios de Solução Consensual de Conflitos. Membro da Sociedade de Avaliação Psicológica SAPSI.

Elza Maria Gonçalves Lobosque

Psicóloga e Pedagoga. Mestre em Avaliação Psicológica. Especialista em Avaliação Psicológica e em Psicologia do Tráfego pelo CRP/04. Pós-graduada em Neuropsicologia, Psicologia Escolar e RH. Docente e Supervisora de Avaliação Psicológica, Neuropsicologia, Tráfego e POT. Coordenadora e docente da pós-graduação em Avaliação Psicológica IESPE, Professora universitária, Avaliadora psicológica credenciada pela Polícia Federal. Consultora de RH. Conselheira XVI e XVII Plenária, Coordenadora da Comissão de Orientação em Avaliação Psicológica CRP/04-sede e subsede sudeste, Coordenadora da Comissão de Análise para concessão do Título profissional de especialista (CARPE) CRP/04-Sede, Membro da Comissão de Orientação e Ética (COE) CRP/04, Membro da COMORG/MG, Conselheira referência das Comissões de Avaliação Psicológica, Neuropsicologia, Tráfego, Comissão de Apoio às Comissões, Gestão de Pessoas e TI no CRP/04. Membro da Comissão Científica do CONAP, membro do IBAP, SAPSI e ASBRo.

SOBRE OS AUTORES

Alexandre Lima

Psicólogo pela UNICAPITAL/SP (atual Centro Universitário UNI-BAN). Especialista em Gestalt-terapia Infantojuvenil pelo Núcleo Dialógico de Gestalt-terapia/RJ. Especialista pela Universidade Cruzeiro do Sul - UNICSUL/SP em Gestalt-terapia - Abordagem Clínica e Institucional, 2020. Colaborador no CRP/SP, na Subcomissão Estadual de Psicologia de Tráfego, Mobilidade, Trânsito e Transporte, na Subcomissão de Psicologia de Tráfego, Mobilidade, Trânsito e Transporte e no Comitê de Orientação e Ética. Professor convidado no CEAT Centro de Estudos Avançados e Treinamento/Trânsito. Atua como psicólogo clínico, em avaliação psicológica e realiza estudos em fenomenologia heideggeriana aplicada à clínica psicológica.

Ana Paula Porto Noronha

Psicóloga, Mestre em Psicologia Escolar, Doutora em Psicologia Ciência e Profissão pela Pontifícia Universidade Católica de Campinas, com estágio pós-doutoral na Universidade do Minho, Portugal. Docente do Programa de Pós-graduação Stricto Sensu em Psicologia da Universidade São Francisco. Coordena o Laboratório de Avaliação de Características Positivas (LabC+, LAPE/USF). Foi secretária e presidente do Instituto Brasileiro de Avaliação Psicológica. Foi presidente da Associação Brasileira de Editores Científicos em Psicologia. Membro do Comitê de Assessoramento da área de Psicologia do CNPq (2023-2026). Bolsista produtividade em pesquisa 1A do CNPq.

Anderson Ferreira Machado Souza

Bacharel em saúde (Universidade Federal do Recôncavo da Bahia-UFRB), graduando do bacharelado em psicologia (UFRB). Membro do Núcleo de Neurociência e Neuropsicologia Cognitiva (NUNNCOG), coordenador de ensino, pesquisa e extensão da Liga Acadêmica de Neuropsicologia (LANEP) e bolsista de iniciação científica (CNPq) do projeto "Impactos Neurocognitivos da COVID-19".

Andréa Regina Marques Chamon

Mestra e Doutoranda em Psicologia Social pela UFMG. Especialista em Avaliação e Diagnóstico Psicólogo (IEC/ PUC MINAS) e em Gênero e Diversidade (UFLA). Professora de Avaliação Psicológica e Supervisora de estágios em Psicodiagnóstico pela UNICID.

André Filipe Capinha Maio

Major de Cavalaria/Psicólogo. Licenciado, pré Bolonha, em Ciências Militares, na especialidade de Cavalaria, pela Academia Militar; mestre em Psicologia, na área de especialização em Psicologia dos Recursos Humanos, do Trabalho e das Organizações, pela Faculdade de Psicologia da Universidade de Lisboa. No Centro de Psicologia Aplicada do Exército Português (CPAE), desempenhou funções de 2º Comandante do Módulo de Operações Psicológicas e Adjunto do Chefe do Gabinete de Seleção.

Beatriz Pinto Freiman

Psicóloga, especialista em Saúde Coletiva e Saúde Mulher, cursando mestrado acadêmico em Saúde Coletiva no Instituto Fernandes Figueira da Fiocruz (IFF/FIOCRUZ).

Beatriz Alves Alexandrino de França

Psicóloga pela Universidade Estácio de Sá - UNESA – RJ. Especialista em Avaliação Psicológica pela Universidade Focus.

Camila Costa e Silva

Psicóloga, Mestre e Doutoranda em Psicologia no Programa de Pós-Graduação Stricto Sensu da Pontifícia Universidade Católica de Goiás e bolsista Capes. Especialista em Terapia Cognitiva Comportamental (PUC-RS).

Camila da Silva Santos

Doutoranda em Psicologia pela Pontifícia Universidade Católica de Goiás. Mestre em Psicologia pela Pontifícia Universidade Católica de Goiás (PUC-Goiás) e Especialista em Terapia Cognitiva Comportamental pela Pontifícia Universidade Católica do Rio Grande do Sul (PUCRS).

Christiane Leolina Lara Silva

Mestre em psicologia, pós-graduada em gestão de pessoas e Neuropsicologia, especialista em Avaliação Psicológica e Psicologia Organizacional e do Trabalho. Atua há 30 anos na área de avaliação psicológica e experiência de 17 anos como docente. Presidente da Sociedade de Avaliação Psicológica de Minas Gerais (SAPSI-MG), membro da comissão de orientação em avaliação psicológica do CRP/04 e diretora da Educar Psicologia.

Cristiane Faiad

Doutora em Psicologia Social, do Trabalho e das Organização (PSTO) pela Universidade de Brasília. Docente do Departamento de Psicologia Clínica, Programa de Pós PSTO e do Programa em Psicologia Clínica e Cultura do Instituto de

Psicologia (IP) da Universidade de Brasília (UnB). Fundadora e atual coordenadora do Centro de Pesquisa em Avaliação e Tecnologias Sociais (CEPATS/UnB).

Daniela Sacramento Zanini

Psicóloga, Professora da Pontifícia Universidade Católica de Goiás, Doutora em Psicologia pela Universidad de Barcelona (Espanha), Presidente Passada do Instituto Brasileiro de Avaliação Psicológica (IBAP, gestão 2021-2023), Coordenadora da Comissão Consultiva de Avaliação Psicológica (CCAP/CFP, gestão 2017-2019) e membro da CCAP/CFP (gestões 2028-2022, 2023-2025), bolsista produtividade CNPq.

Dione Rayssa Cardoso Corrêa

Psicóloga, Licenciada e Bacharela em Psicologia pela Universidade de Brasília (UnB). Mestre e doutoranda em Psicologia Clínica e Cultura pela Universidade de Brasília e pós-graduada em Psicologia do Envelhecimento pelo Child Behavior Institute of Miami.

Evandro Morais Peixoto

Doutor em Psicologia pela PUC-Campinas. Docente do Programa de Pós-Graduação Stricto Sensu em Psicologia da Universidade São Francisco (USF). Conselheiro do XIX Plenário do Conselho Federal de Psicologia (gestão 2022-2025). Coordenador da Comissão Consultiva em Avaliação Psicológica CFP.

Fernanda Gonçalves da Silva

Doutora pela Universidade Federal do Rio de Janeiro em Avaliação Psicológica, Mestre e especialista em Avaliação Psicológica, Psicóloga aplicadora, Parecerista técnica e Psicóloga supervisora por 11 anos a serviço do CEBRASPE. Responsável técnica da banca IBEG nos concursos de Agente ambiental, guarda municipal de Seropédica e guarda municipal de Resende. Autora e coautora de diversas pesquisas e livros publicados na área da Avaliação Psicológica, Membro do comitê de ética em pesquisa do IPUB, Editora da Revista Multidisciplinar e do Comite de ética da faculdade Focus e parecerista de periódicos nacionais e internacionais.

Francisco Antônio Coelho Junior

Doutor em Psicologia Social, do Trabalho e Organizações pela Universidade de Brasília. Docente do Departamento de Administração e do Programa de Pós-Graduação em Administração (PPGA) da Universidade de Brasília. Pesquisador docente do Centro de Pesquisa em Avaliação e Tecnologias Sociais (CEPATS/UnB).

Iorhana Almeida Fernandes

Psicóloga, Mestre e Doutoranda em Psicologia no Programa de Pós-Graduação Stricto Sensu da Pontifícia Universidade Católica de Goiás e bolsista Capes. Especialista em Avaliação Neuropsicológica (UniCambury). Representante Discente na ANPEPP. Membro do GT de Psicologia Positiva e Criatividade da ANPEPP.

Irene F. Almeida de Sá Leme

Psicóloga (CRP 40155-6) com especialização em Gerência e Administração de Recursos Humanos. Atuação em avaliação psicológica e docente de graduação e cursos de extensão. Experiência em desenvolvimento e elaboração de projetos de pesquisa. Autora de testes, livros e artigos. Atualmente faz parte da equipe de pesquisa na Editora NILAPRESS.

Isabella Pippa Ferreira Freitas

Psicóloga, especialista nas áreas: Avaliação Psicológica, Neuropsicologia, Terapia Cognitiva Comportamental, Clínica, Hospitalar, Organizacional e do Trabalho, Trânsito, Recursos Humanos e Comunicação. MBA em Gestão de Saúde e Administração Estratégica, Especialista em Assistência oncológica; Mestranda em Psicologia Jurídica; Coordenadora das Comissões de Orientação em Avaliação Psicológica, Diversidade e Gênero, Hospitalar, Saúde Mental Álcool e Drogas na subsede sudeste do CRP/04. Membro das Comissões de Avaliação Psicológica, Emergência e Desastres, PCD's, Direitos Humanos da sede do CRP/04-BH. Representante do CRP/04 como Conselheira nos COMPID e CMDPI em Juiz de Fora- MG.

Ivani Teixeira Mendes

Psicóloga, professora e coordenadora de curso. Possui mestrado em psicologia clínica pela Pontifícia Universidade Católica de Campinas. Atuou como professora e coordenadora do curso de Psicologia do Centro Universitário Capital. Professora e coordenadora pedagógica do curso de pós-graduação em Psicologia do Trânsito CEAT, instituição em que oferece cursos de capacitação profissional em avaliação psicológica. Tem experiência como psicoterapeuta e na área de ensino superior, atua principalmente nos seguintes temas: avaliação psicológica, psicoterapia, supervisão e como psicóloga assistente judiciário. Conselheira no CRP/06 gestão 2022 - 2025.

Ivan Sant'Ana Rabelo

Psicólogo (CRP 06/82047), com atuação em avaliação psicológica, recursos humanos, orientação profissional, e projetos de desenvolvimento de ferramentas de avaliação e jogos corporativos. Doutor em Ciências pela Universidade de São Paulo (USP) com estágio pós-doutoral em Psicologia no Laboratório Fator Humano (UFSC) e no Grupo de Estudos Olímpicos (GEO-USP) Especialista em Psicologia do Trânsito (CFP). É Diretor de Pesquisa na Editora NilaPress. Docente na graduação, cursos de extensão e pós-graduação. Autor de Testes Psicológicos e Livros.

Izabela Cristina Lourenço da Silva

Psicóloga pela Universidade do Estado de Minas Gerais (UEMG/Divinópolis). Integrante do Núcleo de Estudos em Avaliação Psicológica e Saúde (NEAPS). Atua como psicóloga clínica.

Júlia Reis Negreiros

Psicóloga. Doutoranda em Psicologia, bolsista Capes. Faz parte do grupo de pesquisa Avaliação Psicológica do Potencial Humano - Laboratório de Avaliação e Medidas Psicológicas na PUC-Campinas. Membro da equipe editorial da Revista Ibero-Americana de Criatividade e Inovação (RECRIAI) e 1° Secretária da Associação Brasileira de Criatividade e Inovação (CRIA-BRASILIS).

Juliana Maria da Silva Magalhães

Psicóloga (PUC-MG), MBA em gestão de pessoas (Fundação Dom Cabral), mestre em gestão organizacional com MSc honors program in business research (Vrije Universiteit Amsterdam), especialista em neuropsicologia clínica (Instituto Português de Psicologia – INSPSIC), mestranda em neuropsicologia clínica e experimental (Universidade do Minho, Universidade de Coimbra, Universidade de Lisboa). Membro das comissões de orientação em avaliação psicológica e em neuropsicologia, para o CRP/04.

Juliana Mendes Alves

Psicóloga, Neuropsicóloga e Psicopedagoga, Mestre em Psicologia pela UFMG, especialista em Neurociências (UFMG) e Atendimento Sistêmico (PUC-MG). Diretora clínica do Espaço Integrar e membro do LAVIS/UFMG. Membro fundador e Suplente (gestão 2023-2026) da AESBE.

Karina da Silva Oliveira

Psicóloga, Mestre e Doutora (PUC-Campinas), Especialista em Neurologia aplicada à Neuropsicologia Infantil (Unicamp), Pós-Doutorado em Avaliação Psicológica (USF). É professora do departamento de Psicologia e do PPG em Psicologia: Cognição e Comportamento (UFMG). Membro da Diretoria do Instituto Brasileiro de Avaliação Psicológica (Gestão 2021-2023 e 2023-2025), parecerista ad-hoc do Sistema de Avaliação de Testes Psicológicos (SATEPSI).

Katya Luciane de Oliveira

Professora Associada do Programa de Mestrado em Psicologia da Universidade Estadual de Londrina/UEL. Presidente do Instituto Brasileiro de Avaliação Psicológica/IBAP. Bolsista Produtividade CNPq/Nível 2

Kelly Cristina Atalaia da Silva

Doutora em Neurociência e Biologia do Comportamento (Universidad Pablo de Olavide de Sevilla-UPO), mestre em Ciências Médicas (Universidade do Estado do Rio de Janeiro-UERJ), mestre em Neuropsicologia Clínica (Universidad Pablo de Olavide de Sevilla-UPO), mestre em Neurociência (Universidad Pablo de Olavide de Sevilla-UPO), psicóloga (Universidade Federal de Juiz de Fora-UFJF). Professora adjunta da Universidade Federal do Recôncavo da Bahia (UFRB), coordenadora do Núcleo de Neurociência e Neuropsicologia Cognitiva (NUNNCOG) da UFRB e do projeto de pesquisa "Impactos neurocognitivos da COVID-19".

Lara Letícia Pinto Barbosa

Doutoranda em Avaliação Psicológica pela Universidade de Brasília (UnB), mestre em Psicologia Social - avaliação da impulsividade e psicóloga (Universidade de Brasília-UnB). Pesquisadora do Centro de Pesquisa em Avaliação e Tecnologias Sociais (CEPATS/UnB) e cofundadora da Daten - Consultoria e Análise de Dados.

Laura Novaes Andrade

Psicóloga e Doutora em Psicologia Social, do Trabalho, e das Organizações pela Universidade de Brasília (UnB). Professora de Psicologia no Centro Universitário do Distrito Federal (UDF) e no Instituto Brasileiro de Ensino, Desenvolvimento e Pesquisa (IDP), além de ser pesquisadora vinculada ao Centro de Pesquisa em Avaliação e Tecnologias Sociais (Cepats/IP/UnB).

Lucas Dannilo Aragão Guimarães

Pós-doutor em Psicologia (UFRGS), Doutor em Avaliação Psicológica (USF), Mestre em Ciências e Saúde (UFPI), com intercâmbio acadêmico-científico no departamento de Psiquiatria da Università Degli Studi di Torino (Turim, Itália), Neuropsicólogo, pelo Conselho Federal de Psicologia. Perito Psicólogo nas áreas cível e criminal e Analista Judiciário-Psicólogo (TJ-MA). Professor Adjunto de Psicodiagnóstico da Universidade Estadual do Piauí. Membro Internacional do American College of Forensic Psychology (ACFP). Coordenador do Laboratório de Avaliação e Perícia Forense (LAPEP) da UESPI.

Lúcia Helena Rocha Oliveira

Psicóloga pela Universidade Federal de Minas Gerais (UFMG); Mestre em Psicologia Comportamental (PUC–Goiás); Pós-Graduada em Psicogerontologia (UFMG) e em Geriatria (UFMG); Especialista em Psicologia do Trânsito (CFP), Avaliação Psicológica (CFP) e Neuropsicologia (Feluma).

Lucila Moraes Cardoso

Psicóloga, Professora da Universidade Estadual do Ceará, Doutora em Psicologia pela Universidade São Francisco, Membro da Associação Brasileira de Rorschach e Métodos Projetivos (ASBRo, gestões 2018-2020, 2020-2022, 2024-2026) e membro da Comissão Consultiva de Avaliação Psicológica do Conselho Federal de Psicologia (CCAP/CFP, gestões 2015-2017, 2018-2022, 2023-2025), bolsista produtividade CNPq.

Luis Flávio Chaves Anunciação

Psicólogo (CRP 05/37969), mestre em saúde pública, doutor em Psicometria. É professor do Departamento de Psicologia da PUC-Rio e coordenador do Laboratório de Métodos e Medidas. Autor de instrumentos de medida psicológica, artigos e livros científicos em métodos e medidas.

Maíra Amaral Andrade

Psicóloga CRP 05/32352. Responsável técnica do Núcleo Integrado de Desenvolvimento Humano (NIDH), Coordenadora do Serviço de Psicologia Aplicada da Uniabeu, Conselheira no XVII Plenário do Conselho Regional de Psicologia do Rio de Janeiro (CRP/RJ) onde coordena a Comissão Especial de Avaliação psicológica, o Núcleo de Psicologia e Tráfego e compõe a coordenação colegiada da Comissão de Orientação e Ética (COE).

Marcela Mansur-Alves

Psicóloga. Mestre em Psicologia do Desenvolvimento Humano. Doutora em Neurociências. Professora e orientadora de mestrado e doutorado no Departamento de Psicologia e Programa de Pós-Graduação em Psicologia: Cognição e Comportamento (UFMG). Atua com temáticas associadas à personalidade e saúde mental; avaliação psicológica. @lablavisufmg

Marcelo Augusto Resende

Mestre e Doutor em Psicologia pela UFMG. Especialista em Perícia Técnica Consultiva do Judiciário pela FUMEC. Coordenador e professor de pós-graduação na área de avaliação psicológica pelo IEC/PUC MINAS. Foi oficial psicólogo da PMMG. Membro da Comissão de Avaliação Psicológica do CRP 04. Membro associado do IBAP e da SAPSI-MG.

Maria Clara Ferreira Gomes

Estudante de graduação do bacharelado interdisciplinar em saúde com terminalidade em psicologia (Universidade Federal do Recôncavo da Bahia-UFRB). Membro do Núcleo de Neurociência e Neuropsicologia Cognitiva (NUNNCOG) e bolsista de iniciação científica do projeto "Impactos Neurocognitivos da COVID-19".

Maria Eduarda Oliveira Avila

Psicóloga pela Universidade do Estado de Minas Gerais (UEMG/Divinópolis). Integrante do Núcleo de Estudos em Avaliação Psicológica e Saúde (NEAPS). Atua como psicóloga clínica.

Michel de Rezende Costa

Psicólogo graduado - Universidade Federal de São João del Rei (UFSJ), Mestre em Psicologia UFSJ. Pós-graduado em avaliação psicológica pela PUC Minas e em gestão em políticas públicas com ênfase em gênero e raça pela Universidade federal de ouro preto (UFOP). Graduado em Filosofia pela Faculdade Arquidiocesana de Mariana. Docente do curso de Psicologia da Fundação Presidente Antônio Carlos (FUPAC - Conselheiro Lafaiete/MG).

Michelle Morello Pereira

Psicóloga, Mestre e Doutora em Psicologia. Docente do Departamento de Psicologia e do Programa de Pós-graduação em Biociências e Saúde Humana (UEMG/Divinópolis). Líder do Núcleo de Estudos em Avaliação Psicológica e Saúde (NEAPS).

Natália de Andrade Marcelino

Graduada em Psicologia pela Universidade Estácio de Sá - UNESA – RJ. Membro do Grupo de Pesquisa em Avaliação Psicológica – GPAP.

Pedro Saulo Rocha Martins

Doutorando e Mestre em Psicologia: Cognição e Comportamento pela Universidade Federal de Minas Gerais (UFMG). Graduado em Psicologia pela Faculdade de Filosofia e Ciências Humanas da UFMG. Membro do Laboratório de Avaliação e Intervenção na Saúde (LAVIS - UFMG).

Philipe Gomes Vieira

Psicólogo clínico, supervisor de Psicodiagnóstico (perspectivas tradicional e terapêutica). Doutor em Avaliação Psicológica voltada à Saúde Mental. Membro do Therapeutic Assessment Institute. Docente na especialização em Avaliação Psicológica em todo território nacional.

Ricardo Jorge Cardoso Martins da Assunção

O Tenente-Coronel de Artilharia/Psicólogo do Exército Português, Ricardo Jorge Cardoso Martins da Assunção nasceu em Lisboa, em 22 de outubro de 1977. Está habilitado com a Licenciatura em Ciências Militares, na especialidade de Artilharia, da Academia Militar e além dos cursos regulares de promoção e qualificação, está habilitado com a Licenciatura em Ciências Psicológicas e Mestrado Psicologia Clínica da Saúde e da Doença, da Faculdade de Psicologia e de Ciências da Educação da Universidade de Lisboa. Possui várias formações e especializações avançadas na área da Psicologia do Trabalho e das Organizações. No Centro de Psicologia Aplicada do Exército Português (CPAE), desempenhou funções de Comandante do Módulo de Operações Psicológicas e Chefe do Gabinete de Seleção.

Roberto Moraes Cruz

Psicólogo (CRP 12/1418), especialista em avaliação psicológica, ergonomia e psicologia ocupacional, doutor em Ergonomia, pós-doutorado em Métodos e Diagnóstico em Psicologia (Univ. Barcelona) e em Saúde Coletiva (Unifesp). Professor e pesquisador do Departamento e Programa de Pós-Graduação em Psicologia da Universidade Federal de Santa Catarina. Líder do Laboratório Fator Humano (UFSC) e pesquisador do Núcleo de Pesquisa em Neuropsicologia em Saúde (Hospital Universitário-UFSC). Autor de testes psicológicos, livros e artigos científicos no campo da avaliação psicológica e psicometria.

Tatiana de Cassia Nakano

Psicóloga. Doutora em Psicologia. Docente do programa de pós-graduação stricto sensu em Psicologia da Pontifícia Universidade Católica de Campinas. Especialista em avaliação psicológica. Ex-presidente da Associação Brasileira de Criatividade e Inovação (CRIABRASILIS), membro colaborador do Conselho Brasileiro para Altas Habilidades/Superdotação (CONBRASD) e presidente atual da Associação Brasileira de Psicologia Positiva (ABP+).

Tatiele Souza Oliveira

Doutoranda em Psicologia Social, do Trabalho e das Organizações pela Universidade de Brasília - na área de Avaliação e Medidas em Psicologia. Mestra em Psicologia Social, do Trabalho e das Organizações (UnB). Graduada em Psicologia pela Universidade de Rio Verde (UniRV). Professora universitária no curso de Psicologia da Faculdade Maurício de Nassau - UNINASSAU (DF). Cofundadora da Daten - Consultoria e Análise de Dados. É pesquisadora no Centro de Pesquisa em Avaliação e Tecnologias Sociais (CEPATS/IP/UnB). Integrante do Laboratório de Pesquisa em Mudança Social (UnB). Integrante do Laboratório de Avaliação Psicológica de Rio Verde - LAPRV.

Ted Nobre Evangelista

Psicólogo, Pós-graduação em Didática e Metodologia do Ensino Superior; Pós-graduação em Avaliação Neuropsicológica; Mestrando no PPGE – Unimontes; Professor Esp. Ensino superior.

Wladimir Rodrigues

Psicólogo. Mestre e doutor em psicologia pela Universidade de Brasília em Avaliação Psicológica da Personalidade. Coordenador do curso de psicologia do centro Universitário UNICEPLAC. Especialista na construção e adaptação de instrumentos psicológicos.

Construindo ideias
e conectando mentes

Este livro foi composto com tipografia Minion Pro
e impresso em papel Pólen Natural 80g.